应用型本科　汽车类专业“十三五”规划教材

汽车市场营销理论与实务

主　编　章小平　邓淑梅
副主编　李香芹

西安电子科技大学出版社

内 容 简 介

本书全面介绍了汽车市场营销的理念与实践知识，具体内容包括汽车市场营销基础知识、汽车营销环境与汽车4S店的整体认识、汽车目标市场、汽车市场营销策略、汽车销售顾问职业的认识和汽车销售实务6个项目。本书结合汽车销售顾问岗位的实践性，注重实用，理论知识深浅适度，实务部分贴合实际。

本书知识性、可读性、实用性和适用性强，可作为高等院校汽车服务工程、交通运输、汽车运用等本科专业及高职高专院校汽车类专业的教材，也可作为汽车服务企业销售顾问和管理人员培训参考用书。

图书在版编目(CIP)数据

汽车市场营销理论与实务/章小平，邓淑梅主编. 一西安：西安电子科技大学出版社，2018.8
ISBN 978-7-5606-4963-4

Ⅰ. ① 汽… Ⅱ. ① 章… ② 邓… Ⅲ. ① 汽车—市场营销学
Ⅳ. ① F766

中国版本图书馆CIP数据核字(2018)第150985号

策划编辑 李伟
责任编辑 刘霜 雷鸿俊
出版发行 西安电子科技大学出版社(西安市太白南路2号)
电　　话 (029)88242885 88201467　　邮　　编 710071
网　　址 www.xduph.com　　电子邮箱 xdupfxb001@163.com
经　　销 新华书店
印刷单位 陕西华沐印刷科技有限责任公司
版　　次 2018年8月第1版 2018年8月第1次印刷
开　　本 787毫米×1092毫米 1/16 印张 20
字　　数 475千字
印　　数 1～3000册
定　　价 45.00元
ISBN 978-7-5606-4963-4/F
XDUP 5265001-1

前言

汽车市场营销理论与实务是汽车类相关专业的专业课程。本书在编写过程中以应用型高等教育的特征为基本路线，以培养人才的知识和技术应用能力为核心，编写提纲、编写原则与思路集中体现了学术、技术和职业三方结合的原则，有利于提高学生或行业从业者的社会适应能力和岗位工作能力。

本书具有以下特点：

(1) 定位于应用型高等教育，强调职业能力培养。本书体现了应用型高等教育的特征，内容涉及汽车市场营销理论与汽车市场营销实务两大部分，理论部分强调专业知识的全面性和实用性，实务部分强调职业能力的社会性和贴近性。

(2) 理论部分以够用为原则。本书的理论部分包括汽车市场营销基础知识、汽车营销环境与汽车4S店的整体认识、汽车目标市场和汽车市场营销策略四个项目，要求学生能用和会用理论知识即可。通过学习，学生应建立营销思想并用其来指导实践行为，做到边学习、边实践、边理解。这部分内容涉及汽车市场与市场营销认识、汽车宏观环境与微观环境认识、汽车4S店及岗位认识、汽车消费者行为分析、汽车市场细分、汽车目标市场竞争分析、汽车市场STP策略分析、汽车4P组合策略分析等。

(3) 实务部分源自行业实际情况，符合真实性原则。本书的实务部分包括汽车销售顾问职业的认识和汽车销售实务两个项目，要求学生达到岗位标准，会进行实践操作，能够以岗位标准严格要求自己，做到每个技巧都能应用于日常事务处理。这部分内容涉及汽车销售顾问职业的认识、汽车销售顾问的基本礼仪、汽车销售的准备工作、汽车销售流程(从客户接待到售后服务与跟踪)等。

(4) 整体结构强调趣味性和可读性。本书除基本知识外，还设计了任务导入、典型案例、小思考、任务专项实训、阅读资料等内容，附录中还收集了汽车相关政策等。为便于学生理解，书中大量使用了实景图片和技术表格。

(5) 突出知识要点。本书在每个任务完成后都设计了任务专项实训，包括实训项目、实训目的、实训内容、实训步骤和实训评价五部分，有利于学生找准知识重点，消化知识要点。

(6) 以销售顾问岗位能力为导向。本书以汽车销售顾问岗位能力为导向，系统讲述了汽车销售顾问需掌握的营销基本理论知识、岗位入职的基本要求以及岗位的基本工作内容，特别对汽车销售流程部分的分析更是贴近岗位实际，体现操作能力，能有效地培养和锻炼学生成为一名优秀的汽车销售顾问。

本书由江西科技学院章小平、厦门华天职业技术学院邓淑梅担任主编，江西科技学院李香芹担任副主编，具体编写分工为：李香芹编写项目1、项目2、项目3，章小平编写项目4、项目6，邓淑梅编写项目5和附录，全书由章小平统稿。我们在编写过程中参阅了部分国内外论著、学术论文、教材等文献资料，在此向相关的专家、学者表示最崇高的敬意，也对涉及的北京现代、上海大众、江铃福特等汽车品牌和南昌恒信销售公司深表感谢！

由于编者水平和能力有限，书中难免会出现一些不足，敬请广大读者批评指正！

编　者

2018年2月

目 录

项目1　汽车市场营销基础知识

项目主要内容

1. 汽车市场与汽车市场营销；
2. 汽车市场营销观念的演变。

任务1.1　汽车市场与汽车市场营销

➡知识目标

1. 了解汽车市场的含义、市场的构成要素以及汽车市场的分类；
2. 掌握市场营销的核心概念及其主要内容；
3. 熟悉市场营销核心概念之间的关系。

➡能力目标

1. 能够主动分析任何一个汽车市场的构成要素以及如何去创造市场；
2. 能够树立正确的市场观念，正确认识产品与市场的关系；
3. 能够重新认识产品的价值与顾客满意之间的关系。

➡任务导入

刘海，男，25岁，单身，江西南昌人，现为上海一家上市公司的中层管理者，年收入20万元左右。小刘上班的地方离住处有半个小时的公交车程，每次挤公交都让他很郁闷。于是，小刘寻思着如果有辆代步车，上班就方便了许多；过年开回老家，还能让父母高兴高兴；过年同学聚会也就不用坐别人的车去了；现在流行城市越野车，男性开辆越野车更能体现自己的价值……后来他听说2017年1月1日汽车购置税要上调2.5%，就想在2016年年底完成此项计划。于是，小刘通过各种方式了解了一些汽车方面的知识，但由于自己不是专业人士，对一些关键问题还是似懂非懂，因此急需一位汽车专业人士帮他解决这些困扰。假如你是大众汽车销售员，你该如何处理以下问题：

1. 系统分析某一汽车市场的构成要素，并设计出每个要素的解决方案；
2. 结合刘海的实际情况，为他制订一份购车计划。

分析：

从以上内容可以看出汽车购买者的个人购买行为等要素。如果想更好地为此消费者服务，销售员除了要熟悉基本的营销知识外，还需要具备较强的汽车专业知识、谈判技巧、观察能力，同时还需要掌握较好的市场知识、营销环境变化知识以及快速处理顾客异议的技巧等。

知识准备

1.1.1 汽车与汽车市场的含义

1. 汽车简史

汽车被誉为“改变世界的机器”，它在改变人类生活的同时，也改变了人们的工作效率。因此，我们有必要对汽车发展史有所了解。

1769年，法国人N.J.居纽(N. J. Cugnot)制造了世界上第一辆蒸汽驱动三轮汽车。1879年，德国工程师卡尔·本茨(Karl Benz)首次试验成功一台二冲程试验性发动机；1883年10月，他创立了“本茨公司和莱茵煤气发动机厂”，1885年又在曼海姆制成了第一辆本茨专利机动车。1886年，德国人戴姆勒(Daimler)在威廉·迈巴赫(Wilhelm Maybach)的协助下，制造了世界上第一辆“无马之车”。美国人亨利·福特(Henry Ford)于1903年创办了以自己的名字命名的“福特汽车公司”，1908年10月开始出售著名的“T型车”。后来，日本人开始制造汽车，并于1925年第一次向我国上海出口汽车。60年后，日本汽车出口量达6400万辆，登上了汽车王国的宝座。

我国汽车工业取得的辉煌成就举世瞩目。1953年7月15日，由毛泽东主席亲笔题名的“第一汽车制造厂”在吉林省长春市动工兴建。3年后，第一辆“解放”牌汽车诞生，结束了我国不能生产汽车的历史。自1998年以来，中国跨入了“世界十大汽车生产国”行列。从卡车时代到轿车时代，从“官车”到“家庭车”，中国汽车工业的每一步发展都实实在在地反映着中国的巨变。下面，我们来具体介绍一下汽车市场。

2. 市场与汽车市场

什么是“市场”？“汽车市场”又是怎样一个概念呢？

1）市场

市场是商品交换的场所。最初，在商品尚不发达的时候，市场的概念总是同时间概念和空间概念相联系的，人们总是在某个时间聚集到某个地方完成商品的交换，因而市场被看成是做买卖的地方或商品交换的场所。这种市场形式至今仍很普遍，如零售商店、商品批发市场、城乡集贸市场、汽车交易市场等。

市场是具有一定量的由货币购买力所形成的有支付能力的需求。

市场是各种商品交换关系的总和。这主要是指商品在流通领域中进行交换时，买卖双方、卖方与卖方、买方与买方、买卖双方与中间商、中间商与中间商之间发生的关系。

美国市场营销协会(American Marketing Association，AMA)关于市场的定义是“一种商品或者劳务的所有现实的和潜在的购买者的需求总和”。市场营销通常是在这个意义上理解和运用市场概念的。市场的这一概念可用类似于数学公式的方式表示为

市场＝人口＋购买力＋购买欲望(或动机)

这一概念认为，人口、购买能力和购买欲望(或动机)这三个因素，缺少一个都不能构成市场。市场就是指需求，只有那些具有购买欲望(或动机)，而且具有购买能力的消费者才构成某种商品的市场。这样的消费者越多，表明市场越大。

2）汽车市场

将市场的概念运用到汽车行业中，便形成了汽车市场。汽车市场一般是指将汽车及其配件、相关服务等作为商品进行交易的体系，是汽车的买方、卖方和中间商组成的一个有机的整体，它将市场概念中的商品局限于汽车及与汽车相关的商品，起点是汽车及汽车配件的生产者，终点是汽车的消费者或最终用户。

★ 小思考

天猫汽车商城的出现，对传统汽车销售造成什么样的冲击？

1.1.2　我国汽车市场的分类

1. 公务用车市场

一般来讲，公务用车主要指国家权利机关、职能部门、科研事业单位和各种社会团体等的用车。以辅助政府机构的运行和职能部门、社会团体开展活动为主要功能的公务用车，具有非营利的特征。对用户来讲，车辆购置与运营费用不与其本身的经济效益挂钩，购车资金来源一般是财政拨款。单位拥有汽车的数量一般以其行政级别为依据，并按照国家有关规定的配车标准与实际需求和可能进行购置，其中，单位数量、级别和规模是决定这一领域车辆需求的基本因素。

从我国的现行情况看，公务用车大体可以划分为以下两种：

1）政务用车

政务用车是指国家机关、各级政府和各团体单位的用车，一般以辅助公务和各种社会活动为主要职能。

2）业务用车

业务用车是指公安、交通、司法、工商、税务、海关、商检、环境保护、科技普及等主要执行监督、检查等职能的部门以及科研事业单位的用车。

这一需求领域的特点为：① 在汽车市场中，这一需求领域发育较早；② 其发育和发展主要受社会的发展和我国有关体制的影响；③ 其需求变化比较稳定，需求的实现依靠国家和地方的财政拨款；④ 其需求以国家允许的范围为界限；⑤ 其在需求品种上明显以乘用车为主要车型，品种结构比较集中，市场规模巨大。

2. 商务用车市场

商务用车市场是规模最大的用车市场。商务用车是指生产企业和经营单位为生产经营而使用的各种车辆。它涉及的领域相当广泛，既有工业、农业、建筑等生产部门，也有贸易、金融、保险等经营服务单位。这其中既包括全民所有制企业和集体所有制企业，也包括外资、合资以及私有制企业等多种成分的经济实体。

在这一需求域中，工业企业是最主要的用户之一。汽车是现代工业发展离不开的交通工具，现代工业的发展带来了大规模的汽车需求。除此之外，商业企业和建筑企业也是商业用车用量较大的部门。这几年，商业部门随着国民经济的发展而异常迅速地发展，其中，管理机构、经营机构、仓储运输机构等庞大的商业体系提供了广阔的汽车市场，而金融、保险、贸易等行业部门的用车量也具有相当的规模，各单位办公业务用车随着业务量和机关数量的增加而不断增加。

另外，由于农村经济和乡镇企业的蓬勃发展，这个需求市场具有相当大的规模。一般分为农业生产、农村生活及乡镇企业的用车需求。前两者包括农副产品收获和运输、农用生产资料运输、农村生活品运输、建筑材料运输和客流交通等五方面的用车。乡镇企业用车主要是生产营销用车与管理人员商务活动用车。这一需求域的基本特点是：① 与其他需求域相比，其规模最大；② 其以生产发展和经营活动的拓展为原动力；③ 其以自身的经济实力为购车后盾。

3. 经营用车市场

一般来说，经营用车是指以汽车为资本，直接通过汽车运营盈利和发展的用车。这类用车体现了社会化服务与盈利创收的双重功效。在经营用车的范围内，主要有城镇交通中的公共汽车、出租汽车，城镇、乡村间的长途与中短途公路客货运输用车，以及与旅游设施配套、为旅游者提供服务的旅游用车等。

在经营用车市场中，出租车用车市场规模很大。随着国民经济的发展，在各大中城市如何经营好这个市场，对于众多汽车生产销售企业来说无疑是一项重要决策。所以，各汽车生产和销售企业应密切关注这一市场的发展，占领这一市场，这不仅关乎汽车的销量，更重要的是对企业的形象等有着多方面的影响。但目前大部分的城市出租用车基本偏向于中低档，尤其突出的是低档微型车，这与我国国民经济发展的现状是相符的；相反，由于旅游用车主要用于城市，在城市的风景点以及城市间接送旅游者，因而在性能上要求安全、舒适和豪华。旅游用车市场不仅随着国外旅游者的增加而扩大，而且我国人民生活水平在不断提高，也会增加对旅游的投入，所以，这个需求领域将会进一步增大。依据社会需求状况与经营效益来确定汽车市场规模，是经营用车市场的突出特点。

4. 私人用车市场

私人用车是指为满足个人(或家庭)各种需求的各类汽车。从世界范围来看，分布最为广泛、需求最为强劲的就是私人用车市场，占每年世界汽车销量的绝大部分。目前，我国的私人用车大体包括纯私人生活用车、兼有经营与私人生活双重用途的车辆和生产经营用车。兼有经营与私人生活双重用途的车辆主要集中在城镇出租汽车行业，车型集中在微型轿车、微型面包车和低档轻型客车上。拥有这类车的目的是以车辆为资本，通过车辆运营盈利，同时也为私人生活提供便利。私人用车如今已成为汽车消费的主体，是我国目前最大、最有潜力的汽车消费市场。

对汽车市场的分析来自市场调研，市场调研的目的是制订科学的汽车营销战略和策略。汽车企业在营销活动中，为了适应变幻无常的环境和充分利用外部环境提供的机会，需要就未来的发展作出全面规划。也就是说，要为汽车市场营销活动制订相应的战略与策略，这样才能在不断变化的市场环境中把握住商机，避免环境威胁。

1.1.3 汽车市场营销的含义

1. 市场营销

市场营销学是由英文 marketing 一词翻译过来的。由于对 marketing 一词的含义理解不同，因此中文译名也就有很多种，比如“市场学”“市务学”“销售学”“市场营运学”“市场管理学”“行销学”和“市场营销学”等。

美国市场营销协会将市场营销定义为：“把生产和劳动从生产者引导到消费者或用户所进行的企业活动。”

美国著名市场营销权威学者菲利普·科特勒(Philip Kotler)所作的定义是：“市场营销是个人和群体通过创造，并同他人交换产品和价值，以满足需求和欲望的一种社会和管理过程。”

从以上定义可以看出，市场营销必须以“顾客和市场”为导向，是一种具有创新、创造性的行为过程；市场营销强调交换是核心，交换是构成市场营销活动的基础，只有通过交换才能实现买、卖双方的目的；市场营销追求满足消费者的各种需求与欲望，终极目的是服务顾客、满足顾客、赢得顾客；市场营销是连接企业与社会的“桥梁”，通过企业组织内外的协调、沟通，平衡三方利益，即企业利润、顾客需求、社会利益；市场营销是一种管理过程。

2. 汽车市场营销

汽车市场营销就是汽车企业为了更好地满足市场需求，为实现企业经营目标，通过计划、组织、指挥与控制等管理职能而进行的一系列活动。其基本内涵包括：一是研究市场需求，即研究顾客的需求特点和需求量；二是开展一系列更好地满足市场需求的整体营销活动。

在国内外汽车市场营销中，仍有很多人认为，汽车市场营销主要是指汽车“销售”或“推销”，其实不然。汽车市场营销早已不是汽车“推销”的同义语，汽车市场营销最主要的不是“推销”，“推销”只是营销的一个职能，其关注及研究的更多、更重要的是汽车销售前和销售后相关课题及规律。“推销”注重的是售中服务，相对来说，“市场营销”除了要注重售后服务之外，还要重视售前事宜的策划。这就是说，汽车市场营销主要是汽车企业在动态上如何有效地管理其汽车商品的交换过程和交换关系，以提高经营效果，实现企业目标。换句话说，汽车市场营销的目的就在于了解消费者的需要，按照消费者的需要来设计和生产适销对路的产品，同时选择销售渠道，做好定价、促销等工作，从而使这些产品可以轻而易举地被销售出去，甚至使“推销”成为多余。

汽车营销学是一门将汽车与市场营销结合起来进行研究的、应用性很强的边缘学科，其研究对象是汽车企业的市场营销活动和营销管理活动。也有人认为，汽车营销学是从市场需求出发研究汽车产品营销活动全过程的科学。从某种意义上说，汽车营销学不仅是一门科学，更是一门艺术。

【典型案例】

从无到有

在20世纪60年代中期，有两个鞋厂的推销员先后到达南太平洋的一个岛屿上，目的都是推销皮鞋。这两位市场行销者发现了一个共同的事实：这个岛屿上人人光脚，都不穿鞋子。在同样的事实前，一个沮丧不已，给公司总部发回的电报是“本岛无人穿鞋，我决定明天返回”；另一个却大喜过望，给公司总部发回的电报是“好极了，该岛无人穿鞋，是个很好的市场。我将驻在此地，开展促销活动”。这是怎么回事呢？原来，这就是不同的思维，有着不同的分析判断。前者认为，不穿鞋的人永远不穿鞋，推销等于“瞎子点灯白费蜡”；后者则认为，今天不穿鞋不等于永远不穿鞋，随着生活水平的提高和外来文化的影响，他们的生活习惯会逐渐得以改变。因此，后者便印制了一种没有文字的广告画，画上是：岛上一位壮汉，脚穿皮鞋，肩扛虎豹狼鹿等猎物，形象威武雄壮。岛上的人果然欣然接受了穿鞋这一文明的生活方式。该公司的皮鞋畅销于该岛，公司赚到一大笔钱，并牢牢地把握住了这一市场。

1.1.4 汽车市场营销的核心概念

市场营销的核心概念包括：需要、欲望和需求，产品，效用、价值和满意，交换、交易和关系，潜在顾客、市场营销者和相互市场营销，等等。

1. 需要、欲望和需求

1）需要、欲望和需求的定义

需要、欲望与需求这一组概念都含有“想得到”这一基本意思，但三者又有一定的区别。

需要是人类与生俱来的“基本要求”，是人没有得到某些基本满足的感受状态，是人的行为的动力基础和源泉，是人脑对生理和社会需求的反映（人们对社会生活中各类事物所提出的要求在大脑中的反映）。并不是所有的需要都会上升为欲望，只有部分需要才会上升为欲望。

人类在早期社会生活中，为了维持生存和延续后代，形成了最初的需要。人为了生存就要满足他的生理的需要，如饿了就需要食物，冷了就需要衣服，累了就需要休息。人为了生存和发展还必然产生社会需求。例如：通过劳动创造财富，改善生存条件；通过人际交往沟通信息，交流感情，相互协作。随着人类社会生活的日益进步，为了提高物质文化水平，人们逐步形成了高级的物质需要和精神需要。需要激发了人的积极性，是人的思想活动的基本动力。

欲望是指对具体满足物的愿望。如人渴了就不仅仅是简单地喝，而是要喝顾客需要的物品。因此，只有部分欲望才能上升到需求。

需求是指有支付能力和愿意买某种物品或产品的欲望。可见，消费者的欲望在有购买力作基础时就变成了需求，即市场＝欲望＋购买力。

2）需要层次理论

现代西方国家普遍接受的是美国心理学家亚伯拉罕·马斯洛（Abraham Maslow）于1943年提出的“需要层次理论”。该理论认为，人的需要可以分为五个层次，即生理需要、安全需要、社交需要、尊重需要和自我实现需要（即抱负），五种需要成梯形分布。后来，在这五层次基础上，他又补充了求知的需要和求美的需要，从而形成了七个层次。此外，赫兹伯格（F. Herzberg）的“双因素论”把马斯洛提出的前两种需要称为“保健因素”，把后三种需要称为“激励因素”。

根据需要层次理论，满足需要的基本方法有直接满足和间接满足两种。前者是靠工作本身及工作中人与人之间的关系获得的。经营管理的职责是在组织、计划、协调等各项管理活动中寻求满足职工需要的各种方法，使职工对工作有兴趣、有热情、有自豪感，以致产生高峰体验。间接满足是职务外的满足，是在工作后获得的，如工资、奖励、食堂、托儿所、俱乐部等。

★ 小思考

国内汽车消费者对汽车的需要属于哪个需要层次？请举例说明。

3）三者之间的关系

人类的需要和欲望是市场营销活动的出发点。需要是没有得到某些基本满足的感受状态。欲望是想得到能满足基本需要的具体满足物的愿望。需求是稳定的，也是有限的，而欲望却是丰富的，它与无数的产品相联系，会经常在多种产品中选择。如人们处在饥饿时有进食的需要；口渴时有喝水或吃含水多的食物的需要；天气寒冷时有保暖抗寒的需要；等等。对个人而言，需要和欲望是产生行为的原动力。行为专家认为，人们感受到的最匮乏的需要，一般就是产生其行为的根本原因。因此，研究人们的需求与欲望，并设法通过恰当的产品满足这种需求和欲望，对市场营销非常重要。

2. 产品

人类靠产品来满足自己的各种需要和欲望。因此，可以将产品描述为“能够用于满足人类某种需要和欲望的任何东西”。

产品有“有形”与“无形”之分，如汽车是有形的、可触摸到的产品，服务则是无形的特殊“商品”。服务是在供方与顾客接口处完成的至少一项活动的结果。服务可涉及：在为顾客提供有形产品（如汽车维修）或无形产品（如退税准备）时所完成的活动；有形产品的交付（如在运输业）；无形产品的交付（如知识的传授）或为顾客创造的氛围（如接待业）。产品的真正价值不在于“拥有它”，而在于“它给我们带来的对欲望的满足”。企业管理者和市场营销者必须清醒地认识到，企业创造的产品不管形态如何，如果不能满足消费者的需要和欲望，就必将被市场淘汰。

因此，企业要改变过去单纯强调产品技术质量的观念，从技术、经济、社会文化等多方面来考察；要改变过去产品质量概念的静止观念，用动态、发展的观点来研究产品及产品质量；改变过去重内在、轻外观的产品质量观，要既重视内在质量，又重视外观质量；同时，精细的售后服务要跟进，否则将导致管理与市场营销“近视”，不利于企业的发展。

3. 效用、价值和满意

1）效用

效用是消费者对满足其需要的产品的全部效能的评价，是指产品满足人们欲望的整体能力。在对能够满足某一特定需要的一组产品进行选择时，人们所依据的标准是各种产品的效用和价值。效用实际上是一个人的自我心理感受，它来自人的主观对“客观存在”的判断评价。例如，某消费者到某地去使用交通工具，可以是自行车、摩托车、汽车、出租汽车、轮船、飞机等。他会对可能满足自己需要的产品或产品组合进行综合评估，以决定哪一种产品或产品组合能提供最大的总满足。分析每种产品有哪些特点来满足其不同的需求，如自行车省钱，但速度慢，欠安全；汽车速度快，但成本高。消费者要决定一项最能满足其需要的产品或产品组合。为此，将最能满足其需要到最不能满足其需求的产品进行排列，从中选择出最接近理想产品的产品，它对顾客效用最大。若顾客到某目的地所选择的理想产品的标准是安全、快速，他可能会选择汽车、飞机等。除产品效用因素外，产品价格高低亦是因素之一。如果顾客追求效用最大化，他就不会简单地只看产品表面价格的高低，而会分析每1元钱所能产生的最大效用。例如，一辆汽车比一辆自行车昂贵，但由于速度快，修理费用少，相对于自行车更安全，其效用可能大，从而更能满足顾客需求。这就涉及价值的概念。

2）顾客价值

顾客价值是指顾客期望从某一特定产品或服务中获取的一系列利益构成的“总和”。顾客价值包括企业产品价值、服务价值、企业人员形象价值等。顾客成本包括所支付的货币成本、时间成本、精力成本及体力成本等。顾客让渡价值则是指顾客价值与其获得这些价值所付出的顾客总成本之间的差额。

顾客价值观念的内涵与传统销售观念有根本区别，这一观念认为，顾客购买产品所获得的不仅仅是产品的功能与质量，而顾客购买时所付出的也不仅仅是购买价款。顾客购买产品时的选择过程是顾客追求最大让渡价值的过程，也就是用较少的钱购买最满意的商品。企业只有提供比竞争对手更大的顾客让渡价值，才能吸引并留住顾客。因此，销售人员应尽力提高顾客的让渡价值，具体做法为增加顾客价值或减少顾客成本，或者两个方面同时进行。

3）顾客满意

顾客满意取决于消费者所理解的一件产品的效用与期望值进行的比较。如果产品的效用低于顾客的期望，购买者便不会感到满意；如果效用符合期望，购买者便会感到满意；如果效用超过期望，购买者便会感到十分喜悦。聪明的企业为了取悦顾客，先对产品提供的效用做出承诺，然后再提供多于承诺的效用。顾客的期望来自于以往的购买经验、朋友的意见以及营销者和竞争者的信息和承诺。营销商必须仔细设定正确的期望标准。如果期望设定得太低，则他们虽然也可以满足那些购买产品的人，但不能吸引足够的购买者；如果期望设定得太高，则购买者就会感到失望。

★ 小思考

请查找并仔细阅读海尔前总裁张瑞敏砸冰箱事件的案例，并阐述你如何看待此事件，又如何看待新闻报道中常发生的消费者砸汽车事件。

4. 交换、交易和关系

1）交换

交换是指从他人处取得所需之物，而以某种东西作为回报的行为。交换是市场营销的核心概念。当人们决定以交换的方式来满足需要或欲望时，就存在市场营销了。交换必须具备五个条件：① 至少有交换双方；② 每一方都有被对方认为有价值的东西；③ 每一方都有沟通和运送货品的能力；④ 每一方都可以自由地接受或拒绝；⑤ 每一方都认为与对方交易是合适或称心的。

2）交易

交易是交换的基本组成单位，是交换双方之间的价值交换。交易通常有两种方式：一是货币交易，如甲支付50 800元给汽车销售商而得到一辆微型轿车；二是非货币交易，包括以产品易产品、以服务换服务的交易等。一项交易通常要涉及多个方面：至少两件有价值的东西；双方同意的交易条件、时间、地点；有法律法规来维护和迫使交易双方执行承诺。企业应建立客户管理信息系统，据不同项目予以分类，这是市场营销的基本内容，也是市场调研的信息资料之一。

3）关系

关系是指交换过程中形成的社会和经济的联系。关系营销是市场营销者与顾客、分销商、零售商、供应商等建立、保持并加强合作关系，通过互利交换及共同承诺，使各方实现各自目的的营销方式。关系营销的概念最先由巴巴拉·本德·杰克逊(Barbara B. Jackson)于 1985 年提出，他认为：关系市场营销将使企业获得较其在交易市场营销中所得到的更多。与顾客建立并保持长期的合作关系是关系营销的核心内容。精明的市场营销人员总是试图与顾客、分销商、零售商、供给商等建立起长期的互信互利关系，从追求每一笔交易利润最大化转向追求各方利益关系的最大化。

5. 潜在顾客、市场营销者和相互市场营销

在交换双方中，如果一方比另一方更主动、更积极地寻找交换，则前者称为“市场营销者”，后者称为“潜在顾客”。所谓“市场营销者”，是指希望从别人那里取得资源并愿意以某种有价之物作为交换的人。市场营销者可以是卖方，也可以是买方。假如有几个人同时想买正在市场上出售的紧俏奇缺物品，每个准备买的人都尽力使自己被卖主选中，这些购买者就都在参与市场营销活动。当买卖双方都表现积极时，就把双方都称为“市场营销者”，并将此种情况视为相互市场营销。

任务专项实训

实训项目：某一汽车品牌在某区市场的整体认识。

实训目的：通过本实训项目，学生能够准确、清晰地了解汽车市场存在的关系，从而深层次地找到解决阻碍市场机会的实用方法，并能依据方法制订较高层次的市场营销策略，提升企业的市场竞争力。

实训内容：

学生选择一款(或几款)品牌汽车，根据市场的构成要素，一一分析构成各要素的子要素，并对各子要素展开分析，找到影响各子要素的主要因子，提出解决问题的方法。

实训步骤：

(1) 将学生进行分组，4～5 人为一组，设立组长负责制。

(2) 由组长根据提供的品牌汽车，讲解品牌汽车市场的构成要素，对实训内容进行分解，然后对组成员进行分工，再由各成员根据任务收集相关资料，初步提出解决问题的措施。

(3) 由组长统一绘制品牌汽车市场构成图，提出具体的增值方案并加以说明，完成答辩 PPT。

实训评价：

(1) 要求：理解实训任务的中心思想，完成任务分解，能够绘制出构成要素网状图；能够准确说明方案内容，具有较好的创新能力；完成一份实训报告。

(2) 评分标准：

序号	评分标准	分值	评分	备注
1	团队合作	20		
2	团队精神	10		
3	内容结构	30		
4	仪容仪表	30		
5	应变能力	10		

任务 1.2　汽车市场营销观念的演变

知识目标

1. 认识市场营销观念的演变历史以及各营销观念的主要特征；
2. 了解部分新的营销概念及内容。

能力目标

1. 能够根据市场营销观念的发展历史，认识营销观念对企业的重要性；
2. 能够树立正确的营销战略思想观；
3. 能够运用营销观念解决企业市场发展中的若干问题。

任务导入

日美轿车大战的胜利者

20 世纪，美国汽车制造一度在世界上占据霸主地位，而日本汽车工业则是 20 世纪 50 年代由学习美国发展而来的，但时隔 30 年，日本汽车制造业突飞猛进，充斥着欧美市场及世界各地，为此，美国与日本之间出现了汽车摩擦。在 60 年代，当时有两个因素影响汽车工业：一是第三世界的石油生产被工业发达国家控制，石油价格低廉；二是轿车制造业发展很快，豪华车、大型车盛行。但是擅长市场调查和预测的日本汽车制造商，首先通过表面经济繁荣，看到产油国与跨国公司之间暗中正酝酿和发展着的斗争，以及发达国家消耗能源的增加，预见到石油价格会很快上涨，因此认为必须改产耗油小的轿车来适应能源短缺的环境；其次，随着汽车数量增多，马路上车流量增多，停车场的收费会提高，因此，只有小型车才能适应拥挤的马路和停车场；再次，日本制造商分析了发达国家家庭成员的用车状况，如主妇上超级市场、主人上班和孩子上学等，一个家庭只有一辆汽车显然不能满足需要，但车多了又占空间，如此一来，小巧玲珑的轿车会更受消费者的宠爱。就这样，日本在调研的基础之上做出了正确的决策。在 70 年代世界石油危机中，日本物美价廉的小型节油轿车横扫欧美市场，市场占有率不断提高，而欧美各国生产的传统豪华车因耗油大、成本高，使得销路大受影响。

（资料来源：百度文库。https://wenku.baidu.com/view/0641e15fee06eff9aef807ea.html）

问题：

该案例说明了什么问题？

分析：

本案例说明日本汽车企业通过市场调研，抓住了石油成为稀缺资源和消费者需求变化两大因素，为本国汽车企业的改革提供了思路，开发了经济实用型轿车，从而赢得了市场。

市场环境每时每刻都在悄然地发生着变化，这些变化带给企业的既是机会，也是威胁。企业面对这样的环境，不仅要了解环境的现状，找到环境变化的趋势，还需要从中研究和判断对企业发展最有利的因素，从而制订相应的营销策略，为企业的发展提供参考。

➡知识准备

1.2.1　市场营销观念

市场营销观念是指企业进行经营决策，组织管理市场营销活动的基本指导思想，也就是企业的经营哲学。它是一种观念，一种态度，或一种企业思维方式。市场营销观念是一种"以消费者需求为中心，以市场为出发点"的经营指导思想。营销观念认为，实现组织诸目标的关键在于正确确定目标市场的需要与欲望，并比竞争对手更有效、更有利地传送目标市场所期望满足的东西。

企业市场营销观念是汽车企业及汽车人对汽车经营管理活动的高度概括，是对汽车经营管理活动内在本质的反映，是汽车企业管理经营活动的指导思想，是企业如何看待顾客和社会的利益(即如何处理企业、顾客和社会三者之间的利益关系)的指针。

1.2.2　市场营销观念的演变

无论是西方企业还是我国企业，市场营销观念的演变都经历了由"以生产为中心"转为"以顾客为中心"，从"以产定销"变为"以销定产"的过程。企业市场营销观念的演变过程，既反映了社会生产力及市场趋势的发展，也反映了企业领导者对市场营销发展客观规律认识的深化过程。美国管理学者彼得·德鲁克(Peter F. Drucker，目标管理理论最先提出者)曾说过，产品销售的最终效果是企业管理水平的综合反映，它必须由顾客来进行评判，顾客的观点是衡量产品销售是否成功的唯一标准。汽车市场营销观念是随着汽车市场的形成而萌芽的，并随时代的发展而逐渐演进。从历史的发展过程看，汽车市场营销观念可归纳为五种，即生产观念、产品观念、推销观念、市场营销观念和社会市场营销观念。

1. 生产观念

生产观念是指导销售者行为的最古老的观念之一，这种观念产生于20世纪20年代前。企业经营哲学不从消费者需求出发，而从企业生产出发，其主要表现是"我生产什么，就卖什么"，即所谓的"以产定销"。在生产观念指导下，企业的主要任务是扩大生产，增加产量，降低成本，扩展市场。例如，20世纪初，美国福特汽车公司制造的产品供不应求，号称"美国汽车大王"的亨利·福特曾傲慢地宣称："不管顾客需要什么颜色的汽车，我只有一种黑色的。"上述是企业奉行生产观念的典型表现。显然，生产观念是一种重生产、轻市场营销的企业经营管理哲学。

生产观念是在卖方市场条件下产生的。在资本主义工业化初期以及第二次世界大战末期和战后一段时期内，由于物资短缺，市场产品供不应求，生产观念在企业经营管理中颇为流行。我国在计划经济旧体制下，由于市场产品短缺，企业不愁其产品没有销路，工商企业在其经营管理中也奉行生产观念，具体表现为：工业企业集中力量发展生产，轻视市场营销，实行以产定销；商业企业集中力量抓货源，工业生产什么就收购什么，工业生产多少就收购多少，也不重视市场营销。

应当看到，随着现代社会生产力的提高，市场上的商品琳琅满目、丰富多彩，企业竞争日益加剧，企业在规模和成本上的竞争空间已愈来愈小，因此，若仅用生产观念指导企业经营管理，企业会举步维艰。

2. 产品观念

产品观念是与生产观念并存的一种市场观念，这一观念认为，在市场产品有选择的情况下，消费者喜欢那些质量优、多功能和具有多种特色的产品。因此，企业应该致力于提升产品质量，在市场竞争中以质取胜。其基本理念是：企业经营的中心工作是抓产品质量，只要产品质量过硬，就会顾客盈门，企业就会立于不败之地。因此，如何能比竞争对手在上述方面为消费者提供更高质量的产品，就成了企业当务之急。20 世纪 20 至 30 年代，美国福特汽车公司一枝独秀，取得了市场的绝对统治地位，一些中小型汽车公司纷纷倒闭破产。这时的市场结构已经悄悄在酝酿变化，但老福特冥顽不化，仍然坚持奉行单品种、大批量、低成本的生产观念。当时已是福特公司总裁的老福特的儿子向他提出对产品进行差别化改进的时候，他甚至暴跳如雷地说："我只要 T 型车，而且只要一个颜色——黑色。"通用汽车公司的斯隆(Alfred P. Sloan)看到了市场的微妙变化，提出了与福特公司针锋相对的产品差别化策略，组织了包括雪佛莱(低档)、别克(中档)和凯迪拉克(高档)等不同产品组合的生产经营体系。由于把握了正确的营销观念，斯隆不仅使通用汽车公司起死回生，而且市场地位也远远地超过了福特公司。

★ 小思考

在我国一直流行一句俗语："酒香不怕巷子深。"这句话反映了什么样的市场营销观念？你认为现今又该如何看待这句话？

3. 推销观念

推销观念(或称"销售观念")产生于 20 世纪 20 年代末，是为许多企业所采用的另一种观念，其表现为"我卖什么，顾客就买什么"。它认为，消费者通常表现出一种购买惰性或抗衡心理，如果顺其自然的话，消费者一般不会足量购买某一企业的产品。因此，企业必须善于追踪潜在的购买者，并突出产品的好处进行推销，以刺激消费者大量购买本企业产品。推销观念在现代市场经济条件下被大量用于推销那些非渴求物品，即购买者一般不会想到要去购买的产品或服务，如大百科全书、保险等。许多企业在产品过剩时，也常常奉行推销观念。

推销观念产生于资本主义国家由"卖方市场"向"买方市场"过渡的阶段。在 1920—1945 年间，由于科学技术的进步，科学管理和大规模生产的推广，产品产量迅速增加，逐渐出现了市场产品供过于求、卖主之间竞争激烈的新形势，尤其在 1929—1933 年的特大经济危机期间，即使有物美价廉的产品，也未必能卖得出去，企业要在日益激烈的市场竞争中求得生存和发展，就必须重视推销。

推销观念虽然比前两种观念前进了一步，开始重视广告术及推销术，但其实质仍然是以生产为中心的。

4. 市场营销观念

顾客导向的市场营销观念也称“市场导向的市场营销观念”，或简称“市场营销观念”，它是作为对上述诸观念的挑战而出现的一种新型的企业经营哲学。这种观念以满足顾客需求为出发点，即“顾客需要什么，就生产什么”。尽管这种思想由来已久，但其核心原则直到20世纪50年代中期才基本定型。当时社会生产力迅速发展，市场趋势表现为供过于求的买方市场，同时广大居民的个人收入迅速提高，有可能对产品进行选择，企业之间的竞争加剧，许多企业开始认识到必须转变经营观念，才能求得生存和发展。市场营销观念认为，实现企业各项目标的关键，在于正确确定目标市场的需要和欲望，并且比竞争者更有效地向目标市场传送目标市场所期望的物品或服务，进而比竞争者更有效地满足目标市场的需求和欲望。

顾客导向的市场营销观念较之传统的市场营销观念是一次质的飞跃，也使市场营销学发生了一次革命。在思想认识上，顾客导向的市场营销观念将思考问题的出发点由“企业自身”转向“目标市场”，将工作重心由企业“产品”转向发现“顾客需求”，将企业目标达成方式由“扩大销售量来获得利润”转向“通过满足顾客需要来获得利润”；在方式方法上，强调协调的营销，要在市场研究的基础上确定目标市场，并通过产品、定价、促销和分销渠道组合来满足目标市场的需要。对于企业内部，要建立顾客导向和顾客满意的企业文化，使各部门管理者和员工都能自觉地把顾客导向作为行动方针。同时，要在企业内部建立以顾客导向为核心，以市场营销为统领，以人事、生产、财务、研究与开发等职能为辅助的企业经营管理新机制。

许多优秀的企业都奉行市场营销观念，如日本本田汽车公司要在美国推出一种“雅阁牌”新车。在设计新车前，他们派出工程技术人员专程到洛杉矶地区考察高速公路的情况，实地丈量路长、路宽，采集高速公路的柏油，拍摄进出口道路的设计。回到日本后，他们专门修了一条9英里长的高速公路，就连路标和告示牌都与美国公路上的一模一样。在设计行李箱时，设计人员意见有分歧，他们就到停车场看了一个下午，看人们如何放取行李。这样一来，意见马上统一起来。结果本田公司的“雅阁牌”汽车一到美国就备受欢迎，被称为“全世界都能接受的好车”。

【典型案例】

6元钱买了一颗心

泰国的东方饭店堪称“亚洲饭店之最”，几乎天天客满，不提前1个月预定是很难有入住机会的，而且客人大都来自西方发达国家。泰国在亚洲算不上特别发达，但为什么会有如此诱人的饭店呢？

一位朋友因公务经常到泰国出差，并下榻在东方饭店，第一次入住时，良好的饭店环境和服务就给他留下了深刻的印象，当他第二次入住时，几个细节更使他对饭店的好感迅速升级。

有一天早上，在他走出房门准备去餐厅的时候，楼层服务生恭敬地问道：“余先生是要用早餐吗？”余先生很奇怪，反问：“你怎么知道我姓余？”服务生说：“我们饭店规定，晚上要背熟所有客人的姓名。”这令余先生大吃一惊，因为他频繁往返于世界各地，入住过无数高级酒店，但这种情况还是第一次碰到。

余先生高兴地乘电梯下到餐厅所在的楼层，刚刚走出电梯门，餐厅的服务生就说：“余先生，里面请!”余先生更加疑惑，因为服务生并没有看到他的房卡，就问：“你知道我姓余？”服务生答：“上面的电话刚刚下来，说您已经下楼了。”如此高的效率让余先生再次大吃一惊。

余先生刚走进餐厅，服务小姐微笑着问：“余先生还要老位子吗？”余先生的惊讶再次升级，心想：“尽管我不是第一次在这里吃饭，但最近的一次也有一年多了，难道这里的服务小姐记忆力这么好？”看到余先生惊讶的目光，服务小姐主动解释说：“我刚刚查过电脑记录，您在去年的6月8日在靠近第二个窗口的位子上用过早餐。”余先生听后兴奋地说：“老位子！老位子！”小姐接着问：“老菜单？一个三明治，一杯咖啡，一个鸡蛋？”现在余先生已经不再惊讶了，“老菜单，就要老菜单！”余先生已经兴奋到了极点。

上餐时餐厅赠送了余先生一碟小菜，由于这种小菜余先生是第一次看到，就问：“这是什么？”服务生后退两步说：“这是我们特有的某某小菜。”服务生为什么要先后退两步呢？他是怕自己说话时口水不小心落在客人的食品上，这种细致的服务不要说在一般的酒店，就是在美国最好的饭店里余先生都没有见过。这一次早餐给余先生留下了终生难忘的印象。

后来，由于业务调整的原因，余先生有3年的时间没有再到泰国去。然而，他在生日当天突然收到了一封东方饭店发来的生日贺卡，里面还附了一封短信，内容是：亲爱的余先生，您已经有3年没有来过我们这里了，我们全体人员都非常想念您，希望能再次见到您。今天是您的生日，祝您生日愉快！余先生当时激动得热泪盈眶，发誓如果再去泰国，绝对不会到任何其他的饭店，一定要住在东方饭店，而且要说服所有的朋友也像他一样选择。余先生看了一下信封，上面贴着一枚6元的邮票。6元钱就这样买到了一颗心，这就是客户关系管理的魔力。

5. 社会市场营销观念

社会市场营销观念是对市场营销观念的修改和补充，它产生于20世纪70年代西方资本主义出现能源短缺、通货膨胀、失业增加、环境污染严重、消费者保护运动盛行的新形势下。因为市场营销观念回避了消费者需要、消费者利益和长期社会福利之间隐含着冲突的现实。

社会市场营销观念认为，企业的任务是确定各个目标市场的需要、欲望和利益，并以保护或提高消费者和社会福利的方式，比竞争者更有效、有力地向目标市场提供能够满足其需要、欲望和利益的物品或服务。

社会市场营销观念的决策因素主要由四部分组成：用户需求、用户利益、企业利益和社会利益。事实上，社会营销观念与市场营销观念并不矛盾，问题在于一个企业是否把自己的短期行为与长远利益结合起来。社会市场营销观念要求市场营销者在制订市场营销决策时，要统筹兼顾三方的利益，即企业利润、消费者需要的满足和社会利益。

6. 新营销观念

1）网络营销

从营销的角度出发，网络营销可以定义为：网络营销是建立在互联网基础之上、借助于互联网来更有效地满足顾客的需求和愿望，从而实现企业营销目标的一种手段。网络营销不是网上销售，不等于网站推广，网络营销是手段而不是目的，它不局限于网上，也不等于电子商务，它不是孤立存在的，不能脱离一般营销环境而存在，它应该被看做传统营销理论在互联网环境中的应用和发展。

广义上，企业利用一切网络(包括社会网络、计算机网络、企业内部网、行业系统专线网及互联网，有线网络、无线网络，有线通信网络与移动通信网络等)进行的营销活动都可以被称为“网络营销”。

狭义上，凡是以国际互联网为主要营销手段，为达到一定营销目标而开展的营销活动，都可被称为“网络营销”。

2) 跨界营销

跨界营销就是依据不同产业、不同产品、不同偏好的消费者之间所拥有的共性和联系，把一些原本没有任何联系的要素融合、延伸，彰显出一种与众不同的生活态度、审美情趣或者价值观念，以赢取目标消费者的好感，从而实现跨界联合企业的市场最大化和利润最大化的新型营销模式。

(1) 跨界营销意味着需要打破传统的营销思维模式，避免单独作战，寻求非业内的合作伙伴，发挥不同类别品牌的协同效应。跨界营销的实质是实现多个品牌从不同角度诠释同一个用户特征。

(2) 跨界营销策略中对于合作伙伴寻找的依据，是用户体验的互补，而非简单的功能性互补。可以肯定，跨界营销和逐渐盛行的以用户为中心的营销理念暗合，并非偶然。

(3) 跨界营销面向的是相同或类似的消费群体，因此，企业在思考跨界营销活动时，需要对目标消费群体作详细深入的市场调研，深入分析其消费习惯和品牌使用习惯，作为营销和传播工作的依据。

(4) 跨界营销对相互合作的企业在营销能力上提出了很多挑战。以往企业的营销战略只需要考虑如何使用好企业自身的资源，而由于联合，企业需要考虑如何通过战略上的修正，在与合作伙伴的互动中获得资源利用上的协同效应。

(5) 当品牌成为目标消费者个性体现的一部分的时候，这一特性同样需要和目标消费者身上的其他特性相协调，避免重新注入的元素和消费者的其他特性产生冲突，造成品牌印象的混乱。

一个以社会变化为依据、以营销观念发展为指导思想的企业，在满足自己目标市场需求的同时，应该考虑到自己企业的长期利益和战略，把用户利益和社会利益同时纳入自己的决策系统。只有这样，企业才会永久立于不败之地。

【典型案例】

老福特怎么了？

在世界汽车工业的发展史上，亨利·福特(Henry Ford，1863—1947年)是一位叱咤风云的大人物，他对人类的贡献不仅在于他发明的汽车生产流水线使得寻常百姓买得起汽车，更在于他的生产实践推动了人们对生产方式和管理科学的研究，使管理从经验走上了科学。然而就是这样一位在历史上抹不去的世界级人物，也只能辉煌一时，未能辉煌一世。福特和他的汽车王国到底发生了什么呢？

亨利·福特于1903年创办了以自己名字命名的“福特汽车公司”，第一批福特汽车因实用、优质和价格合理，生意一开始就非常兴隆。1906年，福特面向富有阶层推出豪华汽车，结果大众都买不起，福特车的销售量直线下降。1907年，福特总结了过去的经验教训，及时调整了经营指导思想和经营战略，实行"薄利多销"，于是生意又魔术般回升。1908年，福特按照当时大众(尤其是农场主)的需要，作出了明智的战略性决策：从此致力于生产规格统一、品种单一、价格低廉、大众普遍需要而且买得起的"T型车"，并且在实行产品标准化的基础上组织大规模生产，每辆售价850美元，1年售出10 600辆。此后10余年，由于福特车适销对路，销售迅速增加，产品供不应求，福特在商业上获得了巨大成功。产销量最高1年达100万辆，到1925年10月30日，福特汽车公司1天就能造出9109辆"T型车"，平均每10秒钟生产1辆。在20世纪20年代前期的几年中，福特汽车公司的纯收入竟高达5亿美元，成为当时世界上最大的汽车公司。

到20世纪20年代中期，随着美国经济增长和人们收入的增加、生活水平的提高，形势又发生了变化：公路四通八达，路面大大改善，马车时代坎坷、泥泞的路面已经消失；消费者开始追求时髦。可是，简陋而千篇一律的"T型车"虽价廉，但已不能招徕顾客，因此，福特"T型车"销量开始下降。

面对现实，福特仍自以为是，一意孤行，坚持其生产中心观念，置顾客需要的变化于不顾，诚如他宣称："无任你需要什么颜色的汽车，我福特只有黑色的(卖给你)。"1922年，他在公司推销员全国年会上听到关于"T型车"需要根本改进的呼吁后，静坐了2小时，然后说："先生们，根据我看，福特车的唯一缺点是我们生产得还不够快。"就在福特固守他那种陈旧观念和廉价战略的时候，通用汽车公司(GM)却时时刻刻注视着市场的动向，并发现了良机，意识到有机可乘，及时地作出了适当的战略性决策：适应市场需要，坚持不断创新，增加一些新颜色和样式的汽车上市。于是，"雪佛兰"车开始排挤"T型车"。1926年"T型车"销量陡降，到1927年5月，福特不得不停止生产"T型车"，进行改产。此次改产，福特汽车公司不仅耗资1亿美元，而且这期间通用汽车公司乘虚而入，占领了福特车市场的大量份额，致使福特汽车公司的生意陷入低谷。后来，福特公司虽力挽狂澜，走出了困境，但从此失去了车坛霸主地位。

分析讨论：

1. 什么是市场营销？有哪些市场营销观念？老福特的言行体现了哪种市场营销观念？
2. 试讨论老福特的成功与悲哀到底在哪里。
3. 此案例给了我们哪些启示？

任务专项实训

实训项目：某一汽车市场开发案例分析

实训目的：通过本实训项目，学生能够理解社会市场营销达成三方共赢的重要意义，建立社会市场营销观念。

实训内容：

情景1：最近某品牌汽车为了扩大销路，在某小区搞了一场小型车展，但遗憾的是车展开始前，促销人员没有对小区做充分调查，导致车展有些冷场。请问该如何完善此活动？

情景2：校企合作4S店要到学校内举办一场针对教师的车展活动，4S店总经理把此事

交给你来处理，你会如何安排？

情景3：最近是汽车销售的淡季，公司老总偶然发现，本地区的很多居民每个周末只要天气好，就会到城市郊区某一开放式风景点游玩。因此，老总想让你设计一次针对风景点游玩居民的小型车展，你该如何做？

实训步骤：

(1) 将学生进行分组，4～5人为一组，设立组长负责制。

(2) 由组长根据提供的情景项目选择一项来完成设计。组长对实训内容进行分解，对本组成员进行分工，再由各成员根据任务收集相关资料，初步提出思路及解决问题的措施。

(3) 由组长提出具体的设计方案并加以说明，完成答辩PPT。

实训评价：

(1) 要求：理解实训任务的中心思想，完成任务分解，完成任务设计；能够准确说明方案内容，具有较好的创新能力；完成一份实训报告。

(2) 评分标准：

序号	评分标准	分值	评分	备注
1	团队合作	20		
2	团队精神	10		
3	内容结构	30		
4	仪容仪表	30		
5	应变能力	10		

项目 2 汽车营销环境与汽车 4S 店的整体认识

项目主要内容

1. 汽车 4S 店的微观环境包括哪些；
2. 汽车 4S 店的宏观环境包括哪些；
3. 汽车 4S 店的整体认识。

任务 2.1 汽车营销环境与微观环境认识

➡知识目标

1. 掌握汽车营销环境的概念、主要内容以及对汽车市场的作用；
2. 了解汽车微观环境的构成以及各构成要素的主要内容。

➡能力目标

1. 正确认识营销环境对汽车市场重要性的认识；
2. 能够准确说明汽车营销环境对汽车市场的影响；
3. 能够非常熟悉汽车营销微观环境的构成，并能详细说明各构成要素的主要内容；
4. 能够运用汽车营销微观环境要素对某一汽车市场存在的问题进行综合分析。

➡任务导入

王宇是今年刚入职的博士，年收入约为 20 万，工作地点为我国的中部省份，最近刚考完驾照的他，想购买一辆汽车练练手，同时也是为了上下班方便。为此，他向汽车专业人士了解了如下信息：

1. 汽车 4S 店：服务水平高，购买汽车有售后保障，销售的汽车通常为新车，有时也卖二手车，二手车的价格较高，销售的车基本上是单一品牌。如果消费者购买新车，付款方式有两种：一种是全款，第一年需要在汽车 4S 店购买全险，且优惠的幅度不会太大；另一种是贷款购车，需要交一笔 5000 元左右的贷款手续费，且贷款期限内必须在 4S 店内购买全险，基本上没有优惠。

2. 各大汽车市场：汽车市场整体布局大，有新车销售，也有二手车销售，种类品牌较齐全，价格方面会比汽车 4S 店要少一些，售后服务是厂家全国联保的，但市场上的整体环境看上去比较杂乱，服务水平一般，有时候也会碰到一些汽车销售骗子。

3. 名车行：整体环境和汽车 4S 店差不多，经济实惠，销售服务水平也较好，专业。但各大名车行基本上会缺少一些重要岗位或功能的设置，例如售后服务较弱、不提供汽车保养、不提供汽车维修等。名车行不存在买车强制购买保险的行为，可全款购车，也可分期。

请根据以上信息，为小王提供一些专业的参考意见。

1. 你会建议小王购买二手车还是新车？为什么？

2. 你会建议小王在哪家汽车销售商处购买汽车？请说明基本理由。

分析：

目前，我国汽车经销商的类型较多，不同的经销商承担的工作职责是不一样的，有的经销商对汽车商品只有经销权没有所有权，有的经销商不仅拥有汽车商品的经销权，也有所有权。因此，经销商的权利不一样，所带来的义务也是不一样的。另外，各类汽车经销商存在于市场，不仅丰富了汽车产品的销售渠道，还推进了汽车产业的进一步发展。当然，各类经销商有时也会存在一些不良行为，而这些行为会导致各类经销商在消费者心中的品牌价值不一样。

➡知识准备

2.1.1　汽车营销环境

1. 汽车营销环境的概念

美国著名市场学家菲利普·科特勒将市场营销环境定义为：“企业营销环境是由企业营销管理职能外部因素和力量组成的。这些因素和力量影响营销管理者成功地保持和发展同其目标市场顾客的交换能力。”也就是说，市场营销环境是指与企业有潜在关系的所有外部力量与机构的体系。因此，对汽车营销来说，汽车市场营销环境研究是研究汽车营销活动最基本的课题。汽车营销环境包括汽车内部的微观环境和企业外部的宏观环境。

2. 开展市场营销内部环境分析的意义

汽车企业市场营销的内部环境，是企业开展市场营销活动的前提和基础，它们的状况直接关系到企业营销的经济效益。因此，开展市场营销内部环境的分析，深入研究这些因素之间的相互关系，探索它们之间活动的规律性，以便使其发挥更大的作用，对于正确制定企业的市场营销战略和策略、搞活市场营销具有十分重要的作用。

首先，企业开展市场营销内部环境分析，可以准确地弄清自己的长处、短处、优势、劣势，以便在市场营销活动中扬长避短，发挥优势。

其次，企业开展市场营销内部环境分析，可以找到造成企业短板和处于劣势的原因，以便在市场营销活动中挖掘潜力，取得更大的经济效益。

再次，企业开展市场营销内部环境分析，可以准确把握企业力量的变化，以便在市场变化的紧要关头，不失时机地做出最佳选择。

3. 开展市场营销外部环境分析的意义

由于汽车市场营销环境是企业的不可控因素，而企业的内部条件则是可控因素，企业内部条件同市场营销环境之间的基本和主要关系是一种适应关系，即企业的内部条件要适应外部环境的要求。根据外部环境的情况及其变化，结合企业的内部条件，寻找和发现市场机会，避免和减少市场威胁，并通过制定正确的市场营销战略和策略，以顺利实现企业的营销目标，努力提高经济效益。企业利用内部因素的组合面对目标市场，但首先要受微观环境的制约；而宏观环境既影响着企业，也影响着微观环境。因此，企业在营销活动中，既要适应宏观环境的要求，又要适应微观环境的要求。

★ 小思考

请查找我国历年汽车销售数据并画出曲线图，认真看图并分析我国汽车市场发展趋势，简要说明这种趋势对未来我国汽车后市场人才需求会带来什么影响。

2.1.2 汽车营销微观环境

微观环境(Micro-Environment)是指与企业关系密切、能够影响企业服务顾客能力的各种因素：企业自身、供应商、销售渠道、顾客、竞争对手和公众等。这些因素构成企业的价值传递系统。营销部门的业绩，建立在整个价值传递系统运行效率的基础之上。微观环境对营销行为的影响具有直接性、可控性和局部性等特征。对企业而言，微观环境中的某些因素如企业内部组织机构设置、供应商的选择、销售渠道的选择都是可控的，企业可以结合自身的营销目标，对这些因素进行必要的调整和控制。同时，微观环境中某些因素如竞争对手、顾客群对市场营销的影响是局部的，顾客群的选择只会影响局部的细分市场，竞争对手只对局部产品造成威胁。

1. 企业自身

企业自身包括企业的类型、组织模式、组织机构及企业文化等因素。

企业开展营销活动要充分考虑到企业内部的环境力量和因素。企业是组织生产和经营的经济单位，是一个系统组织。企业内部一般设立计划、技术、采购、生产、营销、质检、财务、后勤等部门。企业内部各职能部门的工作及其相互之间的协调关系，直接影响企业的整个营销活动。

2. 供应商

供应商是向企业及其竞争者提供生产经营所需资源的企业或个人，包括提供原材料、零配件、设备、能源、劳务、资金及其他用品等，是影响企业营销的微观环境的重要因素之一。供应商对企业营销活动的影响主要表现在三方面。

1）供货的稳定性与及时性

原材料、零部件、能源及机器设备等货源的保证，是企业营销活动顺利进行的前提。供应量不足，供应短缺，都可能影响企业按期完成交货任务。

2）供货的价格变动

毫无疑问，供货的价格直接影响企业的成本。如果供应商提高原材料价格，生产企业亦将被迫提高其产品价格，由此可能影响到企业的销售量和利润。

3）供货的质量水平

供应商对企业营销业务有实质性的影响，其所供应的原材料数量和质量将直接影响产品的数量和质量；所提供的资源价格会直接影响产品成本、价格和利润。

企业在寻找和选择供应商时，应特别注意两点：第一，企业必须充分考虑供应商的资信状况。要选择那些能够提供品质优良、价格合理的资源，交货及时，有良好信用，在质量和效率方面都信得过的供应商，并且要与主要供应商建立长期稳定的合作关系，保证企业生产资源供应的稳定性。第二，企业必须使自己的供应商多样化。企业过分依赖一家或少数几家供货人，受到供应变化的影响和打击的可能性就大。

现代企业管理理论非常强调供应链管理，汽车企业应认真规划自己的供应链体系，将供应商视为战略伙伴，不要过分牺牲供应商的利益，而应该按照“双赢”的原则实现共同发展。

3. 营销中介机构

营销中介(Marketing Intermediaries)是指协助汽车厂商从事市场营销的组织或个人。它包括中间商、实体分配公司、营销服务机构和财务中间机构等。

1）中间商

中间商是销售渠道公司，能帮助公司找到顾客或把产品售卖出去。中间商包括批发商和零售商。寻找合适的中间商并与之进行有效的合作并不是一件容易的事。制造商不能像从前那样从很多独立的小型经销商中任意挑选，而必须面对具备一定规模并不断发展的销售机构。这些机构往往有足够的力量操纵交易条件，甚至将某个制造商拒之门外。在与中间商建立合作关系后，制造企业要随时了解和掌握其经营活动，并可采取一些激励性合作措施，推动其业务活动的开展，而一旦中间商不能履行其职责或市场环境变化时，企业应及时解除与中间商的关系。

2）实体分配公司

实体分配公司的主要职能是协助厂商储存并把货物运送至目的地的仓储公司。实体分配的要素包括包装、运输、仓储、装卸、搬运、库存控制和订单处理七个方面，其基本功能是调节生产与消费之间的矛盾，弥合产销时空上的背离，提供商品的时间效用和空间效用，以利适时、适地和适量地把商品供给消费者。汽车生产企业需确定应该有多少仓位自己建造(购买)，多少仓位向存储公司租用。运输公司包括从事铁路运输、汽车运输、驳船运输等业务的公司，它们负责把货物从一地运往另一地。在与仓库、运输公司打交道的过程中，企业必须综合考虑成本、运输方式、速度及安全性等因素，从而决定选用成本最低而效益更高的运输和存储商品的最佳方式。

3）市场营销服务机构

市场营销服务机构指市场调研公司、广告公司、各种广告媒介及市场营销咨询公司，它们协助企业选择最恰当的市场，并帮助企业向选定的市场推销产品。企业可自设营销服务机构，也可委托外部营销服务机构代理有关业务，并定期评估其绩效，促进提高创造力、质量和服务水平。

营销中介对企业市场营销的影响很大，如关系到企业的市场范围、营销效率、经营风险、资金融通等。因而企业应重视营销中介的作用，以获得他们的帮助，弥补企业市场营销能力的不足并不断地改善企业财务状况。

★ 小思考

有人说营销中介就是多余的，不仅浪费公共资源，还对消费者产生了巨大成本，你是怎么认为的?

4. 顾客(用户)

顾客是企业产品销售的市场，是企业赖以生存和发展的“衣食父母”，企业市场营销的起点和终点都须满足顾客的需要，汽车厂商必须充分研究各种汽车用户的需要及其变化。顾客就是企业的目标市场，是企业服务的对象，也是营销活动的出发点和归宿。企业的一切营销活动都应以满足顾客的需要为中心。因此，顾客是企业最重要的环境因素。

按顾客构成形式可将顾客市场分为五类：消费者市场、企业市场、经销商市场、政府市场和国际市场。消费者市场由个人和家庭组成，他们仅为自身消费而购买商品和服务。企业购买商品和服务是为了深加工或在生产过程中使用。经销商购买产品和服务是为了转卖，以获取利润。政府市场由政府机构组成，购买产品和服务用以服务公众，或作为救济物资发放。最后是国际市场，由其他国家的购买者组成。每个市场都有各自的特点，销售人员需要对此做出仔细分析。

【典型案例】

网红“阿大葱油饼”

中新网上海2016年10月28日报道，阔别食客1个月的上海滩网红美食“阿大葱油饼”28日在距离原址不远的永嘉路上重新飘香。

崭新的铺子里，阿大弯着腰在老炉台前制作葱油饼，铁板上饼子嗞嗞啦啦地煎着，葱香四溢。店门口的告示牌写着“‘饿了么’请你免费吃饼”的字样，从早上开始，就有不少人慕名而来，在人行道上排队等着尝鲜。

新址店面较之前的环境明亮了不少，墙壁是白瓷砖，料理台材质变成不锈钢，用了几十年的老炉子仍在店内。阿大说除了店址，其他都不变，每周三休息，5元1个，每人限购10只。

虽然是网红美食，并登上过英国BBC节目，但上海市黄浦区通报称，2016年以来，当地市场监督管理局通过12331热线接到多起消费者投诉，反映茂名南路159弄2号居民屋内有人无证无照制售葱油饼，卫生状况差，存在食品安全隐患，要求监管部门依法查处。收到投诉后，阿大也书面做出承诺不再从事无证无照经营行为，并于2016年7月21日关门停业。

后经过黄浦区市场监管部门牵线搭桥，网络订餐平台“饿了么”与阿大达成合作协议，由“饿了么”出资为“阿大葱油饼”在原址附近另觅新址，并承担新店开设所需费用。在相关部门的协调下，“饿了么”和阿大签署合作协议，新店店址终于定下，装修也很快完成。阿大称，此番重开新店“证照齐全”，他在新店会继续帮大家把老上海的味道搞好，把食品安全做好，让大家能够尝到正宗的上海老味道。

阿大顺利复业，固然让人欣喜，但民间美食如何适应现代治理要求，仍然让人关注。许多口碑良好的传统美食，由于经营场所历史久远、经营者缺乏资金等诸多原因，常常不得不以无证小微餐饮的形态存在，除了阿大葱油饼，像梦花街馄饨、胖阿姨锅贴等“老上海味道”也概莫能外。在现有法规框架下，协助小微餐饮正规化经营，同时又延承美食传统，成为了值得整个社会思考的课题。有业内人士认为，黄浦区市场局穿针引线，“饿了么”扶持阿大，或可成为近年来关于无证小微餐饮治理和传统美食文化保护问题的成功范例。

（资料来源：http://news.china.com/socialgd/10000169/20161028/23827316.html）

5. 竞争者

任何企业的市场营销活动都要受到其竞争者的挑战，这是市场营销的又一重要微观环境。现代市场营销理论认为，竞争者有各种不同的类型，根据竞争者在市场中所处的地位，可分为市场领先者、市场挑战者、市场跟随者和市场补缺者四种，企业应针对不同类型的竞争者分别采取不同的竞争策略。

企业不可能独占市场，会面对形形色色的竞争对手。在竞争性的市场上，除来自本行业的竞争外，还存在代用品生产者、潜在加入者、原材料供应者和购买者等多种力量。企业要成功，必须在满足消费者需要和欲望方面比竞争对手做得更好。企业的营销系统总是被一群竞争者包围和影响着，必须加强对竞争者的研究，了解对本企业形成威胁的主要竞争对手及其策略，以及力量对比如何等，知己知彼，扬长避短，才能在顾客心目中强有力地奠定其所提供产品的地位，以获取战略优势。

6. 公众

公众就是对一个组织完成其目标的能力有着实际或潜在兴趣或影响的群体。公众可能有助于增强一个企业实现自己目标的能力，也可能妨碍这种能力。鉴于公众会对企业的命运产生巨大的影响，精明的企业就会采取具体的措施，去正确地处理与主要公众的关系，而不是不采取行动和等待。所有的企业都必须采取积极措施，树立良好的企业形象，力求保持和主要公众之间的良好关系。每个企业的周围一般都有七类公众。

1）融资公众

融资公众是指影响企业融资能力的金融机构，如银行、投资公司、证券经纪公司、股东、保险公司等。企业可以通过发布乐观的年度财务报告，回答关于财务问题的询问，稳健地运用资金，在融资公众中树立信誉。

2）媒介公众

媒介公众指那些刊载、播送新闻、特写和社论的机构，特别是报纸、杂志、电台、电视台。企业必须与媒体组织建立友善关系，争取有更多更好的有利于本企业的新闻、特写以至社论。

3）政府机构

企业管理当局在制订营销计划时，必须认真研究与考虑政府政策与措施的发展变化。企业的发展战略与营销计划必须和政府的发展计划、产业政策、法律法规保持一致，注意咨询有关产品安全卫生、广告真实性等法律问题，倡导同业者遵纪守法，向有关部门反映行业的实情，争取立法有利于产业的发展。

4）公民行动团体

一个企业的营销活动可能会受到消费者组织、环境保护组织、少数民族团体等的质询。企业营销活动关系到社会各方面的切身利益，必须密切注意来自社团公众的批评和意见。

5）地方公众

企业必须重视同当地的公众团体(如邻里居民和社区组织)保持良好关系，积极支持社区的重大活动，为社区的发展贡献力量，争取社区公众理解和支持企业的营销活动。

6）一般公众

企业需要关注一般公众对企业产品及经营活动的态度。虽然一般公众并不是有组织地对企业采取行动，然而一般公众对企业的印象却影响着消费者对该企业及其产品的看法。

7）内部公众

企业内部的公众包括蓝领工人、白领工人、经理和董事会。企业的营销计划需要全体职工的充分理解、支持和具体执行，应经常向员工通报有关情况，介绍企业发展计划，发动员工出谋献策，关心职工福利，奖励有功人员，增强内部凝聚力。大公司还应发行业务通信和采用其他信息沟通方法，向企业内部公众通报信息并激励他们的积极性。这样一来，员工的责任感和满意度必然会传播并影响外部公众，从而有利于塑造良好的企业形象。

任务专项实训

实训项目：汽车4S店营销环境认知

实训目的：通过本实训项目，学生能够具体了解汽车4S店的营销环境组成，能够分清汽车4S店的微观环境和宏观环境，能够从汽车4S店一定时期内的营销策略判断企业所处的环境，特别要了解汽车品牌竞争者之间的营销环境异同。

实训内容：

学生选择两家同类别的汽车4S店，分别详细调查两家4S店在某一个区域内的微观环境和宏观环境，分析环境带给企业的机会与威胁，收集两家汽车4S店的营销策略，判断企业制定的营销策略与企业所处的环境是否吻合，判断汽车4S店之间的营销环境异同。

实训步骤：

（1）将学生进行分组，4～5人一组，设立组长负责制。

（2）由组长设置小组成员任务，组成员根据各自的任务需要，收集汽车4S店的营销环境信息，并根据营销环境判断企业的机会与威胁，利用SWOT拟定营销策略；收集汽车4S店实际制定的营销策略，比较两类营销策略之间的差异，找出原因并说明理由；判断两个汽车4S店营销环境的异同。

实训评价：

（1）要求：能够准确说出汽车4S店营销环境，能根据SWOT找到企业营销机会，防范营销威胁，能根据营销环境制定营销策略；能根据营销环境实际情况说明企业营销策略中的内在信息，能比较同类汽车4S店营销环境异同；完成一份实训报告。

（2）评分标准：

序号	评分标准	分值	评分	备注
1	团队合作	20		
2	团队精神	10		
3	内容结构	30		
4	仪容仪表	30		
5	应变能力	10		

任务2.2 汽车营销宏观环境认识

➡知识目标

1. 掌握汽车营销宏观环境的概念；
2. 了解汽车营销宏观环境的构成要素以及各要素的主要内容。

➡能力目标

1. 能够非常熟悉汽车营销宏观环境的构成，并能详细说明各构成要素的主要内容；
2. 能够运用汽车营销宏观环境要素对某一汽车市场存在的问题进行综合分析。

➡任务导入

中国机动车保有量接近3亿 女司机数量增至9700万

据公安部交管局统计，截至2016年底，全国机动车保有量达2.9亿辆，其中汽车1.94亿辆；机动车驾驶人3.6亿人，其中汽车驾驶人超过3.1亿人。

汽车保有量达1.94亿辆，新注册量和年增量均达历史最高水平。随着群众生活水平的不断提升，汽车刚性需求保持旺盛，汽车保有量保持迅猛增长趋势，2016年新注册登记的汽车达2752万辆，保有量净增2212万辆，均为历史最高水平。汽车占机动车的比率持续提高，近5年占比从50.39%提高到65.97%。

全国有49个城市的汽车保有量超过百万辆，其中，汽车保有量超过200万辆的18个城市依次是北京、成都、重庆、上海、深圳、苏州、天津、郑州、西安、杭州、武汉、广州、石家庄、东莞、南京、青岛、宁波、佛山。

私家车总量达1.46亿辆，每百户家庭拥有36辆。2016年，小型载客汽车达1.6亿辆，其中，以个人名义登记的小型载客汽车(私家车)达到1.46亿辆，占小型载客汽车的92.60%。与2015年相比，私家车增加2208万辆，增长15.08%。全国平均每百户家庭拥有36辆私家车，成都、深圳、苏州等城市每百户家庭拥有私家车超过70辆。

机动车驾驶人数量达3.6亿人，驾龄1年以内的驾驶人达3314万人。随着机动车保有量持续快速增长，机动车驾驶人数量也呈现迅猛增长趋势，近5年年均增量达2450万人。2016年，全国机动车驾驶人数量达3.6亿人，汽车驾驶人超3.1亿人，占驾驶人总量的87.49%，全年新增汽车驾驶人3129万人。从驾驶人驾龄看，驾龄不满1年的驾驶人3314万人，占驾驶人总数的9.27%。男性驾驶人2.60亿人，占72.77%，女性驾驶人9738万人，占27.23%，与2015年相比提高了1.53个百分点。

机动车及驾驶人数量迅速增长，给人们生产生活带来便捷的同时，也带来不容忽视的安全隐患。2017年春运将至，全国交通将迎来群众回家和返程高峰，特别是春节期间群众自驾长途出行需求多，交通流量剧增，出行规模大，持续时间长，加上冬季冰雪、团雾等天气，交通环境复杂，对行车安全有很大影响。公安部交管局在此提醒广大交通参与者谨慎驾车，出行前认真检查车辆安全性能，及时关注天气变化，提前选择出行路线，尽量避开雨雾冰雪等恶劣天气和复杂路段；驾驶过程中系好安全带，不开斗气车、切莫强超强会，不要接打电话、发送短信微信，遇高速公路拥堵时，严禁占用应急车道，坚决抵制超速、超载、酒驾、闯红灯等严重交通违法行为。

（资料来源：http://auto.qq.com/a/20170111/011709.htm）

问题：

1. 以上信息会不会对消费者购买行为产生影响？影响我国居民的用车环境因素有哪些？
2. 请说明各大城市为什么要对汽车使用者限号？为什么要对汽车消费者进行限购？

分析：

我国汽车消费正从高速增长变成缓慢成长，说明我国汽车市场已进入成熟期，在成熟期内，消费者的消费行为更趋理性。经济水平问题已不再是影响消费者购车的主要因素，相反，汽车的使用环境（如城市停车问题、道路基础设置问题、车辆限行问题等）越来越对消费者产生巨大影响。机动车数量不断增加，导致机动车对城市污染的影响也持续增加，控制机动车对环境造成的污染问题，主要的措施就是减少机动车的使用，而减少机动车的使用又会对消费者购买机动车的积极性产生影响，如何合理解决这一矛盾问题，将会是我国国民建设的根本任务和目标。

➡知识准备

2.2.1 宏观环境的概念

宏观环境（Macro-Environment）系指能影响整个微观环境和企业营销活动的广泛性因素：人口环境、自然环境、经济环境、科技环境、政策法律环境以及社会文化环境等。一般地说，宏观环境因素具有强制性、不确定性和不可控性等特点。一旦宏观环境发生变化，对某个行业或几个行业中的所有企业都会产生影响，企业只能密切关注这些因素的变化并努力去适应这些变化。

★ 小思考

这几年，SUV汽车市场异军突起，其历年销售增量屡创新高，而三厢车的销售量不但没有延续前期的快速增长，相反还有下降的趋势，请你简单说明原因。

2.2.2 汽车宏观环境的构成

1. 人口环境

人口是一切社会生活的基础和出发点，也是影响企业市场营销的社会环境中的基本因素。人口环境（Demography Environment）是指一个国家和地区（企业目标市场）的人口数量、人口质量、家庭结构、人口年龄分布及地域分布等因素的现状及其变化趋势。

对企业营销产生影响的人口变动趋势主要表现在四个方面。

1）人口总量增长

人口是构成市场的第一位因素，因为市场是由那些想购买商品同时又具有购买力的人构成的。因此，人口的多少直接决定市场的潜在容量，人口越多，市场规模就越大。而人口的年龄结构、地理分布、婚姻状况、出生率、死亡率、人口密度、人口流动性及其文化教育等人口特性，会对市场格局产生深刻影响，并直接影响企业的市场营销活动和企业的经营管理。

2）人口出生率和死亡率下降，人口趋于老龄化

近20年来，由于我国严格推行计划生育政策，使人口出生率大幅下降。同时，由于医疗条件的改善，人口死亡率下降，人口的平均寿命不断提高，不同年龄的消费者对商品的需求不一样。到下世纪初，我国将出现人口老龄化现象，而且人口老龄化速度将大大高于西方发达国家，老龄化问题会对我国所有行业产生影响，包括汽车行业。

3）人口的地理分布及区间流动

随着市场经济的发展，我国已出现工业化、城市化趋势。近20年来，农村人口大量流向城市，加上农村小城镇的发展，城镇人口大量增加，从而使得城市市场迅速扩大，为饮食业、住宅业、交通运输业的发展提供了机遇。

4）家庭小型化和非家庭户的出现

家庭是社会的细胞，也是商品采购和消费的基本单位。一个市场拥有家庭单位和家庭平均成员的多少，以及家庭组成状况等，对汽车市场消费需求的潜量和需求结构，都有十分重要的影响。计划生育、晚婚、晚育的倡导和实施，现代人生活方式的改变，职业妇女的增多，单亲家庭和独身者的涌现，我国独生子女家庭的增多，以及大量“空巢”式家庭的出现，都将带来一个共同的结果，即我国家庭规模的小型化。人口变化的这一动向，使市场对以家庭为使用单位的汽车需求量大为增加。

2. 自然环境与汽车使用环境

1）自然环境

自然环境（Natural Environment）主要指营销者所需要或受营销活动所影响的自然资源。营销活动要受自然环境的影响，也对自然环境的变化负有责任。营销管理者当前应注意自然环境面临的难题和趋势，如很多资源短缺、环境污染严重、能源成本上升等。从长期的观点来看，自然环境应包括资源状况、生态环境和环境保护等方面，许多国家政府对自然资源管理的干预已日益加强。人类只有一个地球，自然环境的破坏往往是不可弥补的，企业营销战略中实行生态营销、绿色营销等，是维护全社会长期福利的必然要求。汽车是一个耗能排污的工业产品，自然环境对汽车厂商市场营销的影响尤其大。

(1) 自然资源的减少将对汽车厂商的市场营销活动构成一个长期的约束。由于汽车生产和使用需要消耗大量的自然资源，汽车工业越发达，汽车普及程度越高，汽车生产消耗的自然资源也就越多，而自然资源总的变化趋势是日益短缺。

(2) 生态环境的恶化对汽车的性能提出了更高的要求。生态与人类生存环境总的变化趋势都是日趋恶化，环境保护将日趋严格，而汽车的大量使用又会明显地产生环境污染，因而环境保护对汽车的性能要求将日趋苛刻。

2）汽车使用环境

汽车使用环境系指影响汽车使用的各种客观因素，一般包括气候、地理、车用燃油、道路交通、城市建设等因素。

(1) 自然气候。自然气候包括大气的温度、湿度、降雨、降雪、降雾、风沙等情况以及它们的季节性变化。自然气候对汽车使用时的冷却、润滑、起动、充气效率、制动等性能以及汽车机件的正常工作和使用寿命会产生直接影响。因而汽车厂商在市场营销的过程中，

应向目标市场推出适合当地气候特点的汽车，并做好相应的技术服务，以使用户科学地使用本企业的产品和及时解除用户的使用困难。

(2) 地理因素。这里所指的地理因素主要包括一个地区的地形地貌、山川河流等自然地理因素等。例如，随着我国农村客运的发展农村客运基础设施建设加快，农村客运通达深度提高，推进了城乡客运一体化进程，农村客运运力全面更新为符合国家标准的车型，城乡客运网络得到有效衔接，为汽车业尤其是客车的发展提供了新的机遇。再如，汽车运输是西藏自治区目前交通运输的重要方式，针对西藏的高原、多山、寒冷的地理气候特点，有些汽车公司推出了适合当地使用条件的汽车，而其他公司的汽车产品却因不能适应当地使用条件，产品难以经受使用考验而不得不退出该市场。

(3) 车用燃油。车用燃油包括汽油和柴油两种成品油。它对汽车厂商营销活动的影响有：

① 受世界石油资源不断减少的影响，传统燃油汽车的发展将受到制约。例如，20 世纪两次石油危机期间，全球汽车产销量大幅度下降。

② 车用燃油中汽油和柴油的供给比例影响到汽车工业的产品结构，进而影响到具体汽车厂商的产品结构。例如，柴油短缺对发展柴油汽车就具有明显的制约作用。

③ 燃油品质的高低对汽车厂商的产品决策具有重要影响，譬如燃油品质的不断提高，汽车产品的燃烧性能亦不断提高，车用燃油是汽车使用环境的重要因素，汽车厂商应善于洞察这一因素的变化，并及时采取相应的营销策略。

(4) 公路交通。公路交通是指一个国家或地区公路运输的作用，各等级公路的里程及比例，公路质量，公路交通量及紧张程度，公路网布局，主要附属设施如停车场、维修网、加油站及公路沿线附属设施等因素的现状及其变化。公路交通对汽车营销的影响有：

① 良好的公路交通条件有利于提高汽车在交通运输体系中的地位。公路交通条件好，有利于提高汽车运输的工作效率，提高汽车使用的经济性等，从而有利于汽车的普及；反之，公路交通条件差，则会减少汽车的使用。

② 汽车的普及程度增加也有利于改善公路交通条件，从而为企业的市场营销创造更为宽松的公路交通使用环境。经过 40 多年的建设，我国公路交通条件获得了极大改善，公路里程大幅度增加，公路等级大幅度提高，路面状况大大改善，公路网密度日趋合理，我国汽车厂商将面临更好的汽车使用环境。

(5) 城市道路交通。城市道路交通是汽车尤其是轿车使用环境的又一重要因素，它包括城市的道路面积占城市面积的比例、城市交通体系及结构、道路质量、道路交通流量、立体交通、车辆道路密度以及车辆使用附属设施等因素的现状及其变化。这一使用环境对汽车市场营销的影响，与前述公路交通基本一致。但由于我国城市的布局刚性较大，城市布局形态一经形成，改造和调整的困难很大；加之人们对交通工具选择的变化，引发了对汽车需求的增加，中国城市道路交通的发展面临巨大的压力，因而该使用环境对汽车市场营销的约束作用就更为明显一些。

(6) 住宅停车设施。我国的机动化进程滞后于城市改建，城市改建过程中就难以充分考虑到机动车发展的需要，停车设施对机动车消费的限制和影响是显而易见的。

★ 小思考

请你分析一下，为什么汽车 4S 店建店选址基本上都选在城市的郊区，有什么利弊？

3. 科技环境

科技环境(Science-Technological Environment)是指一个国家和地区整体科技水平的现状及其变化。科学与技术的发展对一国的经济发展具有非常重要的促进作用，科技环境的改变对市场营销的方式和理念也将产生非常重要的影响。

科学技术是第一生产力，科技的发展对经济发展有巨大的影响，不仅直接影响企业内部的生产和经营，还同时与其他环境因素互相依赖、互相作用，给企业营销活动带来有利与不利的影响。例如，一种新技术的应用，可以为企业创造一个明星产品，产生巨大的经济效益，也可以迫使企业的一种成功的传统产品不得不退出市场。新技术的应用，会引起企业市场营销策略的变化，也会引起企业经营管理的变化，还会改变零售商业的业态结构和消费者的购物习惯。

4. 经济环境

经济环境包括经济发展状况、市场环境、竞争规则的变化及顾客行为的变化，以及那些能够影响顾客购买力和消费方式的经济因素，包括居民收入、商品价格、居民储蓄及消费者的支出模式等。

1）经济发展状况

企业的市场营销活动要受到一个国家或地区经济发展状况的制约，在经济全球化的条件下，国际经济形势也是企业营销活动的重要影响因素。

2）市场环境

市场环境的变化体现在 WTO 使中国市场准入的“门槛”发生了极大的变化。对国外有实力的大公司意味着进入中国市场的门槛降低了，从而节约了成本。而对中国目前大多数企业而言，将意味着进入自己市场的门槛提高了。

3）竞争规则

WTO 的所有基本原则、协定和协议都是建立在市场经济基础上并以市场导向为前提的。其目的在于各成员国政府的贸易政策行为不能扭曲市场竞争，不能人为地干预市场交易，要努力减少对国际贸易的限制，大幅降低关税、非关税及其他阻碍贸易进行的壁垒，在更大范围内让市场配置各国资源。最优化运用世界资源，那么我们习惯使用的许多政府保护性政策都不能再继续沿用了。同时，WTO 会极大地推动市场竞争点向着高层次、多元化和企业综合能力竞争的方向发展，加大了竞争的难度。

4）顾客行为

随着顾客自身素质的提高，自我保护意识的增强以及社会提供了更多的物质技术手段去鉴别商品的真伪，消费者的购买行为会发生诸多变化，在具体决定把手里的货币投向哪一个厂商或品牌商品时，将会更趋向理性化，趋向于不会由于某些情感因素而拒绝购买国外更为优秀的产品和服务。

5）消费者实际收入及支出模式

(1) 消费者实际收入状况。消费者收入包括工资、奖金、退休金、红利、租金、赠给性收入等，但由于受通货膨胀、风险储备、个人税赋等因素的影响，实际收入经常低于货币收入。实际收入只是货币收入扣除通货膨胀、风险储备、税收因素影响后的收入。可能成为市场购买力的消费者收入还有"可支配的个人收入"(Disposable Personal Income)与"可随意支配的个人收入"(Discretionary Income)之分，前者是指货币收入扣除消费者个人各项税款(所得税、遗产税)以及交给政府的非商业性开支(学费、罚款等)后可用于个人消费、储蓄的那部分个人收入，这是影响消费者购买力和消费者支出的决定性因素；后者则是指再扣除消费者个人基本生活用品支出(食物、衣服等)和固定支出(房租、保险费、分期付款、抵押借款等)后的那部分个人收入。因此，企业市场营销人员必须注意经常分析这种消费者收入的变动状况以及消费者对其收入的分配情况。一般情况下，可随意支配的个人收入主要用于对奢侈品的需求。

★ 小思考

近年来，经济型轿车的汽车购置税率经历了从免税到5%，再到7.5%的变化，请你简单回答这种调整对汽车消费者有什么影响?

(2) 消费者储蓄与信贷状况。在消费者实际收入为既定的前提下，其购买力的大小还要受储蓄与信贷的直接影响。从动态的观点来看，消费者储蓄是一种潜在的、未来的购买力。在现代市场经济中，消费者的储蓄形式有银行存款、债券、股票、不动产等，它往往被视为现代家庭的"流动资产"，因为它们大都可以随时转化为现实的购买力。在正常状况下，居民储蓄同国民收入成正比变动，但在超过一定限度的通货膨胀的情况下，消费者储蓄向实际购买力的转变就极易成为现实。消费者信贷是指消费者以个人信用为保证先取得商品的使用权，然后分期归还贷款的商品购买行为，它广泛存在于西方发达国家，是影响消费者购买力和消费支出的另一个重要因素。在西方国家，消费者信贷主要有四种形式：日常用品的短期赊销、购买住宅时的分期付款、购买耐用消费品时的分期计息贷款以及日益普及的信用卡信贷。因此，研究消费者信贷状况与了解消费者储蓄状况一样，都是现代企业市场营销的重要环节。

(3) 消费者支出模式的变化。所谓"消费者支出模式"，其内容是指消费者收入变动与需求结构变动之间的关系。其变化状况主要受恩格尔定律的支配，即随着家庭收入的增加，用于购买食物的支出比例将会下降，用于住宅、家务的支出比例大体不变，而用于服装、交通、娱乐、保健、教育以及储蓄等方面的支出比重会大大上升。《中国家用轿车发展战略研究》报告认为：家庭是否具备购买和使用轿车的经济承受能力，是轿车进入家庭的先决条件。通常以轿车价格与人均GNP的比值R来表示。中国轿车大量进入家庭的R值预计为2.0～3.0。亦即在目前状况下，家庭具备购买轿车的能力为年收入5万元以上，这样的家庭一般3年左右积累可购买1辆车，使用费用占家庭收入的12%。

5. 政策环境

政治环境(Political Environment)是指能够影响企业市场营销的相关政策、法律以及制定它们的权力组织。市场经济并不是完全自由竞争的市场，从一定意义上说，市场经济本质上属于法律经济，因而在企业的宏观管理上主要靠经济手段和法律手段。政策与法律环境正在越来越多地影响着企业的市场营销。

在国内，安定团结的政治局面，不仅有利于经济发展和人民货币收入的增加，而且影响群众心理状况，导致市场需求的变化。党和政府的方针、政策规定了国民经济的发展方向和速度，也直接关系到社会购买力的提高和市场消费需求的增长变化。对国际政治环境的分析，应了解“政治权力”与“政治冲突”对企业营销活动的影响。政治权力影响市场营销，往往表现为由政府机构通过采取某种措施约束外来企业，如进口限制、外汇控制、劳工限制、绿色壁垒等。政治冲突指国际上的重大事件与突发性事件，这类事件在和平与发展为主流的时代从未绝迹，对企业市场营销工作影响或大或小，有时带来机会，有时带来威胁。

★ 小思考

请阅读附件 1 汽车销售管理办法，然后比较新旧管理办法的不同点，说明这些不同对汽车后市场会有什么样的影响?

6. 法律环境

法律环境指国家或地方政府颁布的各项法规、法令和条例等。法律环境对市场消费需求的形成和实现具有一定的调节作用。企业研究并熟悉法律环境，既保证自身严格依法管理和经营，也可运用法律手段保障自身的权益。

各个国家社会制度不同、经济发展阶段和国情不同，体现统治阶级意志的法制也不同，不论是从事国际市场营销的企业，还是从事国内市场营销的企业，都必须熟悉有关的国家法律制度和有关的国际法规、国际惯例。政策与法律环境对市场营销的影响表现在两方面。

1）法律对工商业的限制和保护

(1) 法律对工商业的约束。近几年来，世界各国有关工商业的立法稳步增长，覆盖竞争、公平交易行为、环境保护、产品安全、广告真实性、包装与标签、定价及其他重要领域。世界各国在企业市场营销方面的立法主要有三种类型：

① 保护企业相互之间的利益，维护公平竞争的立法。这种立法的目的是要说明何为不公平竞争，以及如何防止不公平竞争。国际上较为著名的此类法律有：美国 1890 年通过的旨在禁止垄断行为的《谢尔曼反托拉斯法》，1914 年通过的旨在反对不正当竞争的《联邦贸易委员会法》，1936 年通过的旨在禁止价格歧视的《帕特曼法》，1950 年通过的有关企业兼并的《反吞并法》；在我国，则有《中华人民共和国反不正当竞争法》和《中华人民共和国反垄断法》等。

② 保护消费者利益免受不公平商业行为损害的立法。这种立法的核心在于防止企业以欺骗性广告或包装招徕顾客，或以次品低价引诱顾客的行为，否则将进行法律制裁。如《缺陷汽车产品召回管理规定》《消费者权益保护法》《广告法》《商标法》和《产品质量法》等。

③ 保护社会公众利益的立法。这是为保护环境、防止经济发展与生活水平反向变化现象出现，以及避免企业在生产过程中造成的负担，制定的旨在约束企业行为的立法。这方面的立法有各种专门的国际公约，各国也有具体的立法，比如我国的《道路交通安全法》《机动车排放污染防治技术政策》等。

无论法律的具体类型如何，都会对企业的市场营销活动构成某种约束。从这种意义上讲，企业的市场营销人员必须掌握关于环境保护、消费者利益和社会利益方面的法律。

(2) 国家政策和法律对工商业的保护。新的法律和政策将随经济形式的变化而不断变化，企业管理人员在制定产品及其营销计划的时候，必须注意这些变化。

战略性贸易保护政策是指由于不完全竞争和规模经济的存在，市场本身运动的结果处于一个“次优”的境地，政府可适当运用如关税、补贴等干预措施扶持本国战略性产业的成长，并带动相关产业的发展，从而增加本国的经济贸易福利，如谋取规模经济之外的收入、抢占国际竞争对手的市场份额。中国加入WTO以后，在承担相应开放市场义务的同时，对国内某些幼稚产业和战略性产业在一定时期内必将实行适当保护。在立法方面，反倾销法、反补贴法、进口保障法、维护公平竞争法、反垄断法等都将逐步出台。

2）社会规范和商业道德对市场营销的影响

形成文字的法律法规不可能覆盖所有可能产生的市场弊端，现有法律也很难全部执行。而且，除法律和规章以外，企业也要受社会规范和商业道德的约束。大量出现的商业丑闻使人们重新重视商业道德问题。因此，许多行业和专业贸易协会提出了关于道德规范的建议，许多公司制定了关于复杂的社会责任问题的政策和指导方针。另外，公众利益团体，比如那些保护消费者状况方面的团体，如消费者协会、动物保护委员会、妇女权益委员会等迅速崛起，他们会游说政府官员、左右舆论导向，给企业的市场营销活动带来极大的影响，如果企业营销人员缺乏相应的斡旋技巧，就难免使原有的目标市场受到威胁。

【典型案例】

方便面是一种快速消费品，“五谷道场”的出现改变了行业的游戏规则，从油炸到煮，是一种质的变化，是过程与机理的改变，“非油炸，更健康”，倡导了一种新的理念与方式，独特的卖点也赢得了市场的青睐。

其实，社会在不断发展，营销也在与时俱进，无论是方法还是手段，无论是模式还是创意，都需要创新，如当街喝涂料、当街裸体洗浴就是新产品上市的创意和造势；如嫁接和借道就是借势。为了有效吸引眼球和注意力，企业首先需要的是打破和颠覆行业规则，引起领导性品牌关注，或者是瞄准领导性品牌软肋；其次是能不能引起主流媒体主动关注；最后是要建立和形成差异，区隔竞争品牌。当然，卖点也并非永远是卖点，特别是在当前同质化竞争的环境下，需要的是动态调整，与时与市俱进，因时因地制宜，进而不仅赢得眼球，而且赢得市场。

7. 社会文化环境

社会文化环境(Cultural Environment)的含义有广义和狭义之分。广义的文化又称“社会文化”，指人类历史实践过程中所创造的物质财富和精神财富的总和。它是由人类自身所创造的一部分社会环境，包括政治、经济、科学技术、知识信仰、艺术、道德、法律、社会规范等各方面。人类学家将之定义为“在人类一定的群体中形成的世代相传的生活方式的总和”。狭义的文化，则仅就社会意识形态而言，即精神文化，如价值观念、教育艺术、生活方式、风俗习惯、行为规范和宗教信仰等。

社会文化主要指一个国家、地区的民族特征、价值观念、生活方式、风俗习惯、宗教信仰、伦理道德、教育水平、语言文字等的总和。主体文化是占据支配地位的，起凝聚整个国家和民族的作用，由千百年的历史所形成的文化，包括价值观、人生观等；次级文化是在主体文化支配下所形成的文化分支，包括种族、地域、宗教等。文化对所有营销的参与者的影响是多层次、全方位、渗透性的。它不仅影响企业营销组合，而且影响消费心理、消费习惯等，这些影响多半是通过间接的、潜移默化的方式来进行的。这里择要分析五个方面。

1）教育水平

教育水平不仅影响劳动者的收入水平，而且影响着消费者对商品的鉴别力，影响消费者心理、购买的理性程度和消费结构，从而影响着企业营销策略的制定和实施。

2）宗教信仰

人类的生存活动充满了对幸福、安全的向往和追求，在生产力低下、人们对自然现象和社会现象迷惑不解的时期，这种追求容易带着盲目崇拜的宗教色彩。沿袭下来的宗教色彩逐渐形成一种模式，影响人们的消费行为。

3）价值观念

价值观念是指人们对社会生活中各种事物的态度和看法。不同的文化背景下，人们的价值观念差异很大，影响其消费需求和购买行为。如把汽车作为身份的象征的观念，在一定时期影响着消费。对于不同的价值观念，营销管理者应研究并采取不同的营销策略。

4）消费习俗

消费习俗是指历代传递下来的一种消费方式，是风俗习惯的一项重要内容。消费习俗在饮食、服饰、居住、婚丧、节日、人情往来等方面都表现出人们独特的心理特征和行为方式。

5）消费流行

社会文化多方面的影响使消费者产生共同的审美观念、生活方式和情趣爱好，从而导致社会需求的一致性，这就是消费流行。消费流行在服饰、家电以及某些保健品方面表现最为突出。消费流行在时间上有一定的稳定性，但有长有短，有的可能几年，有的则可能是几个月；在空间上还有一定的地域性，同一时间内，不同地区流行的商品品种、款式、型号、颜色可能不尽相同。现在流行的“自驾游”对汽车企业的影响等，就是这一方面的体现。

综上所述，汽车营销宏观环境包括的内容较多，对企业的影响也较大，正确把握和处理汽车营销宏观环境，有利于企业的战略决策及长远发展。

任务专项实训

实训项目：汽车 4S 店营销环境认知

实训目的：通过本实训项目，学生能够具体了解汽车 4S 店的营销环境组成，能够分清汽车 4S 店的微观环境和宏观环境，能够从汽车 4S 店一定时期内的营销策略判断企业所处的环境，特别要了解汽车品牌竞争者之间的营销环境异同。

实训内容：

学生选择两家同类别的汽车 4S 店，分别详细调查两家 4S 店在某一个区域内的微观环境和宏观环境，分析环境带给企业的机会与威胁，收集两家汽车 4S 店的营销策略，判断企业制定的营销策略与企业所处的环境是否吻合，判断汽车 4S 店之间的营销环境异同。

实训步骤：

(1) 将学生进行分组，4～5 人一组，设立组长负责制。

(2) 由组长设置小组成员任务，组成员根据各自的任务需要，收集汽车 4S 店的营销环境信息，并根据营销环境判断企业的机会与威胁，利用 SWOT 拟定营销策略；收集汽车 4S

店实际制定的营销策略，比较两类营销策略之间的差异，找出原因并说明理由；判断两个汽车4S店营销环境的异同。

实训评价：

(1) 要求：能够准确说出汽车4S店营销环境，能根据SWOT找到企业营销机会，防范营销威胁，能根据营销环境制定营销策略；能根据营销环境实际情况，说明企业营销策略中的内在信息，能比较同类汽车4S店营销环境异同；完成一份实训报告。

(2) 评分标准：

序号	评分标准	分值	评分	备注
1	团队合作	20		
2	团队精神	10		
3	内容结构	30		
4	仪容仪表	30		
5	应变能力	10		

任务2.3 汽车4S店的整体认识

➡知识目标

1. 掌握汽车4S店的基本概念、业务组成和功能；
2. 了解汽车4S店的组织结构及功能。

➡能力目标

1. 能够准确说明汽车4S店销售模式的优缺点；
2. 能够非常熟悉汽车4S店的业务范围及特点；
3. 能够掌握汽车销售顾问以及服务顾问的岗位职责。

➡任务导入

北京泊士联汽车销售中心是长城汽车在北京设立的首家集整车销售、售后服务、配件供应及信息反馈于一体的特约经销商，现注册资金500万元，员工150余人。公司有着专业的销售和售后服务团队，重要岗位人员学历均在大专以上，且已获得长城汽车颁发的岗位资格证书。

公司成立于1996年，前期以销售北京汽车制造厂生产的吉普汽车为主，2002年开始销售长城汽车全系列车型。长城汽车作为一家股份制企业，在近几年发展迅猛，产品线不断丰富。北京因近几年对环保要求较高，“哈弗H系”和“哈弗M系”以及轿车产品占我公司销售额的主要份额，皮卡以销售满足国四标准的产品为主。我公司领导坚信经营“长城”品牌有很好的发展前景。

经营“长城”品牌后，我公司的汽车销量和客户量逐年递增，在长城汽车经销商中名列前茅，多次受到长城公司的表彰。我公司于 2002 年到 2004 年连续 3 年均获得“长城汽车年度优秀经销商”称号；2005 年到 2006 年连续 2 年被长城汽车授予“长城品牌用户满意度奖”；2006 年被《北京晚报》等媒体评为“2006 年度 A 级诚信经销商”；2007 年在“长城汽车第二届服务技能竞赛”中获得亚军，位列“2007 年度服务十强”；2008 年获得“2008 年度全国标杆店最佳满意店”称号；2009 年获得“2009 年度服务十优”称号；2009 年到 2010 年连续 2 年获得“长城汽车全国销售十强”称号。

公司本着做专、做精、做强的理念，不断提升服务质量、完善自我，建立了一整套完善的服务体系。先后成立了“赛弗车友会”“北京外籍哈弗车友俱乐部”“长城精灵车友会”等车友会组织，现共有会员 5000 余人，我们为每一位会员提供最优质的服务。我公司一直致力于服务满意度的提升，客户满意是我们最大的目标，我们将从每个细微之处送去我们的关怀，满足您的需求。

（资料来源：http://dealer.xcar.com.cn/107853/about.htm）

问题：

1. 查找汽车销售模式的类型及内容；
2. 了解汽车 4S 店经营模式及业务范围。

分析：

广州本田是我国的第一家汽车 4S 店，成立于 1999 年。汽车 4S 店的成立改变了传统销售渠道，为推动我国汽车产业的发展作出了巨大的贡献。从以上材料中可以看出汽车 4S 店的主要内容构成，还可以明白汽车 4S 店的业务经营范围，当然还可以知道汽车 4S 店的经营理论和服务宗旨。

➡知识准备

2.3.1　汽车 4S 店

4S 店是 1998 年以后才逐步由欧洲传入中国的。由于它与各个厂家之间建立了紧密的产销关系，具有购物环境优美、品牌意识强等优势，一度被国内诸多厂家效仿。4S 店一般采取一个品牌在一个地区分布一个或相对等距离的几个专卖店，按照生产厂家统一设计、统一建造的要求，投资巨大，动辄上千万，甚至几千万，豪华气派。

1. 汽车 4S 店的定义

4S 店是一种以“四位一体”为核心的汽车特许经营模式，包括整车销售(Sale)、零配件(Sparepart)、售后服务(Service)、信息反馈(Survey)等。它拥有统一的外观形象，统一的标识，统一的管理标准，只经营单一的品牌的特点。它是一种个性突出的有形市场，具有渠道一致性和统一的文化理念。4S 店在提升汽车品牌、汽车生产企业形象上的优势是显而易见的。

★ 小思考

请你列出某城市主要街道的汽车 4S 店名称，试从品牌经营管理的角度去说明你发现的问题。

2. 汽车4S店在我国的发展史

1998年广本、别克、奥迪率先在我国建立汽车品牌专卖店以来，这种形式得到了制造商的青睐。随后，大大小小的新品牌纷纷建立自己的专卖店，短短几年内，品牌专卖店如雨后春笋般遍布于全国各大城市，数量远远超过有形市场。4S店是汽车市场激烈竞争下的产物。

中国汽车市场逐渐成熟，用户的消费心理也逐渐成熟，用户需求多样化，对产品、服务的要求也越来越高，越来越严格，原有的代理销售体制已不能适应市场与用户的需求。4S店的出现，恰好能满足用户的各种需求，它可以提供装备精良、整洁干净的维修区，现代化的设备和服务管理，高度职业化的气氛，保养良好的服务设施，充足的零配件供应，迅速及时的跟踪服务体系，等等。总之，4S店的服务可以使用户对品牌产生信赖感，从而扩大汽车的销售量。

我国汽车4S店有两个特点：① 硬件过硬。中国4S汽车品牌专卖店的规模和档次在全世界也可算首屈一指，就连世界上最发达的美国4S店也无法与中国4S汽车品牌专卖店的硬件设施相比；② 软件偏软。国内汽车4S店的软件建设与发达国家的品牌汽车经销商的软件建设相比要落后得多，主要表现在发达国家品牌汽车经销商的素质较高，注重打造和维护经销商的自身品牌，重视以销售人员为经销商的第一客户的经营理念，创造与汽车生产厂家进行谈判的条件，成立经销商协会去争取经销商的权益，建立成熟的销售流程，创新快捷和多样化的贷款方式，以及展示厅前有充足的产品选择、顾客随时可试驾车，等等，这些都是国内经销商目前尚未达到的。

3. 汽车4S店的优缺点及发展趋势

1）汽车4S店的优点

(1) 信誉度高。4S店有一系列的客户投诉、意见、索赔的管理系统，给车主留下良好的印象，而普通改装店由于人员素质、管理等问题，经常是出了问题找不到负责人，相互推诿，互相埋怨，给车主留下非常恶劣的印象。以前4S店没有经营汽车用品，车主是没有选择的，只有去零售改装店，4S店有经营这方面业务，肯定不会舍近求远的，4S店将是他们的第一选择。

(2) 专业性强。由于4S店大多只针对一个厂家的系列车型，有厂家的系列培训和技术支持，在车的性能、技术参数、使用和维修方面都非常专业，做到了“专而精”。而汽车用品经销商接触的车型多，对每一种车型都不是非常的精通，只能做到“杂而博”，在一些技术方面多是只知其一，不知其二。所以在改装一些需要技术支持和售后服务的产品时，4S店是有很大优势的。

(3) 售后服务良好。随着竞争的加大，4S店商家越发注重服务品牌的建立，加之4S店的后盾是汽车生产厂家，所以在售后服务方面可以得到保障。特别是汽车电子产品和汽车影音产品在改装时要改变汽车原来的电路，为以后的售后服务带来麻烦。有些汽车制造商甚至严厉规定：不允许汽车电子方面的改装，如果改装了，厂家不进行保修。如果在4S店改装的车能对车主承诺保修，消除车主的后顾之忧，那将是吸引车主改装的重要手段之一，在4S店改装一些技术含量高的产品是车主的首选，同时还可以避免与零售改装店直接的价格竞争。

(4) 服务人性化。在 4S 店，车主真正享受到了“上帝”的待遇，累了有休息室，渴了有水喝，无聊时可以看杂志、书刊、报纸或上网，如果急着用车，还有备用车可供使用，整个流程有专门的服务人员帮忙打理，不用自己操心就能完成整个业务。而汽车用品改装店在这些方面根本做不到。

2) 汽车 4S 店的缺点

(1) 缺少主动性。汽车 4S 店在很大程度上受控于厂家，基本经营活动都在为生产厂家服务，为把汽车及配套商品快速而有效地从生产厂商手中流通到消费者手中而努力，为维护生产厂家的信誉和扩大销售规模而勤劳工作。在当前的市场形势下，汽车经销商没有实力像电器经销商一样与厂家平等对话，处于弱势地位。汽车 4S 店的经营状况的好坏，70%依赖于所经营的品牌，品牌好就容易赚钱，品牌不好就不容易赚钱。同时，同一品牌不同的 4S 店的经销商还得依赖本店经营者与厂家的关系，关系好，厂家给予的相关资源就多，利润的空间也更大。

(2) 缺少自身的品牌形象。作为厂家的 4S 店，其建筑形式以及专卖店内外所有的 CIS (Corporate Identity System，企业形象识别系统)均严格按厂家的要求进行装饰和布置，经销商自身的品牌形象则基本不能体现，厂家也不允许体现。

(3) 利润高但投诉率高。一般来说，4S 店销量越多，厂商返利越大，也就意味着你拿到的车价格越低。但是利润并非只有卖车，其实 4S 店存在很多并不为人知晓的盈利方法。例如，故意将问题说得很严重；放长线钓大鱼，只是表面上将故障排除，而将更大的隐患留在后面；称发现了新毛病，自作主张更换配件；偷梁换柱，将车主好的配件取出，换上一些假冒的配件，等等。

由于售后服务的投入成本比较大，许多销售商的经济实力很难达到“三位一体”或“四位一体”的要求，“前店后厂”式的售后维修服务形式尚未健全。

(4) 自身可控制的经营因素有限。汽车厂家出于自身品牌利益的原因，对汽车 4S 店的经营管理模式、业务流程、岗位的设置等都有标准的规定和要求，对产品价格、促销政策、销售区域、零配件和工时的价格也有较为强硬的规定和植入，使得汽车 4S 店的经营比较僵化，自身可控环节比较弱。

(5) 营销队伍专业化程度较低。国内许多销售人员存在不懂汽车知识的现象，有的销售人员为了多卖车甚至误导消费者，传达不正确的信息，致使产品纠纷一旦出现，消费者和经销商“扯皮”不断。

3) 国内汽车 4S 店的发展趋势

国内 4S 店发展至今，已经得到了消费者的普遍认可，在未来很长一段时间内将继续扮演汽车销售和售后服务的领导角色。但不可否认的是，未来汽车 4S 店模式也将发生变革，主要体现在四个方面。

(1) 模式变革。随着 4S 店模式的发展与有限的自然资源和市场资源间的矛盾越来越突出，国内 4S 店模式建设重点将从原来的统一硬件向统一软件转变。按此方向发展，将会出现一些新的经营模式，如“专区专设”方式，即汽车销售机构将分布在位于流动人口多的繁华区或者汽车一条街、汽车城等地方，而汽车售后服务机构将设在一些稳定的客户群居多的大型居民区等。4S 店的各个功能区将按照目标客户所在地来设立一些 3S、2S 甚至 1S 网点，除了更能发挥各自在区域上的比较优势，从品牌宣传角度还能使整车企业服务网点涉及面更广，更快地提升整车企业的品牌形象。

(2) 业务多元化。受各种资源的限制，单一的4S店不可能全部满足庞大的汽车产品“后市场”产业链的经营或服务要求，4S店与同一条价值链上的上游厂家和下游“后市场”服务商之间进行协作的纵向联合成为一种必然趋势，在此基础上建立起该品牌的价值链，如汽车用品、汽车改装、汽车救援、二手车交易、物流运输、金融服务、出租和租赁、汽车俱乐部、汽车检测、汽车认证等业务的经营和服务，从而变单点竞争为价值链竞争和专业化规模竞争。因此，业务多元化必将是4S店今后的发展方向，特别是二手车置换和汽车金融服务业务拓展将成为重点。

(3) 战略联合、竞合互动。经过几年的跳跃式发展后，国内汽车4S店已经过剩。很多整车企业在国内市场上一家就有几套4S店网络，特别是一些跨国集团，在各方利益的博弈下，有的是国内生产的一套、进口的一套网络；有的是甲合资整车企业一套、乙合资整车企业一套网络。而现在市场的变化已经使4S店通过独享资源、独立经营的方式赚取垄断利润的时代一去不复返。为了保持竞争优势，4S店特别是同一品牌的4S店之间必将出现横向联合的局面。4S店以共同利益为基础逐步走向战略联合，竞合互动、避免恶性竞争，共享专业化规模优势的好处，在竞争与合作过程中不断得到发展。

(4) 创造自己的品牌。4S店应加强宣传自己的知名度，不要完全依赖于生产厂家，汽车4S店拥有了自己的品牌价值之后，在与处于汽车价值链上游的汽车生产商进行博弈的时候就能拥有更大的话语权，从而就能够部分控制住自己的利润空间，同时制定自己的发展战略，保持自己的独立性，有自己的一套适应市场的生存法则，就能在市场中立于不败之地。

★ 小思考

汽车无人售卖机你见过吗？请查找相关的资料，说明这种销售模式对4S店会有什么样的影响？

2.3.2 汽车4S店的业务组成及功能

汽车4S店作为特许经销商进行运营的汽车销售渠道模式，其发展之处，业务范围紧紧围绕整车销售、零配件、售后服务和信息反馈开展。随着时间的推移和人们需求的不断增多，现在这种销售运营模式的业务范围也进行了很大扩展，同时也增加了很多功能。

1. 汽车4S店的业务组成

汽车4S店的业务主要有整车销售、汽车零配件销售、汽车售后服务、保险业务、汽车信贷、二手车估价与置换、汽车精品销售、汽车装潢等其他相关业务(新车上牌、汽车年检等)。

2. 汽车4S店的平面布置及功能

1) 平面布置

汽车4S店的平面布置主要有销售展厅、维修接待区、客户休息区、售后服务维修车间、配件库、精品展示、装潢区、保险理赔区、二手车评估与置换区和行政管理办公区等。

2）汽车 4S 店各平面区域的功能

（1）销售展厅。汽车销售展厅主要是完成需求分析、新车展示和谈判成交的功能，是汽车品牌形象和品牌理念的传递中心区，设有展示车位、总接待台、洽谈桌、儿童活动区域、精品展示台、销售办公区等部分，可以说是汽车 4S 店功能较多的地方。销售展厅主要对车辆进行展示销售，向客户介绍车型、技术参数、办理购买手续等的地方，协助客户购买称心如意的车辆。

（2）维修接待部。维修接待部的主要功能就是帮助进店客户进行车辆维修、保养等。它的平面布置区域包括客户维修接待区、客户休息区和维修车间。在维修接待区对维修车辆进行接待、登记、预检，一般有 2～3 个工位，就近于维修车间，并能方便预检车辆预检完毕后直接进入维修车间。客户不允许在维修车间停留，而是到客户休息区等待。

（3）客户休息区。客户休息区的主要功能是为客户提供配套的咖啡、电脑上网、影视屏幕、糖果小吃等，要求有一面玻璃墙，可以让客户直接观看到维修车间，以便客户随时对在修和在保养车辆的进展程度有全面了解，显示出厂家技术操作的规范性、技师技能的专业性与娴熟度及可信任度。

（4）维修车间。维修车间的主要功能是对客户的车辆进行保养服务，对事故车进行维修，对部分客户的车辆进行改装等功能。一般在维修车间里配有洗车位、维修车位、修理用空间、工具间、废品库、车间管理办公室、空压房、配电间等。

（5）配件库。供挑选和领用的零部件的摆放，都需要有一定的科学摆放依据，这样才能满足修理车辆的换用。另外，还可以储备一定量的汽车零配件，供客户选购。

（6）二手车评估与置换。二手车评估与置换区的主要功能是为客户提供二手车展示、二手车鉴定以及车辆置换等业务咨询。目前，很多汽车 4S 店已单独开设布置区域，未来这也将会成为汽车 4S 店新的利润增长点。

二手车置换是指汽车置换，定义有狭义和广义之别。狭义的汽车置换就是以旧换新业务。经销商通过二手商品的收购与新商品的对等销售获取利益。狭义的置换业务在世界各国都已成为流行的销售方式。广义的汽车置换指在以旧换新业务的基础上，兼有二手商品整新、跟踪服务，以及二手商品在销售乃至折抵分期付款等项目的一系列业务组合，其已成为一种有机而独立的营销方式。二手车作为替代产品，已经对新车销售构成威胁。

（7）市场部。市场部主要负责品牌车辆的市场调研、广告、促销活动策划、形象推广等营销工作。

（8）客服部。客服部主要为客户负责办理车辆相关服务手续，为客户提供售后验车、领牌照、客户签订购车合同、客户档案整理等服务。

（9）财务部。财务部主要负责公司财务管理工作。

2.3.3　汽车 4S 店的组织构成及岗位描述

1. 汽车 4S 店的组织架构

通常来说，标准的汽车 4S 店的组织架构一般都是实行总经理负责制，下设岗位主要有市场总监、客户总监、销售总监、服务总监、财务经理、行政经理和渠道经理等，如图 2－1 所示。

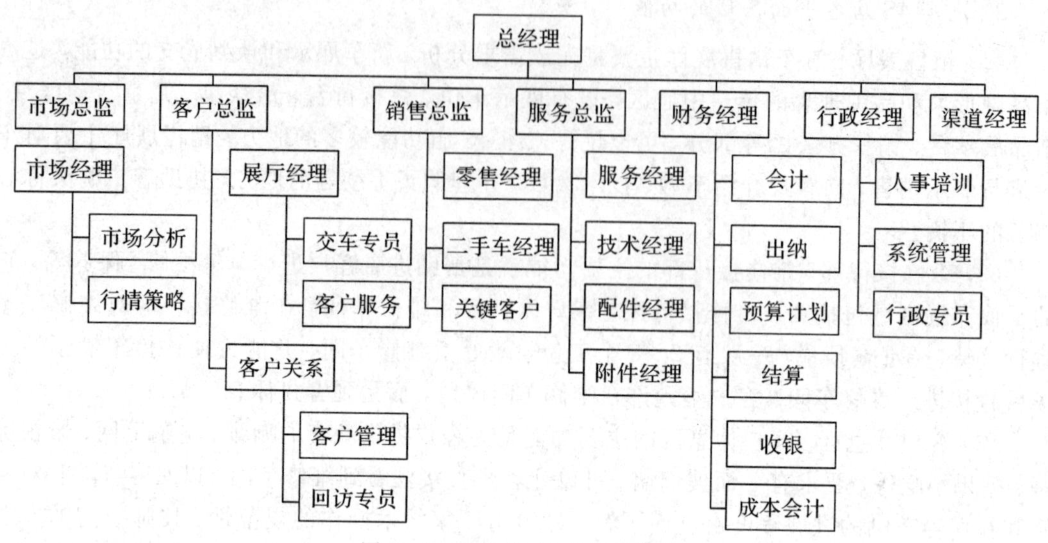

图 2－1　某汽车 4S 店组织架构

另外，各总监或经理也是采用直接领导负责制，各部门也有着非常明细的组织架构，例如汽车服务总监的组织架构，如图 2－2 所示。

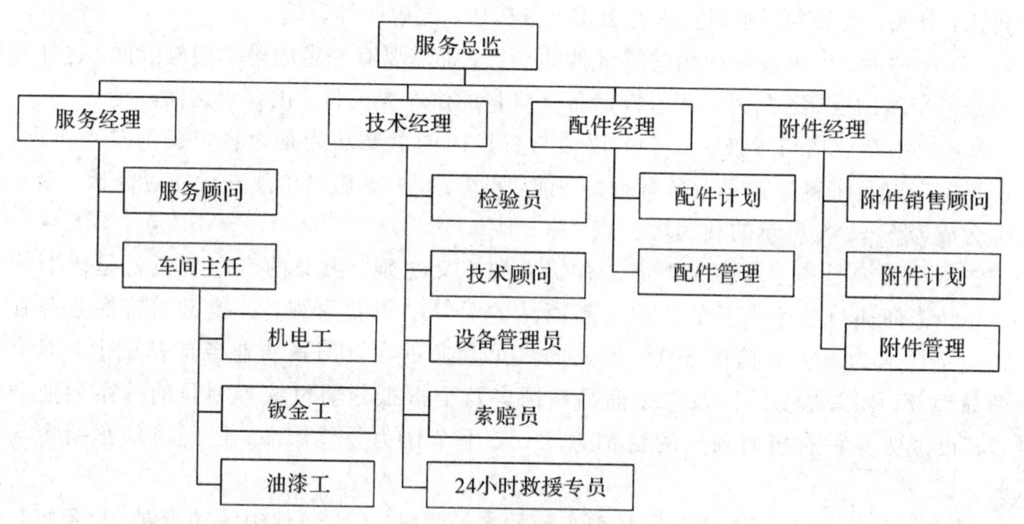

图 2－2　某汽车售后服务岗位群

2. 汽车 4S 店主要岗位描述

1）总经理岗位描述

（1）负责建立、实施和改进公司的各项制度、目标和要求。

（2）制订质量方针、质量目标，确保顾客需求与期望得到确定和满足。

（3）确定公司的组织机构和资源的配备。

（4）确保公司现有业绩，并使管理体系持续改进。

（5）负责向全体员工传达满足顾客和法律、法规的重要性。

（6）组织企业各部门力量，完成董事会确定的各项经济指标。

(7) 关心职工生活，重视劳动保护，防止发生重大安全事故；加强职工安全教育，提高职工工作的安全系数。

(8) 在发展生产的基础上提高职工的福利和技术业务、文化水平。

(9) 主持管理评审，确保管理体系的适宜、充分和有效。

(10) 规划好公司的未来战略方针和发展目标，并贯彻落实好公司的各项规定和指示，带领公司不断发展。

2) 销售部经理岗位描述

(1) 贯彻落实企业文化精神，培养营销员的业务能力和团队协作精神，提高营销员的综合素质。

(2) 企划营销业务的具体运作及方法。

(3) 制定本部门年度、季度、月份、周、天销售目标和计划，并具体落实实施。

(4) 排除业务上的困难，迅速、切实地处理业务工作，完成目标任务。

(5) 经常调查分析汽车市场走势及周边市场情况，采取相应的营销策略和方法。

(6) 严格执行集团公司和本公司规定的价格政策，直接监督检查营销员及分销商的营销工作。

(7) 规范管理下属人员，正确执行公司各项规章制度，并公平公正地对其进行业务考核。

(8) 裁决部门内部在营销工作中的业务、人事争议。

(9) 与品牌公司的营销部门建立顺畅的业务、通信联系。

(10) 每天8:15—8:30召开晨会。

(11) 每月底对直接下级考核进行汇总分析，次月3日前报总经理。

(12) 监督展厅卫生及展车卫生情况。

(13) 完成上级领导授权和交办的其他工作任务。

3) 展厅经理岗位描述

(1) 负责检查监督展厅车辆的卫生情况、环境温度情况，督促销售顾问做好展车的卫生保洁工作。

(2) 根据销售情况，及时补充，以保证展厅的布局合理。

(3) 负责大厅的空间布局和优化，体现本公司的文化气息。

(4) 负责大厅内宣传图册、宣传画册、广告画及活动横幅的张贴和悬挂。

(5) 督促营销顾问(员)对来店客户的接待工作，并协助营销顾问(员)完成来店客户的接待工作。

(6) 负责监督检查大厅接待工作和展厅报夹的整理工作，报夹应每周更新一次。

(7) 负责监督展厅背景音乐的不间断播放并按音响播放规定操作。

(8) 巡视、检查展厅内部环境(含营销员办公室、卫生间)。

(9) 负责对大厅接待和服务顾问的考评工作。

4) 客户服务部经理岗位描述

(1) 负责客户服务部的全面工作。

(2) 负责制订和完善本部门的年度工作目标和制度的考核方案，完成制定的各项目标工作，并对直接下级进行考核、指导、监督、检查、奖惩。

(3) 负责并组织实施向本部门传达、贯彻公司的各项方针政策、规章制度、会议精神以及上级领导的命令和要求；协调本部门与上级领导及其他部门之间的关系。

(4) 根据集团的要求和本公司的要求，联系和确定对客户的服务事项。随时和客户保持联系，以确保公司对客户的服务热情周到，从而提升公司在客户心目中的形象。

(5) 负责对客户投诉的处理进行督察、指导，必要时参与，并就这些案例的分析结果向公司提出改进工作的意见，以杜绝今后出现类似问题。

(6) 负责结合品牌公司的要求不断完善本公司的CIS考核制度，每月10日前就CIS考核结果向公司提出改进工作的意见，以使公司的顾客满意度保持在较高的水平。

(7) 负责本部门的安全卫生工作。

(8) 完成上级领导交办的其他相关事项。

5) 财务经理岗位描述

(1) 每年11月底以前编制好下一年度的财务预算，每年1月底以前编制上年度的财务预算。

(2) 负责财务部的全面管理考核工作，领导本部门员工完成财务部各项工作任务，并对财务部的工作绩效及运作结果负责。

(3) 负责并组织实施向本部门传达集团财务及公司的会议精神；负责参加集团财务办公会议，汇报工作并发表意见。

(4) 负责财务部日常的财务核算、资金调度、凭证审核、费用及付款审批工作，并定期对财务各岗位工作进行检查。

(5) 负责保管公司发票专用章、财务专用章，统筹负责整车业务发票的盖章工作，具体盖章时分为：整车业务凭款项到账，分期付款业务按银行贷款确认单，送车取款评审批单，评审批单盖章。

(6) 负责对每一笔整车销售业务按当月的销售折让政策进行把关。

(7) 负责统筹保险工作，负责参加税务发布会，及时掌握税务动态，保持与税务部门的良好关系。

(8) 负责与品牌公司各相关部门沟通，及时了解本品牌公司销售政策、价格政策、返利政策具体情况，并对返利的正确性负责。

(9) 负责每月10日前报送财务报表，每月13日出具销售经营情况分析、销售员的奖金测算工作等绩效统计数据。

(10) 每月15日前，提供本公司的财务分析，并提出经营过程中存在的不足之处，为销售部门提供合理化建议。

(11) 统筹协调与公司其他部门的关系，统筹协调与公司外部的银行、税务等部门的关系。

(12) 对财务部各种财务记录，资料报表、账册及会计档案的完整性、及时性、准确性、安全性和保密性负责；对反馈信息的可靠性、及时性、准确性负责；对企业经济业务的安全性、可靠性、合法性负责。

(13) 负责内部人事管理、安全卫生。

(14) 负责完成上级领导交代的其他任务。

6）行政经理岗位描述

（1）负责公司行政规章制度的监督、执行，以及行政方面涉外事件和公共关系的处理。

（2）负责公司行政办公费用的计划和核定，所需物品申领的审核、采购、保管、发放，对物资用品的使用和管理情况进行监督，保障企业运营和发展的后勤供应。

（3）负责组织固定资产购买、盘点和管理工作，对公司固定资产进行维修或改造。

（4）负责公司工作车辆的管理、调度和有关车辆的年审、养路费、保险费等的管理，负责对工作车和公司经营、商品车辆的加油及费用进行督查。

（5）管理并组织人员对公司电力、供水、煤气、空调、电话通信设施进行日常维护、保修和管理。

（6）负责组织公司除名牌外的印刷品等的审核和结算工作。

（7）负责安排好员工在公司的临时住宿、生活卫生保健、膳食供应及生活工作区的防疫工作，做好工作区、生活区的管理和安全保卫工作。

（8）负责做好公司档案资料的管理和文件、资料、信函的收发工作，负责报刊的征订工作，公司的传真、邮件的接收和传阅工作，公司公章、合同章的管理，按规范程序做好印章的使用登记、报批和使用工作。

（9）负责工作时间、节假日时间安排工作。

（10）抓好公司安全、保卫、卫生清洁及安全、卫生教育、督查工作。组织制订公司绿化与环境保护的规划和落实。

（11）负责抓好公司网络的管理和电脑的采购、管理、维护工作。

（12）完成上级领导交代的其他任务。

7）配件经理岗位描述

（1）在站长的领导下，忠诚执行站长的指令，贯彻执行会议精神，全面履行职责，积极主动完成本职工作。

（2）做好配件采购计划的审核、批准工作，检查配件采购计划的落实情况，及时解决配件采购中出现的特殊问题，确保汽车维修需要。

（3）加强对库房人员的管理，储存配件保管必须符合规定和标准。落实材料收发控制，不定期抽查配件、库存账、财务账是否相符，组织配合财务部做好月底、年终库房盘点工作。

（4）掌握配件市场信息，控制库存总量，科学安排好本站配件储备结构。

（5）根据品牌公司要求，落实开展配件销售管理工作。

（6）进行本部门纠正和预防措施的控制并持续改进。

（7）指导、督促直接下属开展工作并在必要时提供实时支持。

（8）负责配件销售过程价格的审核。

（9）参与质量体系要素职能分配表中有关要素的配合工作。

（10）贯彻执行公司质量方针，遵纪守法，敬业爱岗，完成站长交办的其他任务。

（11）负责制订培训计划并实施直接下属的培训教育。

（12）每月定期开展本部门例会，每月月初对上月运营情况进行总结检讨；每月月末，制订出下月的工作计划、PDCA及相关的报表并上报站长。

(13) 负责对合格供方提供配件价格与质量控制。

(14) 及时收集、汇总有关质量方面的信息，经主管领导审核后反馈回品牌公司。

(15) 及时掌握品牌公司的相关信息，做出相应的上报及处理。

(16) 完成直接上级授权和交办的其他工作任务。

8) 销售顾问岗位描述

(1) 执行公司经营管理方针，紧紧围绕公司各项工作目标和指标，执行各项考核标准，服从公司领导和分管领导，做好本职工作，完成下达任务。

(2) 以营销工作为中心，集中精力，开拓市场，钻研产品知识和销售技巧，完成销售目标，做好服务，增收节支，提高效益；及时将完整、真实的客户档案交给业务助理。

(3) 根据公司年度目标和本部门的工作方案、考核方案，结合自身实际，制订切实可行的年度和阶段工作计划并落实。

(4) 切实做好公司、部门统筹安排给个人的业务的销售与服务工作，使本区域内的各项指标达标。

(5) 工作中要严格遵守公司各项规章制度；随时随地树立、宣传、维护品牌和代理的汽车品牌形象；随时随地树立、维护好个人品牌形象；为客户提供最优质、周到的购车、咨询和售后跟踪及其他有关业务的服务。

(6) 克服工作中遇到的困难；不断虚心学习，提高业务水平，力求上进。

(7) 经常调查、分析汽车市场走向及周边市场情况；熟悉本品牌及竞争品牌车型的性能、价格等，根据实际采取相应的营销策略和方法。

(8) 在节假日值班当值期间代理大厅接待工作，履行大厅接待岗位职责。

(9) 对本岗位分管范围的安全工作负全责。

(10) 完成上级领导授权和交办的其他工作任务。

【阅读资料】

“要经营好一家汽车服务门店，就应该事无巨细地做好每一件事情，不论是为一整个车队提供性能诊断，还是仅仅更换一台车上的灯泡，员工们都应该保持100%的专注。”

——By John Eppstein

NAPA是美国四大汽配连锁零售商之一，下属有14 000多家的“NAPA AUTOCARE CENTER”维修门店，其中有一部分是加盟店。有位加盟店老板名叫约翰，他的店就叫“约翰的汽车养护店”。看看他跟我们中国老板的经营理念有什么异同点。

1998年，约翰开店之初，曾创办过一个关于汽车服务的单人脱口秀节目，这给他带来了一定的知名度，随后店铺业务量猛增，约翰不得不考虑扩大店铺面积。2003年，他将店铺搬到了圣地亚哥。现在，他店里的服务项目几乎涵盖了所有品牌车型，除了不提供钣喷业务外，从车辆检测、快修、快保一直到发动机及整个操控系统的维修都有涉及。

值得一提的是，即便是像丰田普锐斯这样的混动车型，甚至重型卡车车队的维修养护服务，约翰都可以提供，这种情况下，他店里的12个工位经常会满负荷运转。

现在车间内一共13名员工，包括4名技师和2名技术助理，约翰非常重视对他们的技能培训，4名技师都拿到了多个ASE认证(相当于上岗证书)，而约翰自己更是一名技术达人，有着小汽车及重型卡车双料技术专家的职称(共有23个认证)。前不久，他店里的技师托尼、大卫和埃里克也已获得了ASE技术专家认证，2名技术助理则刚刚参加完ASE的秋季认证测试。

1. 关于技术

凭借其对技术培训全身心的投入，约翰的店连续12年都获得了NAPA蓝色印章认证，另外，他本人还被授予了2016年度美国汽修行业最著名的NAPA/ASE技术奖。约翰一直强调，员工能获得优质的培训对于门店的成功来说尤为重要。

他的技师团队每年都会注册并学习NAPA和CARQUEST(两大汽配连锁机构)提供的技术培训课程包，其中包括了约翰本人都可以参与学习的6大系列课程，此外他们还会参与学习当地配件经销商和加州汽车服务委员会(ASCCA)推出的其他课程。当然，约翰也不会忘了给入行不久的技术助理提供很多内部的培训机会。

约翰说："优质的培训是强化技术能力最好的方法，可以不断提升门店的竞争力，而要让技师保持优秀的技术能力，不能仅仅关心他们在公司做了什么，还需要从个人层面真正去了解他们。"

2. 关于员工

约翰说："我几乎每天都要花上30分钟时间，去跟我的员工逐一沟通，去了解他们心里的想法，这看似是件小事情，其实都表达了我对他们的关心与赞赏，非常有意义，我们的谈话细节从工作日的内容安排、店里工具的匹配与维护、培训反馈、ASE技术测试一直到员工医疗福利，包括牙科、视力和脊椎检查，等等。"

一个老板能做到这些其实已经相当棒了，而约翰甚至还会考虑员工的带薪假期、员工子女的大学基金，甚至还为他们办理了健身房会员卡。"当然，我们每年还会为员工支付年终奖，除此之外，我还在计划每年做一件能让员工感到惊喜的事情，"约翰补充道，"比如赠送一套免费的轮胎啦，给他们支付一笔汽车零件账单啦，我还曾为某位雇员支付了一次航班费用，只因为他想去另一个州看他的女儿。"

3. 关于营销

约翰的店有着不错的口碑，他估计了一下，通过转介绍，获得的新客户已经占到了新增客户总数的35%左右，即便如此，约翰的团队还是一直在寻找着能吸引优质客户的新方法，而"服务质量"是他们的关键词。"我们现在有一个很具吸引力的集客计划，新客户首次到店可获得25美元的优惠券，"约翰说，"在这之前，我们提供了一项免费换油活动，后来发现到店的客户除了免费换油以外，其他什么都不做，我才意识到他们原本就只是冲着免费换油来的，虽然这个方法可以带来更多的人，但用25美元优惠券的方法却能带来更优质的客户。因为这些人来之前就知道，来这里是要消费的。此时，我们再提出让他们帮忙介绍客户，介绍成功的话，他们会得到一封感谢信和一次免费换油服务。"

约翰还介绍了其他一些在他看来比较有效的营销策略，包括：按点击付费的互联网广告；鼓励客户在Google和Yelp(类似国内的"百度"和"大众点评")上对门店进行评论；参与NAPA AutoCare业务发展组以及ACDelco官方在线广告；每次客户到店时，赠送价值5美元的糖果店优惠券；制定"本月客户"计划，赠送其他当地企业主提供的小礼品；跟两家当地其他业态店铺深度合作，为他们提供维修服务。

他表示，这些还只是他们店营销项目的冰山一角，其他还包括给某支小型体育联赛球队做赞助商、为客户提供免费洗车券，等等。约翰认为自己在营销上成功地兼顾了大和小两种投入方法，以此来向当地社区宣传他的业务。

约翰说："一旦有客户来到了我的店里，通常会对我的店印象深刻，我们店有着非常干净整洁的外观和施工区域，如果你的店看起来肮脏和凌乱，大多数人就会下意识联想到你是如何对待他们车子的；我们的办公区和客户休息区装扮得丰富多彩而又温馨，这主要是出于对女性客户的考虑；每周店里都会送来鲜花、洗手台会常备消毒液……这些小细节都体现出我们为服务好社区客户已经做了充分的准备，我们给员工配备的浴室也是非常干净整洁的。"

4. 关于盈利能力

约翰表示，他们一直在寻找好的方法来优化店里的流程，从使用最好的工具和设备到招募最合适的雇员，在他看来，每个方面都很重要。约翰说："我们经常盘点已有的工具和设备，当发现有些工作需要做得更好或者更快时，就会考虑升级换代。"

合适的人放到合适的位置也非常关键，比如让一名服务顾问参与到汽车维修工作中是不可能提高生产力的。另外，我们还专门安排了一名员工，来维持到店客户的停车秩序，这样一来，技师和服务顾问都不必花时间在这些琐事上面。我们的几名技术助理经常会协助技师处理一些比较简单但费时的事情，以便让技师能更专注于解决技术性的问题，这同时也有助于他们自己快速成长。

5. 关于行业协会

作为 ASCCA 在圣地亚哥的长期成员之一，约翰还在其董事会任职。

据他介绍，这个组织为门店提供了很多非常棒的活动以及福利政策，比如组织某机油品牌的特价活动、工人的保险、信用卡服务和每月 30 分钟关于法律、营销、管理的讲座。

"我建立的社会关系是非常宝贵的，"约翰说，"当我遇到困难时，我可以打电话给任何一个店主来帮助我渡过难关，我们有一个名为'团队谈话'的邮件群组，我可以发送电子邮件给所有成员，并很快会得到他们的反馈，提出很多帮我解决门店问题的方法。"

"与其他社会组织的良好合作，对于经营好门店也至关重要，无论是雇佣 SEO 优化公司来帮我做线上的传播，还是与业务开发团队合作来开拓线下的客户；你不可能了解商业世界的每一个方面，所以与专业的人合作是最有效的途径。"约翰说。

"我和 NAPA 汽配连锁的关系给了我们一个全国知名品牌的头衔(该店自 1999 年以来一直是忠诚的 NAPA AutoCare 成员)，也正因为如此，人们总是愿意来帮助我获得成功，ASCCA 和 NAPA 的业务发展团队帮助我与我所在地区的其他商店建立了联系，这为我提供了丰富的工具资源和知识库，"他继续说，"没有团队的指导和支持，就没有我今天的成功。"

(资料来源：BOBCOX，AC 汽车翻译)

任务专项实训

实训项目：汽车 4S 店整体认知

实训目的：采用实地考察法，通过本实训项目，学生能够了解汽车 4S 店的整体布局，

了解各岗位的设置及责任范围，了解不同 4S 店的岗位设置的差异，感受 4S 店的整体价值。

实训内容：

学生选择两家或两家以上的正规汽车 4S 店，设置需要调查的问题并采用实地考察法，主要需了解销售顾问、汽车保险、二手车评估与置换岗位工作过程、工作过程中需要的知识能力和技术能力。

实训步骤：

(1) 将学生进行分组，4～5 人一组，设立组长负责制。

(2) 设置需要调查的问题，选取需要调查的汽车 4S 店，由组长统一对所调查的岗位进行成员分工，每组学生成员可采用神秘顾客调查法，也可直接和汽车 4S 店工作人员进行座谈、讲解、询问和讨论，每组成员可根据自己的需要选择岗位进行体验。

(3) 组长根据本组成员调查的结果进行汇总，并详细说明各岗位工作流程、岗位描述、所需的知识能力和技术能力。

实训评价：

(1) 要求：能够准确说出汽车 4S 店整体布局，并能准确说明两个或两个以上工作岗位的工作职责，能基本掌握岗位的知识能力要求和技术能力要求；能对不同汽车 4S 店的岗位设置进行比较判断，从中找出差异，并能说明这种差异产生的原因，且能够初步提出合理的解决措施；完成一份实训报告。

(2) 评分标准：

序号	评分标准	分值	评分	备注
1	团队合作	20		
2	团队精神	10		
3	内容结构	30		
4	仪容仪表	30		
5	应变能力	10		

项目3 汽车目标市场

项目主要内容

1. 汽车消费用户购买行为分析；
2. 汽车市场竞争态势分析；
3. 汽车目标市场 STP 策略分析。

任务3.1 汽车消费用户购买行为

知识目标

1. 了解汽车消费用户的分类，以及汽车消费用户的需求特点；
2. 掌握私人消费者决策过程，了解影响私人汽车消费者购买行为的因素。

能力目标

1. 能够基本掌握不同特征的汽车消费者的特点，并能有针对性地把握营销的重点；
2. 能够掌握私人汽车消费者决策过程，并能根据消费者的决策过程提出具体行动的操作方法；
3. 能够为企业或经销商开展目标市场消费者购买行为的调研。

任务导入

张辉是某高校教师，其妻子为高校行政人员。去年，他的第二个小孩出生，另一小孩正在读小学四年级，小孩们的白天照顾和上学接送都由张老师的父母完成。张老师家庭年收入约为 25 万元，由于现在的住房是小两室两厅，他的妻子考虑到以后小孩成长的需要，打算换个 140 平方米左右的房子，但张老师认为现在亟须解决的是一辆上下班的车，同时还希望平时能带小孩在城市到处看看。

2017 年 1 月，正当张老师夫妻为购买房子和车子的问题烦恼时，在国力从事汽车销售顾问的学生刘俊华考虑到张老师的经济水平和实际需求，建议张老师买一辆落地价为 14 万元左右的车，采用分期付款的方式，首付 5 万元，按 2 年还清，这样就不会觉得压力太大，房子问题也可以继续考虑。

张老师接受了刘俊华的建议，决定先购买车。他本人对国产长城越野车 H6 的印象比较好，但他夫人认为本田缤智 1.5CVT 更适合自己的实际需要，原因有三个：其一是虽然长城 H6 空间较大，市场保有量较多，市场口碑也较好，但她对国产车的质量还存在诸多不信任，认为国产车的品牌形象不如广州本田；其二是她的同事正在使用蓝色的本田缤智

2016 款 1.5CVT，她本人下班的时候也搭乘过多次，对这款车无论是外观还是内饰都很满意，且该车的性能得到了她同事的认可；其三是张老师的学生刘俊华承诺过，如果在他手上购买缤智车，会给她更多优惠，包括加装脚踏板，送行车记录仪，多送一次保养，购置税为 5%和新车保险打九折等。

综合上述情况后，张老师同意了他夫人的想法。2017 年 1 月 20 日，张老师顺利提到了广本缤智车，颜色是白色的。

问题：

1. 请根据以上内容试分析张老师的家庭购买行为模式是什么类型，并说明这种类型有什么特点。

2. 请分析汽车销售顾问刘俊华在张老师家庭购车决策过程中所起的作用。

分析：

近年来，国产车的市场口碑在不断上升，这得益于汽车质量的提升、汽车配置的完善等。一个品牌车的整体形象不仅包括车的制造、车的销售，还包括车的售后服务及从业人员的整体素养等，这些都在对消费者产生影响。

研究汽车消费者的购买行为，能有效地解决顾客在决策过程中的障碍，并能适时为顾客提供更好的价值，从而达到满足顾客需求的目的。

➡知识准备

3.1.1　汽车消费市场

1. 汽车消费市场的组成

汽车消费市场由私人消费市场和集团组织市场(产业市场、转卖者市场和政府市场)两部分组成。

2. 汽车消费市场的特点

汽车是一种高档耐用消费品，这使得汽车具有明显不同于一般生产资料和消费资料等有形商品的使用特点。这种使用上的特殊性体现在四个方面。

1) 作为生产资料使用

例如，各类生产型企业利用自己拥有的汽车进行原材料、配套件、在制品以及产成品的运输等。由于这类运输活动构成企业生产活动的一部分，因而汽车属于一种生产资料。

2) 作为消费资料使用

汽车用做消费资料的一种表现，是它属于一种集团消费资料。例如，被用于满足各类企事业单位、各级各类政权机关、非营利组织团体等公务及事业活动需要的轿车以及被用于解决职工上下班问题的通勤客车等，都属于集团消费资料。此外，汽车(轿车、微型客车等)作为消费资料主要用于私人代步，满足消费者个人出行的需要。

3) 作为特殊需要使用

作为特殊需要使用的车辆，包括各类军用车辆，如部队使用的各类运载车、指挥车、炮车等，它们既非生产资料，也不属于消费资料，而是用于满足国防需要。此外，还有用于各种类型的特种车辆，如警用车、消防车、救护车等用于特殊需要的车辆。

4）作为身份的象征

美国通用汽车公司在20世纪30年代推出价格为7000美元的凯迪拉克新车而一举获得巨大成功。凯迪拉克的顾客不是在购买运输工具，而是在购买地位和身份。此外，还有宝时捷911，以及国人常说的“一奔驰、二宝马”，在这里，汽车已经不仅仅是一种代步工具，而主要作为身份的象征。

★ **小思考**

汽车的颜色对消费者的选择有没有影响？汽车的颜色对发生交通事故有没有影响？请查阅相关资料后回答。

3.1.2 汽车私人消费市场

1. 汽车私人消费市场的定义

汽车私人消费市场由汽车的消费者个人构成。汽车私人消费市场的消费者由于受经济、社会、文化等因素的影响，呈现出千差万别、纷繁复杂的形态。研究这个市场的特点及其发展规律，对于那些以这一市场为目标市场的汽车企业而言，具有非常重要的意义。

2. 汽车私人消费市场的共性特点

汽车私人消费者虽然存在千差万别的特点，但各种需求之间存在着共性，具体来说，有以下特点：

1）消费需求的多样性

众多汽车消费者在收入水平、文化素质、兴趣爱好、生活习惯、年龄性别、职业特点、地理位置甚至民族传统、宗教信仰等方面存在着不同程度的差异，因而在消费需求上也表现出不同的需求特性。比如，年轻人喜爱运动型的车辆，而老年人喜爱舒适型的车辆。再比如，经常在道路条件较差的地区活动的人，所选择的车辆主要要求通过性好(如越野车)，而主要在城市范围等道路条件较好的地区活动的人，所选择的车辆主要要求舒适性好(如轿车等)。总之，人们对汽车的需求是多种多样的，从而表现出多样性的特点。

2）消费需求的层次性

消费者的市场需求，是受其货币支付能力和其他条件制约的。在各类条件一定的情况下，他们对各类消费资料的需求有缓有急，有弱有强，有低有高，呈现出层次性。消费者由于在社会上所处地位不同，所需求的汽车的层次也就不同。一般老百姓购买汽车的目的主要是代步，所选购的汽车大多为经济型；而某些私企老板或其他社会地位较高的人购买的汽车必须体现其身份和地位，所选购的车型大多为豪华型。社会阶层的存在，使得汽车的消费需求表现出层次性。

3）消费需求的伸缩性

消费者市场的需求量是由多种因素决定的。外因包括商品供应数量的多少、价格的高低、广告宣传的程度、销售服务的优劣等；内因则包括消费者取得该商品或服务的迫切性和自己的货币支付能力。因此，只要上述因素发生了变化，就会引起消费者市场需求的相应改变。这种改变既可能变多，也可能变少，从而表现出市场需求的伸缩性。一方面，汽车作为一种高档耐用商品，具有较强的价格弹性，即汽车的售价对汽车的需求有较大的影响。另一方面，这种需求的结构是可变的：当客观条件限制了这种需求时，它可以被抑制或转化为其他需求，或者最终被放弃；反过来，当条件允许时，个人消费需求不仅会得以实现，甚至会发展成为流行消费。

4）消费需求的可诱导性

对于大多数私人消费者而言，由于缺乏足够的汽车知识，他们往往会受到周围环境、消费风尚、人际关系、宣传报道等因素的影响，对某种车型产生较为强烈的需求。例如，在某学校，由于最初有教师购买了某款轿车，使用后感到该款轿车售价低、油耗低、质量好、方便灵活，是很实用的代步工具，后来这个学校的其他教师受到影响，先后有十几人购买了该款轿车。

5）消费需求的可替代性

私人购买汽车在面临多种选择时，一般都要进行反复的比较、鉴别，也就是俗语所说的"货比三家"。只有那些对私人消费者吸引力强、各种服务较好的商家，才会促使消费者最终购买他的汽车。也就是说，同时能够满足消费者需要的不同品牌或不同商家之间存在竞争，消费需求表现出可替代性。

6）消费需求的发展性

消费者的市场需求不会静止在一个水平上，随着经济的发展和时代的进步，人们的生活水平不断提高，消费者对市场上的商品和服务的需求也不断发展变化。在原有的需求被满足以后，又会产生新的需求。总的说来，市场需求的发展性是向由简单到复杂、由低级到高级、由数量上的满足到要求质量充实的方向前进的。因此，汽车私人消费需求也是永无止境的，在不过分增加购买负担的前提下，消费者对汽车的安全、节能、舒适、功能以及豪华程度等方面的要求总是越来越高。

除上述特点外，消费者的市场需求还具有以下特点：① 便捷性，消费者要求汽车产品的购买、使用、取得和服务等要方便；② 季节性，根据历史经验，汽车市场的火爆往往具有季节性、周期性、阶段性的特点；③ 地域性，不同地区的消费者对汽车有不同的需求，在特定时期内，经济发达地区的消费者达到这一收入条件的人比其他地区的人多，这一地区的汽车需求比其他地区明显高，从而表现出一定的在地理上的消费集中性。

总之，企业应认真研究和掌握这些特点，并以此作为市场营销决策的依据，更好地满足消费者需求，扩大商品销售额，提高经济效益。

【典型案例】

买车换车标

30岁的杨先生最近终于圆了多年的汽车梦，花了17万买了一辆"南菱"吉普车。杨先生提到新车后，第一时间开到广州永福路某汽配商店，将其原来的车标卸下，换上"三菱"标志。由于此车型与"三菱"帕杰罗相似，"克隆"得也像模像样，驶在路上颇能鱼目混珠，杨先生说，换了车标后还真找到了一种驾驶高档车的感觉。

分析讨论：

杨先生买车和换车标两种行为分别是由何种需要和动机引发的？

3. 影响汽车私人消费者购买行为的因素

消费者的购买行为，即消费主体通过支出(包括货币或信用)而获得所需商品或劳务的选择过程。这个过程的形成与发展受到许多因素的影响，而影响汽车私人消费市场购买行为的因素主要包括文化因素、个人因素、社会因素和心理因素等。

★ 小思考

假如你现可购买一辆家庭使用的汽车，你会选择什么样的品牌？为什么？你又会选择什么样的车型？为什么？

1）文化因素

文化是指人类从生活实践中建立起来的文学、艺术、教育、科学等的总和。作为人类在社会发展过程中所创造的物质财富和精神产品的文化，不但表现着人类智慧发展的历程和人类社会的文明进程，而且直接影响着人们的心理和行为。

(1) 社会文化。影响消费者购买行为的文化因素是指所形成的共同的价值观、信仰、道德、风俗习惯，具有不同文化层次的人有着不同的价值观、审美观、生活标准和行为准则，因而文化是造成消费者购买行为差异的深层原因。社会文化因素对汽车消费者行为有着广泛而深刻的影响。

(2) 亚文化。在一个国家的大文化中，包括若干个亚文化群，如民族亚文化群、宗教亚文化群、种族亚文化群、地理亚文化群等。这些不同的亚文化群形成了不同的风俗习惯和道德观念，对消费者的购买行为也产生着直接或间接的影响。因此，营销企业应注意研究这种差别，以便正确地选择目标市场。就汽车消费者购买行为而言，亚文化的影响更为直接和重要，有时甚至是根深蒂固的。

(3) 社会阶层。社会阶层是指由于收入水平、教育程度等方面的差异，在社会生活中会形成兴趣爱好、生活需求、价值取向相似或相近的群体或集团，他们在一定的社会经济结构中处于相同的经济地位。不同社会阶层的消费者由于在职业、收入、教育等方面存在明显差异，因此即使购买同一产品，其趣味、偏好和动机也会不同，因而具有不同的购买行为。研究消费者的社会阶层对购买行为的影响，对进行市场细分和制订有针对性的市场营销策略具有重要意义。

2）个人因素

消费者的购买行为还会受到个人因素的影响，具体体现在五个方面：

(1) 年龄与生命周期阶段。从消费者个人的角度考察，消费者的购买行为与所处年龄密切相关。随着年龄的增加，人们对汽车产品的喜好也在改变。例如，年轻人购买汽车主要注重汽车的动力性及速度，而老年人购买汽车主要注重汽车的操纵方便性和驾驶安全性。从家庭角度考察，其生命周期的不同阶段也影响消费者的消费选择。汽车企业只有明确目标顾客所处的生命周期阶段，才能拟定适当的营销计划。

(2) 职业与生活方式。一个人所从事的职业在一定程度上代表着他的社会地位，并直接影响他的生活方式和消费行为。不同职业的消费者对汽车的购买目标是不一样的，例如，公司经理与其属下雇员所选择的车型及档次明显存在差别。

(3) 经济因素。人们的消费需求是通过利用手中的货币购买消费品来实现的。因此，在价格既定的情况下，货币收入的多少，就成为影响消费者市场需求的决定性因素。收入越多，对商品的需求量就越大。消费者在购买商品时，主要考虑的是自己的收入、商品的功能和商品的价格，在个人收入、商品功能一定的条件下，商品的价格是消费者购买行为的推动力。尤其是汽车对一般人来说属于一种高档耐用消费品，家庭的经济状况达不到一定程度是不可能购买汽车的，并且经济状况较好的人与经济状况一般的人所选购的汽车是有差别的。

(4) 价格因素。居民的购买力不仅取决于居民的收入水平，还取决于消费品的价格水平，即价格的高低。因为在收入水平既定的情况下，汽车产品的价格高低直接影响消费者的购买水平。因此，价格水平就成为影响消费品需求的又一重要因素。

价格对需求的影响总的表现为：价格上升，需求减少；价格下降，需求增加。但对不同的产品其影响幅度存在很大差别，这是因为人们对不同消费品价格变动反应的灵敏程度不同，即存在着不同的需求价格弹性。

需求价格弹性(简称"需求弹性")是指商品的需求量对价格变化反应的灵敏程度，通常用弹性系数表示。需求弹性系数是指商品需求量变化的百分比与价格变动百分比之间的比值。其计算公式为

$$E=\frac{Q_1-Q_0}{\frac{1}{2}(Q_0+Q_1)}\div\frac{P_1-P_0}{\frac{1}{2}(P_0+P_1)}$$

式中：E 为需求弹性系数；Q_1 为变动后的商品需求量；Q_0 为变动前的商品需求量；P_1 为变动后的价格；P_0 为变动前的价格。

由于弹性系数只反映变动的灵敏程度，因而不分正负，只计算绝对值。不同弹性的弹性系数分别为：$E>1$ 为富有弹性；$E=1$ 为单一弹性；$E<1$ 为缺乏弹性；$E=0$ 为无弹性；$E=\infty$ 为无限大弹性。

★ 小思考

汽车产品有的属于缺乏弹性，有的属于富于弹性，请举例说明。

(5) 个性与自我观念。个性是指一个人带有倾向性的、本质的、比较稳定的心理特征的总和。它是在一个人的生理素质的基础上，在一定社会历史条件下通过社会实践活动形成和发展起来的。因此，每个人的个性都有不同的特点，消费者的个性通过其能力、兴趣、气质、性格和自我形象表现出来，个性不同会导致消费者购买行为的差异，进而影响消费者对汽车产品和品牌的选择。自我观念与个性有关，可以理解为自我定位，消费者往往会选择与他们的个性及自我定位相吻合的汽车产品。例如，有的人稳健保守，往往会选择安全性能好的 MPV 汽车；有的人勇于冒险，则更倾向于选择 SUV 汽车。

3) 社会因素

汽车私人消费市场的购买行为也经常受到一系列社会因素的影响，这些社会因素主要包括家庭、相关群体、社会角色与地位。

(1) 家庭。家庭是以婚姻、血缘和有继承关系的成员为基础形成的一种社会单位。家庭是社会的细胞，也是社会基本的消费单位，目前，大部分汽车的消费行为是以家庭为单位进行的，因此，家庭对消费者购买行为起着至关重要的影响。不同类型的家庭对消费者购

买行为的影响是有区别的。有人把家庭分为四种类型，即丈夫决定型、妻子决定型、协商决定型和各自决定型。私人汽车的购买，在买与不买的决策上，一般是协商决定型或丈夫决策型，但在款式或颜色的选择上，妻子的意见影响较大。

(2) 相关群体。相关群体是影响消费者购买行为并与之相互作用的群体。相关群体包括直接影响者和间接影响者两种。虽然这些群体中的人有时并没有直接接触，但会在私人消费观念中形成共同的爱好，这种爱好对消费者的购买行为影响较大。

相关群体对汽车产品个人购买行为的影响，一般表现在三个方面：第一，它向人们展示了各不相同的消费行为和生活方式，因而使群体成员改变原来的购买行为或者产生新的购买行为；第二，它能引起人们的仿效欲望，从而改变消费者的购买态度和对这些产品的价值观念；第三，它促使人们的购买行为趋于某种“一致性”，因而影响消费者对产品的品种及商标的选择。在缺乏客观标准的情况下，个人的消费选择往往以群体的标准为依据。

(3) 社会角色与地位。社会角色是指每一个人在一定的社会条件下所处的具有某种权利和义务的地位，它反映了社会对个人的综合评价。一个人在一生中会从属于许多群体，由于人们社会活动的内容日益多样化，每一个人在不同时间和不同空间里扮演着不同的社会角色，例如，一个在工作单位是职工或领导的已婚妇女，在家里是妻子、母亲或儿媳(女儿)。她在承担不同角色时对自己有不同的要求，从而形成了不同的购买特点和习惯。因此，了解和认识每一个人所担当的社会角色，就会了解其购买行为。

4) 心理因素

心理因素是消费者在认识商品的过程中产生的，是客观现实在消费者心理上的反映，是有意识的行为。影响消费者购买行为的因素主要包括需求、感觉、学习、信念和态度等几个心理过程。对这些过程进行研究，可以了解购买者行为的起因。

(1) 需求。需求是指客观刺激物通过人体感官作用于人的大脑而引起的某种缺乏状态。当这种状态达到一定程度时，便产生需求，而需求又引起动机，后者又是引起人的行为、支配人的行为的直接原因和动力。

(2) 感觉。感觉是指人们通过感觉器官，对客观刺激物和情境的反映。消费者不仅会对不同的刺激物或情境产生不同的感觉，就是对相同的刺激物或情境，也会产生不同的感觉，出现这种现象的主要原因是感觉过程的特殊性。心理学家认为，感觉过程是一个有选择性的心理过程，这种“有选择性的心理过程”主要包括三个方面：选择性注意、选择性曲解、选择性记忆。

① 选择性注意。在现实生活中，最能引起人们注意的情况有三种：一是与当前需要有关的；二是预期出现的；三是变化幅度大于一般的、较为特殊的刺激物。例如，许多汽车企业都特别重视汽车展览，均把展台布置得别出心裁、美轮美奂，其目的是突出企业形象和品牌形象，力求给广大潜在消费者以独特的印象。

② 选择性曲解。通常，人们有一种把外界输入的刺激与原有思维模式相比较的倾向，从而造成先入为主的观念，这种按照个人意愿曲解信息的倾向就是选择性曲解。例如，如果某一名牌汽车在消费者心中早就确立了无可争议的信誉，即使另一新品牌汽车其实际品质已优于前者，消费者依然会认为原来的名牌汽车更好。这就是绝大多数企业均在努力以诚信和服务创建自己产品品牌的缘故。

③ 选择性记忆。人们对所接收到的信息不可能全部记住，不会公正地全部予以重视，

而是会倾向性地保留那些符合自己信念和态度的信息。在购买行为上则表现为只记住自己所喜爱的汽车品牌，忽视了其他竞争品牌的长处。对于汽车新产品来说，其留给人们的第一印象至关重要，各汽车企业都在慎重地选择时间、地点、场合，花大量的投入进行促销活动。

(3) 学习。人们的行为有些是与生俱来的，但大多数行为，包括购买行为，是通过学习得来的。消费者购买汽车这类昂贵的耐用品的过程也是一个学习的过程。这个过程从收集有关车辆的资料开始，然后是了解品牌、分析判断、提出方案、实物对比、询问解疑直至最后采取行动。在这个过程中，消费者必然会加强与营销人员的联系，细致地观察各种车型，认真地倾听介绍。因此，营销人员可以将学习和强烈的驱动力联系起来，运用刺激性暗示及强化等手段来形成消费者对自己品牌的强烈反应，既给消费者提供了一个学习的机会，又促进了消费者对产品的需求。

(4) 信念与态度。信念是指消费者持有的关于事物的属性及其利益的知识。不同消费者对同一事物可能拥有不同的信念，而这种信念又会影响消费者的态度。对于汽车企业来说，信念构成了汽车产品和品牌的形象，人们是根据自己的信念行动的，错误的信念会阻碍消费者的购买行动，汽车企业应通过广告、促销活动及诚信服务等来使消费者树立对其产品和品牌的信念。

态度是指人们对事物的看法，它体现着一个人对某一事物的喜好与厌恶的倾向。态度是从学习中来的，它有一个逐步形成的过程，而一旦形成，则直接影响人们的行为。一般情况下，汽车企业不要试图改变消费者的态度，而应该考虑如何改变自己的产品或形象，以适应消费者的态度。当消费者已经对某种汽车品牌产生良好印象时，汽车企业必须努力维护或提升这个印象，不能出现有损形象的事件，以免消费者产生否定该品牌的态度。由此可以看出，汽车的售后服务是汽车企业必须做好的工作，如果售后服务工作做不好，将有损汽车品牌的形象，使消费者产生否定该品牌汽车的态度。

综上所述，汽车消费者的购买选择是文化、个人、社会及心理等因素综合作用的结果。汽车企业及其营销人员在制订营销策略时，应对相关因素进行全面的研究，才能掌握消费者的个人购买模式。

【典型案例】

买了一辆从未想到的车

女律师简妮小姐今天一大早兴冲冲地来到了一家经营汽车的大公司，她之前看中了这儿出售的海蓝色“西尔斯”牌小轿车。尽管价格贵一点，但她喜欢这种车的颜色和式样，而且喜欢“西尔斯”这个牌子和名称。不巧，销售员正要去吃午饭。他对她说，如果简妮小姐愿意等待30分钟的话，他一定乐意立即赶回来为她服务。简妮小姐同意等一会儿，总不能不让人吃饭，就是再加上30分钟也没关系，要紧的是她特意挑选今天这个日子来买车，无论如何都必须把车开回去。她走出这家大公司，看见街对面也是一家出售汽车的公司，便信步走了过去。

销售员是个活泼的年轻人，他一见简妮进来，立即彬彬有礼地问：“我能为您效劳吗？”简妮微微一笑，告诉他自己只是来看看，消磨一下时间。年轻的销售员很乐意地陪她在销售大厅参观，并自我介绍说他叫汤姆。汤姆陪着简妮聊天，两人聊得很投机。简妮告诉他，自己来买车，可惜这里没有她想要的车，只好等那家公司的销售员回来了。汤姆很奇怪简妮为什么一定要今天买到车。简妮说："今天是我的生日，我特意挑选今天这个日子来买车。"汤姆笑着向简妮祝贺，并和身旁一个同伴低声耳语了几句。不一会儿，这个同伴捧着几只鲜艳的红玫瑰进来，汤姆接过来送给简妮："祝你生日快乐！"简妮的眼睛亮了，她非常感谢汤姆的好意。他们越谈越高兴，什么海蓝色"西尔斯"，什么 30 分钟，简妮都想不起来了。突然简妮看见大厅一侧有一辆银灰色的轿车，色泽是那样的柔和而诱人，她问汤姆那是什么牌子的轿车。汤姆热心地告诉了她，并仔细地介绍了这辆车的特点，尤其是价钱还比较实惠。简妮觉得自己就是想要买这种车。

结果，简妮小姐驾了一辆自己原来根本没有想到的车回家了。车上插着几支鲜艳的红玫瑰。简妮的生日充满了欢乐。

分析讨论：

试从消费者行为学角度对上述案例进行分析。

4. 汽车消费者的购买行为模式

研究汽车的个人购买行为时，一般需要从不同角度做相应的分类，但较为普遍的分类方法是以购买态度为基本标准。从对人们购买行为的分析中可以发现，消费者在购买中的行为是千差万别的，但有些人的购买行为却非常相似，许多人都采用的购买行为方式就成为人们的购买行为模式。因为购买态度是影响个人购买行为的主要因素，按照这种标准划分，汽车的个人购买行为可分为理智型、冲动型、疑虑型、选价型和情感型等。

1）理智型

具有理智型购买行为特点的消费者，其购买思维方式比较冷静，在需求转化为现实之前，他们通常不易受包装、广告宣传的影响，而要做广泛的信息收集和比较，充分了解商品的相关知识，在不同的品牌之间进行充分的调查，慎重挑选，反复权衡比较，力图挑选自己最满意的商品。也就是说，这类消费者的购买过程比较复杂，通常要经历信息收集、产品和品牌评估、慎重决策和购后评价等阶段，属于一个完整的购买过程。现阶段，我国的私人汽车消费者的购买行为多属于这种类型。因为他们多数是初次购买私人轿车的用户，购买汽车要花费他们较多的资金，且汽车结构复杂，专业性较强，普通消费者的汽车知识较少等。接待这类顾客要有耐心，实事求是地介绍商品，不能心急图快，或对顾客的挑剔显示出不耐烦的神色。营销者应制定策略帮助顾客掌握产品知识，借助多种渠道宣传产品优点，发动营销人员乃至顾客的亲朋好友对顾客施加影响，简化购买过程。

2）冲动型

冲动型购买是容易受别人诱导和影响而迅速做出购买决策的购买行为。这类消费者情感容易受到外界因素的影响而产生随机性较大的购买行为。冲动型的购买者，通常是情感较为外向，随意性较强的顾客。他们一般较为年轻，具有较强的资金实力。对于冲动型购买者来说，他们在购买时感情容易冲动，心境变化剧烈，往往注意商品美观的外形，不大注重商品的性能和效用，喜欢追求名牌和新产品，易受广告宣传、营销方式、产品特色、购买氛围、介绍服务等因素的影响和刺激，进而诱发出冲动型购买行为。针对这类顾客，营销者应多介绍一些新产品的特点和优点，以引起顾客的购买欲望。

冲动型购买者需求的实现过程较短，顾客较少进行反复比较挑选。但是这类顾客常常在购买后会认为自己所买的产品具有某些缺陷或其他同类产品有更多的优点而产生失落感，怀疑自己购买决策的正确性。对于这类购买行为，营销者要提供较好的售后服务，通过各种途径经常向顾客提供有利于本企业和产品的信息，使顾客相信自己的购买决定是正确的。

3）疑虑型

疑虑型购买者多属于对汽车不甚了解的人，缺乏汽车知识和购买经验，因而在购买时，往往因害怕上当而在购买过程中犹豫不决。这类消费者行动谨慎、迟缓，从不冒失、仓促地做出购买决定，对所买的商品疑心重重，害怕广告和推销人员在介绍中说了假话，害怕自己购买的产品是库存积压产品，害怕买回去不合家人的心意而遭埋怨……甚至可能因犹豫不决而中断购买。造成疑虑型购买的原因，可能是消费者受到自身的气质类型的影响，也可能是消费者过去在购买中受过骗或买过不称心的商品。针对这类消费者，营销者应注意通过示范解除其疑虑，使其放心购买。

4）选价型

选价型购买行为是指对商品价格变化较为敏感的购买行为。具有这类购买行为的个人，往往以价格作为购买决策的首要标准。选价型购买行为又有两种截然相反的表现形式：一种是选高价行为，即个人购买者更乐意选择购买高价优质商品，如那些豪华轿车购买者多是这种购买行为；另一种是选低价行为，即个人购买者更注重选择低价商品，这类消费者对商品的价格反应特别灵敏，善于发现不易被别人发觉的价格差异，多数工薪阶层的汽车用户以及二手车的消费者主要是这种购买行为。

5）情感型

情感型购买行为是指消费者以丰富的联想力来衡量商品的意义、容易受感情支配做出购买决策的行为。持有这类购买态度的顾客，其情感体验较为深刻，想象力特别丰富，审美感觉灵敏。在情感型购买的实现过程中，易于受促销宣传和情感的诱导，特别注重商品的外表造型、色彩和命名。他们多以商品是否符合个人的情感需要作为购买决策的标准。但他们的注意力容易转移，兴趣容易变换，多数属于情感的反应者。

总体上讲，我国现阶段的汽车个人消费者，其购买行为类型以理智型为主导，其余类型为辅，有些只是在西方经济发达国家才经常见到。因此，汽车营销者在开发国内国外两个市场时，应采取不同的营销模式。

★ 小思考

请你调查一下周围人的购买行为模式，然后进行分析总结。

5. 汽车消费者购买决策过程

每一消费者在购买某一商品时，均会有一个决策过程，只是因所购产品类型、购买者类型的不同而使购买决策过程有所区别。一个典型的购买决策过程包括五个阶段：确认需要、收集信息、选择判断、购买决策、购后感受。

1）确认需要

确认需要是消费者购买决策过程的起点。当消费者在现实生活中感觉到或意识到实际与其企求之间有一定差距并产生了要解决这一问题的要求时，购买的决策便开始了。汽车消费者的需要一般有两方面的原因：一是内部刺激，如上下班不方便，需要汽车作为代步工具，或是出于想要从事汽车营运的需要；二是外部刺激，如电视广告等消费者自身以外的环境因素的刺激，或是看到周围与其条件相仿的人大都有车，于是就产生了想要购车的欲望。需要是推动消费者从事购买活动的驱使力，而消费者的大部分需要是受外部刺激的影响而产生的，即使是代步等内部刺激引发的需要，也往往要在外部刺激的影响下才会引发购买汽车的强烈需求。因此，汽车企业应有意识地安排一些诱因(广告、展销会等)，激发消费者对本企业汽车产品的需求。

2）收集信息

在大多数情况下，消费者在产生需要后并不会马上做出购买决策，而是首先寻找有关产品的多方面信息，尤其是汽车购买行为是一种较为复杂的购买行为，需要收集的信息很多。一般来说，消费者传统的信息来源主要有四个方面：个人来源、商业来源、公共来源、经验来源。汽车消费者的主要信息来源是商业来源，但是互联网已逐渐成为消费者了解汽车的主要渠道。由于互联网是一个自由开放的平台，各种观点、信息掺杂其中，特别是传统媒体也经常从互联网上获取信息，因此汽车企业应了解和掌握消费者的信息来源并对不同来源的重要性予以评价，在此基础上，设计有效的传播途径，使企业与目标消费者更好地进行沟通。

3）选择判断

消费者在收集到所需的信息后，就会对这些信息进行分析比较和综合判断，以做出最终选择。不同的消费者使用的评价方法和评价标准差别较大，但总体上讲，消费者对汽车产品的购买，是为了从该产品上寻求特定的功效，而汽车产品的属性对消费者来说就是产品功效，因此他们往往会把汽车产品看成是一些特定属性的组合，并根据自己的偏好对这些属性给予不同的权重，然后对不同品牌的汽车产品进行打分和排序。消费者通过一定的评价方法，对各种可供选择的品牌进行评价，从而形成对它们的态度和对某种品牌的偏好。在这一评价过程中，大多数的消费者总是将实际产品与自己的理想产品进行比较。也就是说，偏好和购买意图并不总是导致实际购买，尽管二者对购买行为有直接影响。不同的消费者对汽车的商品属性的认识有较大的差异，汽车企业及其营销人员应对此进行仔细分析，从而采取相应的措施来影响消费者的选择。

4）购买决策

购买决策是购买过程的关键阶段，这是因为消费者只有做出购买决策后，才会产生实际的购买行为。

5）购后感受

消费者在购买汽车产品后，往往会通过自己的使用与他人的评价，对其购买选择进行检验，把他的体验与购买前的期望进行比较，进而产生一定的购后感受，如满意、一般或不满意等，这些感受最终会通过各种各样的行动表现出来。

消费者根据自己从卖主、朋友及其他来源获得的信息形成对汽车产品的期望，如果汽车产品的实际表现达到了消费者的期望，就会令消费者满意；反之，就会令消费者不满意。同时，消费者对汽车产品的满意程度还会影响其以后的购买行为。如果消费者感到满意，很可能今后会再次购买该种品牌的汽车，并向其他人宣传该品牌汽车的优点；如果消费者感到不满意，则会通过各种行为来减少不平衡的感受，如向卖主退货，向熟人和亲友抱怨，在互联网上发布信息，向消费者协会投诉等。

汽车企业营销的目标是通过满足顾客的需求来使顾客满意。实现顾客满意是汽车企业与消费者保持长久关系的关键，它能使汽车企业获得信誉。实现顾客满意的最好方法是提供优质的汽车产品和售后服务。与此同时，企业还应该研究对待消费者不满意的方法，采取有效措施尽可能地降低消费者的不满意程度，提供良好的沟通渠道，供消费者投诉，尽量减少购买者买后不满意的程度，并通过加强售后服务、保持与顾客的联系、提供使他们从积极方面认识产品的特性等方式，来提升消费者的满意度。

上述购买决策过程表明，购买过程实际上在实施实际购买行为之前就已经开始，并且要延伸到购买之后的很长一段时间才会结束。因此，企业营销人员必须研究个人购买者的整个购买过程，而不能只是单纯注意购买环节本身。市场营销人员通过了解购买者如何经历引起需要、寻找信息、评价行为、决定购买和买后行为的全过程，就可以获得许多有助于满足消费者需要的有用线索；通过了解购买过程的各种参与者及其对购买行为的影响，就可以为其目标市场设计有效的市场营销策略。

3.1.3　汽车组织购买者市场

1. 汽车组织购买者市场的类型

汽车组织购买者市场也被称为“集团用户市场”，是由各种组织机构形成的对企业产品和劳务的需求的总和。它可分为三种类型，即产业市场、经销商市场和政府市场。

2. 汽车组织购买者市场的特点

与消费者市场相比，汽车组织购买者市场具有六方面的特点。

1）客户数量少，销量大，地理分布十分集中

汽车组织购买者市场的购买者一般不是个人，而是购买汽车产品的企业，所以相对于消费者来说数量较少，但需求量往往较大，每一次总是批量采购，尤其是汽车运输公司、出租车公司等企业。在我国，组织购买者往往主要集中在经济发达地区。组织购买者市场地域的相对集中有助于降低销售成本。

2）大多属于衍生需求，缺乏弹性

组织购买者对汽车产品的需求，归根结底是从消费者对消费品的需求引申出来的。例如，汽车运输企业购买汽车，往往是因为运输市场发展的需要。当购买者运输的需求增加时，会导致汽车购买量的增加；反之，汽车的购买量就会减少。因为这一市场的需求大多属于衍生需求，所以人们不会因汽车产品价格上涨而不购买汽车，也不会因汽车产品价格下降而大量购进汽车。尤其在短期内，这种需求的弹性就更小了。

3）供购双方关系密切

组织购买者人数较少，但购买数量较大，对供应商来说更具有权威性和重要性，所以在组织购买者市场中，供购双方关系比较密切，购买者总是希望供应商按照自己的要求提供产品，而供应方则会想方设法去接近并搞好与购买方的关系，如为组织购买者提供一定的优惠条件或产品维修等方面的服务，包括根据集团组织的特定需要定制产品，甚至不惜改变常规的营销操作方法和程序，以激发购买者的购买动机，同时还应注重与这些大客户建立持久的合作伙伴关系。

4）购买人员专业化

把汽车作为工业品来购买时，购买者往往会选择那些经过训练的、在汽车专业技术知识和采购、推销方面训练有素的专业人员负责采购工作，他们对想要购买的汽车的性能、质量、规格以及技术细节上的要求都较为了解。此外，他们在专业方法的运用、谈判技巧方面都比较老练。这就要求产业市场营销者必须对他们的产品提供大量的技术资料和特殊服务。企业采购工作较复杂，参与决策的人员比消费者市场多，决策过程更为规范，通常由若干技术专家和最高管理层组成采购委员会来指导采购工作。

5）汽车产业市场的波动性较大

组织购买者对于产业用品和劳务的需求比消费者的需求更容易发生变化。在现代市场经济条件下，消费者需求的少量增加能导致组织购买者需求的大大增加。这种必然性被西方经济学者称为加速理论。有时消费者需求只增减10%，就能使下期组织购买者需求出现200%的增减。汽车组织购买者市场受国家政策、市场需求的影响很大，而这些因素往往随时间有较大的波动。

6）租赁方式

组织购买者往往通过租赁方式取得产业用品。某些汽车产品单价高，通常用户需要较大资金或融资才能购买，因此，企业所需要的汽车产品有的部分不采取完全购买方式，而是通过租赁方式取得。例如，某些特种汽车、专用汽车的单价很高，用户又不是经常使用，租赁方式可以解决用户的资金困难。

3. 汽车组织购买者的购买行为过程

组织购买者购买汽车产品，是为了维持其生产经营活动的正常进行，其购买过程一般可分为五个阶段：产生需求—确定需求对象的特点和数目—寻求并选择供应商—签订供应合同—检查评估履约情况。

1）产生需求

组织购买者购买汽车产品的种类取决于生产经营的需要，其需求的产生是由于生产经营活动的需要。例如，汽车运输企业要增大运力，就需增加运输车辆。

2）确定需求对象的特点和数量

当需求产生后，采购者接着就要拟出一份需求要项说明书，说明所需汽车的特点，并根据生产经营规模的需要，决定需求数量。简单或重复的采购，由采购人员直接决定，而复杂的采购，则须由企业内部的使用者和工程技术人员共同决定。企业的采购组织确定需要以后，要指定专家小组对所需品种进行价值分析并作出详细的技术说明。例如，汽车运输公司要开辟一条新的运输线路，在购车前就必须先确定购买哪一类汽车，该车应具有什么特点才能满足生产经营需要以及要使这条线路正常运转需要多少辆车。

3）寻求并选择供应商

由于组织购买者购买数量大，需求相对稳定，不可能随时购买，加之市场上同类产品生产厂家众多，因此，一般情况下都要寻求并选择供应商，以保证组织购买者的需求。

对于供应商的选择，购买者往往会考查供应商的各方面属性，其遴选的主要依据是：交货快慢、产品质量、产品价格、企业信誉、产品品种、技术能力和生产设备、维修服务质量、付款结算方式、财务状况、地理位置。购买者在对上述诸因素进行全面考察和评估的基础上，选择其中最优者为合作对象。

4）签订供应合同

组织购买者在确定了供应商之后，通常情况下要与之签订供应合同。这是因为组织购买者对购买汽车产品质量规格、供应时间、供应量等都有明确的要求，加之需求量大，涉及价值高，组织购买者需要用合同的形式将双方的关系确定下来，以保证企业的生产经营需要，防止对企业利益造成损害的事件发生。

5）检查评估履约情况

组织购买者在购买汽车产品后，都会及时向使用者了解其对产品的评价，考查供应商的履约情况，对产品及供应商服务水平进行评价，并根据了解和考查的结果，决定今后是否继续采购某供应商的产品。为此，供应商在产品销售以后，要加强追踪调查和售后服务，以赢得采购者的信任，保持长久的供求关系。

★ 小思考

请从消费者需求量的角度，查找组织购买者购买车辆下降的相关新闻报道，分析报道中此种现象产生的原因。

4. 影响组织购买者购买行为的因素

同消费者购买行为一样，组织购买者的购买行为也同样会受到各种因素的影响。一般来说，影响生产者购买行为的各种因素可概括为四个主要因素：环境因素、组织因素、人际因素和个人因素。

1）环境因素

影响组织购买者购买行为的环境因素主要是社会政治经济环境，如经济发展速度、国家的产业政策等。在影响组织购买者购买行为的诸多因素中，经济环境是主要的。例如，生产资料购买者受当前经济状况和预期经济状况的严重影响，当经济不景气或前景不佳时，生产者就会缩减投资，减少采购。此外，生产资料购买者也受科技、政治和竞争发展的影响。营销者要密切注视这些环境因素的作用，力争将问题变成机遇。

2）组织因素

每个企业的采购部门都会有自己的目标、政策、工作程序和组织结构。组织购买者的市场营销者应了解并掌握购买者企业内部的采购部门在它的企业里处于什么地位；它们的购买决策权是集中决定还是分散决定；在决定购买的过程中，哪些因素参与了最后的决策；等等。企业只有对这些问题做到心中有数，才能使自己的营销有的放矢。如果企业采购目标分散，采购程序简单，那么采购人员在购买活动中的主动性就大；反之，如果企业采购目标集中，采购决策权也高度集中，采购程序复杂，那么采购人员在购买活动中的制约因素就多，主动性就差。因此，汽车生产企业需要对组织购买者予以着重研究，以提高营销效果。

3）人际因素

组织购买者市场购买行为的人际因素，是指组织购买者组织内部各机构不同的人员之间的关系，其主体是不同地位、不同职权、不同情趣、不同说服力的各类参与者之间的关系，这是企业内部的人事关系的因素。营销者应当充分了解客户组织的人际关系状况，确定每个人在购买决策中扮演的角色及其影响力的大小，进而了解用户购买决策的主要人员及其决策方式和评价标准、决策中心成员间相互影响的程度等，以便采取有效的营销措施，并利用这些因素促成交易。

4）个人因素

组织购买者市场的购买行为虽为理性活动，但参加采购决策的仍然是一个个具体的人，这些个人主要有：汽车使用者、汽车采购者、产业组织机构中具有正式和非正式权力做出最后购买决策的人员、产品把关者、汽车采购的批准者等。这些人由于年龄、个性、受教育程度、收入、购买经验以及应对风险的态度等方面的不同，表现出不同的购买特点。

5. 组织购买者市场购买行为类型

组织购买者购买行为模式不同于个人购买行为模式，其复杂程度要高得多。从购买活动的类型看，产业市场购买可分为三种：直接重购、修正重购和新购。

1）直接重购

所谓“直接重购”，是指采购部门根据过去的一贯性需要，按原有订货目录和供应关系所进行的重复购买。在这种类型的购买行为中，组织购买者的采购人员做出购买决策的依据是过去的经验，是对供应商以往的满意程度。由于这种购买行为所涉及的供应商、购买对象、购买方式等均为惯例，因而无须做出太多新的采购决策，它属于一种简单的购买活动。

2）修正重购

所谓“修正重购”，是指用户为取得更好的采购工作效果而修正采购方案，改变产品规格、型号、价格等条件，包括增加或调整决策人数，或改变新的供应商等。这种购买类型下的采购行为比直接重购复杂，它涉及的购买决策人员和决策项目更多。修正重购有助于刺激原供应商改进产品和服务质量，还给新供应商提供了竞争机会，从而有助于用户降低采购成本。

3）新购

所谓“新购”，是指购买者对其所需的产品和服务进行的第一次购买行为。这是所有购买情形中最为复杂的一种，因为它通常要涉及多方面的采购决策。新购时，购买者面对的采购金额和风险越大，采购决策的参与者就越多，制订采购决策所需的信息就越多，决策所花费的时间也就越长。

另外，对于企业的市场营销来说，辨识新购过程的不同阶段是非常重要的，它可以帮助营销者实现与购买者的沟通。一般情况下，任何新购都要经历认识、兴趣、评估、采购、使用等几个阶段。在不同阶段，信息源对于购买者的决策影响各不相同。在认识阶段，大众媒体的效果较好；在兴趣阶段，推销人员的影响较大；在评估阶段，反映技术状况的信息更为重要；而在采购和使用阶段，服务的作用就相当大了。

【阅读资料】

阿雯选车的故事

阿雯今年35岁，月收入上万元，是上海市买车潮中的一位普通的上班族。以下真实地记录了在近一年的4月至7月间，她在买车子决策过程中如何受到各种信息的影响。

阿雯周边的朋友与同事纷纷加入购车者的队伍，看到他们在私家车里享受如水的音乐而不必忍受公交车的拥挤与嘈杂，阿雯不觉开始动心。另外，她工作地点离家较远，加上交通拥挤，来回花在路上的时间要近3小时。因此，她买车子的动机越来越强烈，只是这时候的阿雯对车一无所知，除了坐车的体验，以及直觉上喜欢漂亮的白色、流畅的车型和几盏大而亮的灯，对于其他汽车知识她一无所知。初识汽车，阿雯是在上司的怂恿下到驾驶学校学车。在驾驶学校学车时，未来将购什么样的车，不知不觉成为几位学车者的共同话题。

“我拿到行车执照，就去买一部1.4的polo。”一位MBA同学对polo情有独钟，虽然阿雯也喜欢这一款小车的外形，但她怎么也接受不了自己购polo，因为阿雯有坐polo1.4的体验。之前在读MBA时，一次课后，她与其他3名女同学一起坐了一辆小polo出去吃中午饭。回校时，车从徐家汇汇金开放式广场的地下库开出，上坡时必须关闭空调才能爬上高高的坡。一想起爬个坡还要关上空调，阿雯对polo的热情便瞬间消减了。虽然有不少人认为polo是女性的首选车型。比如，驾驶学校的师父就说：“polo，不错的车！”师父总归是驾车方面的专家。问周边人的用车体会，包括朋友的朋友，他们都反馈说：在差不多的价位上，开一段时间，还是德国车不错，polo挺好！阿雯的上司也是polo车主。然而，阿雯尚未体验驾驶polo的乐趣，后排的拥挤却已先入为主了，想到自己的先生人高马大，polo的后座不觉成为痛点，如果有其他合适的车,polo仅会成为候选。

不久，一位与阿雯差不多年龄的女邻居，在居住小区门口新开的一家海南mazda专卖店里买了一辆“福美来”，便自然地向阿雯做详细介绍。阿雯很快就去家门口的专卖店现场参观，她被展厅里的车吸引住了，销售员热情有加，特别是有这么一句话深深地打动了她：“‘福美来’各方面都很周全，在这个价位里别的车有的配置，‘福美来’都会有，且只会更多！”此时的阿雯还不太懂得动力、排量、油箱容量等抽象的数据，只是直觉上认为它有着清清爽爽的配置，加之销售人员向阿雯耐心地介绍着，令阿雯在这一刻已锁定海南mazda，于是她乐滋滋地拿着一堆资料回去。接下来，“福美来”成为阿雯心中的首选。阿雯回家征求先生的意见，先生说：为什么放着那么多上海大众和通用企业的品牌不买，偏偏要买“海南货”？它在上海市的维修和服务网点是否完善？两个问题马上动摇了阿雯当初的方案。阿雯不死心，便问周边驾车的同事对“福美来”的看法，“‘福美来’还可以，但是日本车的车壳太薄。”polo车主基于多年驾车经验的一番话，对阿雯还是有些说服力的。阿雯有些无所适从。后来阿雯开始关注汽车杂志，随着阅读的试车报告越来越多，阿雯开始明确自己的目标——8万至15万的价位。于是，众多品牌的车开始进入阿雯的视野。此时的阿雯已开始对各个车的生产厂家、每个生产厂家生产哪几种品牌、同一品牌不同发动机的排量与车的配置，以及基本的价格都已如数家珍。经过反复比较，阿雯开始锁定“别克凯越”和HONDA“飞度”，特别是“别克凯越”，简直是一款无懈可击的靓车！

同事A此阶段也正准备购车，“别克凯越”也是首选，阿雯开始频频进入“别克凯越”的车友论坛，并与在上海市通用汽车集团工作的同学B取得联系。与同学沟通后，阿雯更是对“别克凯越”信心满满。但随着对“别克凯越”论坛的熟悉，阿雯很快发现，费油是“别克凯越”最大的缺陷，几乎是“飞度”两倍的油耗。一想到将来要为这款车的油耗花更多钱，阿雯便又动摇了。不是还有“飞度”吗？精巧，独特，省油，还有动力强劲的发动机，以及活灵活现的试车报告，令人忍不住想说“就是它”。何况在论坛里，她发现“飞度”除因是日本车系而受到抨击外没有明显的缺陷，正巧这一阶段广州HONDA推出“广本飞度”的平面广告，阿雯精心地收集着有关“广本飞度”的每一个信息，甚至致电“广本飞度”的上海市4S标准店，追问其配件价格，维修成员极耐心的回答令"飞度"的印象分又一次增加。到此时，阿雯对电视里各种煽情的汽车平面广告却没有多少印象，由于工作、读书和家务的关系，她实在没有多少时间坐在电视机前，而地铁里的各式平面广告，按道理是天天看得到，但受上下班拥挤的人群的影响，阿雯实在没有心情去欣赏。周边各款车的直接用车体验对阿雯有着一言九鼎的说服力，阿雯开始致电各款车的车主。朋友C已购"别克凯越"，问及行车感受，说很好，值得购买；同学D已购"别克赛欧"，同学说空调很好，但感觉空调开启后动力不足；朋友E已购"飞度1.3"，她说"飞度"轻巧，省油，但好像车身太薄，不小心用钥匙划了一下便是一道印痕，有一次装了点东西，感觉像"小人搬大东西"；还有周边"桑塔纳"的车主、polo的车主等都成为阿雯的"采访"对象。

究竟选谁呢？阿雯的梦中有一辆车，漂亮的白色，流畅的车型，大而亮的灯，安静地立在她面前，等着她坐进去……阿雯心里明白，她已有一个逐渐缩小的备选品牌范围，而究竟要买哪一辆车，这个"谜底"已不再遥远……

（资料来源：http://wenba.ddmap.com/21/6581336.htm）

读完案例，请试着回答以下问题：

1. 根据消费者介入度与购买决策分类理论，阿雯选车属于哪一类购买决策？为什么？

2. 试运用消费者决策过程的五阶段模型分析阿雯选车所经历的相关阶段。

任务专项实训

实训项目：在校大学生购买汽车意向调查与分析。

实训目的：通过本实训项目，学生能够具体了解汽车私人消费者购买行为的内容，能够运用消费者购买行为的特点设置某一特定用户购买汽车行为的问卷调查，能够就调查的结果进行综合分析，找到问题并提出具体的营销解决方案。

实训内容：

学生选择一所(或两所)高校在校学生50～100人作为本次调查的对象。设置调查的目的和主要内容等。由老师指导学生完成调查问卷的设置，并由学生自行完成调查实施、调查统计与结果分析。

实训步骤：

(1) 将学生进行分组，4～5人为一组，设立组长负责制。

(2) 由指导老师布置本次调查的目的、基本的调查内容以及开展调查的主要细节。

(3) 由组长领导本组成员设置调查问卷并交给指导老师审核通过。组长对组成员进行调查分工，选择调查的方法，开展调查，收集调查表及统计结果。

(4) 由组成员根据调查结果，分析在校大学生的汽车购买意向，并根据调查结果给出营销策略。

(5) 完成调查，制作成汇报PPT。

实训评价：

(1) 要求：能够准确说出汽车私人消费者的特征；能够说明影响汽车私人购买者的因素，并能根据所学知识完成此次调查；能根据调查结果准确分析调查对象存在的问题，并能根据调查的问题制订翔实的营销策略；完成一份实训报告。

(2) 评分标准：

序号	评分标准	分值	评分	备注
1	团队合作	20		
2	团队精神	10		
3	内容结构	30		
4	仪容仪表	30		
5	应变能力	10		

任务3.2 汽车市场竞争态势

➡知识目标

1. 了解汽车市场行业中的主要竞争力量及各自的特征；
2. 认识汽车市场竞争的主要类型，了解企业成长过程中的竞争变化趋势；
3. 掌握汽车市场竞争者的地位及竞争战略；
4. 掌握汽车市场中的基本竞争战略。

➡能力目标

1. 能够正确判断企业所处的战略地位，并能准确判断企业在行业内所处的竞争地位；
2. 能够有针对性地为企业的汽车产品进入某一市场提供良好策略；
3. 能够为企业的短期、中期和长期发展制订有效的竞争战略。

➡任务导入

一个公司白领眼中的市场竞争

我公司总部位于福田CBD中央商务区，这里办公楼林立，是金领、白领们聚集的地方。有需求，就有市场，这里汇聚了上百家各类快餐店，为的是把需求变成利润，因而竞争十分激烈。竞争中有赢就有输，我经常发现有些店开始时轰轰烈烈，不久后就偃旗息鼓，无奈退出。过不了十天半个月，同一个店面换一个老板又会以全新的面目出现，以便在竞争中获得一席之地。创业者们前赴后继，不断推动着竞争的层次。

在竞争中，慢慢会成长出一批优胜者，它们开始显现出独特的竞争优势，并成了对手模仿的对象。一家叫A的台湾餐馆就是其中的佼佼者，这里等待就餐的队伍总是最长的，着实让对手们看着眼红。很快，在不远处一家“山寨”的B园开业了，之所以称其为“山寨”，是因为它几乎所有的硬件都是模仿的，连菜谱和定价都一样，包括许多员工也是挖过来的。

一开始，“山寨”的B园为了招揽生意，采取了菜品打折政策，合计下来每人20元的中餐大致可以省3元左右。一时间确实吸引了不少客户，生意还算兴旺，但队伍的长度和A园比起来还有差距。

两个月不到的时候，打折政策退出，退出的原因可能是经营上有压力，因为将售价降低15%，在这么一个竞争充分的行业里，亏损是必然的事情。自从折扣政策退出之后，客人也随之减少，经营者的收入当然也会减少。

又过了一段时间，这家店的员工换了许多新面孔。

再后来，这家店的菜品原材料不如以前新鲜了。终于有一天，门口贴出“店铺转让”的告示。

问题：

1. 作为营销管理者，从上述案例中，你能获得怎样的启示？

2. 请详细说明市场竞争常用的战略有哪些？它们各有什么样的特点？

分析：

“山寨”一词源于广东话，在粤语中意指“没牌照”。大众接受“山寨”产品，主要是因其价格便宜。“山寨”现象的产生有其生存的道理，有人说是发展中国家市场经济不够完善造成的一种必然结果，也有人说是正品商品形成市场垄断造成价格过高的原因。“山寨”是一个贬义词，但有时却不影响消费者对它的消费热情，反映出公众追求个性和低价的心理需求，也反映出一个国家的知识产权如果长期得不到保护，必将挫伤整个社会创新的动力和积极性。“山寨”是一时的，创新并形成独特的企业文化，才是企业长久的生存之道。

➡知识准备

3.2.1 汽车市场竞争

1. 市场竞争的概念

市场竞争(Market Competition)是市场经济中，同类经济行为主体为着自身利益的考虑，以增强自己的经济实力，排斥同类经济行为主体的相同行为的表现。市场竞争的内在动因在于各个经济行为主体自身的物质利益，以及他们对因丧失自己的物质利益而被市场中同类经济行为主体所排挤的担心。

2. 行业竞争分析

美国竞争战略的权威迈克尔·波特(Michael Porter)于20世纪80年代初提出“五力分析模型”，对企业战略制定产生了全球性的深远影响。将其用于竞争战略的分析，可以有效地分析客户的竞争环境，如图3-1所示。

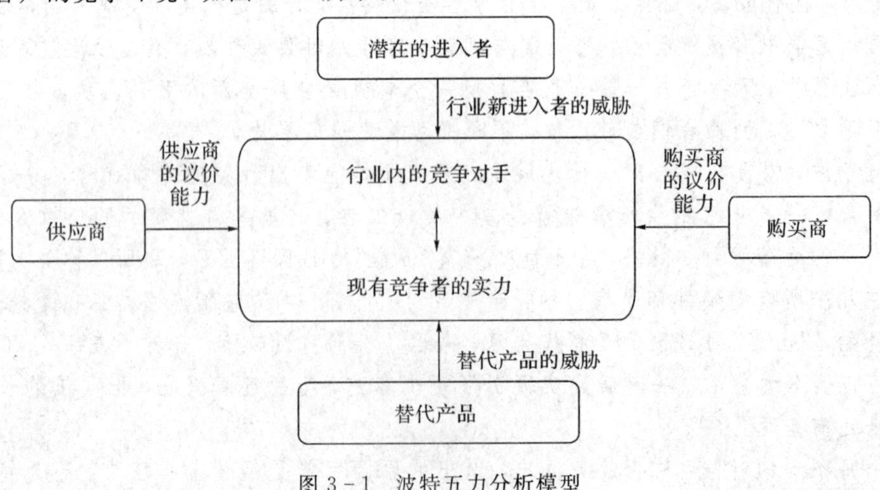

图3-1　波特五力分析模型

五力分析模型将大量不同的因素汇集在一个简便的模型中，以此分析一个行业的基本竞争态势。五力分析模型确定了竞争的五种主要来源，即供应商的议价能力、购买商的议价能力、潜在进入者的威胁、替代产品的威胁和行业内现有竞争者的竞争。

1）供应商的议价能力

供方主要通过其提高投入要素价格与降低单位价值质量的能力，来影响行业中现有企业的盈利能力与产品竞争力。供方力量的强弱主要取决于他们所提供给买主的是什么投入要素，当供方所提供的投入要素的价值构成买主产品总成本的较大比例、对买主产品生产过程非常重要或者严重影响买主产品的质量时，供方对于买主的潜在讨价还价力量就大大增强。一般来说，满足如下条件的供方集团会具有比较强大的讨价还价力量：

(1) 供方行业为一些具有比较稳固的市场地位而不受市场激烈竞争困扰的企业所控制，其产品的买主很多，以至于每一单个买主都不可能成为供方的重要客户。

(2) 供方各企业的产品各具有一定特色，以至于买主难以转换或转换成本太高，或者很难找到可与供方企业产品相竞争的替代品。

(3) 供方能够方便地实行前向联合或一体化，而买主难以进行后向联合或一体化。

2）购买商的议价能力

购买者主要通过其压价与要求提供较高的产品或服务质量的能力，来影响行业中现有企业的盈利能力。一般来说，满足如下条件的购买者具有较强的讨价还价力量：

(1) 购买者的总数较少，而每个购买者的购买量较大，占了卖方销售量的很大比例。

(2) 卖方行业由大量相对来说规模较小的企业所组成。

(3) 购买者所购买的基本上是一种标准化产品，同时向多个卖主购买产品在经济上也完全可行。

(4) 购买者有能力实现后向一体化，而卖主不可能实现前向一体化。

3）新进入者的威胁

新进入者在给行业带来新生产能力、新资源的同时，希望在已被现有企业瓜分完毕的市场中赢得一席之地，这就有可能与现有企业发生原材料与市场份额的竞争，最终导致行业中现有企业盈利水平降低，严重的话还有可能危及这些企业的生存。

企业防范新进入者的有效措施是设置进入障碍。这些进入障碍主要包括规模经济、产品差异、资本需要、转换成本、销售渠道开拓、政府行为与政策、自然资源、地理环境等。其中有些障碍是很难借助复制或仿造的方式来突破的。

4）替代产品的威胁

两个处于不同行业中的企业，可能会由于所生产的产品是互为替代品，从而在它们之间产生相互竞争行为。

这种源自替代品的竞争会以各种形式影响行业中现有企业的竞争战略。具体表现如下：

(1) 现有企业产品售价以及获利潜力的提高，将由于存在着能被用户方便接受的替代品而受到限制。

(2) 由于替代品生产者的侵入，现有企业必须提高产品质量，或者通过降低成本来降低售价，或者使其产品更具有特色，否则其销量与利润增长的目标就有可能受挫。

(3) 源自替代品生产者的竞争强度，受产品买主转换成本的影响。

总之，替代品价格越低，质量越好，用户转换成本就越低，其所能产生的竞争压力也就越强。

5）行业内现有竞争者的竞争

大部分行业中的企业，相互之间的利益都是紧密联系在一起的，作为企业整体战略一部分的各企业竞争战略，其目标都在于使得自己的企业获得相对于竞争对手的优势，所以，在实施中就必然会产生冲突与对抗现象，这些冲突与对抗就构成了现有企业之间的竞争。现有企业之间的竞争常常表现在价格、广告、产品介绍、售后服务等方面，其竞争强度与许多因素有关。

一般来说，出现上述情况将意味着行业中现有企业之间竞争的加剧，其表现如下：

(1) 行业进入障碍较低，势均力敌的竞争对手较多，竞争参与者范围广泛。

(2) 市场趋于成熟，产品需求增长缓慢，竞争者企图采用降价等手段促销。

(3) 竞争者提供几乎相同的产品或服务，用户转换成本很低。

(4) 行业外部实力强大的公司在接收了行业中实力薄弱的企业后，发起进攻性行动，结果使得刚被接收的企业成为市场的主要竞争者。

(5) 退出障碍较高，即退出竞争要比继续参与竞争代价更高。

行业中的每一个企业或多或少都必须应付以上各种力量构成的威胁，而且客户必须面对行业中每一个竞争者的举动。

综上所述，企业可以采取尽可能地将自身的经营与竞争力量隔绝开来、努力从自身利益需要出发影响行业竞争规则、先占领有利的市场地位再发起进攻性竞争行动等手段来对付这五种竞争力量，以增强自己的市场地位与竞争实力。

★ 小思考

有些销售顾问在客户面前为了提升自身品牌而诋毁别家品牌，你如何看待此种行为？

3. 市场竞争类型

市场竞争的方式多种多样，比如，有产品质量竞争、广告营销竞争、价格竞争、产品式样和花色品种竞争等，也就是通常所说的“市场竞争策略”。按市场竞争的程度，通常可以把市场竞争划分为两种类型。

1）完全竞争

完全竞争又称“纯粹竞争”，是一种不受任何阻碍和干扰的市场结构，指那些不存在足以影响价格的企业或消费者的市场。完全竞争是这样一种市场结构，在其中同质的商品有很多卖者，没有一个卖者或买者能控制价格，进入很容易并且资源可以随时从一个使用者转向另一个使用者。完全竞争具有四个市场特征：

(1) 市场上有无数的买者和卖者。由于市场上有为数众多的商品需求者和供给者，他们中每个人的购买份额或销售份额相对于整个市场的总购买量或总销售量来说是微不足道的，好比一桶水中的一滴水，他们中的任何一个人买与不买、卖与不卖都不会对整个商品市场的价格水平产生任何影响，所以，在这种情况下，每一个消费者或每一个厂商都是市场价格的被动接受者，对市场价格没有任何控制力量。

(2) 同一行业中每个厂商生产的产品完全无差别。这里的完全无差别不仅指商品之间的质量完全一样，还包括在销售条件、商标、包装等方面是完全相同的。因此，对消费者来说，购买哪一家厂商的商品都是一样的。如果有一个厂商提价，他的商品就会完全卖不出去。当然，单个厂商也没有必要降价，因为在一般情况下，单个厂商总是可以按照既定的市场价格实现属于自己的那一份相对来说很小的销售份额。

(3) 厂商进入或退出一个行业是完全自由的。厂商进出一个行业不存在任何障碍，所有的资源都可以在各行业之间自由流动。这样，各行业的厂商规模和厂商数量在长期内是可以任意变动的，但是在短期内，厂商规模和厂商数量仍然是不可变的。

(4) 买卖双方都掌握了市场中商品的全部信息。市场中每一个买者和卖者都掌握与自己有关的商品和市场的全部信息，市场上的每一个消费者或生产者都可以根据自己所掌握的完全的信息，确定自己的最优购买量或最优生产量，从而获得最大的经济利益，而且，这样也排除了由于市场信息不畅通而可能产生的市场同时存在几种价格的情况。

2) 不完全竞争

不完全竞争也称“有效竞争”或“可行竞争”，是指除完全竞争市场以外的所有的或多或少带有一定垄断因素的市场。它们是完全垄断市场、垄断竞争市场和寡头垄断市场。其中，完全垄断市场的垄断程度最高，寡头垄断市场居中，垄断竞争市场最低。

(1) 完全垄断市场。完全垄断又称“垄断”或“独占”，是指整个行业中只有唯一一个厂商的市场类型。

完全垄断市场主要具有四方面特点：

第一，完全垄断市场只有一家厂商，控制整个行业的商品供给，因此，厂商即行业，行业即厂商。

第二，该厂商生产和销售的商品没有任何相近的替代品，需求的交叉弹性为零，因此，它不受竞争的威胁。

第三，新的厂商不可能进入该行业参与竞争。完全垄断厂商通过价格和原材料的有效控制，任何新厂商都不能进入这个行业。

第四，独自定价并实行差别价格。完全垄断厂商不但控制商品供给量，而且还控制商品价格，是价格制定者，可使用各种手段定价，保持垄断地位。完全垄断厂商还可以依据不同的销售条件，实行差别价格来获取更多的利润。

(2) 垄断竞争市场。垄断竞争市场是这样一种市场，市场中有许多厂商，他们生产和销售的是同种产品，但这些产品又存在一定的差别。

垄断竞争市场主要具有以下特点：

第一，市场上厂商数量非常多，以至于每个厂商都认为自己的行为的影响很小，不会引起竞争对手的注意和反应，因而自己也不会受到竞争对手的任何报复措施的影响。

第二，各厂商生产有差别的同种产品，这些产品彼此之间是非常接近的替代品。

第三，厂商的生产规模比较小，因此，进入和退出生产集团比较容易。

在现实生活中，垄断竞争的市场在零售业和服务业中是较普遍的。

(3) 寡头垄断市场。寡头垄断又称“寡头”，意指为数不多的销售者。在寡头垄断市场上，只有少数几家厂商供给该行业全部或大部分产品，每个厂家的产量占市场总量的相当份额，对市场价格和产量有举足轻重的影响。

寡头垄断市场是处于完全竞争和完全垄断之间的一种市场结构。它同垄断竞争市场一样，都是中间形态的市场，而偏向于完全垄断；同完全垄断市场比，二者都有垄断的因素，但垄断程度小于完全垄断。

★ 小思考

请你根据汽车市场竞争类型，分析一个小型汽车服务企业成长的竞争历程，说说不同的历程该采用什么样的发展战略。

3.2.2 市场竞争者

1. 市场竞争者地位

从企业所处的竞争地位来看，竞争者有四种类型：市场领导者、市场挑战者、市场追随者和市场补缺者。

1）市场领导者

市场领导者指在某一行业的产品市场上占有最大市场份额的企业。如宝洁公司是日化用品市场的领导者，可口可乐公司是软饮料市场的领导者等。市场领导者通常在产品开发、价格变动、分销渠道、促销力量等方面处于主宰地位。市场领导者的地位是在竞争中形成的，但不是固定不变的。

2）市场挑战者

市场挑战者指在行业中处于次要地位(第二、三或更低地位)的企业。如高露洁是日化用品市场的挑战者，百事可乐是软饮料市场的挑战者等。市场挑战者往往试图通过主动竞争扩大市场份额，提高市场地位。

3）市场追随者

市场追随者指在行业中居于次要地位，并安于次要地位，在战略上追随市场领导者的企业。在现实市场中存在大量的追随者，市场追随者的最主要特点是跟随。在技术方面，它不做新技术的开拓者和率先使用者，而是做学习者和改进者；在营销方面，不做市场培育的开路者，而是搭便车，以减少风险和降低成本。市场追随者通过观察、学习、借鉴、模仿市场领导者的行为，不断提高自身技能，不断发展壮大。

4）市场补缺者

市场补缺者多是行业中相对弱小的一些中、小企业，它们专注于市场上被大企业忽略的某些细小部分，在这些小市场上通过专业化经营来获取最大限度的收益，在大企业的夹缝中求得生存和发展。市场补缺者通过生产和提供某种具有特色的产品和服务，赢得发展的空间。

2. 市场竞争者战略

1）市场领导者竞争战略

市场领导者是指其产品在行业同类产品的市场上的占有率最高的企业。一般而言，绝大多数行业中都有一个公认的市场领先者。领先者企业的行为在行业市场中有举足轻重的作用，处于主导地位。其市场战略一般有三种。

(1) 扩大市场需求量。处于市场主导地位的领先企业，其营销战略首先是扩大总市场，即增加总体产品需求数量。通常可以运用三条途径：

① 发现新的用户。企业通过发现新用户来扩大市场需求量，其产品必须具有能够吸引新的使用者、增加购买者数量的竞争潜力。可以运用有效策略寻找新的使用者，包括市场渗透策略，挖掘已有的高层潜力，开拓新的市场，寻找新的消费群体。

② 开辟产品的新用途。企业通过开辟产品的新用途来扩大市场需求量。领先者企业往往最有能力根据市场需求动态为自己的产品寻找和开辟新的用途。

③ 增加用户的使用量。企业通过说服产品使用者来增加使用量。常用的方法包括促使消费者在更多的场合使用该产品、增加使用产品的频率和增加每次消费的使用量。

(2) 保持现有市场份额。领先者企业必须防备竞争对手的进攻和挑战，保护企业现有的市场阵地。当市场领先者不准备或不具备条件组织或发起进攻时，至少也应使用防御力量，坚守重要的市场阵地。市场领先者可以选择采用六种防御战略：

① 阵地防御。市场领先者在其现有的市场周围建造一些牢固的防御形式，以各种有效战略、战术防止竞争对手侵入自己的市场阵地。这是一种静态的、被动的防御，是最基本的防御形式。

② 侧翼防御。市场领先者建立一些作为防御的辅助性基地，对挑战者的侧翼进攻要准确判断，以改变营销战略战术，用以保卫自己较弱的侧翼，防止竞争对手乘虚而入。

③ 先发制人防御。市场领先者在竞争对手尚未动作之前，先主动攻击，并挫败竞争对手，在竞争中掌握主动地位。具体做法是当某一竞争者的市场占有率达到对本企业可能形成威胁的某一危险高度时，就主动出击，对它发动攻击，必要时还需采取连续不断的正面攻击。

④ 反攻防御。面对竞争对手发动的降价或促销攻势，市场领先者主动反攻入侵者的主要市场阵地，可实行正面回击战略，也可以向进攻者实行“侧翼包抄”或“钳形攻势”，以切断进攻者的后路。

⑤ 运动防御。市场领先者把自己的势力范围扩展到新的领域中，而这些新扩展的领域可能成为未来防御和进攻的中心。运动防御包括市场扩大化和市场多元化。

⑥ 收缩防御。市场领先者逐步放弃某些对企业不重要的、疲软的市场，把力量集中用于主要的、能获取较高收益的市场。

(3) 提高市场占有率。市场领先者实施这一战略的目的是设法通过提高企业的市场占有率来增加收益、保持自身成长和市场主导地位。需要注意：提高市场占有率不一定能给企业增加利润，相反，会为企业带来高额的成本。

2) 市场挑战者竞争战略

市场挑战者是指那些相当于市场领先者来说在行业中处于第二、第三和以后位次的企业，如美国汽车市场的福特公司、软饮料市场的百事可乐公司等企业，以及其他处于次要地位的企业。如果选择“挑战”战略，向市场领先者进行挑战，首先必须确定自己的策略目标和挑战对象，然后选择适当的进攻策略。

(1) 确定战略目标和挑战对象。大多数市场挑战者的战略目标是提高市场占有率，进而达到提高投资收益率和利润率的目标。挑战者在明确战略目标时，必须确定谁是主要竞争对手。一般来说，挑战者可以选择三种类型作为攻击目标：

① 攻击市场领先者。这是一种既有风险又具潜在价值的战略，一旦成功，挑战者企业的市场地位将会发生根本性的改变，因此颇具吸引力。

② 攻击与自身实力相当的企业。市场挑战者抓住有利时机，向那些势均力敌的企业发动进攻，把竞争对手的顾客吸引过来，夺取它们的市场份额，壮大自己的市场。这种战略风险小，若几番出师大捷或胜多败少的话，可以对市场领先者造成威胁，甚至有可能改变企业的市场地位。

③ 攻击实力较弱的企业。当某些中、小企业出现经营困难时，市场挑战者可以通过兼并、收购等方式，夺取这些企业的市场份额，以壮大自身的实力和扩大市场占有率。

(2) 选择进攻策略。

① 正面进攻。正面进攻是指市场挑战者集中优势兵力向竞争对手的主要市场阵地正面发动进攻，即进攻竞争对手的强项而不是它的弱点。采用此战略需要进攻者必须在提供的产品(或劳务)、广告、价格等主要方面大大超过竞争对手，才有可能成功，否则采取这种进攻战略必定失败。为了确保正面进攻的成功，进攻者需要有超过竞争对手的实力优势。

② 侧翼进攻。侧翼进攻是指市场挑战者集中优势力量攻击竞争对手的弱点。此战略进攻者可采取"声东击西"的做法，佯攻正面，实际攻击侧面或背面，使竞争对手措手不及。

③ 围堵进攻。围堵进攻是指市场挑战者开展全方位、大规模的进攻策略。市场挑战者必须拥有优于竞争对手的资源，能向市场提供比竞争对手更多的质量更优、价格更廉的产品，并确信围堵计划的完成足以能成功时，可采用围堵进攻策略。

④ 迂回进攻。迂回进攻是指市场挑战者完全避开竞争对手现有的市场阵地而迂回进攻，具体做法包括：实行产品多角化经营，发展某些与现有产品具有不同关联度的产品；实行市场多角化经营，把现有产品打入新市场，发展新技术产品，取代技术落后的产品。

⑤ 游击进攻。游击进攻是指市场挑战者以小型的、间断性的进攻干扰对方，使竞争对手的士气衰落，并不断削弱其力量，以及向较大竞争对手市场的某些角落发动游击式的促销或价格攻势，逐渐削弱对手的实力。

在实践中，挑战者必须把几个特定的战略组成一个总体战略。适用于进攻竞争者的特定营销战略有：价格折扣战略、廉价品战略、名牌产品战略、产品扩展战略、产品创新战略、提升服务战略、分销创新战略、成本下降战略和密集广告战略等。

3) 市场追随者竞争战略

市场追随者战略，又被称为"追随战略"，是指企业以模仿竞争对手先前的创新产品或经营模式为立足点，力求占领部分市场。这种战略大多分为三种：

(1) 紧追不舍，在多个细分市场中的模范领先者，往往以一个挑战者的面貌出现，但是并不是十分威胁领先者，因而不会发生正面、大规模的冲突。

(2) 若即若离，保持适当距离，但又在主要市场和主要产品上创新，在一般价格水平和分销上追随领先者，因而它使领先者认为市场计划很少受到干预，而且乐意让出部分市场以免遭受独占市场的指责。

(3) 选择性追随，实行这种战略的企业在某些方面紧跟领先者，但有时又走自己的路。

4) 市场补缺者竞争战略

市场补缺者又称"市场补白者"，是指选择某一特定较小的区隔市场为目标，提供专业化的服务，并以此为经营战略的企业。在市场经济发展中，人们非常关注成功的企业，往往忽略每个行业中存在的小企业。然而，正是这些不起眼的星星之火，在大企业的夹缝中求

得生存和发展后，呈现燎原之势，这些小企业就是所谓的市场补缺者。

市场补缺者的主要战略是专业化市场营销，包括以下几种：

(1) 专门致力于为某类最终用户服务的最终用户专业化。

(2) 专门致力于分销渠道中的某些层面的垂直层面专业化。

(3) 专门为那些被大企业忽略的小客户服务的顾客规模专业化。

(4) 只对一个或几个主要客户服务的特定顾客专业化。

(5) 专为国内外某一地区或地点服务的地理区域专业化。

(6) 只生产一大类产品中某一种产品的产品或产品线专业化。

(7) 专门按客户订单生产预订的产品的客户订单专业化。

(8) 专门生产经营某种质量和价格的产品的质量和价格专业化。

(9) 专门提供某一种或几种其他企业没有的服务项目专业化。

(10) 专门服务于某一类分销渠道的分销渠道专业化。

总之，只要善于经营，随时关注市场上被大企业忽略的细小部分，通过专业化经营，精心服务于顾客，小企业总有机会获利。

★ 小思考

在汽车市场竞争中，如果市场领先者的市场整体战略采用了与市场追随者同样的战略，你认为这对领先企业的后续发展会有什么影响？

3.2.3　市场的基本竞争战略

1. 高质量竞争战略

高质量竞争战略是指企业以高质量为竞争手段，致力于树立高质量的企业形象，并希望在竞争中以高质量超越竞争对手。实施这一战略时需要解决的主要问题是怎样认识和塑造高质量。20世纪90年代初，市场学界提出了“全面质量营销”的新概念，其主要特征是：

(1) 高质量要注重产品的性能质量。性能质量包括产品的功能、耐用性、牢固性、可靠性、经济性和安全性等。

(2) 高质量要以顾客需求为依据。性能质量的“高”是相对的且要适度。

(3) 高质量要反映在企业的各项活动和创造价值的全过程中。

(4) 高质量要在比较中不断进取。

作为一种竞争战略，高质量的优势是明显的。它是一切竞争手段的前提和基础，也是树立良好企业形象的基础。

2. 低成本竞争战略

低成本竞争战略是指企业以低成本作为主要竞争手段，企图使自己在成本方面比同行的其他企业占有优势地位。实现低成本战略的关键是发挥规模经济的作用，使生产规模扩大、产量增加，从而使单位产品固定成本下降。在扩大生产规模过程中，争取做到：

(1) 以较低的价格取得生产所需的原材料和劳动力。

(2) 使用行进的机器设备，增加产量，提高设备利用率、劳动效率和产品合格率。

(3) 加强成本与管理费用的控制等。

实现低成本战略，可以以低于竞争者的价格销售产品，提高市场占有率；也可以与竞争者同价销售产品，取得较高利润。

3. 差异优势竞争战略

企业以表现某些方面的独到之处为主要竞争手段，希望在与竞争对手的差异比较中占有优势地位，便形成差异优势战略。这里的差异包括产品的性能、质量、款式、商标、型号、档次、产地，生产产品所采用的技术、工艺、原材料，以及售前售后服务、销售网点等方面的差异。这种优势可以减少与竞争对手的正面冲突，并在某一领域取得竞争的优势地位。

在行业内，顾客对具有特色的产品可能并不计较价格或无法进行价格比较，从而可以以高于竞争者的价格销售产品，进而取得更多利润；在行业外，具有特色的产品又可以阻碍替代者和潜在加入者进入和提高与购买者、供应商讨价还价的能力。但实施这一战略可能要付出较高的成本代价；当较多的顾客没有能力或不愿高价购买特色产品时，市场占有率提高就较困难。

4. 集中优势竞争战略

所谓“集中”，就是企业并不面向整体市场的所有消费者推出产品和服务，而是专门为一部分消费者群体(局部市场)提供服务。集中优势竞争战略要求企业致力于为某一个或少数几个消费者群体提供服务，力争在局部市场中取得竞争优势。

集中精力于局部市场，仅需少量投资，这对中型企业特别是小企业来说，正是一个在激烈竞争中能够生存与发展的空间。同时，这一战略既能满足某些消费群体的特殊需要，具有与差异战略相同的优势，又能在较窄的领域里以较低的成本进行经营，兼有与低成本竞争战略相同的优势。采用此战略也有一定的风险，例如当所面对的局部市场的供求、价格、竞争等因素发生变化时，就可能使企业遭受重大损失。

任务专项实训

实训项目：市场战略分析

实训目的：通过本实训项目，学生能够熟悉市场竞争战略的内涵，能够理解市场竞争战略对汽车企业市场竞争的重要性，能够制定或设计市场竞争战略。

实训内容：

情景1：吉利收购沃尔沃事件在国内“一石激起千层浪”；吉利启用了原“帝豪”标识作为其新品牌的标识；吉利新品牌“领克”发布时受到了国内外的赞誉……

情景2：目前自主品牌几乎都开始进军高档汽车的研发，而国外知名品牌在稳固自身优势的同时，也在生产一些中低档品牌的汽车……

情景3：受政治环境的影响，日韩车在国内受到了不同程度的影响，竞争态势异常严峻……

情景4：当国内汽车品牌竞争越来越白热化时，我国大量的汽车品牌开始向国外市场扩张……

实训步骤：

(1) 将学生进行分组，4～5人为一组，设立组长负责制。

(2) 由组长领导本组成员选择某一情景项目，然后根据情景项目的提示，从市场竞争战略角度讨论企业采用了什么样的竞争战略，这种战略对企业未来发展会带来什么样的影响。

（3）由组长完成汇报 PPT，并进行详细说明。

实训评价：

（1）要求：能够准确说明企业采用的市场竞争战略，并能指出此类战略的优缺点；能够翔实说明企业采用的战略对未来发展的意义；完成一份实训报告。

（2）评分标准：

序号	评分标准	分值	评分	备注
1	团队合作	20		
2	团队精神	10		
3	内容结构	30		
4	仪容仪表	30		
5	应变能力	10		

任务 3.3　汽车目标市场 STP 战略

➡知识目标

1. 了解汽车目标市场营销的三个主要步骤的主要内容；
2. 正确认识市场细分的含义，掌握市场细分的变量构成；
3. 理解市场定位的概念，掌握常见市场定位的方法；
4. 了解目标市场选择模式，掌握目标市场营销策略。

➡能力目标

1. 能够运用市场营销变量对目标市场进行细分；
2. 能够发现产品市场定位存在的问题，并能提供有效的解决方案；
3. 能够帮助企业针对目标市场的定位制定良好的营销策略。

➡任务导入

特斯拉将推多款“廉价车”，品牌定位改走“平民化”路线

特斯拉是美国知名的电动车制造商，2016 年推出的 Model 3 则是特斯拉旗下的第一款“廉价”车型，也使特斯拉品牌电动车的售价不再让大多数人望而却步。据悉，特斯拉表示将推出多款“廉价”车型，售价有望低于 Model 3，进而将特斯拉打造成为所有人都能买得起的平民品牌。

特斯拉 CEO Elon Musk 曾在挪威奥斯陆举办的“未来交通解决方案大会”上表示：“……Model 3 售价为 3.5 万美元，适合中等水平消费者购买。目前特斯拉正在研发比 Model 3 更加‘廉价’的车型。今后我们还会推出更小更廉价的车型。最终，特斯拉旗下的车款将成为人人都能买得起的车型。”

此前，特斯拉曾表示：特斯拉纯电动汽车至少可以续航 320 公里，以达到与汽油车和柴油车相同的较高竞争力。如果电池的价格不断攀升的话，特斯拉表示也将会推出售价在 3 万美元以下的车型，但续航里程可能达不到 320 公里。目前，特斯拉正在专注于 Model 3 的交付工作，随后将全面投入到全新“廉价”车型的研发工作中。

(资料来源：http://auto.news18a.com/news/storys_91542.html)

问题：

1. 特斯拉刚成立的时候，它的市场定位是什么？

2. 根据上述资料，请你分析一下，特斯拉为什么会走“平民化”品牌路线？

分析：

提起电动车，特斯拉毫无疑问是首屈一指的，特斯拉改变了很多人对电动车的陈旧印象。特斯拉 Model 3 发布的价格是 2016 年春节后在汽车科技界最闪亮的新闻。单从价格来讲，这款车确实做到了让中等收入消费者心动的效果，原因主要在于特斯拉刚出现的时候走的是高端路线，特斯拉品牌在消费者心目中已成功被定位为豪华、高端电动车。

特斯拉走“平民化”品牌定位，不仅满足了大众消费者的需求，而且有效地应对了日益突出的燃油供求矛盾和环境污染问题。

➡知识准备

现代市场营销认为，企业不应试图在整个市场上争取优势地位，而应该在市场细分的基础上选择对本企业最有吸引力并可以有效占领的那部分市场作为目标市场，实行目标市场营销。STP 战略中的 S、T、P 分别是 Segmenting、Targeting、Positioning 三个英文单词的缩写，即市场细分、目标市场和市场定位。STP 营销是现代市场营销战略的核心。一个完整的目标市场营销要经过三个主要步骤，即市场细分、目标市场选择和市场定位，这也就是目标市场营销战略。

3.3.1 汽车市场细分

市场细分是 20 世纪 50 年代中期由美国学者温德尔·史密斯(Wendell Smith)提出的。市场细分的前提条件包括顾客需求的异质性和同质性两个方面。异质性是指市场中并不是所有的顾客需求都是相同的，只要存在两个以上顾客，需求就会不同。正是由于这种差异性的存在，市场细分才有划分的标准。同质性是指市场中所有的消费者都有大致相同的偏好，即顾客对商品的质量、式样、服务要求等重视程度基本一致，也正是由于这种相同性质的需求存在，使得一个大市场能够形成一个个小的细分市场。

1. 汽车市场细分的概念与作用

1) 汽车市场细分的概念

所谓“汽车市场细分”，就是汽车企业根据市场需求的多样性和购买者行为的差异性，把整个市场划分为若干具有某种相似特征的用户群(即细分市场)，以便执行目标市场营销的战略和策略。换言之，汽车市场细分是对需求进行的分类，是分辨具有不同特征的用户群并把它们分别归类的过程。通常，市场细分所形成的具有相同需求的用户群体被称为“细分市场”或“子市场”(分市场、次级市场等)。

2) 汽车市场细分的作用

汽车企业实行市场细分，对于改善企业经营、提高经营效果具有重要作用。它有利于企业巩固现有市场阵地和发现新的市场机会；有利于企业针对目标市场的需求特点，开发适销对路的产品，制订更有效的营销组合策略；有利于企业将有限的人力、财力、资源用于目标市场的服务上，取得经营上的成功等。

2. 汽车市场细分的原则与标准

1) 汽车市场细分的原则

为了使细分市场有效和富有意义，汽车营销人员在进行市场细分时，必须要把握好一定的原则。这些原则包括：

(1) 差异性。按照所选择的划分依据，各细分市场客观上必须存在明确的差异。如果市场细分后，各细分市场仍模糊不清，则这样的市场细分就是失败的。

(2) 可衡量性。可衡量性指细分市场现有的和潜在的需求规模或购买力是可以测量的。如果细分的结果导致市场容量难以评估，则这样的细分也是失败的。

(3) 可进入性。可进入性指企业拟作为自己目标市场的那些细分市场，企业必须有能力进入，能够为之服务，并能占有一定的份额；否则，细分的结果导致企业不能在任何细分市场上有所作为，这样的市场细分当然也是失败的。

(4) 收益性。收益性指企业在细分市场上要能够获取期望的盈利。如果容量太小，销售量有限，则这样的细分市场对企业就缺乏吸引力。因此，细分市场并不是越细越好，而应科学归类，保持足够容量，使企业有利可图。

(5) 稳定性。稳定性指细分市场必须具有一定的稳定性；否则，如果变化太快，企业还未实施其营销方案，目标市场早已面目全非，则这样的市场细分同样也是失败的。

2) 汽车市场细分的标准

一般来说，形成市场需求差异性的因素都可以作为市场细分的依据，但由于市场类型不同，细分的依据也有所不同。通常，市场细分的标准有六个。

(1) 按地理位置细分。按地理位置细分即按地理位置和区域细分市场，这是最常见的划分市场的方法。地理位置之所以作为市场细分的依据，是因为处在不同地理环境下的消费者对于同一类产品往往有不同的需求与偏好，他们对企业采取的营销策略与措施会有不同的反应，汽车也不例外。从全国范围来看，广东是汽车消费热潮最早兴起的地区，后接力棒由北京、江浙等地区接上，再后来延伸到全国广大城乡地区，现今中西部的增速势头更加迅猛。这样，整个汽车市场呈现出由沿海经济发达地区和中西部地区蔓延的梯度分布特征，为汽车行业提供了广阔的发展空间。

另一方面，由于我国各地区之间在收入、文化、消费习惯等方面存在巨大差别，以前可选择的车型少，不同地区的消费者购车行为存在“趋同效应”，但现在他们对车型的喜好、对价格的敏感度、对品牌的认知度都出现了分化。比如，广东消费者偏爱日本车，中高档轿车的需求量较大；成都消费者喜爱经济型轿车；而在北京，几乎什么品牌的轿车都卖得掉。汽车消费文化的区域化特征，对汽车厂家的市场研究工作提出了更高的要求，简单地以某一地理特征区分市场，不一定能真实地反映消费者的需求共性与差异，企业在选择目标市场时，还需结合其他细分变量予以综合考虑。

(2) 按人口特点细分。人口特点包括消费者的年龄、家庭类型、性别、收入水平、受教育程度等。如在研究轿车市场时，就常按居民的收入水平进行市场细分。人口统计变量比较容易衡量，有关数据相对容易获取，这也是汽车企业经常以它作为市场细分依据的重要原因。

(3) 按购买者心理细分。购买者心理包括消费者的生活态度、个性、购买动机以及消费习惯等。例如，美国福特汽车公司曾按照购买者年龄来细分汽车市场，该公司的“野马”牌轿车原来是专门为那些想买便宜跑车的年轻人设计的；但后来发现，不但年轻人喜欢购买“野马”车，而且许多中老年人也购买“野马”车，因为他们认为驾驶“野马”车可使他们显得年轻。这时，福特汽车公司的管理当局才认识到，“野马”车的目标市场不是“年轻”的人，而是那些“心理上年轻”的人。

(4) 按用户规模细分。根据用户规模，企业可将市场划分为大、中、小三类客户。一般来说，大客户数目少，但购买额大，对企业的销售市场有着举足轻重的作用，企业应给予特别重视，应注意保持与大客户的业务关系；而对于一般小客户或个人用户，企业就不应直接供应，应通过中间商销售。

(5) 按最终用户的类型细分。不同的最终用户对同一种产品所追求的利益不同。企业分析最终用户，就可针对不同用户的不同需要制定不同的对策。如汽车市场可分为军用、民用两个市场。军用汽车要求质量绝对可靠，越野性能要好，按期交货，但对价格不太在意；民用汽车则要求质量良好，服务周到，价格适中。

(6) 按用户的购买特点细分。购买特点主要指购买者的购买能力、购买目的、购买方式、购买批量、付款方式、采购制度和手续等。

在大多数情况下，市场细分通常不是依据单一标准细分，而是把一系列划分标准结合起来进行细分，目标市场取各种细分市场的交集。

★ 小思考

2017 年上海大众上市了新款 SUV“途昂”，而斯科达上市了新款 SUV“柯迪亚克”，请分析这两款车的市场细分标准有哪些。

3.3.2 汽车市场定位

1. 汽车市场定位的概念

所谓“汽车市场定位”，就是指汽车企业根据目标市场上同类产品的竞争状况，针对顾客对该类产品某些特征或属性的重视程度，为本企业产品塑造强有力的、与众不同的鲜明个性，并将其形象生动地传递给顾客，求得顾客认同。

也就是说，汽车市场定位就是指企业以何种产品形象和企业形象出现，从而给目标用户留下一个深刻的印象。这种印象包括产品印象和企业印象。如大家常说的“物美价廉”“经济实惠”“优质优价”“豪华高贵”“性能优良”“技术领先”等，就属于产品形象的概念范畴。而“对用户负责”“质量过硬”“工艺精湛”“实力雄厚”等，则属于企业形象的概念范畴。国内外各大汽车公司都十分注重市场定位，精心地为其企业及每一种汽车产品赋予鲜明的个性，并将其准确地传达给消费者。例如，大众汽车公司的企业形象是“为民造车”，其产品以真正“大众化”著称；奔驰汽车公司的企业形象是“制作精湛”，其产品以“优质耐用”“高档名贵”著称；沃尔沃汽车公司的企业形象是“设计生命”，其产品以“绝对安全”等企业形象和产品形象著称于世。

【典型案例】

有一天上午十点钟，奥迪 4S 店展厅经理李华按照每天的惯例在巡视展厅，他看见入职不到两个月的销售顾问小马正在和顾客刘先生聊天，就稍稍靠近认真倾听了一下。原来顾客刘先生刚从附近宝马 4S 店过来，正打算买一辆 35 万左右的车辆送给他的妻子，但他一直都在纠结到底买奥迪 Q5 还是买宝马 5 系。就在刘先生纠结的时候，销售顾问小马举了两个最近宝马 5 系发生小事故的例子，本以为顾客会立即动心购买奥迪的车，没想到刘先生先是指责了一下销售顾问：“你怎么能这样误导顾客？”然后立即转身就离开了展厅，留下发呆的销售顾问小马。

分析讨论：

假如你是李经理，你会怎样处理小马这样的行为?

2. 汽车市场定位的类型

市场定位是一种竞争性定位，它反映市场竞争各方的关系，是为企业有效参与市场竞争服务的。市场定位的类型主要有三种。

1）避强定位

避强定位是一种避开强有力的竞争对手而进行市场定位的模式。企业不与对手直接对抗，而是将自己置于某个市场“空隙”，发展目前市场上没有的特色产品，开拓新的市场领域。

这种定位的优点是：能够迅速地在市场上站稳脚跟，并在消费者心中尽快树立起一定的形象。由于这种定位方式市场风险较小，成功率较高，因此常常为多数企业所采用。

2）迎头定位

迎头定位是一种与在市场上居支配地位的竞争对手“对着干”的定位方式，即企业选择与竞争对手重合的市场位置，争取同样的目标顾客，彼此在产品、价格、分销、供给等方面少有差别。实行迎头定位，企业必须做到知己知彼，应该了解市场上是否可以容纳两个或两个以上竞争者，自己是否拥有比竞争者更多的资源和能力，是不是可以比竞争对手做得更好。否则，迎头定位可能会成为一种非常危险的战术，将企业引入歧途。

当然，也有一些企业认为，这是一种更能激发自己奋发向上的定位尝试，一旦成功就能取得巨大的市场份额。

3）重新定位

重新定位通常是指对那些销路少、市场反应差的产品进行二次定位。初次定位后，随着时间的推移，新的竞争者进入市场，选择与本企业相近的市场位置，致使本企业原来的市场占有率下降；或者，由于顾客需求偏好发生转移，原来喜欢本企业产品的人转而喜欢其他企业的产品，因而市场对本企业产品的需求减少。在这些情况下，企业就需要对其产品进行重新定位。

3. 市场定位的战略

企业要做到准确定位，首先要决策采取何种市场定位的战略。市场定位的战略类型有两种。

1）产品差别化战略

产品差别化战略即从产品质量、产品特色等方面实现差别的战略。企业常常通过寻求产品特征的方法实现产品的差别化，如丰田的安装及其外形、日产的价格、三菱的发动机等，都是非常具有特色的。

2）服务差别化战略

服务差别化战略即向目标市场提供与竞争者不同的优质服务的战略。一般地，企业的竞争能力越强，越能体现在用户服务水平上，越容易实现市场差别化。如果企业将服务要素融入产品的支撑体系，就可以为竞争者设置“进入障碍”，通过服务差别化提高顾客总价值，从而击败竞争对手。汽车等技术密集型的产品，实行服务差别化战略是非常有效的。

【典型案例】

出了什么问题?

刘先生晚上请重要的朋友用餐，选了周边一家较好的餐馆，环境、条件都是一流的。用餐过程中，有一个服务员不小心将一点汤渍倒在了刘先生身上，朋友看了后很生气地指责服务员，并要求服务员请经理过来。经理过来一听是服务员的错，当着顾客的面将服务员批评了一顿，并要求服务员向顾客道歉。刘先生看到经理这样的表现，感觉到这家餐馆的服务水平真的不怎么高。

分析讨论：

以上案例中到底出了什么问题?

3）人员差别化战略

人员差别化战略即通过聘用和培训比竞争对手更优秀的人员以获取差别优势的战略。实践早已证明，市场竞争归根到底是人才的竞争，一支优秀的人员队伍，不仅能保证产品质量，还能保证服务质量。人员的素质通常包括人员的知识和技能、礼貌、诚实、责任心、反应灵活、善于沟通等内容。

4）形象差别化战略

形象差别化战略即在产品的核心部分与竞争者无明显差异的情况下，通过塑造不同的产品形象或企业形象以获取差别的战略。

5）运用CI战略进行市场定位

CI是Corporate Identity(企业形象识别)的简称，起源于20世纪50年代美国的车辆文化，70年代被引入日本、中国台湾，90年代传入中国大陆。

CI包括三个部分：

(1) 理念识别(MI)系统。它是企业精神成果的识别系统，包括企业精神、价值观念、企业目标、经营哲学和企业作风等。

(2) 行为识别(BI)系统。它是企业行为规范的识别系统，包括行为准则、制度规范、工作标

准、员工教育、服务态度、岗位敬业、工作环境、经济效益、研究开发、公共关系和文化活动等。

(3) 视觉识别(VI)系统。它是企业形象的、富有感染力的识别系统，包括企业名称、企业品牌标志、标准字、标准色、企业象征图案、企业口号、服饰、吉祥物，以及事务用品、办公用具、建筑外观、交通工具、包装、展示和广告等。这三部分把企业的生产、经营、管理有机地联系起来，形成完整的企业形象系统。它既是企业文化的形象化整体再现，也是企业全面参与并赢得市场竞争的战略性系统工程。

★ 小思考

奔驰与宝马汽车的品牌市场定位是什么？从哪些因素可以看出？

3.3.3　汽车目标市场选择

1. 目标市场的概念

目标市场就是汽车企业决定要进入的市场。在现代营销活动中，对任何汽车企业而言，并非所有的环境机会都具有同等的吸引力，由于资源有限，也为了保证资源的有效利用，汽车企业的营销活动必然局限在一定范围内。在制定营销决策时，汽车企业必须在纷繁复杂的市场中确定具体的服务对象，即选定目标市场。

2. 汽车企业选择目标市场应考虑的因素

1）有一定的规模和发展潜力

汽车企业进入某一市场是期望能够有利可图，对企业欲提供的产品或服务，目标市场应具有足够的潜在购买力。如果市场规模狭小或者趋于萎缩状态，企业进入后难以获得发展，此时，应审慎考虑，不宜轻易进入。

2）细分市场结构的吸引力

这里所指的吸引力主要是指企业在目标市场长期获利能力的大小。它主要取决于若干因素(如现行竞争者、潜在竞争者、替代产品、购买者和企业生产供应者对企业所形成的机会与威胁等)。如果某个市场上已有为数众多或实力强大的竞争者，或有可能招致更多的竞争者，或替代产品竞争能力很强，或购买者谈判能力很强而各种苛求又太多，或企业的供应者能够在很大程度上控制企业对该市场产品的供应，那么这个细分市场的吸引力就会下降。企业是否将这样的细分市场作为目标市场就应审慎决策。

3）符合企业的目标和能力

某些细分市场虽然有较大吸引力，但不能推动企业实现发展目标，甚至会分散企业的精力，使之无法完成其主要目标，这样的市场应考虑放弃。另外，还应考虑企业的资源条件是否适合在某一细分市场经营。只有选择那些企业有条件进入、能充分发挥其资源优势的市场作为目标市场，企业才会立于不败之地。

3. 汽车目标市场模式选择

汽车企业在对不同细分市场进行评估后，就必须对进入哪些市场和为多少个细分市场服务做出决策。汽车企业采用的目标市场模式一共有五种，如图 3－2 所示，P 表示产品，M 表示市场。

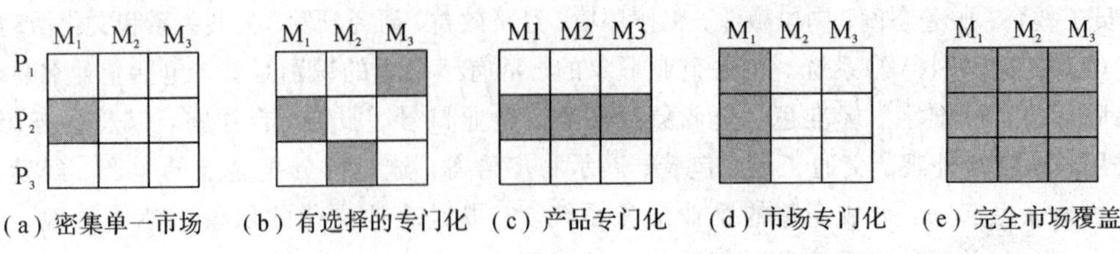

(a) 密集单一市场　(b) 有选择的专门化　(c) 产品专门化　(d) 市场专门化　(e) 完全市场覆盖

图 3-2　目标市场选择模式

1) 密集单一市场

密集单一市场是最简单的方式，是指公司选择一个细分市场集中营销。例如，大众汽车公司就集中经营小汽车市场。公司通过密集营销，更加了解该细分市场的需要，并树立了特别的声誉，因此便可在该细分市场建立稳固的市场地位。另外，公司通过生产、销售和促销的专业化分工，也获得了许多经济效益。如果细分市场补缺得当，公司的投资便可获得高报酬。同时，密集市场营销比一般情况风险更大。个别细分市场可能出现不景气的情况；或者某个竞争者决定进入同一个细分市场。由于这些原因，许多公司宁愿在若干个细分市场分散营销。

2) 有选择的专门化

采用此法选择若干个细分市场，其中每个细分市场在客观上都有吸引力，并且符合公司的目标和资源。在各细分市场之间很少有或者根本没有任何联系，然而每个细分市场都有可能盈利。这种多细分市场目标优于单细分市场目标，因为这样可以分散公司的风险，即使某个细分市场失去吸引力，公司仍可继续在其他细分市场获取利润。

3) 产品专门化

产品专门化是指企业单一生产和经营某一种(类)产品的策略。采用这一策略的企业，不求产品多种类发展，而走产品专业化经营的道路，通过扩大批量生产和销售来谋求发展。厦门金龙在投身大中型客车两三年的时间里，从默默无名到 2004 年在全国客车行业排名第三，2004 年，公司销售收入超过 30 亿，实现了阶段性的飞跃。这主要取决于公司准确的市场定位，使得一个原本默默无名的小厂(在汽车行业中)一跃而成为国内众多客车制造商中的佼佼者。

4) 市场专门化

市场专门化是指企业专门为满足某个顾客群体的各种需要而服务。例如，北京现代根据自身的特点和自己在消费者心目中的地位，采用弱势品牌的低价格、大规模的市场定位策略，追求目标是市场目标最大化，让消费者能够尽量试乘他们的车，感受他们的进步，以提升他们的品牌。他们采用一种进攻性战略，向私家车进攻，向出租车进攻，向公务车进攻，取得了良好的效果。

5) 完全市场覆盖

完全市场覆盖是指公司用各种产品满足各种顾客群体的需求。只有大公司才能采用完全市场覆盖战略，如国际商用机器公司(计算机市场)、通用汽车公司(汽车市场)和可口可乐公司(饮料市场)。

★ 小思考

奇瑞 QQ 自上市以来，深受广大年轻人欢迎，请查阅相关资料并分析原因。

4. 汽车目标市场营销策略

目标市场营销策略有三种，即无差异目标市场营销策略、差异性目标市场营销策略和集中性市场营销策略。

1）无差异性目标市场营销策略

该策略是把整个市场作为一个大目标来开展营销，它们强调消费者的共同需要，忽视其差异性。

采用这一策略的企业，一般都实力强大，能进行大规模生产，又有广泛而可靠的分销渠道，以及统一的广告宣传方式和内容。

2）差异性目标市场营销策略

该策略通常是把整体市场划分为若干细分市场，并将其作为目标市场，再针对不同目标市场的特点，分别制订出不同的营销计划，按计划生产目标市场所需要的商品，满足不同消费者的需要。

3）集中性目标市场营销策略

该策略是选择一个或几个细分化的专门市场作为营销目标，集中企业的优势力量，对某细分市场采取攻势营销战略，以取得市场上的优势地位。

一般来说，实力有限的中小企业多采用集中性市场策略。

【阅读资料】

长城“哈弗 H6”简介

2011 年 8 月 25 日，定位都市智能 SUV 的“哈弗 H6”在长城汽车天津新工厂隆重上市。这款车目前可提供三菱 2.0L 汽油动力车型和绿静 2.0T 柴油车型，分为都市型、精英型和尊贵型三种版本，其中，汽油车售价 9.58 万至 11.58 万元，柴油车售价为 12.18 万至 14.18 万元。同时，“哈弗 H6”可提供超长保修 5 年或 10 万公里，树立了服务行业新标杆。

“哈弗 H6”融入了更多时尚、智能、豪华的城市化元素设计，凭借时尚大气的外观、温馨的内饰，以及遍及全车的智能装备，满足城市 SUV 族的情感和功能双重需求，具备智尊豪华、智享空间、智领科技、智尚安全四大亮点，整车拥有卓越的驾乘操控和舒适性，以及全方位的安全防护。

智尊豪华：“哈弗 H6”的外观在保留了 SUV 硬朗、阳刚风格的同时，更加关注细节设计，融入了更多的现代科技和时尚、豪华元素，整车外形给人以俊朗、优雅的感觉。在驾驶舱设计上，“哈弗 H6”借鉴了更多轿车的设计理念，凭借出色的用料、做工及色彩搭配，为消费者打造出了一款大气饱满且又富含高科技豪华座舱感的 SUV 座驾。而 CCS 定速巡航系统、蓝牙免提通话系统、自动恒温空调(带粉尘过滤)和真皮座椅(主、副驾驶电加热)等众多豪华配置的引入，进一步提升了“哈弗 H6”的档次，符合其高品质城市智能 SUV 的定位。

智享空间：“哈弗 H6”的车身尺寸达到 4640 mm×1825 mm×1690 mm，轴距达到 2680 mm。超越同级 SUV 和合资轿车的超大空间，给客户带来了舒适、便利、多功能的自由享受。在营造宽敞舒适乘坐空间的同时，“哈弗 H6”追求的是一种更高境界的整体和谐，它涵盖了车辆的整体豪华感、乘坐舒适性、易驾性、安全性甚至经济性，看似不起眼的外观尺寸，其实蕴含了极高的技术含量。

智领科技："哈弗 H6"率先在同级别车中引入众多先进技术与配备，力求让驾驶过程变得轻松而愉悦。凭借科技的力量，率先采用国际领先动力，高效节能，配备智能化整车装备，引领智能 SUV 潮流；丰富的人性化配置，让客户轻松享受高品质 SUV 生活，开启睿智人生；匹配了丰富的智能科技配置，GPS 智能语音导航系统、CAN－BUS 智能网络控制系统、行车电脑、智能自动感应无骨雨刮等一应俱全。其中，GPS 智能语音导航系统有着功能丰富多样、全触屏、真人语音等特征；而 CAN－BUS 智能网络控制系统则能实现全车信息即时共享，使整车各部件协调一致，车辆控制更加精确、智能。

智尚安全："哈弗 H6"为驾乘者提供强大的三重安全保障。它采用高强度吸能车身，底盘纵梁、横梁等多处关键部位采用双相高强度及低合金高强钢板，同时匹配 BA 紧急制动辅助系统、前排双安全气囊＋前排侧气囊＋前后一体式侧安全气帘，带预张紧限力燃爆式安全带等丰富的安全配置，保证整车的主动安全与被动安全。

此外，"哈弗 H6"还特别强化了"信息安全"的设计，利用 TPMS 智能胎压监测系统、倒车影像/雷达系统等多种科技智能配备，提前感知并避免危险及意外的发生，让人车远离危险。"哈弗 H6"以领先的安全设计理念和多重安全屏障为客户提供如影随形的保护，保障客户自身与家人、朋友一路平安。

"哈弗 H6"的目标客户瞄准 SUV 爱好者、增购/换购者、多功能用车需求者及 10 万至 15 万元轿车意向群体。当前，越来越多的客户开始青睐 SUV，而且这种意识变化的发展正从沿海发达城市向二、三线城市蔓延。"哈弗"作为国内最知名的 SUV 品牌，无论技术含量、生产经验、产品线等方面在国内都首屈一指。"哈弗 H6"作为"哈弗"家族全新上市的车型，具备多种技术领先的动力组合方案，配置更豪华，可全方位满足客户需求。

"哈弗 H6"新车特点

"哈弗 H6"定位于城市 SUV，在驱动形式上，有两驱和四驱两种模式。H6 采用与此前的 H3 和 H5 不同的全新平台打造，最大特点是使用了承载式车身。H6 的四驱车型使用的是适时四驱系统，而不是 H3 和 H5 采用的非承载式车身十分时四驱系统。虽然这会在一定程度上影响到它的越野性能，但其好处是可以降低车身重量，提高经济性，且可以获得更好的乘坐舒适性。由于采用了全新平台打造，所以"哈弗 H6"两驱版车型采用的是前轮驱动，这也与 H3 和 H5 两驱车型采用后驱模式有所区别。

"哈弗 H6"外观方面

作为一款城市 SUV，"哈弗 H6"在外观上颠覆了先前车型越野味浓重的风格，采用了更能博得大众消费者认同的新设计，整体设计大气沉稳，但也不乏时尚元素。平直的车顶线条则可以很好地保证车内头部空间。

"哈弗 H6"尺寸方面

"哈弗 H6"车身尺寸长宽高分别为 4640 mm、1825 mm、1690 mm，轴距为 2680 mm。相比 H3 和 H5 的 2700 mm，轴距短了 20 mm，更显紧凑，不过相比市面上的紧凑 SUV 来说，它的尺寸略大一些。

"哈弗 H6"内饰方面

"哈弗 H6"造型中规中矩，采用了上深下浅的配色风格，同时还在细节上加入凸显质感的银色装饰，整体的视觉效果贴合多数人的审美。

"哈弗 H6"配置方面

哈弗 H6 标配了大灯高度调节、回家大灯延时关闭、方向盘四向调节、双安全气囊、后排空调出风口等配置。而高配车型中还拥有定速巡航系统、智能语音 GPS 导航系统、智能雨刷和灯光控制、侧气囊及前后一体式侧安全气帘、ESP 电子稳定系统以及胎压监测系统等智能化及便利化配置。

（资料来源：http://baike.baidu.com）

任务专项实训

实训项目：分析自己喜欢的车型的目标市场营销策略。

实训目的：学生选定一款车，通过查找车辆相关资料，找出该车的竞品车型，分析该车型与竞品车型的优劣势，分析该车的市场定位；学习该车的市场细分、市场定位和目标市场营销策略知识，判断优缺点并给出个人建议。

实训内容：

学生选择自己喜欢的品牌的某一车型，熟悉该汽车品牌的企业文化，查找和收集该车的具体参数和消费者评价；通过了解该车的市场细分、市场定位和目标市场营销策略，比较该车与竞品车型的差异，并对该车的目标市场营销策略进行优化。

实训步骤：

(1) 将学生进行分组，每 4～5 人为一组，实行组长负责制。

(2) 组长根据任务需要，确定小组成员分工，查找和收集车辆的相关资料。

(3) 小组成员需认真分析不同车型之间的优劣势，并根据不同车型的市场定位，认真分析车辆的细分市场、目标市场营销策略。

(4) 小组最后需对目标车辆的目标市场营销策略提出本组的建议。

实训评价：

(1) 要求：能够准确说明选定车型的市场定位，并能详细分析选定车型的目标市场策略；能够比较选定车型与竞品车型在市场细分、市场定位和目标市场营销策略之间的差异；能够优化选定车型的目标市场营销策略，完成答辩 PPT。

(2) 评分标准：

序号	评分标准	分值	评分	备注
1	团队合作	20		
2	团队精神	10		
3	内容结构	30		
4	仪容仪表	30		
5	应变能力	10		

项目4 汽车市场营销策略

项目主要内容

1. 汽车产品策略分析；
2. 汽车产品定价策略分析；
3. 汽车产品促销策略分析；
4. 汽车产品销售渠道策略分析。

任务4.1 汽车产品策略

知识目标

1. 了解整体汽车产品的概念，了解汽车产品组合构成的要素，掌握汽车产品组合策略；
2. 掌握汽车产品生命周期理论以及各阶段的特征和营销策略；
3. 掌握汽车产品品牌策略。

能力目标

1. 能够理解汽车整体产品的概念，能够准确说出某一品牌汽车产品层构成的内容；
2. 能够准确识别产品组合的构成，能够帮助企业建立合理的汽车产品组合；
3. 熟悉汽车产品生命周期理论，并能根据市场情况判断汽车产品处于生命周期的阶段，能够依据产品生命周期理论为企业制定良好的营销策略；
4. 能够依据品牌的内涵为企业制定汽车品牌策略。

任务导入

刘胜利是一名刚毕业的本科生，专业是工商管理。2014年8月，他面试上了一家中部地区的新开业本田4S店，经过两个星期左右的岗前培训后，被分到展厅从事汽车销售顾问工作。能从事汽车销售顾问工作，很大原因在于他本人的声音很有磁性，为人也很热情，再加上他对工作很认真，很有上进心，也很有责任心。

第一天上班，在开完晨会后，小刘记录完了今天的主要事项，并对展厅的展车进行了清洁保养。上午9:20左右，小刘接待了人生中的第一位顾客，经简单的交谈，小刘了解到顾客是一位在大学里从事汽车服务工程专业教学的老师，小刘一下子紧张起来，原因在于自己并不是汽车专业的学生，对汽车方面的知识了解较少。当顾客要求小刘简单地介绍东风本田的全新CRV的时候，小刘很机械化地按公司内训师教的“六位法”一口气把这车介绍了一番。介绍完后，小刘偷偷地看了一下顾客的表情，好像没有什么变化，这让小刘更加紧张起来了，感觉自己真是能力欠佳。这时顾客向小刘提了两个问题，让小刘终生难忘，也明白了做好一个汽车销售顾问并不是一件简单的事。顾客问："全新本田 CRV 较传统车型设计更具有时尚化和运动化，但前脸设计成类似字母 X 的样子，似乎有点夸张了，会不会影响前灯的视觉效果？另外，这款车相比市场中的主要竞争对手会有什么优势？能不能详细给我分析一下？"

小刘看着面带微笑的顾客，不知道该如何完美回答。这时顾客笑呵呵地告诉小刘，他正好在小刘毕业的大学里任教，也是公司王总的朋友，今天是过来找王总办些事情，并不打算买车，只是经过展厅，就顺便看看。正好看到小刘，也知道小刘和自己是同一学校的，所以出于职业习惯，考考小刘。小刘如释重负，热情地向教师请教了一些专业问题。小刘表示今后在空余时间里会认真学习更多的汽车专业知识来弥补自己的不足。

问题：

1. 什么是汽车整体产品？汽车整体产品概念的提出有什么重要的价值？

2. 什么是汽车产品的生命周期？论述最新款车型较传统车型对市场销售过程会有什么样的影响？

分析：

任何产品都包括有形层和无形层，有形层是无形层的载体，无形层包括的内容有很多，诸如车的附加值、展厅的环境、车的历史、销售顾问的形象以及表现等。无形层会产生较大的价值，这种价值往往和人们的期望值有关，但无形层永远不会脱离产品实体而单独存在。

我国汽车发展的速度日新月异，新的汽车产品不断更新，老汽车产品遭淘汰也很快。一方面说明消费者的需求品位越来越高，需求越来越时尚化和个性化；另一方面，也说明制造商在自身实力上要紧跟消费者需求的变化，否则终将被市场抛弃。

➡知识准备

4.1.1　汽车整体产品

1. 汽车产品的概述

在传统的思想观念中，人们对汽车产品的认识往往仅限于汽车实体产品，但是，从现代营销观念来分析，这种理解过于狭隘。任何产品不仅包括有形的实体，还包括无形的信息、知识产权、专利、商标以及一系列的劳动服务等内容，即

汽车产品＝有形的汽车实体＋无形的汽车服务

这个公式里面包括两点：一是消费者购买的汽车产品可以满足其需要的物质实体，这是最基本的，如购买汽车就是为了能以车代步；二是消费者购买汽车产品的同时，也购买了和汽车实体一同出售时所提供的系列服务，如优质的售后服务、质量保证、企业形象、汽车品牌价值等。

★ 小思考

有形产品是不是不重要了？

2. 汽车整体产品的构成

现代汽车营销学赋予汽车产品更广的整体概念。这个汽车产品整体概念包括汽车核心产品、形式产品和延伸产品三个层面，如图 4-1 所示。

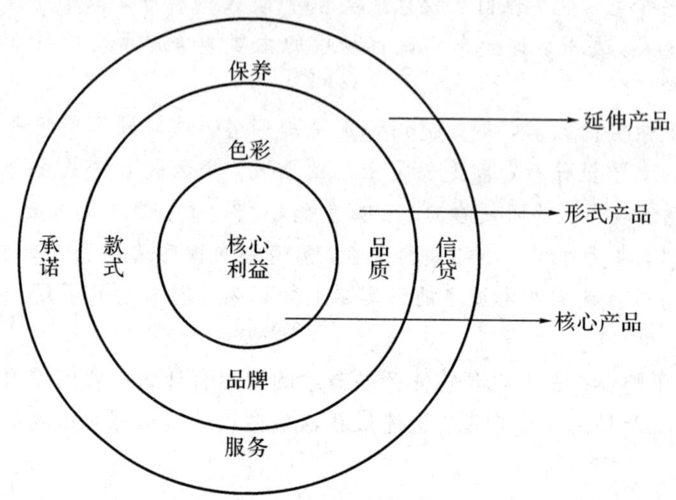

图 4-1　汽车产品整体概念的构成

1）核心产品

核心产品又称“汽车实质产品层”，是指向汽车消费者提供能够满足其需要的基本效用或利益，即汽车产品在使用价值方面的基本功能，同时，这也是汽车购买者的需求中心。无论消费者购买哪种汽车产品，其实质都是为了满足消费者交通、运输等需要，而不是为了购买这些机械、电器零部件等一大堆钢材。在这个营销活动中，汽车产品实体只是产品效用或利益的载体，消费者购买汽车产品的目的不是载体本身，而是通过载体达到的某种功效。离开了功效，汽车产品就失去了存在的价值。因此，汽车核心产品是整体产品中最基本的部分。

2）形式产品

形式产品是指汽车核心产品借以实现的形式，即汽车产品的外观和特色，包括产品的品质、款式、形状、品牌、包装以及说明书等。形式产品是核心产品借以实现的形式，汽车产品在市场上呈现的面貌，对消费者的感观具有强大的冲击作用，是消费者购买的重要依据，因此对汽车产品销售具有决定性作用。

3）延伸产品

延伸产品通常是指汽车产品的附加产品，如所提供的服务、承诺、荣誉、信贷、保养等。这些内容表面上和汽车产品实体没有多大关系，但实际上，当汽车产品在核心价值和形式上都极为相似的情况下，汽车产品的附加值对于消费者的影响是极为重要的。同时，随着经济的发展，消费者的购买需求会越来越从物质需求转向精神需求。在这种大背景下，汽车产品的附加产品所带给消费者的核心利益就会越来越突出。

汽车产品的整体概念对于汽车企业的发展有极为重要的意义，当我们为某一产品确立核心卖点时，不能单一地、片面地理解产品概念，否则只会使企业千辛万苦提炼的核心卖点无所依托。也就是说，完整地理解汽车整体产品，是提炼汽车产品卖点的前提条件。

【典型案例】

永远的“红旗”

在计划经济时代，“红旗”轿车原来与政治有关，使用者定位在省级以上干部，国宾、元首车队等，有政治神秘感，形成了其中国的“劳斯莱斯”的地位。

老“红旗”的主要特点体现在外形与内装上，虽然性能上没有国外轿车好，但车的气势、样子独具匠心，关键的一点是：车上使用的部件都是手工制作的，且不是大批量生产，这就是特色，有了这个特色就等于有了身份。“红旗”这个品牌的定位是权力、尊贵的象征。这也同样形成了一汽“红旗”轿车的主要文化。本来就应围绕这种品牌形象来进行宣传，但可惜的是，“红旗”轿车的定位发生了根本性的变化，上个世纪末，一汽提出的口号是“让科长坐上红旗”，虽然出现了大面积的销售量增加，但从长远来看，这个品牌的无形价值在慢慢流失，因为“红旗”失去了可以炫耀的品牌无形价值。

分析讨论：

“红旗”轿车早期开发进入误区的原因是什么？

（资料来源：改编于 http://news.sohu.com/76187/news201358776.shtml）

4.1.2　汽车产品的组合策略

1. 汽车产品组合的概念

汽车产品组合，是指企业提供市场的全部汽车产品线和汽车产品项目的组合或搭配。它包括四个变数：产品组合的宽度、长度、深度和一致性。

其中，产品线是指相互关联或相似的一组产品，即所谓的“车型系列”。产品项目是指一个车型系列中各种不同档次、质量和价格的特定产品。产品组合的宽度，是指企业经营的各种产品线内产品项目的平均数。例如，“别克”汽车产品隶属于上海大众，是我国汽车市场中的后起之秀，其良好的销售业绩对我国汽车厂商造成很大的冲击。从其部分产品组合(如表 4 - 1 所示)中可以看出，“别克”部分产品组合包括“别克君威”“别克 GL8”“别克凯越”和“别克赛欧”四个产品系列，每一个系列中又有 4～6 个产品项目。这样，其产品组合的宽度为 4，长度为 19，深度为 4.75。

产品组合的一致性，也称“产品组合的关联性”，是指企业产品组合中各产品线在最终用途、生产工艺、分销渠道或目标市场等方面的相似程度。研究产品组合关联性的强弱，可以有效地降低企业经营的风险性。

2. 产品组合的意义

汽车产品组合决策，即是企业对上述产品组合予以决策。产品组合多，表明产品覆盖面宽；产品组合少，表明产品覆盖面窄。产品组合决策对企业的营销决策有着重要意义：增加产品的组合宽度，扩大经营范围，可减少车型单一的风险，同时也可以提高企业的竞争能力与适应能力；增加产品组合的长度，可使产品线丰满，同时给每种产品增加更多的变化因素，有利于企业细分市场，满足不同的客户需要，从而提高产品的市场占有率和用户满意度。

表 4-1 别克汽车部分产品组合

	产品线的宽度			
产品线的深度	别克君威	别克 GL8	别克凯越	别克赛欧
	君威 3.0 GS 旗舰版	GL8 GT	凯越 1.8 AT 顶级版	赛欧 SRV SCX AT
	君威 3.0 GS	GL8 LT	凯越 1.8 AT 舒适版	赛欧 SRV SC
	君威 2.5 GL	GL8 CT3	凯越 1.6 MT 豪华版	赛欧 SLX AT
	君威 2.5 G	GL8 CT2	凯越 1.6 MT 舒适版	赛欧 SLX
	君威 2.0 豪华版			赛欧 SL
	君威 2.0			

★ 小思考

请你在市场中找一个汽车品牌的产品线，然后按照产品组合构成的要素，列出该汽车品牌产品组合长度、宽度并计算产品组合的深度。

3. 汽车产品组合策略

所谓“汽车产品组合策略”，是指企业为了满足目标市场的需求，根据其自身的实际情况，如实力等，使产品组合在宽度、深度和一致性上达到最佳的组合方式。由于产品组合的宽度、深度和密度同销售业绩有密切的关系，因此，企业拓展其产品线宽度，加深其深度以及加强其相关度，都可能产生促进销售、增加利润的效果。在汽车经营过程中，确定经营哪些产品或服务，明确产品之间的相互关系，是企业产品组合策略的主要内容。

1）扩大汽车产品组合策略

扩大汽车产品组合策略，也称“全线全面型策略”，是指企业为了增加汽车产品的经营范围，满足消费者的需要，从而扩大汽车产品组合的长度和宽度或者扩展汽车产品组合的深度和一致性的策略，包括扩大产品组合的宽度和加强产品组合的长度。扩大产品组合的宽度是指增加产品线的条数，扩大产品经营范围；加强产品组合的长度，是指在原有产品线内相应地增加新的产品项目。

扩大产品组合的优点在于：首先，有利于企业充分利用其资源优势，扩大经营规模，降低经营成本，提高企业竞争能力；其次，有利于满足客户的多种需求，进入和占领多个细分市场；最后，有利于企业分散风险。近年来，江西江铃为了建立公司的可持续发展战略，在原有江西轻卡产品的基础上，开始扩大汽车产品组合，一方面着手把全顺轻客延伸到中高端市场；另一方面，通过自主研发，快速开发了热销的“江铃陆风”以及覆盖细分市场的皮卡，后又开发新能源汽车 E100 和 E200 等。

在实际的市场操作过程中，对于企业来说，产品组合并不是越丰富越好，如果企业的产品组合过宽，则对企业的管理会造成很大的难度；同时，还会相应地稀疏企业的市场主打产品的威力，进而给企业的经营带来一定的风险。

2）缩减汽车产品组合策略

缩减汽车产品组合策略，也称“市场专业型策略”，是指企业为降低经营风险，缩减或取消那些获利小的生产线或产品项目，集中资源生产那些获利多的产品线或产品项目的策略。

缩减产品组合策略的优点在于：首先，企业可集中力量对某些能带来较大利润的产品进行改质，提高专业化水平，降低生产经营成本，以求从经营较少的产品中获得较多的利润；其次，有利于企业减少资金占用，加速资金周转；最后，有利于广告促销、分销渠道等的目标集中，提高营销效率，提升企业在某领域的知名度。但缩减产品组合策略会相应地减少企业汽车产品的市场覆盖率。

3）产品线延伸策略

所谓“产品线延伸策略”，是指企业将产品线加长，增加企业的经营档次和范围的策略。当企业发展到一定规模和较成熟的阶段，想继续做强做大，攫取更多的市场份额，或是为了阻止、反击竞争对手时，往往会采用产品延伸策略，利用消费者对现有产品的认知度和认可度，推出新产品，以期通过较短的时间、较低的风险来快速盈利，迅速占领市场。具体有三种形式：向上延伸、向下延伸和双向延伸。

（1）向上延伸策略。向上延伸策略是指企业在原来中低档汽车产品的基础上，开始生产高档汽车产品。一般来讲，由于高档汽车产品会随着消费者收入水平的提高而增加购买量，高档汽车产品对于企业产生的利润价值也比较大，同时也可以有效地提升企业的品牌价值，改善品牌形象。因此，采用向上延伸策略拓展市场，会使企业的经营安全性得到加强。

但并不是所有的汽车企业都能很轻松地采用这种策略。由于企业并不是独立于其他企业之外，因此，向上延伸策略也存在着一定的局限性。首先，如果这时在高档市场占有主导地位的企业采用的是向下延伸策略，对于企业来讲，采用向上延伸策略反而会增加自己产品的竞争压力；其次，在企业品牌的定位过程中，消费者往往在企业经营中就已经给企业品牌定位了，这时如果企业进入高档产品市场，消费者不一定会很快地接受，这个认知的改变过程也许会有相当长的一段时间，这个时间对于企业是具有很大的风险性的；最后，由于企业是初次进入高档产品市场，无论是在技术上，还是经营管理以及后勤保障上，都会存在着很大不足，不利于发挥企业的一贯优势。

（2）向下延伸策略。向下延伸策略是指企业在原来高档汽车产品的基础上，通过运用自己品牌价值的优势而进入中低档汽车产品市场。采用这种策略的原因有两方面：一是高档市场的消费群比较少，企业的销售量也就会比较小，相反，中低档市场拥有庞大的消费个体，有利于企业占领整个市场；二是生产高档汽车产品的企业进入中低市场，能填补企业产品线的空隙，有效地阻止其他竞争对手的攻击，从而提高企业的市场份额。

采用向下策略很明显的特点是，由于产品的中低档化，这些中低档汽车产品也就会具有相应的中低档价格。但我们知道，价格是一把双刃剑。企业在通过完善产品线的同时，也会因为向下延伸策略而带来负面影响。首先是不利于企业品牌形象的建立。“奔驰”给消费者的感受是永远生产高档车，给购买者传达的是一种尊贵的身份，如果有一天，该品牌也开始生产家用经济型轿车，那么“奔驰”品牌的原有价值就很有可能会消失；其次是由于中低档汽车的生产厂家过于集中，会导致企业的竞争压力加大；最后是对于一些原先经营高档汽车产品的经销商来说，采用向下延伸策略，也会由于中低档车的利润下降而不愿意合作。

（3）双向延伸策略。双向延伸策略即企业在取得中档汽车产品市场优势以后，决定向上、下两个方向延伸，一方面增加高档汽车产品，提高企业的整体形象；另一方面进入低档汽车产品市场，扩大企业的市场占有率。事实上，很多汽车企业进入市场都定位于中档汽车市场，等迅速占领市场后，则快速采用双向延伸策略来提高销售量以及提升企业整体形象。

综上所述，产品组合策略的成功机会是由消费者的认知或理解所控制的。任何事物的发展都是辩证的，对于我国汽车企业来说，在正确地运用产品组合策略上，一定要有清醒的认识，从企业自身实际出发，不盲目运用产品组合策略，否则，若处理不好，则必然给企业乃至国家造成很大的损失。

★ 小思考

你认为奔驰轿车会不会在我国生产 15 万元左右的车型？为什么？

4.1.3　汽车产品的生命周期与策略

1. 汽车产品生命周期的概念

汽车作为一种特殊的产品，体现着所有产品在市场中存在、销售强盛和衰弱以及最终退出市场的规律。汽车产品生命周期是指汽车产品从投入市场开始至最后被市场淘汰以至退出市场为止所经历的全部时间变化过程。市场营销学认为，任何一款产品都存在一个生命周期，该周期一般可分解为四个阶段，即：导入期、成长期、成熟期和衰退期。在这里需要指出的是，汽车产品的生命周期不同于汽车产品的使用周期(使用寿命)，汽车产品的使用寿命是指汽车产品从投入使用到损坏报废所经过的时间，这个时间是使用时间而不是销售运作时间。

如图 4－2 所示，汽车新产品刚进入市场，销售量增长缓慢，且利润通常为负值；到成长期时，销售额快速增长，利润也快速增加；到成熟期时，销售额增长到最大值后就会开始下滑，这时汽车产品市场生命周期就即将进入衰退期，最终退出市场。实际上，汽车的生命周期在投入期之前还有一个研发期，研发期也同样是以市场为导向，只是没有直接进入市场而已。以上汽车产品的生命周期图是各类产品典型的表现形式，有些产品还会有其他的表现形式，如有的产品进入衰退期后又会出现第二个成熟期。例如，德国大众的“普桑”80年代在德国就进入了衰退期，可后来在中国市场却旺销了 10 多年。因此，产品市场生命周期有时也是相对而言的。

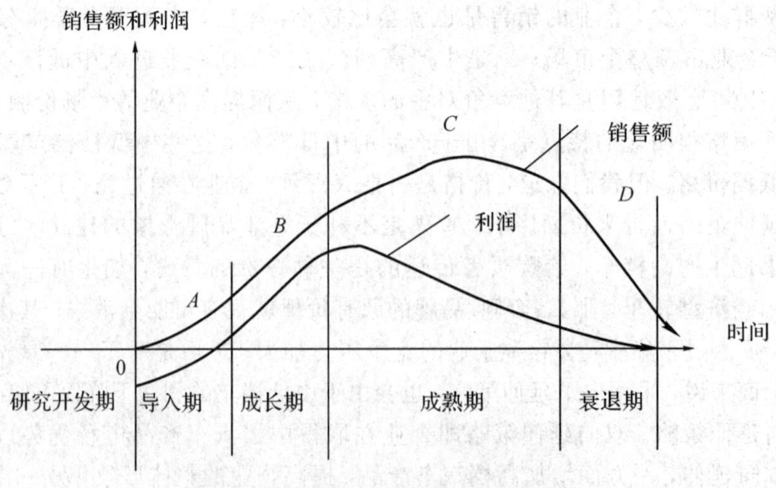

图 4－2　汽车产品市场生命周期

研究汽车产品生命周期的意义就在于企业可根据这一理论，有效地掌握企业现有的汽车市场以及将来汽车市场的发展趋势，使自己的企业在竞争中处于强势状态，同时也可以使企业依据这一理论制定相应的营销战略与战术。

2. 产品生命周期阶段的识别判断

产品生命周期有着四个阶段：导入阶段、成长阶段、成熟阶段和衰退阶段。每一阶段都有着不同的特点，因而相应采取的产品战略也会有所不同，但正确地实施相应的配套产品战略是建立在对产品生命周期阶段的正确识别判断的基础上的。因而，企业在采取产品战略之前，要首先对本企业产品的生命周期阶段进行判断。这是一个很困难的事情，需要对市场信息进行不断的调查，在此基础上，一般可以用两种方法进行分析。

1）类比法

企业应通过对历史上相类似的产品的生命周期曲线进行分析，推断企业产品的生命周期曲线的走向。如要判断彩色电视机的发展趋势，可以参照黑白电视机的相关资料及生命周期曲线来进行推断。这对于汽车产品同样可行。

2）销售变化率的动态分析法

即用 ΔY 表示纵坐标上销售量的变化率(增长率)，ΔX 表示横坐标上时间的增长率(通常以年为单位)，根据销售数据的汇总计算 $\Delta Y/\Delta X$ 的值，根据计算所得的值进行产品生命周期各阶段的划分。一般情况下，$\Delta Y/\Delta X>10\%$ 为成长期，$1\%\leqslant\Delta Y/\Delta X\leqslant10\%$ 为成熟期或导入期，$\Delta Y/\Delta X\leqslant1\%$ 为衰退期。

后来的研究者们又提出了很多的计量方法，如产品生命周期的模糊识辨模型(以模糊数学为基础)、产品生命周期预测模型等，都是产品生命周期各阶段预测的计量模型，企业可以根据自身的情况进行选择。

★ 小思考

请根据销售变化率，分析我国汽车市场现处于什么阶段。

3. 汽车产品生命周期的市场策略

汽车产品生命周期的长短，受到企业内、外部环境的影响，如市场竞争、技术革新、消费需求的变化等。而企业在可控范围内可根据自身的产品市场生命周期的特点，采用相应的策略延长汽车产品生命周期中的成长期和成熟期，尽量缩短导入期和衰退期。因此，企业根据汽车产品生命周期的不同阶段出现的不同特征，采用不同的营销手段，有效改变市场运行方向，多为增加企业利润创造可能。

1）导入期的特点及策略

导入期是指汽车新产品刚进入市场的阶段，当然还会有一种可能，即现有的产品进入一个全新市场。其主要特点是，由于汽车产品刚进入市场，这时企业在确保风险的前提下，生产的批量会相对小，再加上前期的投入费用会相对高，如宣传广告费、开发中间商费等，因而制造成本会较高，导致新产品上市时价格较高，但企业几乎是不盈利经营。一般情况下，导入期的利润曲线图是先下降后缓慢上升。

根据导入期的特点，由于这个阶段的风险性较大，因此，汽车企业的营销策略应准确地进行市场定位，快速实现产品畅销，从而取得相应的市场份额。导入期通常采用的营销策略如表 4-2 所示。

表 4-2 价格与促销费用组合

价格		
	高价格低促销费用A	高价格高促销费用B
	低价格低促销费用C	低价格高促销费用D
		促销费用

(1) 高价格低促销费用策略。高价格低促销费用策略又叫“缓慢掠取战略”。企业以高价格、低促销费用方式推出新产品。高价格可迅速回收成本，低促销又可以减少营销成本。

采取缓慢掠取战略的市场环境是：市场规模有限；大多数的消费者对该产品已经有所了解；购买者不在乎价格；潜在竞争可能性较小；汽车品牌或汽车厂家在市场上具有相当的知名度；企业形象在现有客户和潜在客户心目中具有较高的隐性价值，或者说消费者对企业的认知度较高，价格不是消费者购买汽车的首选因素。因此，这种策略可以使企业获得最大限度的利润，但该种方法不能使市场规模得到快速扩张，对竞争对手也可能估计不足，不能有效地参与到激烈的市场竞争中去。

(2) 高价格高促销费用策略。高价格高促销费用策略又叫“快速榨取战略”。企业以高价格、高促销费用的方式推广新产品。高价格是为了尽快地回收研发等成本，高促销是为了尽快地打开市场，高促销费用的手段有大量广告宣传及其他促销方式等。

采取快速榨取战略的市场环境是：汽车品牌或汽车企业在市场上的知名度尚可，企业形象在现有客户和潜在客户心目中具有一定的隐性价值；但绝大部分潜在消费者还没有意识到该类型新产品；了解这种新产品的人有着强烈的购买欲望而又不太在乎价格，市场中存在着潜在的竞争对手；意图使消费者形成品牌偏好；采取快速榨取战略的汽车企业通常是市场的开拓者、领先者。虽然这种策略可以快速打开新的市场，相应地减少了如竞争对手等因素带来的风险性，但由于采用了高促销费用，使得企业的利润空间相对来说就大大缩减，就会导致企业的投资回报周期较长。

(3) 低价格低促销费用策略。低价格低促销费用策略又叫“缓慢渗透战略”。企业以低价格、低促销费用方式推出新产品。低价格使消费者能够更加容易且快速地接受该产品，低促销费用则使企业的营销成本降低。

采取缓慢渗透战略的市场环境是：市场规模大；消费者对价格敏感；消费者对该种产品已经非常了解；存在一些竞争对手；低价格策略的运用可以使企业在获取微利的同时获得较大的市场份额，一方面对市场内的其他汽车商家构成很大的竞争压力，另一方面满足了大部分对价格敏感的消费者的需求。低促销策略使得企业在新市场上的份额不能快速地扩张，因此，这种组合策略的运用存在着相对的矛盾性。

(4) 低价格高促销费用策略。低价格高促销费用策略又叫“快速渗透战略”。企业以低价格、高促销方式推出新产品。低价格使更多的消费者对其感兴趣，高促销则使产品能够得到迅速的推广。这一策略的主要目的就在于迅速打开市场，以获得较高的市场份额。

采取快速渗透战略的市场环境是：市场规模大；消费者对该产品不了解；大多数消费者对价格比较敏感；潜在竞争很激烈；该产品具有很强的规模效应；随着经验的积累，成本也会逐步降低。这种策略充分结合了两种最有效的市场竞争策略，但往往会让行业陷入价格战。

★ 小思考

新产品进入市场时，最有利于企业的促销组合是什么？杀伤力最大的促销组合是什么？最常见的促销组合是什么？

2）成长期的特点及策略

新产品经过了导入阶段，经受住了市场的考验，就进入成长阶段。其特点是消费者对该产品已经非常熟悉；老顾客重复购买，新顾客大量涌入；市场逐步扩大；产品已具有大批量生产的条件，生产成本相对降低；企业销售额迅速上升，企业获取了较大的利润；竞争者见有利可图已纷纷加入，使同类产品供应量增加，价格随之下降；利润将从加速上升逐渐转变为减速上升，最终达到生命周期利润的最高点。

根据成长期的特点可知，由于外部市场空间已有效打开，汽车企业应着重以市场为导向，从自身实际出发，产品策略应从单纯的新产品推广阶段转入立足长远的产品改进、市场拓展阶段，特别是优质的产品质量和良好的服务质量的打造。具体有以下几种策略：

（1）改进产品性能，提高产品品质。通常情况下企业可以从消费者的反馈和与市场上相类似的产品进行比较中找到可对现有产品进行改进的地方，以提高产品质量，完善产品功能，增强消费者对产品的信任度。

（2）增加新功能、新款式。企业可在原有功能的基础上，增加产品新的功能，扩大产品的用途；或者使款式不断多样化，满足消费者的不同偏好。

（3）改进工艺和材料。由于在竞争中产品的价格下降，要使企业保持竞争优势、提高利润，就必须在保证质量的前提下改进制造工艺，降低消耗，寻找价格相对便宜的现用原材料的可替代品。

（4）寻找新的细分市场。在产品的成长期，由于刚引入市场不久，产品的市场潜力还很大。企业可以认真进行调查分析，找到新的尚未满足的细分市场，根据其需要对产品进行必要的调整后迅速投入新市场。

（5）改变广告宣传重点。广告宣传的重点应从介绍产品、说服消费者购买转到建立产品形象与知名度、树立品牌上来，使产品以其独特的风格深入人心。

（6）调整产品售价。产品在适当的时候降价或推出折扣价格，既可以让更多的潜在消费者转变成现实的客户，又可以形成较高的行业进入壁垒，以抵御竞争者的入侵。

在成长阶段，产品还属于新产品，市场还属于新市场，成长期是汽车产品市场由衰转盛的时期，因而还有很大的发展空间。此阶段的产品策略不应只是对环境压力的短期策略制定，而应立足长远，为以后更大规模的销售做好准备，为更广阔的市场奠定基础。

3）成熟期的特点及策略

经过成长阶段以后，市场需求增长并逐渐减缓，进而会开始出现负增长，这就说明产品进入了由盛转为极盛的成熟期。其特点是生产量大，销售量也同样大；市场趋于饱和，但整个汽车行业的生产能力过剩，导致竞争加剧，产品售价进一步降低；促销手段被大规模运用，企业利润率降低，部分竞争者开始退出市场。这一阶段的时间一般长于前两个阶段，并且可以根据其阶段特点细分为：① 成长中的成熟期，即销售量仍保持高速增长，但后一期的增长率相对于前一期增长率有了较明显的减小；② 稳定中的成熟期，这一时期销售量几乎没有变化，是整个产品生命周期性中最稳定的时期；③ 衰退中的成熟期，从这个阶段开始，产品的销售量增长率开始出现一定的负值，这就表明产品快要进入其生命周期的最后一个周期——衰退期。

在成熟阶段，市场上的汽车产品对消费者来说已成了半新半旧的产品，甚至可以说是过时的产品，虽然销售量在成熟期中的某个点会达到顶峰，但这时市场上也出现了一部分新的竞争产品，其无论在外观还是在功能等方面都优于现在的产品，少部分消费者开始尝试使用这类新产品，这类产品只要营销得当，将很有可能取代现有产品市场。

在这种背景下，企业对于成熟期的汽车产品，要采取积极主动的产品策略，围绕如何延长汽车产品生命周期或使汽车产品生命周期出现再循环这个思路做文章。具体可以采用以下几种策略：

(1) 产品革新。产品革新可以分两个层次进行：一是从核心产品改进，包括提高产品质量，增加产品的可靠性、耐用性；扩大产品的使用功能，增强产品的差异化，提高产品使用的方便性；以降低成本为目标，采用新的制造工艺，寻找新的替代材料。二是从汽车产品的附属产品的特征和偏好入手改进。改进产品的结构、式样、颜色及包装方式，增强产品的美感，改善原有的服务或提供新的服务以吸引消费者，提供更加有效的担保措施来增强竞争力。

(2) 市场扩展。市场扩展就是要通过吸引更多的产品使用者、刺激每个使用者的使用次数和使用量来提高销售额、扩大市场份额。新的细分市场包括地理上的新市场和根据人口特征划分的新市场，相比之下后者更为重要。例如，早在2003年，奇瑞汽车股份有限公司就通过市场细分，把目标客户准确定位于收入2000元但有知识有品位的年轻人，同时兼顾有一定的事业基础、心态年轻、追求时尚的中年人，推出了靓丽、高配置和性价比高的可爱小精灵“奇瑞QQ”。

(3) 改进营销组合。汽车企业的营销组合不是一成不变的东西，它应该随着企业的内外部环境的变化做出相应的调整变动。产品进入成熟阶段后，各种内外部环境条件都发生了变化，因而营销组合也要有一个大的调整。这是为了延长产品的成熟期，将衰退期到来的日期尽量拖后。实际上，企业要使上面的两个策略取得成功，也需要对营销组合进行调整改进。如寻求能够刺激消费者增加产品使用率的方法。例如，增加汽车产品的除交通功能之外的其他用途；提高汽车产品的质量、降低价格、扩大分销渠道、采用新广告和加强售后服务管理等。当然还可采用转移生产场地的策略，这是一种较消极的方法。

4) 衰退期的特点及策略

当产品处于衰退期时，一方面，市场上已经出现了功能更先进、外形更美观的同类新产品，这类产品的市场份额逐步扩大，且在消费者心目中成了当前时代的新宠，其产品的生命周期也已从投入期进入到了成长期；另一方面，由于消费者失去了购买衰退期产品的信心，就很容易导致汽车产品销路受阻，企业的销售量下降很快，企业库存出现严重积压等不良因素导致企业成本快速增加，利润明显下降。最终导致企业中断生产和经营。

在衰退阶段的营销策略，一方面要辨清产品是否真正进入衰退时期，如果只是销售有所下降还不能贸然决定，应采取可行的办法刺激销售；另一方面，企业应根据对衰退后的产品市场销售情况及竞争行为的预测，即自身在该市场的竞争地位，来决定是尽早退出，还是继续经营该产品或开发出相关的创新产品。如果企业实力不足，停留在市场中只能亏损，那么还是尽早退出为妙；如果企业在原产品的市场上占有优势，并且预测即使衰退，市场上始终会有一定量的消费需求，那就不应放弃这块利润。

★ 小思考

当汽车产品突然出现衰退现象，企业管理者这个时间应该要注意什么？为什么？

4. 产品生命周期各阶段特征与策略汇总

菲利普·科特勒(Philip Kotler)在《营销学管理》一书中就产品生命周期各个阶段特征与策略做了总结，如表 4-3 所示。

表 4-3　产品生命周期各阶段的特征与策略

产品阶段	产品导入期	产品成长期	产品成熟期	产品衰退期
销售	低销售量	销售量快速上升	销售量高峰	销售量衰退
成本	按每一顾客计算的高成本	按每一顾客计算的平均成本	按每一顾客计算的低成本	按每一顾客计算的低成本
利润	亏损	利润上升	高利润	利润衰退
顾客	创新者	早期采用者	中间多数	落后者
竞争者	极少	逐渐增加	数量稳定	数量衰退
营销目标	创造产品知名度和试用	最大限度地占有市场份额	保卫市场份额获取最大利润	对该品牌削减支出和挤取利润
产品策略	提供一个基本产品	提供产品的扩展品、服务、担保	品牌和样式的多样性	逐步淘汰疲软项目
价格策略	采用成本加成	市场渗透价格	较量或击败竞争者的价格	削价
分销策略	建立选择性分销	建立密集广泛的分销	建立更密集广泛的分销	进行选择：逐步淘汰无盈利的分销网点
广告策略	在早期采用者和经销商中建立产品和知名度	在大量市场中建立知名度和兴趣	强调品牌的区别和利益	减少到保持坚定忠诚者需求的水平
促销策略	大力加强销售促进以吸引试用	充分利用有大量消费者需求的条件，适当减少促销	增加对品牌转换的鼓励	减少到最低水平

4.1.4 汽车产品品牌策略

1. 汽车品牌的内涵

品牌(brand)一词来源于古挪威文字 brandr，它的中文意思是“烙印”，在当时，西方游牧部落在马背上打上不同的烙印，用以区分自己的财产，这是原始的商品命名方式，同时也是现代品牌概念的来源。1960 年，美国营销学会(American Marketing Association，AMA)较早地给出了“品牌”的定义：品牌是一种名称、术语、标记、符号和设计，或是它们的组合运用，其目的是借以辨认某个销售者或某销售者的产品或服务，并使之同竞争对手的产品和服务区分开来。例如，中国自己的汽车品牌“红旗”“中华”“吉利”等；日本的汽车品牌“丰田”“本田”“三菱”等；美国的汽车品牌“通用”“福特”等。汽车品牌的名称同时也通常是汽车企业的名称，因此，品牌的名称和企业的发展息息相关。

品牌的标志是指品牌中容易识别但不能用语言直接表达的某种或某几种特殊的标志，包括企业专门设计的符号、图形、颜色等。

商标(trademark)是指按法律程序向商标注册机构提出申请，经审查，予以核准，并授予商标专用权的品牌或品牌中的一部分。商标受法律保护，任何人未经商标注册人许可，皆不得仿效或使用。商标是品牌的一个组成部分，它只是品牌的标识和名称，便于消费者记忆识别。但品牌有着更丰厚的内涵，它不仅仅是一个标识和名称，更蕴含着生动的精神文化层面的内容，体现着人的价值观，象征着人的身份，抒发着人的情怀。可以看出，品牌的内涵更广一些。

虽然商标和品牌都是商品的标记，但商标是一个法律名词，而品牌是一个经济名词。品牌只有打动消费者的内心，才能产生市场经济效益。同时，品牌只有根据《商标法》登记注册后才能成为注册商标，才能受到法律的保护，避免其他任何个人或企业的侵权模仿使用。部分汽车品牌标志如图 4-3 所示。

图 4-3　世界部分汽车品牌标识

【典型案例】

企业为什么要改名称?

联想集团改变了自己使用了 15 年的企业英文标识，从“Legend”改变为“Lenovo”。在发布会上，联想集团总裁杨元庆说：我们对于原有标识充满了感情，之所以要进行切换，最直接的原因就是我们要国际化，“Legend”这个英文单词在海外已被不同行业众多企业注册过，如果我们要一一收回，从成本和可行性来说都不可能成功，所以切换标识，但联想还是以前的联想，只是标识这件品牌的外衣更换了一下而已。

戴尔公司在 2003 年也改变了公司名称，从“戴尔计算机”改为“戴尔”。这是为了配合其多元化发展的需要，也就是说原来的名称已不能完全涵盖公司业务，更名后的“戴尔”业务已深入到很多的技术领域。

2. 汽车品牌的内涵

品牌是无形资产的仓库。一个优秀的品牌之所以价值不菲，主要是因为品牌能向消费者传递一系列特定的利益和服务，这包括六个方面的含义，如图 4-4 所示。

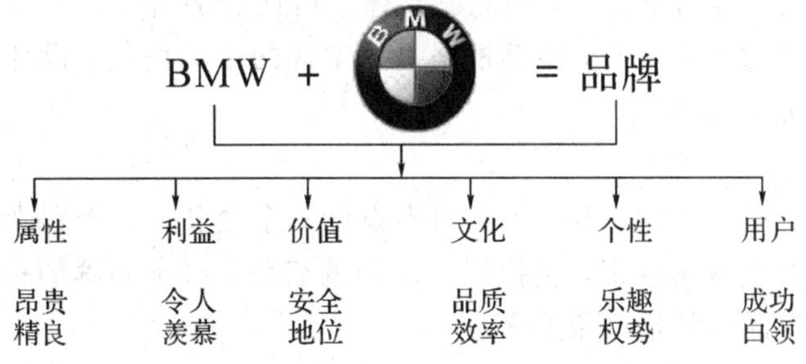

图 4-4　宝马汽车品牌的内涵

1）属性

一个品牌首先会带有特定的属性。例如，瑞典是北欧乃至全世界最富裕的国家，也是最美丽的国家，VOLVO 就诞生在这里，因此，该品牌表现出明显的北欧贵族血统，由于其高贵典雅、富丽堂皇、安全、人性化和“以人为本”的环保设计理念，VOLVO 汽车因此也被誉为“世界上最安全的车”。

2）利益

消费者购买汽车不是为了购买汽车产品的属性，而是为了购买属性能转换成的利益。汽车的高贵典雅同样也会体现购买者的尊贵，汽车设计的结实则可以给购买者带来安全感。

3）价值

品牌还体现了汽车制造商的某些价值观。劳斯莱斯被誉为“帝王的坐骑”，该车的市场营销定位就应是尊贵、有威望的特殊购买群体。因此，每年该车的销售也不过千来辆，近100年来全球拥有量才10万辆左右。

4）文化

品牌经营过程会很自然地附加一定出生地的文化。肯德基（KFC）就代表着美国的文化；劳斯莱斯象征着英国皇室；奔驰车则体现了德国的文化。

5）个性

品牌的个性就像人的个性一样，有的坚毅，有的温文尔雅，有的冷酷，等等。例如，别克体现的是美国的美观大方；日产风度设计的个性则是具有翩翩“风度”的君子。

6）使用者

汽车品牌在很大程度上还会体现购买或使用该车的消费者是哪一种类型。奇瑞QQ体现的是时尚的中产阶级；德国奔驰的个性是一个稳重的30多岁的成功男士。

在营销实践中证明品牌的塑造，就好比从小培养一个人，强而有力的品牌能传递给消费者一个完整的形象，这个形象能清楚地让消费者知道品牌对其生活的作用。品牌生存于企业中，却又可以独立于企业，品牌良好的经营对企业可持续发展有着强劲的推动力。

任务专项实训

实训项目：设计一个汽车品牌标识

实训目的：通过本实训项目，学生能够具体了解区分品牌与商标，能够了解品牌的内涵及品牌对汽车企业的重要意义，能够根据自己掌握的市场情况，设计一个汽车品牌标识和一套完整的品牌推广策略。

实训内容：

学生查阅品牌的内涵知识，根据所学内容设计一个全新的汽车品牌标识，要求此品牌标识具有中国特色或全球化意识，包括汽车品牌的名称、汽车品牌的标志、汽车品牌的内涵或设计理论和汽车品牌的推广策略等。

实训步骤：

（1）将学生进行分组，4～6人一组，设立组长负责制。

（2）由指导老师布置本次设计的目的、内容、要求和步骤。

（3）由组长领导本组成员查阅相关资料，由本组学生共同讨论，确定设计方案。再由组长对组成员进行调查分工，选择设计理论、完善设计思路、提出设计措施。

（4）由组成员根据设计思想，确定设计方案，完成设计并制定品牌推广策略。

（5）完成设计，制作成汇报PPT。

实训评价：

（1）要求：学生能够准确说出汽车品牌的内涵；能够完整解释品牌设计的理念，并能够完成品牌设计的方案；能根据本组汽车品牌设计方案制定品牌推广策略；完成一份实训报告。

（2）评分标准：

序号	评分标准	分值	评分	备注
1	团队合作	20		
2	团队精神	10		
3	内容结构	30		
4	仪容仪表	30		
5	应变能力	10		

任务 4.2　汽车产品定价策略

➡知识目标

1. 了解汽车产品价格的构成，掌握影响汽车产品价格的因素；
2. 理解汽车产品定价的目标，掌握汽车产品定价的方法；
3. 掌握汽车产品定价的策略。

➡能力目标

1. 能够理解价格的重要性，能够说明汽车产品价格的构成；
2. 能够根据市场的特点，准确判断影响某一汽车产品定价的主要因素；
3. 熟悉汽车产品定价的方法，能够说明汽车产品定价方法之间的优缺点；
4. 能够运用汽车产品定价策略对现有市场进行决策。

➡任务导入

“专业”是利器

王森自己开了一家知名的汽车快修店，由于平时很注重质量管理，采用透明消费策略，深受附近车主的欢迎。王森说：“店是2011年开张的，刚开始我们把喷漆价格按照每个自然面进行公示，喷漆质保5年。当时很多同行都说，喷漆哪里有质保那么久的，4S也最多质保1年。明明那个车子可以收800元/面的，他们就收400元，该赚的不赚……一方面是同行前辈觉得我们价格过低，但另一方面还是有很多客户说我们价格高。”

王森继续说：“我记得当时有一个客户问我，‘你们这价格太高了，别人120块钱就喷了，你们要220，太贵了！’我当时很客气地对我的‘上帝’说，‘兄弟，我跟你讲，120块钱贵了，喏，我们对面的出租车抢修中心，80 块钱就能喷了，你直接去那边，真的，不要 120 的！”

结果是客户直接按照 220 元/面的价格在我这里喷了。现在想来的道理是“专业”可以得到顾客信任，让顾客明明白白消费才是硬道理。

问题：

根据上述内容，分析王森采用了什么样的定价策略？产品定价的策略还包括哪些？

分析：

任何一家快修店都存在场地租金、烤漆房设备的购买和维护、漆的成本、工人工资、水电等成本付出。你只要保证所有的工作都按照标准做足，按照正常的加价率加价就可以了，懂的客户自然懂的，不懂的客户，即使你一分钱都不赚，他还是觉得你赚了很多，一旦你低于成本，就证明你在偷工减料了。

➡知识准备

4.2.1 汽车产品定价概述

1. 汽车产品价格构成

1）价格与价值的关系

菲利普·科特勒在《营销学管理》一书中说：“在营销组合中，价格是唯一能产生收入的因素，其他因素则表现为成本。价格因素也是营销组合中最灵活的因素，它的变化是异常迅速的。”产品的价格是整个营销组合的基本组成部分，因为它是产品之间可以进行快速比较的一个因素，消费者通常广泛地把它用来判断产品和服务。

价值的本义是指某种东西对人的意义和用处。一种商品，人们可以自己使用它，这叫商品具有的“使用价值”；还可以用来与别人交换，这叫商品具有的“交换价值”。一件商品的交换价值是体现在它所交换得来的商品上，因此，通常把通过交换得来的商品叫做一件商品的交换价值，简称“价值”。一件商品可以和别的许多商品进行交换，也就是商品价值具有许多表现形式，其中，用货币来表现的商品价值，就是价格。

价格与价值之间是形式与内容的关系，二者不能进行“量”的比较。汽车价值决定汽车价格，汽车价格是汽车价值的货币表现。但在现实汽车市场营销中，由于受汽车市场供应等因素的影响，汽车价格表现得异常活泼，价格时常同价值的运动表现不一致：有时价格高于价值，有时价格低于价值。

★ 小思考

请比较分析价格与价值之间的大小，并说明原因。

2）汽车产品价格构成

汽车价格构成包括汽车生产成本、汽车流通费用、国家税金和汽车企业利润四个要素。

（1）汽车生产成本。它是汽车价值的重要组成部分，也是制定汽车价格的重要依据。

（2）汽车流通费用。它是发生在汽车从汽车生产企业向最终消费者移动过程各个环节之中的，并与汽车移动的时间、距离相关，因此它是正确制定同种汽车差价的基础。

（3）国家税金。国家通过法令规定汽车的税率，并进行征收，税率的高低直接影响汽车的价格。

(4) 汽车企业利润。它是汽车生产者和经销者为社会创造和占有的价值的表现形态。汽车价格除了受价值量的大小决定外，还受到汽车消费者需求、汽车成本、汽车特征、竞争者行为、汽车市场结构、货币价值、政府干预和社会经济状况等影响。

从汽车市场营销角度来看，汽车价格的具体构成为

汽车生产成本＋汽车生产企业利税＝汽车出厂价格

汽车生产成本＋汽车生产企业利税＋汽车批发企业利税＋汽车批发流通费用
＝汽车批发价格

价格作为参与竞争的主要手段之一，具有双重性。一方面，企业稳健的价格策略有利于企业的产品快速地进入市场、占领市场，有利于企业防止新的竞争者的产生，有利于维护企业的市场地位等；另一方面，盲目的价格策略也直接或间接地损害着企业的利润甚至企业的整体形象。也就是说，企业定价的原则必须是在遵循客观经济规律的基础上，合理地、自由地、富有想象力和创造力地设定产品价格。

★ 小思考

请查找汽车购置税率，计算某一款汽车购置税，然后调查该车实际交付的购置税，找出原因。

2. 影响汽车产品定价的主要因素

影响汽车产品定价的因素包括汽车产品出厂的成本高低、汽车供求关系的换位、市场竞争者、消费者的心理状况以及政府的政策法规等。

1) 生产成本

所谓“汽车产品生产成本”，是指汽车企业为生产一定数量和一定种类的汽车产品所发生的各种生产费用的总和，主要包括厂房、机器等固定资产，也包括生产汽车所需要购买的原材料、钢板、轮胎，还包括隐性成本，如知识产权等。它们不仅是企业定价的依据，也是制定产品价格的最低界限。

2) 市场需求

产品价格除受成本影响外，还受市场需求影响，即受商品供给与需求的相互关系的影响。当商品的市场需求大于供给时，价格应高一些；当商品的市场需求小于供给时，价格应低一些。反过来，价格变动也会影响市场需求总量，从而影响销售量，进而影响企业目标的实现。因此，企业制定价格就必须了解价格变动对市场需求的影响程度。反映这种影响程度的一个指标就是商品的价格需求弹性系数。

3) 制造商规模

一般说来，制造商的生产规模越大，分摊到每辆轿车的生产成本就越低，制造商的利润空间和降价空间就越大，只有盈利能力强的制造商才能将自身的事业做大做好，才能向消费者提供良好的产品和服务。制造商的生产规模大，轿车的产量高，意味着社会上拥有该种品牌轿车的用户比较多，备品备件购置、车辆修理和维护保养就会比较方便。因此，制造商的生产规模是影响其所产轿车生产成本的重要因素。

4）汽车特征

它是汽车自身构造所形成的特色，一般指汽车造型、质量、性能、服务、商标和装饰等，它能反映汽车对消费者的吸引力。汽车特征好，该汽车就有可能成为名牌汽车、时尚汽车、高档汽车，就会对消费者产生较强的吸引力，这种汽车往往供不应求，因而在定价上占有有利的地位，其价格要比同类汽车高。

5）竞争者行为

汽车定价是一种挑战性行为，任何一次汽车价格的制定与调整都会引起竞争者的关注，并导致竞争者采取相应的对策。在这种对抗中，竞争力量强的汽车企业有较大的定价自由，竞争力量弱的汽车企业定价的自主性就小。因此，企业在市场选择中的竞争行为直接影响汽车产品最后的定价。

6）汽车市场结构

根据汽车市场的竞争程度，汽车市场结构可分为四种不同的汽车市场类型，即：完全竞争市场（又称“自由竞争市场”）、完全垄断市场（又称“独占市场”）、垄断竞争市场和寡头垄断市场。这几种不同类型的市场结构影响着汽车产品的定价。

7）政府干预

为了维护国家与消费者的利益，维护正常的汽车市场秩序，国家会制定有关法规，来约束汽车企业的定价行为。

8）社会经济状况

一个国家或地区经济发展水平及发展速度高，人们的收入水平增长快，购买力强，价格敏感性弱，有利于汽车企业较自由地为汽车定价；反之，一个国家或地区经济发展水平及发展速度低，人们的收入水平增长慢，购买力弱，价格敏感性强，企业就不能自由地为汽车定价。

影响企业产品定价的因素还有很多，如产品的生命周期、企业的战略选择等，分析影响企业产品定价的因素，有利于企业更好地为产品定出合理价格，并达成企业发展要求。

★ 小思考

我国新能源汽车在推广初期采用补贴政策，为什么？后又逐渐取消了这种补贴政策，为什么？

【典型案例】

定价：部分是艺术，部分是科学

对一家公司来说，极难办的事情之一就是给一种产品或服务制定适当的价格。在定价方面，你的相对竞争处境、有关产品或产品种类的战略目标，以及产品在自身生命周期中所处的阶段，都是重要的宏观决定因素。

如果你的主要战略目标是提高盈利能力，而不是增加市场份额，就不宜杀价，应当寻求那些愿意接受你定价的顾客所占的市场部分，不要为了吸引更大的市场部分而降低价格。在竞争激烈的市场上，既要使利润最大化，又要获得最大限度的市场份额，这是不合乎实际的期望。

在网络浏览器市场上，微软公司将其 Internet Explore 产品白白赠送。对扩大市场份额来说，这是一种所向披靡的战略。网景公司过去拿自己的浏览器卖钱，现在则为了生存而将其免费提供。显然，必须记住的不仅有交叉补助①，而且还有短期和长期的目标。如果赠送一种产品有助于今后为其他产品建设顾客基础，则短期的轰动效应可能会使你在长期里获得很大收益。

你的主要目标是使顾客满意吗？你是否认为满意的顾客将会形成市场份额和利润？如果是这样，那么定价的含义就是对顾客采取长期观点，在一个较长时期里实现利润。

谁是你的顾客？你若不能明确回答这个问题，你就不能阐明合理的定价策略。营销的基本要素是明白你所追求的是谁(市场分割和选定目标)、你如何追求他们(找准位置)和你应当使用什么工具(包括定价在内的营销混合)。

(资料来源：美国西北大学营销学教授克里什·纳莫蒂《定价：部分是艺术，部分是科学》，英国《金融时报》，2001年9月28日。)

3. 汽车产品定价目标

企业定价要遵循市场规律制定定价策略，而定价策略又是以定价目标为转移的，不同的定价目标决定了不同的价格策略。故企业定价目标大致包括四个方面。

1) 以追求利润为定价目标

盈利是企业的基本目标，价格的高低变化又直接影响着企业的盈利水平，因此，不少企业都把实现目标利润作为重要的定价目标。由于企业在不同产品上所确定的目标利润不同，因此，以追求利润为目的的定价目标也有不同的表现。

(1) 最大利润目标。实现最大利润是企业的最高愿望。最大利润是指企业在一定时期内可能并准备实现的最大利润额，这就是要求企业全部产品线的各种产品的价格总体最优，而不是单位商品的最高价格。因此，企业经常有意把少数几种商品的价格定得很低，以招揽顾客，借以带动其他商品的销售，从而在整体上获取最大的利润。

(2) 预期收益目标。任何企业都希望其导入的资金能获得预期水平的报酬，而预期的报酬水平通常是通过投资收益率(资金利润率)来表示的。所以，企业经常规定自己的资金利润率目标，为此，企业定价要求在产品成本基础上加上适当的预期收益。竞争实力强大的企业常用这种定价方法。

(3) 适当利润目标。在剧烈的市场竞争中，企业为保全自己，减少经营风险，或因为经营力量不足等多种原因，把取得适当利润作为定价目标，这样既能够保证一定的销路，又能使企业得到适当的投资回报。

2) 以增加销量为定价目标

市场销售总量的多少，直接反映出企业的经营状况和企业产品在市场上的竞争力，直接关系到企业的生存和发展。企业要提高市场销售，首先要打入和占领市场，然后是极力扩大市场阵地，最后是巩固已有的市场份额。这就需要适当的价格策略加以配合。因此，增加销售量，扩大市场占有率就成为企业普遍采纳的定价目标。

大量销售一方面可以形成强大的声势，提高市场知名度，并方便顾客购买，另一方面可有效地降低生产和经营成本。因此，争取大量的销售量，也就争取到了最大的销售收入。

① 交叉补助：即一种定价战略，其思路是通过有意识地以优惠甚至亏本的价格出售一种产品(优惠产品)而达到促进销售盈利更多的产品(盈利产品)的目的。

一般来说，销售收入增大，在成本与费用得到控制并有所降低的情况下，就有可能实现高额利润。增加销售量就意味着市场占有率的提高和收益的逐渐增加。

3）以扩大或保持市场占有率为目标

市场占有率，又称“市场份额”，是指企业的销售额占整个行业销售额的百分比，或者是指某企业的某产品在某市场上的销量占同类产品在该市场销售总量的比重。市场占有率是企业经营状况和企业产品竞争力的直接反映。作为定价目标，市场占有率与利润的相关性很强，从长期来看，较高的市场占有率必然带来高利润。

4）以应付竞争为定价目标

相当多的企业对于竞争者的价格十分敏感，有意识地通过商品的恰当定价去应付竞争或避免竞争的冲击，是企业定价的重要目标之一。例如，企业竞相降价以争夺市场，或将价格定得适当高于对方，以求树立声望等。所谓“用价格去防止竞争”，就是以对市场价格有决定性影响的竞争者的价格为基础，去制定本企业的商品价格，或与其保持一致，或稍有变化，并不企图与之竞争，而是希望在竞争不太激烈的条件下，求得企业的生存和发展。采用这种定价目标的企业，必须经常广泛地收集资料，及时、准确地把握竞争对手的定价情况，并在将企业经营商品与竞争者类似的商品审慎地比较以后，定出本企业经营商品的价格。

一般来说，在成本、费用或市场需求发生变化时，只要竞争者维持原价，采用这种定价策略的企业也应维持原价；当竞争者改变价格时，也应随之调整，避免竞争带来的冲击。对于谋求扩大市场占有率的企业，其定价应采取低于竞争者的薄利多销的策略；对于具有特殊条件、财力雄厚，或商品质量优良的企业，可采取高于竞争者的定价策略。

【典型案例】

日本企业在进入国际市场时，一直采用一种所谓的“市场份额”价格策略。这种策略就是采用较低的进入市场价格，以便取得一部分市场进而长期控制该市场。为此，日本人总是将价格订得比竞争者低。他们乐于在最初几年受点损失，把这种损失视为对长远市场发展的一种投资。这种做法使日本在过去被指责为“产品倾销”。此情形在美国的小汽车市场上表现得更为明显。日本的小汽车以省油、低价等优点大量涌进美国市场，1990年已占领美国小汽车市场约30%的份额，使美国的汽车工业招架不住。最后，美日双方都有以官方身份进入“对抗阶段”，对簿公堂，最后美国做出了对日本小汽车限量进口的决定。

4.2.2 汽车产品定价方法

在中国现行的汽车市场存在的基本定价方法就有以成本为导向、以需求为导向和以竞争为导向三种定价方法。

1. 成本导向定价法

成本导向定价法是指以企业产品的成本为基础来制定价格，这种定价完全是企业以自身经营成本为前提，也就是说，企业先要快速回收投资成本。这种定价的方法有四种。

1）完全成本加成法

完全成本加成法即在汽车产品的单位成本上，加上企业一定加成率作为产品的销售价格，加成率是企业的预期的利润与成本之间的比例。这样在售价与成本之间形成的差额就

是企业实际所获得的利润。其计算公式为

$$汽车单位成本 = 单位产品的总成本\times(1+加成率)$$

例如，某企业生产某一款家用轿车所需的总成本为 10 万元，加成率为 20％。则该汽车的总销售价为

$$10万元\times(1+20\%)=12万元$$

成本加成法主要的优点是，一方面成本的计算企业可以完全控制，因为成本是企业和内部信息，只需估计平均可变成本和加成率，就可以确定产品的价格；另一方面是因为这种定价的方法的价格泡沫成分较少，对于企业和消费者来说都较为合理，但成本加成定价不利于企业参与市场竞争，原因是成本加成定价是根据卖方的主观意愿来决定汽车产品的价格，而没有考虑到竞争对手定价策略，因此当产品的价格一旦定下后，如果出现由于市场竞争而调整价格，则企业的经营计划将会受到影响。例如，调整价格时，企业需要重新印制价目表，还可能因此而损失客户。另外，这种定价法也没有考虑到企业的计划销售量没有实现时的应变策略。

★ 小思考

请讨论：采用成本加成法定价时，如何来确定整个企业是否获利？

2）目标利润定价法

目标利润定价法是企业首先确定自身总成本和计划总的销售量这两个指标，然后再加上一定的投资收益率作为利润来确定产品的价格。值得注意的是，目标利润率一定要大于同期的银行利率。其计算公式为

$$汽车单位产品价格=\frac{总成本\times(1+目标利润率)}{预计的销售总量}$$

目标利润加成法的优点很明显，这种定价为企业确保投资收益而设定了一个目标，也就是说企业只要能完成这个销售目标，就一定能盈利；另外，企业设定的销售目标也是企业对市场的一个整体反映，具有一定的科学性。但这种定价法与成本加成定价法一样，对市场的风险性估计不足，如果由于某种外界因素，企业的目标不能完成，这样企业产品的价格就不能保证企业的投资收益率，反而会相应地增加企业的投资回收期。

3）盈亏平衡定价法

盈亏平衡分析(如图 4－5 所示)是通过把成本划分为固定成本和可变成本，假定产销量

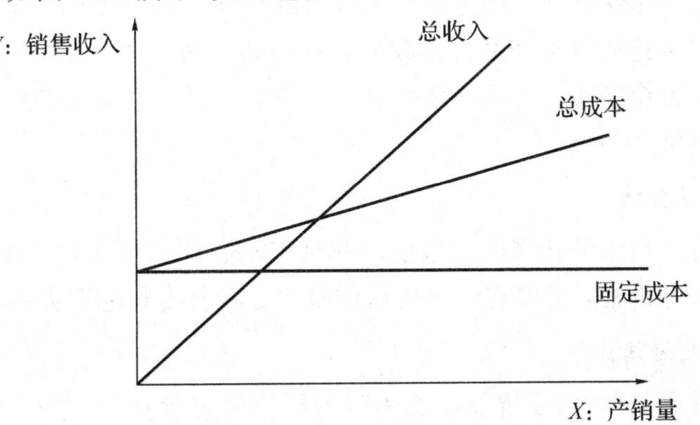

图 4－5　汽车产品盈亏平衡

一致，根据成本、产量、售价和利润之间的函数关系，找出产量、产品价格、单位产品的可变成本、年固定成本、生产能力利用率等因素的盈亏平衡点，再结合我们预测的各个因素可能的变动情况，对项目的风险情况及项目对各因素不确定性的承受能力进行大致判断的一种分析方法。盈亏平衡点就是项目处于盈亏平衡状态时该因素的数值，其中，盈亏平衡状态就是销售收入等于总成本、项目盈利为零的状态，即

利润＝销售收入－总成本

销售收入＝销售价格×销售量

总成本＝固定成本＋总变动成本

总变动成本＝单位变动成本×销售量

当利润为零时，由以上公式就可以容易地计算出盈亏平衡点。应该指出的是，盈亏平衡定价法适用于汽车工业以及汽车经销商的经营定价。

盈亏平衡分析法被广泛应用是有原因的。首先，研究产量变化、成本变化和利润变化之间的关系，是盈亏平衡分析法的最基本功能。由于企业的任何决策都有可能引起产销量、成本、价格等因素的变化，所以分析这些因素的变化对利润的影响，就能为汽车企业决策提供依据。其次，能确定盈亏平衡点产量，即企业不盈不亏时的产量，这时企业的总收入等于总成本。最后，能确定企业的安全边际。在确定盈亏平衡点产量的基础上，就可以进一步确定企业的安全边际。安全边际是指超出盈亏平衡点的销售量或期望销售量、销售收入或期望销售收入，也就是盈亏平衡点以上的销售量，即现有销售量超过盈亏平衡点销售量的差额。安全边际的计算说明了从现有销售量或预计可达到的销售量到盈亏平衡点是否还有差距，还有多大的差距。只要有差距，企业就亏损，差距越大，亏损也就越大；反之，销售量只要超过盈亏平衡点，企业就盈利，超过越多，盈利就越多，企业经营就越安全。

4）边际成本定价法

所谓“边际成本”，是指企业每增加一单位产量所增加的总成本。边际成本定价是一种以变动成本为基础的定价方法。也就说企业不用计算固定成本，而只要以预计总收入减去总的变动成本后，得到边际贡献，再用边际贡献去补偿固定成本。因此，如果企业这个边际贡献不能完全弥补固定成本，就说明企业亏损，反之企业则盈利。其计算公式为

边际贡献＝销售总收入－总的变动成本

单位产品的价格＝(边际贡献＋总的变动成本)/预计的销售量

采用边际成本定价的汽车产品价格在实际的销售过程中可能要低于单位产品成本。但如果市场是处于买方市场时，这时汽车产品市场竞争环境不容乐观时，这种定价法反而可以帮企业减少固定资产的损失。

2. 需求导向定价法

需求导向定价法是以消费者的需求情况和价格承受能力作为定价依据，而不是通过企业产品的成本来制定价格，主要有认识价值定价法、需求差异定价法和反向定价法三种。

1）认知价值定价法

认知价值定价法也称“感受价值定价法”“理解价值定价法”。这种定价方法认为，某一汽车产品的性能、质量、服务、品牌、外观设计和价格等，在消费者心目中都有一定的认知

和评定。消费者往往根据他们对产品的认识、感受或理解的价值水平，综合商品的直接与间接的购物经验、对市场行情和同类产品的了解程度而对价格做出评判。当汽车产品的价格水平与消费者对该产品价值的理解水平大体一致时，消费者就会接受这种价格，反之，消费者就不会接受这个价格。如一汽奥迪“新 A6L”打出“个性化定制”，价格多少的决定权通过用户的定制交到了用户的手中。

2）需求差异定价法

严格地讲，这种定价法采用的是价格歧视方式，即企业按照两种或两种以上与成本无关的差异价格来销售同一种产品，以适应顾客的不同需要，从而扩大销售，增加收益。在同一品牌汽车交易过程中，开展不同顾客不同价格、不同款式不同价格、不同地点不同价格、不同时间不同价格、不同用途不同价格以及不同付款条件不同价格等。

3）反向定价法

反向定价法也称“逆向定价法”，是指企业依据消费者能够接受的最终销售价格，计算自己从事经营的产品成本和利润后，逆向推算出产品的市场价。

★ 小思考

请查找汽车产品需求定价的实例，并指出具体操作方式有哪些？

3. 竞争导向定价法

竞争导向定价法是一种以竞争对手的价格为基础，根据竞争双方的力量等情况对比后，企业制定比竞争者的价格或高或低或与之相同的价格，以达到增加利润、扩大销售量或者提高市场占有率目标的定价方法。这种定价方法主要是为了竞争，其特点是以竞争者的价格作为定价基础，以成本和需求为辅助因素，只要竞争者价格不变，即使成本或需求发生变动，价格也不动；反之亦然。常用的方法有三种。

1）随行就市定价法

随行就市定价法，即企业在竞争中力求把自己的产品价格保持在同行业平均价格水平上，依据竞争对手的价格来定价。在竞争激烈供需基本平衡的市场上，这是一种比较稳妥的定价方法，既减少了风险，又大体反映了该商品的社会必要劳动时间，还有利于与同行和平共处，从而获得平均利润，或者通过降低成本的努力，获得超额利润。但需注意，不能变相进行价格共谋，否则将被视为不正当的价格行为而遭制裁。

2）追随领导企业定价法

追随领导企业定价法，即有些拥有较丰富的后备资源的企业，为了应付或者避免竞争，或者为了稳定市场以利于长期经营，采用以同行业中影响最大的企业的价格为标准，来制定本企业的商品价格。

3）竞争投标定价法

通过投标争取业务的企业，大多采取竞争投标定价法。在竞争投标中，报价越低，得标的概率越大。因此，参加投标的企业在确定投标报价时，必须预测竞争者的价格意向，制定最佳报价。最佳报价必须兼顾两个方面——既能使企业得标，又可给企业带来最大利润。例如，美国 GE 若需要订购一批汽车零件，会在网上发布消息，然后在许多供应商的投标中选择价格低的供应商订货。

以上所讲的各种定价方法，只是汽车行业通常定价法中的分类，而实际上，在企业的定价中，这些方法是相互影响、相互渗透的。产品定价是一个动态过程，企业应根据自身情况以及市场情况进行综合分析，根据不同情况采取不同的定价方式。

4.2.3 汽车产品定价策略

价格竞争是一种十分重要的营销手段，在市场营销活动中，制造商为了实现自己的经营战略和目标，经常根据不同的产品、市场需求和竞争情况，采取各种灵活多变的定价策略，使价格与市场营销组合中的其他因素更好地结合，促进和扩大销售，提高企业的整体效益。它主要有新产品价格策略、产品组合定价策略、产品生命定价策略、差别定价策略、地区定价策略、心理定价策略以及折扣与折让定价策略。

1. 汽车新产品定价策略

从经济学的角度来说，产品价格是由供需关系的双向作用力达到均衡时形成的，但汽车企业却总是希望通过合适的价格策略来进行市场开拓，打击竞争对手，同时尽可能地使企业利润最大化。因此，企业在考虑影响汽车产品定价的各种因素的基础上，通常会对新产品定出三种价格。

1）高价策略

高价策略，也称“撇脂定价策略”，是指企业以较高的成本利润率为汽车定价。当新产品刚刚上市，类似产品还没有出现时，企业会希望通过“厚利稳销”来实现利润最大化。很多汽车新产品的上市通常会采取这一定价策略。

这种策略也是一种较特殊的促销手段，利用人的求名、求美、求新心理，一般运用于价格弹性小的产品，或者消费者对价格反应较迟钝的产品。比如，具有新款式和新功能的中档汽车，以及高档豪华汽车。例如，“奥迪 A8”加长型 3.0 在中国上市时卖 118 万元人民币，同级别的“奔驰 S350”售价 120 万元，“宝马 730L1”售价 110 万元，但这些车在国外高层定价也就 10 万美元左右。

高价策略的优点是：一方面，新车上市之初，顾客对其尚无理性的认识，此时的购买动机多属于求新求奇。利用这一心理，企业通过制定较高价格，以提高产品身份，创造高价、优质的品牌形象；另一方面，上市初的高价，使企业在汽车产品进入成熟期时可以拥有较大的调价余地，以保持企业的竞争力。

这种策略的缺点是：一方面，过高的价格不利于市场开拓，会在一定程度上抑制销量，导致大量竞争者涌入，仿制品、替代品大量出现，迫使企业降价；另一方面，价格过分高于价值，易造成消费者的反对和抵制，引发大量批评和一系列的公关问题。

2）低价策略

低价策略，也称“渗透策略”，是指汽车产品一进入市场就以低于预期的价格销售，以求通过“薄利多销”来争取最大的市场占有率。采取渗透策略的好处是不但可以迅速占领市场的份额，还能有效地阻止竞争者进入市场。

这种策略的应用主要体现在企业会以低端市场作为目标市场，因为低端市场对价格最敏感、品牌忠诚度比较低、消费者最关心产品的核心功能而对附加功能不太重视，也就是说，企业要充分利用消费者求“物美价廉”的心理。采用这个策略的企业的利润率会低于行业的平均水平。

低价策略的优点是可以迅速占领市场，排斥竞争者，阻止潜在竞争者介入；通过规模效应可以获得较多的利润。但低价格策略往往由于低价而损害汽车企业的形象，不利于企业长期的经营发展。

3）中价策略

中价策略，也称“稳定价格策略”“满意价格策略”，或者“君子定价策略”。汽车价格应接近于产品为大部分潜在顾客带来的价值。这些可能是汽车为顾客带来的工作的便利性、时间的节省、地位的体现、虚荣心的满足以及成本的节约等。企业可以通过消费者调查得出这些价值代表的平均价格。

满意价格策略的优点在于能避免高价策略带来的风险，又能防止采取低策略给制造商带来的麻烦，但实行起来困难较多，缺乏可操作性。这主要是因为：随着生产技术的不断成熟，生产规模的不断扩大，在生产规模达到经济规模效益之前，单位产品成本随着时间推移不断降低，价格也在不断变化。因此，中价水平不易保持长期稳定。同时，对于新产品，特别是全新产品，其在市场上首次出现时，价格无相关参照物可比较。

2. 汽车产品组合定价策略

当汽车产品只是某一产品组合中的一部分时，企业必须对定价策略进行调整。这时企业要研究出一系列价格，使用整个产品组合和利润实现最大化。因为各种产品之间存在需求和成本的相互联系，而且会带来不同程度的竞争，所以定价有时很困难。常用的产品组合定价方法有三种。

1）产品线定价策略

对于制造商来说，企业通常开发的汽车产品不是单一产品，而是以产品线的形式存在。当企业生产的系列产品存在需求和成本的关联性时，为了充分发挥这种内在关联性的积极效应，企业可采用产品线定价策略。企业在定价时，首先应确定某种产品线中的其他产品；其次应确定产品线中的某种汽车产品的最高价、它在产品线中充当的品牌质量和收回投资的角色；最后，对于产品线中的其他产品，也应分别依据其在产品线中的角色不同而制定不同的价格。

这样做的目的主要是确定好各相关产品间的“价格样级”。产品线定价策略是针对消费者比较价格的心理，将同类商品的价格有意识地分档拉开，形成价格系列，以便于消费者迅速找到自己所需档次的商品。例如，汽车制造商通常在生产其产品时，会事先按照高、中、低三种质量水平层次对其经营的汽车进行定位，这样就会出现几种不同的价格水平，其目的就是确立认知质量的差别，来使价格差别合理化。

2）汽车附带产品定价策略

汽车附带产品通常可分为两大类：一是非必需附带产品，即与主要产品密切相关的产品，这种产品可以使用在主要产品上，也可以不使用。比如，汽车产品上安装的电子开窗控制器、扫雾器、防爆隔离膜和感光器等，对于这些产品的定价，汽车制造商就必须考虑把哪些附带产品计入汽车价格中，哪些需另行计价。例如，有些汽车制造商只对其简便型汽车做广告，以吸引人们来汽车展示厅参观，而将展示厅的大部分空间用于昂贵的特征齐全的汽车；二是必需附带产品，即必须与主要产品一同使用的产品，这种产品是汽车产品必须使用的。如汽车上的各种零配件等，对于这部分产品的定价，通常采用高价策略。

3）统一品牌定价策略

所谓“统一品牌定价”，是指企业对于各类汽车产品使用同一品牌，但其销售过程却采用不同的价格。对于汽车企业来说，统一品牌策略有利于企业利用品牌取得社会声誉，扩大企业的影响，同时还可以节约品牌及商标设计和广告促销的费用，甚至有利于企业进入国际市场。由于汽车企业在同一品牌中会有更多的汽车类型，如丰田的“皇冠”“威驰”“陆地巡洋舰”“柯斯达”以及即将上市的“普锐斯”等，虽然这些车型拥有同一品牌，但由于这些类型汽车的设计、用途等各有不同，其价格不同也就在情理之中了。

3. 产品生命周期定价策略

汽车产品的市场生命周期，一般要经历四个发展阶段，即导入期、成长期、成熟期和衰退期。

1）导入期定价策略

在汽车产品刚进入市场时，消费者刚接触到新产品时的价格敏感性与他们长期的价格敏感性之间是没有联系的。大多数购买者对汽车新产品的价格敏感性较低，因为他们倾向于把价格作为质量的指示灯，而且此时没有可作对比的其他品牌，顾客缺乏确定产品价值和公平价格的参照物，这就是为什么大多数潜在购买者不会被低价格的产品所吸引，而更多是注意高价格的新产品。因此，在新产品市场导入期，顾客对产品缺乏了解，企业的主要目标是培养潜在顾客。

2）成长期定价策略

在成长期的产品，其产品概念已在市场上形成，定价问题就开始发生变化。重复购买者可以根据自己以前的经验来判断产品价值。同时，随着信息开始传播，首次购买产品的顾客可以参考其他市场顾客的意见。在产品的成长期，由于其他竞争对手的进入，市场中的竞争程度加大，顾客的注意力不再单纯停留在产品效用上，而开始精打细算地比较不同品牌的成本和特性。因此，企业要维护其产品的地位，通常可采用成本领先策略和产品差异化定价策略。

3）成熟期定价策略

成熟期不同于成长期，成熟期是产品生命周期中最长的阶段。成长期的利润主要来自向扩张市场的销售，而在成熟期，这一利润来源基本衰竭，虽然这一阶段受环境影响，决策的伸缩余地变小，但有效定价仍是必不可少的。因此，在成熟期，企业在控制成本的基础上，可以改进对价格敏感性的量度，因为成长期市场很不稳定，不断有新顾客和新的竞争者进入市场，一个对顾客价格敏感性的量度很快就会过时。在成熟期，需求主要来自重复购买者，竞争趋于稳定，可以更加准确地量度微小的价格变动对利润的影响。企业会发现，对价格略加调整就可以大幅度增加利润。

4）衰退期定价策略

当产品的需求急剧下降，表明市场进入了衰退期。这种下降趋势可能具有地区性，也可能是整个行业性的；可能是暂时的，也可能是永久的。这种趋势对价格的影响取决于行业消除过剩生产能力的难易程度。由于此时的企业生产成本加大，价格对市场需求不能有效地改变，也就是说，需求受价格影响很小或根本不受影响。这时的企业可以再收缩产品线，通过定价加大企业现金的回收，减少企业的损失，增强企业的实力。

4. 差别定价策略

所谓"差别定价策略"，就是指同一产品根据交易对象、交易时间、地点等的不同，定出两种或两种以上的不同的产品价格，从而满足消费者的不同需求，来扩大企业的经营效益。

实行差别定价法必须具备以下三个条件：一是企业对价格要有一定的控制能力，也就是说，在完全竞争市场条件下，由于受到其他竞争对手的价格影响较大，因此不能采用差别定价；二是同一产品有两个或两个以上被分割的细分市场，但在各细分市场中，经销商或消费者不能存在市场投机行为；三是各细分市场产品的价格弹性不同，根据各细分市场之间需求弹性的不同，企业可通过价格的调整来获取利润，如果细分市场之间的需求弹性没有差异，则对市场进行细分就没有实际的意义。当然，企业采用差别定价策略的前提是不能违反国家的政策法规。

企业一旦决定实施差别定价，那么选择适当的差别定价策略就非常关键，而且更重要的是要使用各种方法造成产品的差别化。目前，市场上的差别定价策略存在四种形式。

1）顾客差别定价策略

顾客差别定价策略也叫"价格歧视定价策略"，是指企业按不同的价格把同一种有形的汽车产品或无形的汽车服务卖给不同的顾客群体。之所以实行差别定价策略，是因为每一位消费者都有不同的需求价格弹性，只要商家能够在市场上将他们有效地分割开来，实行差别价格，就可以"捕获"更多的顾客，把能够支付高价的顾客与只能支付低价的顾客拥为己有，获取尽可能大的利润。例如，某汽车经销商按照价目表价格把某款汽车卖给顾客甲，同时又把这款汽车以较低的价格卖给顾客乙。

2）产品形式差别定价策略

所谓"汽车产品形式差别定价策略"，是指企业分别为不同型号或不同外观形式的汽车产品制定不同的价格。在汽车行业中，有些汽车具有相同的使用价值，但有的可能是柴油机车，有的可能是汽油机车，有的则可能采用液化气作为燃料，这些产品在产品类型上各不相同，因此价格也不会相同。

3）产品部位差别定价策略

产品部位差别定价策略，即企业对于处在不同位置的汽车产品或服务分别制定不同的价格，即使这些产品或服务的成本费用没有任何差异。江铃控股陆风汽车品牌的乘用车系列，包括"陆风 X6""陆风 X6 舒适版""陆风 X9"和"陆风新饰界"四大系列近 20 个品种，则企业的定价会按照每一款产品在产品线中所处的不同位置而不同。

4）产品销售时间差别定价策略

产品销售时间差别定价策略是指企业根据汽车产品在销售过程中的不同季节、不同时期甚至是不同的钟点而分别制定不同的价格。汽车与很多商品一样，存在着销售淡季与销售旺季。以春节为例，在节日之前，消费者的需求旺盛，这样经销商对汽车产品会进行加价销售，到了节后，车市将进入几个月的季节性淡季，优惠价格将对车市的销售产生重要的刺激作用。

5. 地区定价策略

所谓“地区性定价策略”，就是企业依据地区的差异性，针对同一款汽车产品的不同购买者分别制定不同的地区价格。这种策略的存在形式主要有五种。

1）原产地定价策略

所谓“原产地定价策略”，是指顾客按照厂价购买某种产品，生产企业只负责将这种产品运到产地某种运输工具上交货，然后由顾客承担从产地到目的地的一切风险和费用。采用这种定价方法存在两方面的问题：一方面，对于离原产地近的消费者来说具有合理性，这主要是因为消费者可以根据自身实际情况，而决定购买离他们近、运费低的企业的汽车产品，这样企业可以赢得这部分市场份额；另一方面，对于企业来说，由于部分离原产地较远的消费者，可能会因为不愿意承担这部分运费，而导致企业失去地理位置较好的市场份额。

2）统一交货定价策略

统一交货定价策略与原产地定价策略正好相反，是指企业采用全国统一价格对产品定价，这样无论顾客离产地远还是近，企业都会按平均价格对产品加价，如运费，从而保证企业全国市场上的顾客都能以相同价格买到同一产品。采用这种定价策略既有利于企业的价格管理，又有利于企业全国范围内的广告促销，还有利于企业拓展外地目标市场的份额。但这种策略容易失去距离较近的部分市场。

3）分区定价策略

所谓“分区定价策略”，是指企业根据全国的地理情况，习惯性地把企业的销售市场划分为若干区域，同时对于不同区域的顾客，分别制定不同的地区价格。一般来说，价格区与企业的距离越远，价格就越高。反之，价格就越低。

企业采用分区定价应注意两个问题：第一，在同一价格区内，有些顾客距离企业较近，有些顾客距离企业较远，前者就不合算；第二，处在两个相邻价格区附近的顾客，他们相距不远，但是要按高低不同的价格购买同一种产品。相邻区域的价格差异有可能导致经销商发生窜销行为，不利于企业对区域价格的控制。

4）基点定价策略

所谓“基点定价策略”，是指企业选定某些地区的经销点作为基点，顾客购买汽车产品时，则需要另外加上从基点到顾客所在地运费的价格。基点定价的产品价格结构缺乏弹性，竞争者不易进入，有利于避免价格竞争。顾客可在任何基点购买，企业也可将产品推向较远的市场，有利于市场扩展。

5）运费免收定价策略

所谓“运费免收定价策略”，是指企业免收或承担部分产品到消费者所在地过程中的运费。这种策略的运用，主要是企业为了快速拓展某个市场，增加产品的销量。实行免收运费定价策略，对于企业来说，从局部利益考虑，可能是一个损失，但从理论上讲，如果产品销量增加，其平均成本就会降低，就能够在一定程度上弥补运费开支。采取运费免收定价，同时也有利于企业在新的目标市场实现快速渗透。

6. 心理定价策略

心理定价策略是汽车经销商常用的一种定价方法，是指汽车制造商针对顾客心理活动而采用的定价策略。主要包括五种。

1）声望定价策略

所谓“声望定价策略”，是指企业利用消费者仰慕名牌商品或名店的声望所产生的某种心理来制定商品的价格，故意把价格定成整数或高价。采用这种方法定价，主要是因为每一个消费者都会有崇尚名牌的心理，认为高价格通常能代表高质量。例如，劳斯莱斯汽车因为拥有英国皇室专用车辆这个卖点，因此该车的价格高达四五百万元人民币，并且消费者以拥有该品牌的车为高贵身份的象征。

2）尾数定价策略

尾数定价策略又称“非整数定价策略”，指企业针对的是消费者的求廉心理，在商品定价时有意定一个与整数有一定差额的价格。这是一种具有强烈刺激作用的心理定价策略。心理学家的研究表明，价格尾数的微小差别，能够明显影响消费者的购买行为，尾数定价法在欧美及我国常以奇数为尾数，如 3.99 万元等，这主要是因为消费者对奇数有好感，容易产生一种价格低廉、价格向下的概念。由于“8”与“发”谐音，在定价中“8”的采用率也较高。

3）整数定价策略

整数定价也叫“恰好价格”，与尾数定价策略相反，利用顾客“一分钱一分货”的心理，采用整数定价，该策略适用于高档、名牌产品或者是消费者不太了解的商品。经销商把价格提高一个阶梯，给消费者以高等级、高品位的感觉。如美国的一位汽车制造商曾公开宣称，要为世界上最富有的人制造一种大型高级豪华轿车，这种车有 6 个轮子，长度相当于两辆凯迪拉克高级轿车，车内有酒吧间和洗澡间，价格定为 100 万美元。为什么一定要定 100 万美元的整数价呢？这是因为高档豪华的超级商品的购买者一般都有显示其身份、地位、财富、气度的心理欲求，100 万美元的豪华轿车，正迎合了购买者的这种心理，使消费者感到进了一个商品档次，另外，整数比较整齐，也给人干脆的感觉。

整数定价策略的好处：其一是可以满足购买者炫耀富有、显示地位、崇尚名牌、购买精品的虚荣心；其二是省却了找零钱的麻烦，方便企业和顾客的价格结算；其三是花色品种繁多、价格总体水平较高的商品，利用产品的高价效应，在消费者心目中树立高档、高价、优质的产品形象。

4）招徕定价策略

招徕定价策略是指经销商利用部分顾客求廉的心理，特意将部分汽车产品或服务的价格定得较低，造成经销店的汽车产品都在降价的虚假氛围以吸引顾客，从而实现心理定价策略的目的。例如，一些经销商为了能吸引客户，甚至打出了“0 元购车”的广告来招徕客户。

★ 小思考

有些汽车经销商为了提高客户的注意力，将某款缺货的汽车产品价格定得过低，你认为这是招徕定价吗？会不会存在对消费者的欺骗行为？

5）习惯性定价策略

有些经济型轿车在顾客心目中已经形成了一个习惯价格，这些产品的价格稍有变动，就会引起顾客不满，提价时顾客容易产生抵触心理，降价会被认为降低了质量。因此，对于这类汽车产品，企业宁可在产品的内容、外观、容量等方面进行调整，也不要轻易采取调价的策略。

7. 折扣与折让策略

价格折扣和折让是指企业在一定的市场范围内，以价格目标为标准，根据买者的具体情况和购买条件，以某种优惠的手段，刺激销售业者更多地销售本企业产品的一种价格策略。其通常有六种形式。

1）现金折扣

现金折扣是指企业对于付款及时、迅速或提前付款的消费者，给予不同的价格折扣，以鼓励消费者按期或提前付款，加快企业资金周转，减少呆账、坏账的发生。例如，有的经销商对于一次性能付清全部购车款的消费者，会给予3%左右的折扣。

2）数量折扣

为了鼓励消费者多购买本企业商品，企业在确定商品价格时，可根据消费者购买商品所达到的数量标准，给予不同的折扣。购买量越多，折扣则越多。在实际应用中，其折扣可采取累积和非累积数量折扣策略。目前市场上出现的“汽车团购”现象，就是一种典型的数量折扣方式。

3）功能折扣

功能折扣也叫“贸易折扣”，是指汽车制造商为促进经销商或企业内部员工执行企业内部的某种市场营销功能，如服务、信息反馈等，而给予的一种额外折扣。功能折扣的比例，主要考虑中间商在分销渠道中的地位、对生产企业产品销售的重要性、购买批量、完成的促销功能、承担的风险、服务水平、履行的商业责任以及产品在分销中所经历的层次和在市场上的最终售价等，功能折扣的结果是形成购销差价。

4）季节折扣

季节折扣也叫“季节差价”。汽车产品的生产是连续的，而其消费却具有明显的季节性。为了调节供需矛盾，制造商便采用季节折扣的方式，对在淡季购买汽车产品的顾客给予一定的优惠，使企业的生产和销售在一年四季能保持相对稳定，来确保企业生产均衡，加速企业的资金周转和节约费用。

5）折让

折让是汽车制造商根据企业价目表给予减价的一种让利形式，通常没有固定的减价比例，有时也没有具体明确的减价金额，而根据实际情况来确定。如以旧换新就是一种折让，汽车的以旧换新，折让金额要根据旧车的情况来具体确定。

6）回扣和津贴

回扣是间接折扣的一种形式，它是指购买者在按价格目录将货款全部付给销售者以后，销售者再按一定比例将货款的一部分返还给购买者。津贴是企业为了特殊的目的，对特殊顾客以特定形式所给予的价格补贴或其他补贴。比如，当经销商为企业产品提供了包括刊登地方性广告等在内的各种促销活动时，汽车制造商给予经销商一定数额的资助或补贴。

【阅读资料】

凌志(雷克萨斯)：由中低档提升到高档的典范

“用 36 000 美元就可以买到价值 73 000 美元的汽车”，日本凌志成功挑战奔驰。20 世纪 90 年代，丰田公司发现，许多想买而且有能力购买高档车的消费者都觉得奔驰的价格过于昂贵，人们希望能以更合理的价格享受奔驰的质量。善于创造并着手开发能够满足这一愿望的汽车，就是凌志。

凌志一改过去日本汽车经济实用的中低档形象，定位为豪华轿车。仅上市两年，其业绩就赶上已苦心经营数年的宝马，给世界豪华轿车市场带来强烈的震撼。

丰田公司的石田退三先生曾说:“汽车的生命在于各种机能和耐久力，而且必须物美价廉。汽车制造商的最终和最高目标就是：产品要更好，价格要更便宜。”

凌志是丰田汽车的佼佼者，客观存在线条流畅、造型完美、内饰豪华、乘坐舒适而且平稳性极佳等优点。曾经有这样的对比实验：分别放一杯水在凌志和奔驰的发动机盖上，汽车发动时，奔驰车上的水晃动不已，而凌志车上的水却波澜不惊。就品质而言，凌志车与它的对手奔驰、宝马相比毫不逊色，甚至略胜一筹。从凌志车要求同一辆车上所有的皮革都来自同一张小牛皮的做法可以看出，凌志将“物美”做到了极致。

价格方面，凌志又将“价廉”做到了惊人的地步：凌志的两种型号车定价分别是 36 000 美元和 21 000 美元左右，而同一定位的奔驰和宝马售价达 8 万美元，相差两三倍。凌志以“较低的价格，较高的价值”对奔驰、宝马构成了有力的挑战。“用 36 000 美元就可以买到价值 73 000 美元的汽车”，凌志做出如此煽情的广告承诺，且配有并排而放的凌志车和奔驰车的图片对比，可以想见其果敢的决心与相当的实力后盾。

凌志车卓越的性能价格比赢得了经销商和用户的心，在美国上市的第一年，就发展到 90 个经销商，售出 16 000 辆，第二年更增加到 75 000 辆。其用户坚信自己的选择是明智的，认为没有必要为显示地位而做出无谓的大花费，他们非常乐意将凌志推荐给自己的朋友。

(资料来源：卢泰宏，杨晓燕，陈晶. 营销百年[下]续：策略创新　企业发展的驱动器[J]. 销售与市场[管理版]，2000(10)：54。)

任务专项实训

实训项目：分析某一款刚上市车型的市场定价策略

实训目的：学生选定一款刚上市的车型，通过收集相关资料，找出该车价格区间，并与该车的竞争车型进行价格比较分析。学生通过实训，能够更好地理解企业产品定价的目标，能够熟悉汽车产品定价策略，能够运用汽车产品定价策略对市场进行综合分析并提出相应的营销策略。

实训内容：

学生选择一款刚上市或即将上市的车型，收集该车的产品组合，掌握该车的定价区间，理解该车的市场定位及目标人群，分析该车的竞争车型，收集竞争车型相关的定价策略，比较上市车型与竞争车型的性价比，分析上市车型采用的定价方法及定价策略。

实训步骤：

(1) 将学生进行分组，每 4～5 人一组，实行组长负责制。

(2) 组长根据任务需要，确定小组成员分工，查找和收集车辆的相关资料。

(3) 小组成员需认真收集上市车型的产品组合和价格区间，分析掌握上市车型的市场定位和目标顾客，找出与之对应的竞争车型及竞争车型的价格区间，然后进行综合比较分析，找出上市车型的定价方法与定价策略，分析上市车型的营销策略。

(4) 各小组成员根据本组掌握的资料提出问题并制定解决问题的具体措施。

实训评价：

(1) 要求：能够找出上市车型的产品系列，能够标出上市车型的产品项目的价格，并能说明各产品项目之间的差异；能够分析并收集竞争车型的产品系列，能说明各竞争车型的价格区间，并能简单说明不同车型之间性价比的差异；能够说明上市车型的定价方法和定价策略，能够就发现的问题提出具体的营销措施，完成答辩的 PPT。

(2) 评分标准：

序号	评分标准	分值	评分	备注
1	团队合作	20		
2	团队精神	10		
3	内容结构	30		
4	仪容仪表	30		
5	应变能力	10		

任务 4.3 汽车分销渠道策略

知识目标

1. 了解汽车分销渠道的概念与作用；
2. 掌握常用的汽车分销渠道模式；
3. 了解汽车特许经销商的含义及其优势；
4. 了解汽车 4S 店的基本状况。

能力目标

1. 具备对汽车分销渠道进行评价和选择的能力；
2. 熟悉汽车各分销渠道模式的优缺点，并能够对汽车分销模式进行评价和选择；
3. 能够运用汽车分销渠道理论知识对汽车企业分销渠道建设进行决策和管理。

任务导入

销售终端的宽渠道策略

夏先生是一名业界资深的律师，最近想换一部高端 SUV，进口普拉多成了他的首选，主要是这款车外形美观、大气、厚实，最让夏先生得意是，同事都觉得买这款车让人有面子。打算买车的夏先生了解到自己所住地区有好几家丰田汽车4S店，分别是A丰田、B丰田、C丰田和D丰田等。夏先生在走访了各家4S店后，觉得很奇怪，这些店里无论有没有摆放普拉多现车，销售顾问都说可以做这款车的业务，而且每家给的报价以及提车的时间都不一样。后经向同事了解，这几家丰田4S店的老板并不完全是一个人，他们之间其实也形成一种竞争关系，厂商也不想在某一区域让一家4S经销商独大，也有点担心市场会被经销商控制。再说，采用宽渠道不仅有利于厂商出货和控制市场，还能对经销商进行目标管理和提升服务质量等，总之，是对厂商来说好处多多。当然，这种宽渠道也有一些缺点，例如夏先生碰到的乱价问题，就是其中一种。

夏先生后来又了解到买进口普拉多不一定要到汽车4S店去买，一些名车行比4S店的价格还要低，只要夏先生加1000元，提车时间会由原来的1个月左右变成1个星期左右，夏先生觉得市场好像很乱，但又认为买车还真有学问……

问题：

1. 根据上述内容，汽车分销渠道包括哪些类型？汽车4S店又属于哪种汽车分销渠道？
2. 为什么厂商在某一个区域市场中会采用宽渠道策略？详细说明这种策略的优缺点。

分析：

汽车分销渠道的建立不仅有利于整个汽车市场的健全，还有利于消费者便捷地购买任何一款车。厂商不仅要快速提升销售量，还要保证企业品牌形象不受到外界环境的影响。因此，对于厂商来讲，市场中如何选择分销商，如何控制经销商，如何激励经销商等，就成了一门有趣的管理学问。宽渠道策略并不是企业唯一的选择，这和生产企业的品牌定位有关，也和市场的大小有关。独家代理在特殊市场中或特殊汽车产品分销过程中有时候也是很重要的一种方式，无论生产企业采用哪种分销渠道，有一点是肯定的，那就是这种渠道的建立有利于整个市场的发展。

➡知识准备

4.3.1　汽车分销渠道概述

1. 汽车分销渠道的概念与作用

1）汽车分销渠道的概念

汽车分销渠道，亦称“汽车分配渠道”或“汽车销售渠道”，是指汽车产品从生产者向用户转移过程中所经过的一切取得所有权（或协助所有权转移）的商业组织和个人，即产品由生产者到用户的流通过程中所经过的各个环节连接起来形成的通道。分销渠道的起点是生产者，终点是用户，中间环节包括各种批发商、零售商、商业服务机构（如经纪人、交易市场）等。

在市场经济条件下，绝大多数产品并不是由生产者直接销售给最终消费者或用户的，而是要经过或多或少的中间环节。这些中间环节在西方国家中被称为“中间商”，我国更习惯于称其为“经销单位”或“流通企业”。中间商的存在是商品经济发展和社会分工的必然结果，他们是企业分销渠道的重要组成部分。

2）汽车分销渠道的作用

汽车产品销售渠道的功能和作用主要有：① 售卖功能；② 投放功能；③ 实现储运功

能；④ 市场预测功能；⑤ 结算与资金融通功能；⑥ 服务功能；⑦ 风险承担功能；⑧ 自我管理功能。此外，分销渠道还有促销、信息反馈、为汽车生产企业提供咨询服务等功能。

2. 汽车分销渠道的模式

1）汽车分销渠道的划分

根据不同的市场环境和条件，生产商分销渠道的类型多种多样，一般使用渠道长度和宽度来对其进行描述。渠道长度是指产品（服务）在向消费者（用户）转移过程中所经历的环节（中间商）的多少，即一条渠道所包含的中间商（组织或个人）数目的多少。渠道宽度是指产品（服务）向消费者（用户）转移的渠道（通道）的多少，任何一条渠道（通道）都可以实现产品（服务）向消费者（用户）的转移功能。

按照渠道长度与宽度的不同，生产商的分销渠道可分为不同的结构类型，如图 4－6 所示。

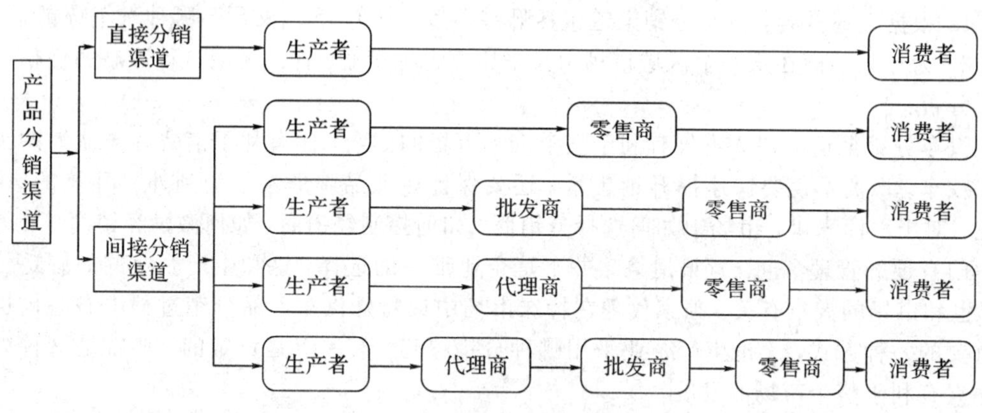

图 4－6　分销渠道的长度结构模式

（1）按长度划分：直接渠道和间接渠道。直接渠道即汽车生产企业直接把产品卖给用户，没有中间环节，也称为“零层渠道”。直接渠道的具体形式有：推销员上门推销，设立自销机构，通过订货会或车展与用户直接签约供货等。间接渠道是存在中间环节的渠道，也是更为广泛的渠道类型。中间环节越多，则渠道越长；反之，则越短。根据中间环节的数量，分别称为“一层渠道”“二层渠道”和“三层渠道”等。

（2）按宽度划分：密集式分销、选择性分销和独家经销。同一层次中间商的多少是渠道宽度的问题，中间商越多，则渠道愈宽；反之，则愈窄。因此，独家经销是最窄的渠道。

2）常见的汽车分销模式

（1）“金字塔”模式。此种模式曾经在相当长的时期内主宰我国的汽车销售渠道，至今仍然有部分商品采用此种模式。此种渠道层级可谓传统销售渠道中的经典模式。然而，这样的销售网络却存在着先天不足。在价格体系不透明、市场缺少规则的情况下，销售网络中普遍存在着“灰色地带”，使许多经销商实现了所谓的超常规发展。多层次的销售网络不仅瓜分厂家渠道利润，而且经销商不规范的操作手段，如竞相杀价、跨区销售等，常常造成严重的网络冲突；更重要的是，经销商掌握的巨大市场资源，几乎成了厂家的心头之患——销售网络漂移，可控性差，渠道过长，信息反馈过慢，无法有效贯彻品牌经营理念，层层加价，用户得不到良好的服务。其弊端已经被事实证明，对这种模式的改革势在必行。

由此，企业的销售网络进入了一个多元化发展的新阶段，如图 4－7 所示。

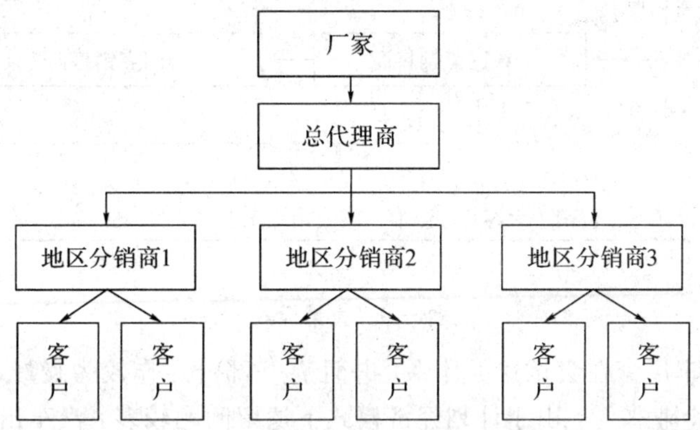

图 4－7 “金字塔”模式

(2) 扁平化分销模式。这种模式首先出现在美国，美国汽车销售体制的改革是从减少销售层次开始的，它取消了各级代理商，改由地区办事处负责协调区域销售事务，贯彻品牌的经营理念。由厂家直接向专卖店供货，从而减少了中间环节，降低了营销成本。目前，我国许多汽车品牌采用此种模式，如图 4－8 所示。

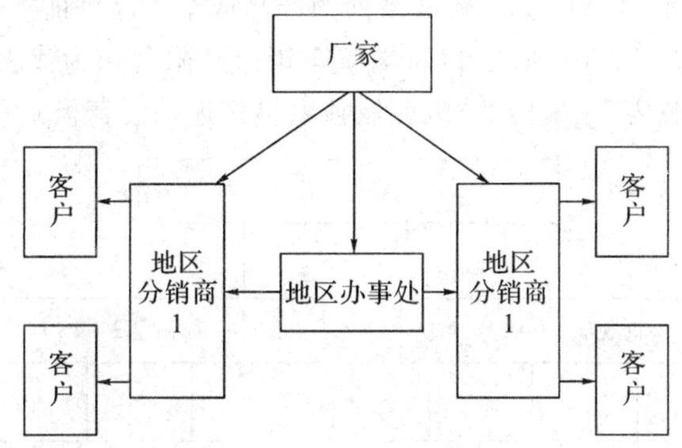

图 4－8 扁平化分销模式

销售工作千头万绪，从销售网络开发到经销商开发，从铺货到促销，内容繁多，但归结起来，销售工作要解决两个问题：一是如何把产品铺到消费者的面前，让消费者见得到；二是如何把产品铺进消费者的心中，让消费者愿意买。不同时代，企业解决这两个问题的方法是不同的。

即便是在 20 世纪 90 年代后期，企业还多是在销售通路的顶端，通过市场炒作和大户政策来展开销售工作。当市场转为相对饱和的状态，对企业的要求由“经营”变为“精营”、由“广耕”变为“深耕”，特别是汽车销售这种多采用“一对一”的销售方法时，如果企业仍然把产品交给经销商，由经销商一级一级地分销下去，由于网络不健全、通路不畅、终端市场铺开率不高、渗透深度不足等原因，经销商无法将产品分销到厂家所希望的目标市场上，结果厂家产品的广告在电视上天天与消费者见面，消费者在零售店里却难觅产品踪影。厂商无法保证消费者在零售店里见得到、买得到、乐得买。

(3) 直销模式。这种直销模式并不是完全意义上的直销，但它打破了渠道的束缚，将所有销售管理部门都作为销售终端。其优点在于直接面对消费者，有利于品牌经营理念的贯彻，信息反馈及时迅速，如图 4－9 所示。

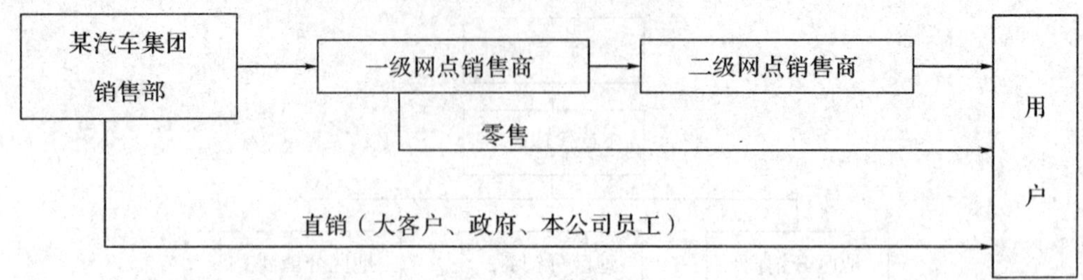

图 4－9　直销模式

我国的一些汽车厂家在尝试这类体系，并且有一部分运作较为良好，取得了不俗的业绩。但从我国许多企业来看，由于计划经济模式下遗留问题较多，汽车出厂渠道难以控制，不乏“暗箱操作”现象，有时甚至出现高级代理商的进货价反而高于低级代理商的情况，产品销售难以按既定的框架运行，这使得销售网络变得混乱。因此，汽车厂家特别需要注意的是对各级销售商的价格协调，防止发生“窜货”现象。

(4) “旗舰店”模式。“旗舰店”一词是欧美大城市的品牌中心店的名称，就是城市中心店或地区中心店，一般是某商家或某品牌在某地区繁华地段、规模最大、同类产品最全、装修最豪华的商店，通常只经营一类比较成系列的产品或某一品牌的产品。

“旗舰店”模式(如图 4－10 所示)以奇瑞汽车销售有限公司为代表。2002 年，奇瑞宣布正式推出被称为以“旗舰店”一拖四的“限区域独家特许连锁经营模式”。

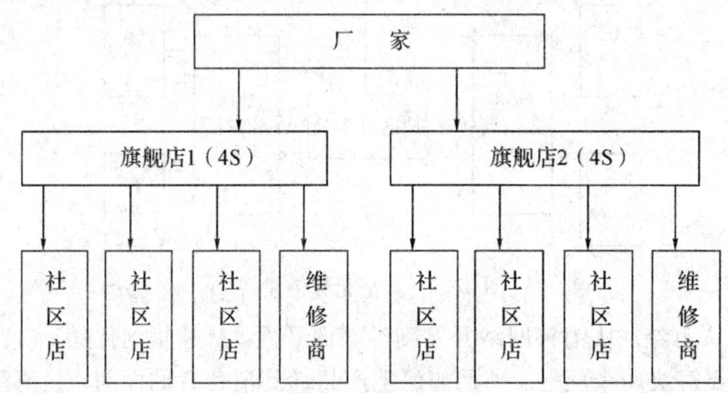

图 4－10　“旗舰店”模式

★ 小思考

什么是平行进口车？其销售属于哪种销售模式？有什么优、缺点？

3) 我国的汽车分销模式的表现形式

目前，我国汽车分销模式的表现形式主要有六种。

(1) 品牌专卖制。品牌专卖制模式可表述为：厂商—专卖店—最终用户。品牌专卖制是 1998 年以来由欧洲传入我国并发展起来的渠道模式，最先由广本、别克、奥迪等品牌建立，品牌专营是轿车市场的主流渠道模式。

现如今，国内的主要轿车制造商都已经或正在构建品牌专营的渠道模式，它们几乎普遍按照国际通用的汽车分销标准模式建设，采用“三位一体”(集新车销售、零配件供应、维

修服务为一体，简称“3S”)制式或“四位一体”(集新车销售、零配件供应、维修服务、信息反馈与处理为一体，简称“4S”)制式，即以汽车制造企业的营销部门为中心，以区域管理中心为依托，以特许或特约经销商为基点，集新车销售、零配件供应、维修服务、信息反馈与处理为一体，受控于制造商的分销渠道模式。

品牌专营店在外观形象和内部布局上统一规范、统一标识，给人以强烈的视觉冲击，有助于提升品牌形象魅力；实行以直销为主的终极用户销售，将汽车销售与售后服务融为一体，从而赢得客户的信赖。但同时，品牌专卖店的运营成本较高，特许经营带来的垄断使终端服务很难尽如人意，导致品牌短期利益和长期利益难以平衡，这是目前品牌专营亟须解决的问题。

(2) 总代理制。总代理是指由汽车制造厂家授权的全部销售该公司汽车的总经销商。总代理一般与汽车制造企业具有密切的关系，可能是股权关系，可能是隶属关系，也可能是合作关系。总代理制的渠道模式可表述为：厂商—总代理—区域代理—(下级代理商)—最终用户。进口汽车主要采用这种模式，如奔驰、宝马、劳斯莱斯等。

(3) 区域代理制。其渠道模式可表述为：厂商—区域总代理—下级代理商—最终用户。这种模式与IT渠道的区域代理制基本一致，这是汽车渠道最早采用的模式，由于存在对经销商的控制力差的问题，目前使用这种模式的厂商已较少。

(4) 特许经销制。其渠道模式可表述为：厂商—特许经销商—最终用户。区域代理制实施一段时间后，汽车厂商逐渐发现很难对经销商的经销行为进行规范，市场价格体系混乱，1996年后，汽车渠道逐渐向特许经销制转变。目前，绝大部分汽车品牌采用这种模式，实际上，4S店都是特许经销商，是增加了其他功能的特许经销商。

(5) 汽车大卖场、汽车超市。如北京亚运村汽车交易市场等，这两种形式是在相对集中的场所经营多个厂家、多个品牌的车辆。严格说来，汽车大卖场和汽车超市是两种不同的经营模式；汽车大卖场是一种汽车集市贸易，是由市场经营与管理者提供场地，通过收取租金的方式向各汽车经销商提供经营场地，汽车经销商进场经营各自的车辆，是一家开办、多家经营的模式；而汽车超市则是由一家开办、一家经营、一家管理，超市内聚集多家厂商、多个品牌汽车，统一经营，统一定价，统一结算。这两种模式的共同点是能够整合市场资源，提供多样化的汽车产品，促进销售。

(6) 其他方式。互联网时代，网络销售已经越来越受到消费者的重视，最新调查报告称，公司网站或其他互联网平台已经成了影响汽车销售的一个重要渠道。还有租店式经营模式，主要指一些小规模的经销商(一般是做二三级代理)租借一些汽车市场的摊位或某个店面，开展面对直接客户销售汽车的一种模式。这种模式对于经销商来说投资规模比较小，风险较小，比较灵活，但是相应的单车获利空间也比较小。

随着企业在产品、价格甚至广告方面的同质化趋势日益加剧的今天，单凭产品的独立优势赢得竞争已非常困难，分销渠道已成为当今企业所关注的重心，如何运作好分销渠道，发挥其作用，正日渐成为厂商们克敌制胜的法宝。

4.3.2　汽车分销渠道选择

1. 影响汽车分销渠道选择的因素

随着汽车公司规模扩大，开发新市场，甚至进入国际市场，分销渠道的决策与渠道伙伴的选择就会面临困难。每一个汽车企业在做出理想的分销渠道决策的时候，都要根据特定的目标和现实条件，遵循一定规则，选择或创新分销渠道。

目前，影响汽车制造商选择分销渠道的因素是多种多样的，但总体上讲，包括六大类。

1）企业特性

汽车各生产企业在生产规模、企业声誉、财务能力、产品组合和渠道经验等方面存在差异，因而其分销渠道就应存在差别。如相对于小型汽车制造商而言，大型汽车制造商就适宜在汽车市场上适当的地方设立营销子公司，而不是办事处。汽车生产企业特性不一，对汽车中间商具有不同的吸引力和凝聚力，这将直接影响到制造商对中间商的类型和数量的决策，如一汽大众、上海大众、上海通用等大型汽车制造商较容易得到各地有实力的汽车中间商的加盟。

2）产品特性

汽车产品的产量、销量、价值、产品结构、技术服务等方面的具体特点不同，对渠道形式、中间商类型的要求也不同。分销渠道的设计应在兼顾辅助产品和未来发展产品需要的基础上，围绕主导汽车产品的特点去组建，以利于汽车制造商主导产品的销售。

3）市场特性

汽车产品销售的地理范围、购买者类型以及汽车市场竞争特点的差异，也影响着渠道的设计。例如，市场需求集中，就适合组建短渠道；市场需求分布较广，就适合采取宽渠道。还要研究竞争对手的渠道特点，不断改善自身的渠道，使其比竞争者更具活力。

4）营销目标特性

汽车制造商的目标市场，决定了其分销渠道的具体特点。一般而言，汽车制造商应重视自己传统汽车市场的销售体系的建设和管理，这是保证汽车市场稳定的有效途径；同时，对拟开发的目标市场，应有条件地选择销售商，以期获得事半功倍的效果。

5）汽车中间商特性

汽车中间商的经济实力、资信等级、销售能力、服务能力、展示条件、存储设施及其交通便利性等，都将影响到分销渠道功能和作用的发挥，这是汽车制造商销售体系建设过程中所必须重点考察考评的项目。

6）环境特性

汽车分销渠道的建议还需要考虑设立地区的经济环境、人口环境以及政策环境等，不同的环境对分销渠道的建立具有较大的影响力。例如，各地方的政策特性，是欢迎还是排斥汽车制造商在当地设立销售商，对其设立的销售商是否有其他特殊的限制，都是汽车制造商必须认真研究的。

汽车制造商在分析了以上因素后，还要根据一定的原则和目标来对其分销渠道展开设计。

2. 分销渠道选择的要求

汽车企业在选择或设计分销渠道时，必须在理想的渠道和实际可能利用或新建的渠道之间做出选择。这一决策过程一般要经过分析消费者需要、建立渠道目标、制定可供选择的主要渠道方案以及对方案进行评估、选择等四个阶段。

1）分析消费者对渠道服务提出的要求

设计市场营销渠道的第一步是要了解目标市场上的消费者购买什么、在哪里购买和怎样购买，分析消费者的这些购买特点对分销渠道服务水准的要求，以及考虑渠道提供这些服务的能力与费用。这些要求通常表现在以下五个方面：

(1) 一次购买批量的大小。例如，在轿车市场上，集团用户是批量购买，而家庭一次买一辆，必须为集团用户购买者和家庭购买者分别建立渠道。

(2) 交货时间的长短。消费者(用户)对交货时间要求愈短，分销渠道需要提供的服务水平愈高。如特快专递就比普通邮件要提供更多更高水准的一系列服务。

(3) 空间便利性。空间便利性是指分销渠道对消费者购买商品的方便程度。消费者越是要求方便购买，渠道的分销面就要越广。

(4) 商品多样化。顾客往往要求商家提供多样化产品组合，以方便其挑选。而产品组合的宽度越大，相应的服务水准要求就越高。

(5) 服务支持。服务支持是指分销渠道提供的附加服务。提供的服务支持越多，渠道的工作量也越大。

2）确定渠道目标和限制条件

渠道目标是在企业营销目标的总体要求下，所选择的分销渠道应达到的服务产出目标。这种目标一般要求所建立的分销渠道达到总体营销规定的服务水平，同时使整个渠道费用减少到最低(或合理)程度。企业可以根据消费者需要的不同服务要求细分市场，然后决定服务于哪些分市场，并为之设计选择最佳渠道。

3）制定可供选择的渠道方案

企业在确定了目标市场和期望的服务目标后，必须明确选定几个主要的渠道方案。渠道选择方案涉及三种因素：中间商类型、中间商的数量和渠道成员的交易条件及责任。

(1) 中间商类型。企业首先要明确可以完成其渠道任务的中间商类型。根据目标市场及现有中间商的状况，可以参考同类产品经营者的现有经验，设计自己的分销渠道方案。如果没有合适的中间商可以利用或企业直接销售能带来更大经济效益，企业也可以设计直销渠道或直复营销渠道。

(2) 确定中间商数目。企业必须确定在每一渠道层次利用中间商的数目，由此形成所选择分销渠道的宽度类型，即密集式分销、选择性分销或独家经销。密集式分销多为日用消费品和通用性工业品生产厂家采用；选择性分销多为信誉良好的企业和希望以某些承诺来吸引经销商的新企业所采用；独家经销多用于汽车、大型电子产品和有特色品牌产品的分销。

(3) 规定渠道成员的交易条件及责任。汽车生产企业必须确定渠道成员的交易条件和应负责任。在交易关系组合中，这种责任条件主要包括：

① 价格政策。企业制定出的价格目录和折扣标准要公平合理，受中间商认可。

② 销售条件。销售条件是指付款条件和制造商承诺，以使分销商免除后忧，从而大量进货。

③ 经销商的区域权利。这是渠道关系的一个重要组成部分，应加以明确。

④ 各方应承担的责任。企业应通过制定相互服务与责任条款，来明确各方责任。

4）评估主要渠道方案

在这一阶段，企业需要对几种初拟方案进行评估，并选出能满足企业长期目标要求的最佳方案。评估方案可以从经济性、可控性和适应性等方面进行。

(1) 经济性。该评估主要是比较每个方案可能达到的销售额水平及其费用水平。首先要考虑哪一种做法会带来较高的销售额；其次要考察每一渠道的销售费用。销售代理商多为小公司或大公司在较小的分市场中销售产品时所采用。

(2) 可控性。制造商采用独立的中间商或代理商，中间商的主动权就较大，汽车生产企业对中间商的可控程度较低。而渠道如果越长，企业对中间商的主动权控制就越好，但对整个渠道的控制问题就越突出。所以，汽车生产企业需要进行多方面的利弊比较和综合分析。

(3) 适应性。市场环境发生变化不仅会改变制造商的适应能力，而且会改变中间商的适应能力。为此，在建立中间商时，企业不仅需要考察中间商在每一种渠道方案中所应承担的义务，还要考察中间商在经营过程中的灵活性，这种灵活性更多地表现为对市场环境变化的适应能力。

4.3.3 分销渠道的管理

1. 分销渠道冲突

1) 分销渠道冲突的定义

无论汽车生产企业如何设置分销渠道，都会因为分销渠道成员之间因销售政策决策权分歧、销售目标差异、信息沟通困难、角色定位不一致、责任划分不明确等原因而产生紧张、焦急、不满、抵触甚至决裂的现象，这种现象被称为“分销渠道冲突现象”。

所谓“分销渠道冲突”，是指某渠道成员从事的活动阻碍或者不利于本组织实现自身的目标进而发生的种种矛盾和纠纷。分销渠道的设计是渠道成员在不同角度、不同利益和不同方法等多因素的影响下完成的，因此，渠道冲突是不可避免的。

2) 分销渠道冲突的类型

无论渠道设计如何精良，管理如何优秀，渠道成员之间总会出现冲突和竞争，需要加以协调和解决。分销渠道冲突主要有三种类型。

(1) 水平渠道冲突。水平渠道冲突指的是同一渠道模式中，同一层次中间商之间的冲突。产生水平冲突的原因大多是汽车生产企业没有对目标市场的中间商数量、分管区域做出合理的规划，使中间商为各自的利益互相倾轧。这是因为在汽车生产企业开拓了一定的目标市场后，中间商为了获取更多的利益必然要争取更多的市场份额，在目标市场上展开“圈地运动”。例如，某一地区经营 A 家企业产品的中间商，可能认为同一地区经营 A 家企业产品的另一家中间商在定价、促销和售后服务等方面过于进取，抢了他们的生意。如果发生了这类矛盾，汽车生产企业应及时采取有效措施，缓和并协调这些矛盾，否则，就会影响渠道成员的合作及产品的销售。另外，汽车生产企业应未雨绸缪，采取相应措施防止这些情况出现。

(2) 垂直渠道冲突。垂直渠道冲突是指在同一渠道中不同层次企业之间的冲突，这种冲突较之水平渠道冲突要更常见。例如，某些批发商可能会抱怨汽车生产企业在价格方面控制太紧，留给自己的利润空间太小，并且厂商能够提供的服务(如广告、推销等)也太少；零售商对批发商或汽车生产企业可能也存在类似的不满。

垂直渠道冲突也称作“渠道上下游冲突”。一方面，越来越多的分销商从自身利益出发，采取直销与分销相结合的方式销售商品，这就不可避免地要同下游经销商争夺客户，从而大大挫伤下游渠道的积极性；另一方面，当下游经销商的实力增强以后，会不满意目前所处的地位，希望在渠道系统中有更大的权利，从而向上游渠道发起挑战。在某些情况下，汽车生产企业为了推广自己的产品，越过一级经销商直接向二级经销商供货，使上下游渠道间产生矛盾。因此，汽车生产企业必须从全局着手，妥善解决垂直渠道冲突，促进渠道成员间更好地合作。

★ 小思考

我们常说汽车销售渠道要进行改革，特别是要让汽车销售渠道扁平化，这里的“扁平化”是什么意思？有什么意义？

(3) 不同渠道间的冲突。不同渠道间的冲突指的是生产企业建立多渠道营销系统后，不同渠道服务于同一目标市场时所产生的冲突。其主要原因是随着顾客细分市场和可利用的渠道不断增加，越来越多的企业采用多渠道营销系统，即运用渠道组合和整合。例如，有些汽车生产企业在某一区域内开始采用特约经销店销售，但由于地区内也存在较多大客户，所以有时候汽车生产企业也会采用直接销售的方式，这样一来，特约经销店就会感到不满意。不同渠道间的冲突在某一渠道降低价格(一般发生在大量购买的情况下)或降低毛利时，表现得尤为强烈。

综上所述，汽车生产企业要重视引导渠道成员之间进行有效的竞争，要防止过度竞争，更要加强渠道成员之间的协调。

【典型案例】

进军网购　东风雪铁龙初尝甜头

2013 年被汽车行业称作“电商元年”，天猫商城借助往年打造的“双 11 购物节”美誉，成功联手 18 家车企举办首届“天猫汽车节”。作为汽车销售渠道的新探索，不少消费者对于汽车网购还是持观望之态，不过也不排除部分愿意吃螃蟹的消费群体的存在。从活动后的反馈来看，汽车厂商初探网络营销多少有些收获，其中以东风雪铁龙的战果最为显著，累计销量 281 台，居所有车企之首。

其实，在国外，通用、宝马等车企同样也是试水网络销售，不过，结合汽车产品的本身特性，一些保险、税费和售后等问题在现阶段远不是在汽车交易平台上就可以圆满解决的。因此，说网络销售的重要意义在于品牌推广倒是比较贴切的，从这层意义来看，参与“天猫汽车节”的车企应该是均有收获。

2. 分销渠道管理

分销渠道管理是指制造商为实现公司分销的目标而对现有分销渠道进行管理，以确保分销渠道成员间，以及公司和渠道成员间相互协调和通力合作的一切活动，其意义在于共同谋求最大化的长远利益。分销渠道管理工作的主要内容包括六个方面：

(1) 对经销商的供货管理，保证供货及时，在此基础上帮助经销商建立并理顺销售子网，分散销售及库存压力，加快商品的流通速度。

(2) 加强对经销商广告、促销的支持，减少商品流通阻力；提高商品的销售力，促进销售；提高资金利用率，使之成为经销商的重要利润源。

(3) 对经销商负责，在保证供应的基础上，对经销商提供产品服务支持。妥善处理销售过程中出现的产品损坏变质、顾客投诉和顾客退货等问题，切实保障经销商的利益不受无谓的损害。

(4) 加强对经销商的订货处理管理，减少因订货处理环节中出现的失误而引起发货不畅。

(5) 加强对经销商订货的结算管理，规避结算风险，保障制造商的利益。同时避免经销商利用结算便利制造市场混乱。

(6) 其他管理工作，包括对经销商进行培训，增强经销商对公司理念、价值观的认同以及对产品知识的认识。还要负责协调制造商与经销商之间、经销商与经销商之间的关系，尤其对于一些突发事件，如价格涨落、产品竞争、产品滞销以及周边市场冲击或低价倾销等扰乱市场的问题，要以协作、协商的方式为主，以理服人，及时帮助经销商消除顾虑，平衡心态，引导和支持经销商向有利于产品营销的方向转变。

【阅读资料】

中国汽车后市场行业整合加速　品牌战替代价格战

汽车后市场最早的分类是以汽车整车销售的前、后顺序进行分类的，汽车后市场行业简称“车后市”。汽车后市场大体上可分为七大行业：汽车保险行业；汽车金融行业；汽车IT 行业；汽车精品、用品、美容、快修及改装行业，又称“汽车养护行业”；汽车维修及配件行业；汽车文化及汽车运动行业和二手车及汽车租赁行业。汽车产业的快速发展将使汽车后市场产生变革。

一、车市利润向后市场转移

目前，中国汽车行业也正处于最好的政策背景下。国家拉动内需的措施给品牌企业带来了巨大机会，汽车周边及汽车售后产品也将直接受益。汽车行业井喷式销售增长所带来的汽车保有量的急速提升，也要求市场提供相匹配的高品质的售后服务。

按照国外汽车产业发展的一般规律：随着消费需求的不断升级，汽车产业竞争的焦点也会从汽车本身逐渐过渡到汽车购买后的相关服务，进而形成巨大的“汽车后市场”。在国家政策的支持下，汽车后市场的发展前景一片光明，构建合理的发展体系，提高从业人员的整体素质，逐步打造以自有品牌为核心的产品，将进一步提升汽车后市场在整个汽车产业的利润比重。

二、渠道多，终端服务不规范

目前，汽车后市场大体存在五大渠道：一是汽车 4S 站；二是传统大中型维修厂；三是汽车维修路边店；四是汽车专项服务店；五是品牌快修美容装饰连锁店。这五大渠道由于集中度低，在面积大小、设备投资、人员素质、地点便利性、服务质量、服务时间和收费标准等方面各有千秋，在不同渠道中对于产品的利润需求、产品质量、服务要求等对生产企业有着不同要求，因此，管理难度也就加大，随时面临着相互冲突、窜货乱价的局面。

三、汽车后市场发展趋势

1. 微利时代的来临

随着市场竞争越来越激烈，以及营销市场的不断规范，汽车后市场行业暴利时期已经过去，随之而来的是进入了一个微利时代，品牌战将代替价格战。品质战和价格战在汽车后市场营销领域一直是中低档产品销售中所乐于采用的一种手段，即企业依靠自身的生产力、先进的设备及管理、较为顺畅的营销渠道等降低生产成本，为消费者提供优惠的价格。随着人民物质生活条件的不断改善，品牌产品比廉价产品有更广阔的市场。品牌效应使得客户愿意接受其较高的定价，有更广阔的利润空间。

2. 品牌打造与生产经营相分离

为了更加有效地占领市场，现有的制造及营销业将会向两极发展。一部分将成为打造品牌的专业企业，他们经营的是品牌而不再是产品本身，有的甚至没有工厂；另一部分将成为专业的生产企业，而他们又可以不必去考虑市场，不用自己去经销，完全由品牌经营商下单生产。这种品牌打造与生产经营分离，有利于集中精力和资金量进行生产及品牌打造，向专业分工的细微化方向发展。使生产向订单型发展，有利于实现计划生产；使营销能集中精力打造强势品牌，有可能将品牌向国外推广。

3. 规范化的管理将引导市场需求

将有更多的汽车后市场企业以“复制”的方式收购中小企业品牌。所谓“复制”，就是按照自己企业的模式、风格和管理方法去要求和规范所收购的企业，以致使该企业在生产管理、品质管理方面达到自己的要求，使产品品质达到应有的水平。这种“复制”的方式收购能为企业节省资金，使品质和交货期得以保证，远远比自身扩大生产规模来得快，这种规范化的管理将进一步提升市场形象，更理性地引导消费者需求。

到目前为止，汽车后市场已经进入了一个较高的增长期，但由于比较传统的汽车消费观念，汽车后市场产业发展一直比较缓慢，后劲略显不足。为了更好地做大做强汽车产业，打造汽车后市场产业新的集群优势，政府也有意通过政策扶持，积极引导，拉长汽车产业链，对国内各类汽车后市场展会给予补贴和优惠政策。

（资料来源：汽车后时代。http://auto.163.com/17/0107/11/CA62C75O000884MM.html#sns_weibo.）

任务专项实训

实训项目： 调查某区域内汽车快修企业的分销渠道

实训目的： 通过本实训项目，学生能够了解区域内汽车快修企业的分销环境，包括产品类型、中间商的类型、经营特点和市场竞争等情况；能够熟悉分销渠道的基础知识，判断分销渠道存在的问题，为制定有效的分销策略打下基础。

实训内容：

学生开展某区域内汽车快修企业的调查，利用观察法、询问法收集第一手资料；利用网络等途径收集与实训项目相关的二手资料；研究相关内容，利用所学知识完成《某区域内汽车快修企业分销渠道调研报告》。

实训步骤：

(1) 将学生进行分组，4～6人一组，设立组长负责制。

(2) 由指导老师布置本次市场调研的目的、内容、要求和步骤。

(3) 由组长领导本组成员先进行调研培训，掌握调研的目的以及需要达到的目标，设计调研所需的相关材料，查阅相关资料，由本组学生共同讨论，确定调研方案。再由组长对组成员进行调查分工，实施调研。

(4) 由组成员根据调研所取得的资料，分析内容，完成调研报告。

(5) 制作成汇报PPT。

实训评价：

(1) 要求：能够准确说出汽车快修企业的渠道模式；能够具体解释某一快修企业的渠道模式的优缺点，并能简单说明企业采用此模式的原因；能够准确分析各快修企业市场定位、产品包装、经营品种和经营环境等内容；每组完成调研后需提交一份调查问卷、相关照片、调研报告和一份实训报告。

(2) 评分标准：

序号	评分标准	分值	评分	备注
1	团队合作	20		
2	团队精神	10		
3	内容结构	30		
4	仪容仪表	30		
5	应变能力	10		

任务4.4　汽车促销组合策略

知识目标

1. 了解汽车促销、汽车促销组合的内容和影响因素；
2. 掌握汽车人员促销、广告促销模式的内容及特点；
3. 掌握汽车营业推广、公共关系促销策略。

能力目标

1. 能分析汽车产品主要的促销现象；
2. 能按照企业目标和产品特点确定合理的促销方案；
3. 能根据市场状况制定有效的促销策略。

任务导入

英菲尼迪借综艺节目“腾飞”

2013年全国最火的综艺节目是什么？估计80%的人会将答案投给《爸爸去哪儿》。这个由国内某知名卫视打造的大型亲子秀节目，以新颖的面孔获得了广泛的关注与好评。就在该综艺节目收视率节节升高之际，其汽车赞助商英菲尼迪的在华管理团队早已喜不自禁。这个一直以来发展不温不火的二线豪华品牌几乎在一夜之间被全国观众所熟知。节目中英菲尼迪的全系SUV(JX，QX50，QX70，QX8)集体亮相，其中，7座SUVJX更是节目中明星家庭的专属座驾，其带来的品牌知名度与形象的提升更是不容小觑。此外，节目拍摄期间转战了沙漠、山区、雪地等多种艰苦环境，也从侧面验证了英菲尼迪汽车的品质。从身处困境到炙手可热，英菲尼迪毫无疑问成为2013年度车企内最大明星，预计英菲尼迪品牌将有望帮助其经销商提升销量并快速实现盈利。

问题：

1. 什么是汽车促销组合？促销组合构成的要素有哪些？

2. 本案例中涉及的促销组合有哪些？综艺节目是属于哪种促销？对于汽车企业有什么好处？

分析：

2013年对于汽车行业也是充满机遇的一年，新媒体平台的出现、电商模式的风靡等为汽车行业提供了更广的品牌推广渠道。与此同时，车企营销从主观上也摆脱了以往塑造的“高大上”“假大空”的荧屏形象，转而更注重与人文、时尚、生活结合。车企借助一些时下流行的综艺节目来增加品牌的认知度，提升企业的形象价值，这种促销活动是汽车业一种较为常见的方式。但这种方式也存在一定的问题，如赞助费过高等。

➡知识准备

4.4.1 汽车促销概述

1. 汽车促销的概念、作用及方式

1）汽车促销的概念

促销就是“促进销售”的简称，是指企业采用各种手段和方式向消费者或用户传播有关企业及其产品的信息，使潜在消费者对企业及其产品产生兴趣、好感和信任感，促进其购买企业产品的活动。汽车促销是企业通过人员和非人员的方式，沟通汽车企业与消费者之间的信息，引发、刺激消费者的消费欲望和兴趣，使其产生购买行为的活动。

促销的实质是传播与沟通信息，有以下三个特点：

(1) 促销首先要通过一定的方式进行。

(2) 促销的任务就是要达成买卖双方的信息沟通。

(3) 促销的最终目的是促进产品和服务的交易。

2）汽车促销的作用

促销的基本作用是与顾客沟通信息。通过采用某种促销方式，把企业的产品、价格、渠道或销售地点、品牌、营销活动等方面的信息通报给顾客，能产生以下效果：

(1) 引起注意(attention)。企业开展的促销活动对潜在顾客是一种外界刺激，能在顾客的感觉器官上产生一定的刺激效果，从而引起顾客的注意，使其关注企业促销活动的内容和精神。

(2) 激发兴趣(interesting)。促销活动的刺激引起潜在顾客关注后，将会把关于企业产品、价格、品牌、活动等各方面的信息更多地传递到顾客的大脑，只要这些信息带有值得顾客琢磨的特别成分，尤其是能够和顾客的现实需求或潜在需求产生联系，就会让顾客产生兴趣，希望进一步了解有关促销活动的内容。

(3) 诱生欲望(desire)。当带有浓厚兴趣的顾客对企业促销的内容或对象有了更深入的

了解，特别是在发现满足他们需要的条件已经成熟时，这些顾客就会产生购买欲望，希望尽快地、方便地购买到这些产品。

(4) 指导行动(action)。促销活动所传递的信息不仅包括产品有什么功能，还包括在什么地方销售、如何购买、如何使用、遇到问题如何处理等内容，能够对具有购买欲望的顾客实施购买和消费使用提供更多的帮助。这些也会进一步打消潜在顾客的顾虑，扫除商品销售的障碍，增强顾客购买和使用的信心。

3) 汽车促销的方式

汽车促销最主要的方式包括四种：人员促销、广告、营业推广和公共关系。

(1) 人员促销。人员促销又称"人员推销"，是汽车企业销售人员通过口头介绍，以促进汽车销售的方法。人员促销可以是面对面的交谈，也可以通过电话、信函交流。这种方法灵活，针对性强，信息反馈快，是一种"量体裁衣"式的消息传递方式。

(2) 广告。广告是汽车企业通过一定媒介向广大顾客传递信息的有效方法。广告可以同时将信息传递给成千上万的消费者，节约人力，而且可以很好地控制广告稿件，但是广告效果的反馈非常缓慢、困难且成本超高。

(3) 营业推广。营业推广一般只作为人员销售和广告的补充措施。它刺激性强，吸引力大。例如样品展示、奖券、赠券、展览、陈列等，都属于营业推广的范围。与人员促销和广告相比，营业推广活动不是连续进行的，而是只有一些临时性的措施。

(4) 公共关系。公共关系是指对汽车企业有关的个人或组织之间关系的培植。良好的公共关系可以达到维护和提高汽车企业的声誉、获得社会信任的目的，从而间接地促进汽车产品的销售。公共关系与广告都具有大众传播的性质，但不同的是，公共关系培植起来的信任感享有公正的声望，公共关系不易被企业操纵或控制，不能为金钱所收买，还可能接触到那些不注意广告的顾客。

【典型案例】

麦当劳的严谨

麦当劳是当今世界最成功的快餐连锁店，现在平均每13个小时就有一家新餐厅在地球的某个地方开业。北京的第一家麦当劳店于1992年4月23日开业，麦当劳的原料标准极高，比如：面包圈，切口不均匀不用，奶酱的温度超过4℃退货；一片牛肉要经过40多项质量检查；生菜从冷藏室拿到配料台上过1分钟便废弃；炸出的薯条7分钟未卖出去就扔掉。而且麦当劳十分重视餐厅的卫生，玻璃窗、餐桌、餐椅都十分干净，同时，服务生一见到顾客就微笑，让顾客觉得十分亲切。

2. 汽车促销组合

1) 汽车促销组合的定义

所谓"汽车促销组合"，就是把人员促销、广告、营业推广和公共关系等各种不同的汽车促销方式有目的、有计划地结合起来，并加以综合运用，以达到特定的促销目标。这种组合既可包括上述四种方式，也可包括其中的两种或三种。汽车促销组合可分为人员促销和非人员促销，如图4-11所示。

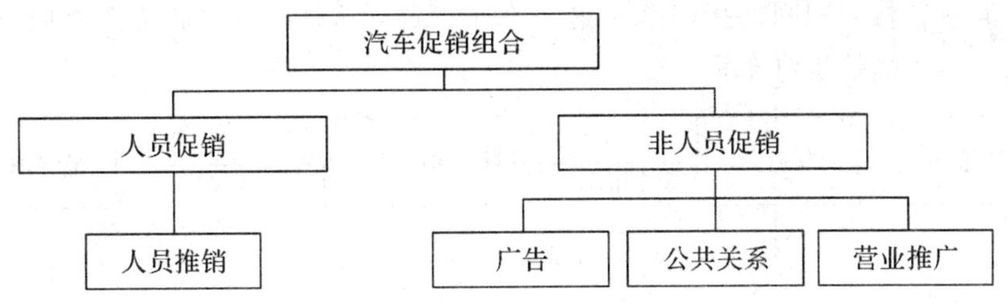

图 4－11　汽车促销组合

由于各种汽车促销方式分别具有不同的特点、使用范围和效果，所以要结合起来综合运用，才能更好地突出汽车产品的特点，加强汽车企业在市场中的竞争力。例如，“公关宣传”在消费者认知阶段有强烈的影响力，可形成客户对汽车企业或汽车产品的好感，但在产品的立即“采用”方面影响力较弱。而人员促销由于面对面的口头诉求，在评价、试用、催促、采用阶段，就有重大影响力。

★ 小思考

市场上一直存在着“是先广告后铺货，还是先铺货后广告”的争议，从你所学的知识角度出发，你的观点是什么？为什么？

2）影响汽车促销组合的因素

影响汽车促销组合的因素主要包括企业促销的目标、企业促销方式的选择、汽车市场的特性、产品的档次和产品的生命周期五个方面。

（1）汽车企业促销的目标。要确定最佳的汽车促销组合，首先需考虑汽车促销目标。汽车促销目标不同，应有不同的汽车促销组合。如果汽车促销目标是提高汽车产品的知名度，那么汽车促销组合重点应放在广告和营业推广上，辅之以公共关系宣传；如果汽车促销目标是让消费者了解汽车产品的性能和使用方法，那么汽车促销组合应采用适量的广告、大量的人员促销和某些营业推广；如果汽车促销目标是立即取得某种汽车产品的销售效果，那么重点应该是营业推广、人员促销，并安排一些广告宣传。汽车促销目标与促销策略如表 4－4 所示。

表 4－4　汽车促销目标与促销策略选择

促销目标 / 促销选择	提高汽车产品的知名度	让消费者了解汽车产品的性能和使用方法	取得某种汽车产品的销售效果
人员促销		√	√
广告	√	√	√
公共关系	√		
营业推广	√	√	√

（2）企业促销方式的选择。汽车产品的促销方式包括“推动式”销售与“拉动式”销售两大类，如图 4－12 所示。“推动式”销售是一种传统式的销售方式，是指汽车企业将汽车产品推销给总经销商或批发商；而“拉动式”销售则是以市场为导向的销售方式，是指汽车企业（或中间商）针对最终消费者，利用广告、公共关系等促销方式，激发消费需求，经过反复强

烈的刺激，消费者将向中间商指名购买这一汽车产品，这样，中间商必然要向汽车企业要货，从而把汽车产品拉进汽车销售渠道。

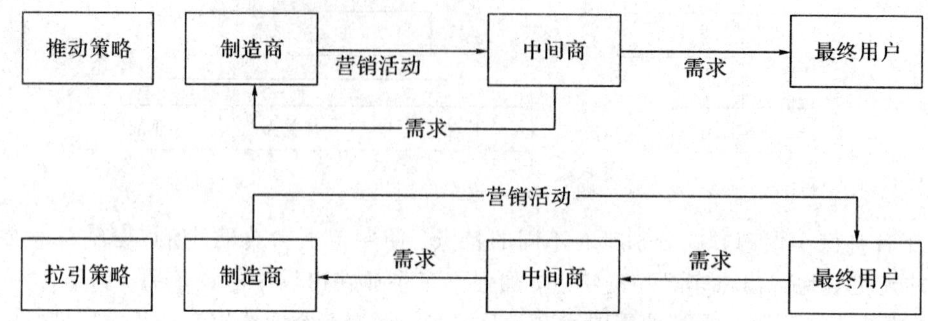

图 4-12 “推动式”与“拉动式”促销策略结构图

(3) 汽车市场性质。不同的汽车市场，由于其规模、类型、潜在消费者数量不同，应该采用不同的促销组合策略。如表 4-5 所示：规模大、地域广阔的汽车市场，多以广告为主，辅之以公共关系宣传；反之，则应该以人员促销为主。汽车消费者众多、却又零星分散的汽车市场，应以广告为主，辅之以营业推广、公共关系宣传；汽车消费者少、购买量大的汽车市场，则应以人员促销为主，辅之以营业推广、广告和公共关系宣传。

表 4-5 汽车市场性质与策略选择

特征 策略	市场规模大、地域广阔	市场规模小、地域狭小	消费者数量多、分布散	消费者数量少、购买量大
人员推销		√		√
广告	√	√	√	√
公共关系	√		√	
营业推广			√	√

(4) 汽车产品档次。不同档次的汽车产品，应采取不同的促销组合策略。一般来说，广告一直是各种中高档汽车市场营销的主要促销工具；人员促销是中、低档汽车的主要促销工具。

(5) 汽车产品寿命周期。汽车产品寿命周期阶段不同，促销目标也不同，因而要相应地选择、匹配不同的促销组合策略，如图 4-13 所示。

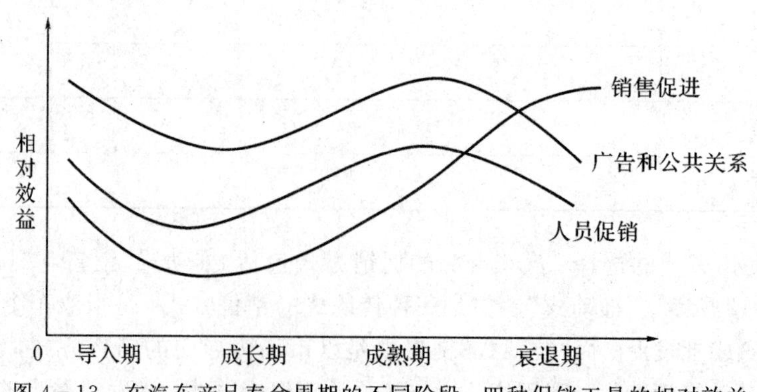

图 4-13 在汽车产品寿命周期的不同阶段，四种促销工具的相对效益

在导入期，多数消费者对新产品不了解，促销目标是使消费者认知汽车产品，应主要采用广告宣传介绍汽车产品，选派促销人员深入特定消费群体详细介绍汽车产品，并采取展销等方法刺激消费者购买。

在成长期，促销目标是吸引消费者购买，培养汽车品牌偏好，继续提高汽车市场占有率，仍然可以以广告为主，但广告内容应突出宣传汽车品牌和汽车特色，同时也不要忽略人员促销和营业推广，以强化产品的市场优势，提高市场占有率。

在成熟期，促销目标是战胜竞争对手、巩固现有市场地位，须综合运用促销组合各要素，应以提示性广告和公共关系为主，并辅之以人员促销和营业推广，以提高汽车企业和汽车产品的声誉，巩固并不断拓展市场。

在衰退期，应把促销规模降到最低限度，尽量节省促销费用，以保证维持一定的利润水平，可采用各种销售促进方式来优惠销售汽车存货，尽快处理库存。

3）汽车促销活动方案策划

企业开展促销活动对企业新产品上市、扩大市场份额、解决产品积压库存具有非常重要的意义。在 4Ps 营销理论中(产品 Product、价格 Price、促销 Promotion、渠道 Place)，促销是企业营销过程中非常重要的一环。美国 IBM 公司创始人沃森(T. J. Watson)说过："科技为企业提供动力，促销则为企业安上了翅膀。"如何扩大企业的产品销售，提高企业的销售力，对企业来说是一个十分重要的课题。一个合适的工作流程，能避免工作的随意性和盲目性，提高工作的效率和效果。一般来说，促销活动须遵循以下 8 个步骤：

第一步：确定促销活动的目的、目标。确定促销活动的目的和目标是为整个促销活动确定一个总体构想，为以后的工作计划、方案创意、实施和控制、评估促销效果提供一套标准和依据。没有目的和目标，促销活动就不能做到"有的放矢"，以后的所有促销活动将会失去方向，成为"无头苍蝇"。一般来说，促销的主要目标包括新产品上市、扩大市场份额和清理库存三种。

第二步：进行资料收集和市场研究。"没有调查就没有发言权"，调研工作的重要性不言而喻，然而很多促销方案不是在调查研究的基础上设计的，但促销活动的成功和失败不能只靠碰"运气"。促销活动的市场研究应该着重在三个方面：市场促销环境，竞争对手的促销策略及促销方案和顾客的消费心理、消费行为。促销调研方法一般是有直接调研和间接调研两种。直接调研就是通过实地观察统计、问卷调查、直接访问等方法收集第一手资料；间接调研一般是通过查阅文献、调查报告等方法收集第二手资料。促销调研最终要形成书面的调查报告，为以后的促销创意、方案设计等提供依据。

第三步：进行促销创意。好的促销创意是促销成功的一半。在市场促销环境、竞争对手促销策略和方案、消费者心理和行为研究的基础上，企业需提供具有针对性、能够吸引消费者兴趣、激发消费者购买冲动且便于操作的创意。总的来说，创意具有新、奇、特、简这四个特点。促销创意一般包括选择适当的促销工具、确定促销主题等内容。而创意方法是促销策划的前提，创意方法有多种，在此介绍两种常用的创意方法：

① 超序联想相干法。所谓"超序联想相干法"，就是打破所有的物质和事实的时间序、空间序、功能序的界限，通过大脑的联想、假设把任意事物的任何元素进行相干；简单地

说，就是把那些看似风马牛不相及或水火不相容的事物通过联想、假象、超想等，使它们联系起来，从而得出无穷的创意来。

② 拉线相干法。所谓“拉线相干法”，就是在确立一个问题点后，以此为中心分解拉出许多不同方向的各种变量坐标，而每一变量坐标又可以不断分解设置下去，然后用坐标点与坐标点相干、线线相干或面面相干、体体相干的办法以求寻找到新的创意。

第四步：编写促销方案。促销方案又称为“促销策划书”，是实施促销活动的指导性文件，促销活动必须严格按照促销方案执行。促销方案一般包括：促销活动的目的；促销活动的主题；促销活动的宣传口号或广告词；促销活动的时间、地点；促销活动的内容；执行促销活动的人员；促销活动准备物资清单；促销经费预算；促销活动注意事项等。促销方案编写要尽可能周全、详细、具体，因为越详细具体，越便于操作实施。

第五步：试验促销方案。很多促销活动没有试验这道程序，促销创意、方案一旦制定，直接拿到市场上操作，这样一来，一旦失败，损失将很难弥补。所以，为了降低促销活动失败所带来的损失，这一程序必不可少。那么，如何进行试验呢？通常的做法是在一个比较小的市场上进行短期操作试验一次，或者是由公司内部一些专家(营销经理、一线市场人员等)对这次促销活动各个方面的问题进行质疑答辩。

第六步：改进完善促销方案。改进完善促销方案是指对促销活动试验进行总结，对促销方案不妥或不完善的地方进行修改，或者完全放弃促销方案另做促销方案(一般而言，编写促销活动创意宜在 3 个左右，以备选择)。

第七步：推广实施促销方案。促销活动方案在通过试验改进完善之后，进入正式推广实施阶段。在这个阶段，要注意严格按照促销方案和预算执行。促销活动负责人主要职责是监督、指挥、协调和沟通。

第八步：总结评估促销方案。在活动过程中或完成后，参与促销活动的人员要对该次促销活动进行总结、评估。总结评估的主要内容是活动的目的、目标有没有达到？经费预算执行得如何？促销活动组织突发了什么事件，如何处理？是什么原因？如何才能避免问题的出现？促销活动评估总结同样要形成完整的书面报告，为下次进行促销活动做参考。

4.4.2 汽车促销组合分析

1. 汽车人员促销

1) 人员促销的定义

人员促销，也称“人员推销”，是指企业通过派出销售人员，与一个或一个以上可能成为购买者的人交谈，作口头陈述，以推销商品，促进和扩大销售。人员促销是销售人员帮助和说服购买者购买某种商品或劳务的过程。

【典型案例】

世界第一推销员——乔吉拉德

有一个人请教世界第一名的推销员，问他成功的秘诀，这个推销员说：“我不告诉你，假如我告诉你的话，那我又多了一个竞争对手。”

直到退休时，他才接受邀请，分享他的成功秘诀。结果，那天一共有 2500 名业务员来听他的演讲。台下掌声雷动，经久不息。这时他把手一挥，所有的灯都灭了，突然在一秒钟之后，亮起了一盏灯。这盏灯对着一扇门，四名大力士和一匹马弄来了一个很大很大的铁球，然后又有一个人拿来一把大铁锤放在台上。台下有很多人都在纳闷，不知那跟推销有什么关系。这时他开始发问："请问台下有哪一位可以把这个铁球移动？"台下有一个人说："我劈开过坚硬的木板，我很有能力，我有信心，请让我来试一下。"那人就上台用大铁锤猛敲一下，结果"砰"的一声，大铁球一点没动，他自己却因反弹，手掌都被震麻了。然后自告奋勇又陆续上来三四个人，他们一打就弹掉，铁球就是纹丝不动。这时全场哗然，他们都傻了：怎么可能这么用力敲，那个铁球却纹丝不动呢？这时，世界第一名的推销员说："现在就让我来教你们怎样成为世界第一名，怎样让这个铁球移动！"接着，他就拿他的小指头对着这个铁球戳了一下，过5秒又对着铁球戳一下，就这样每隔5秒对着铁球戳一下。过了5分钟，铁球没有动，而台下的人却很生气。他们心想：噢！原来你是通过"坑蒙拐骗"而取得成功的。然而他不管台下出现什么反应，依然每隔5秒钟就戳一下大铁球。到了第20分钟的时候，铁球仍然没有动，台下很多人由于太生气就纷纷离开了会场，这时会场只剩下了500人。不管台下怎么抗拒，怎么排斥，怎么拒绝，怎么反应，他还是每隔5秒钟就继续戳一下。

到了第40分钟时，铁球只有一点点的晃动，可是到了第50分钟时，铁球就"轰、轰、轰"地越晃越大。这时，台下剩下的500人开始猛烈的鼓掌，他们都说："太厉害了，这简直不可思议，铁球怎么可能会移动呢？"

他就开始问："现场哪位可以上场来把这个铁球停住？"台下的人都说："不行，不行，不可能把这个大铁球停下来，这是不可能的事情！"世界第一名的推销员就说："这就是我成功的秘诀，我每天拜访顾客，他们拒绝我，他们给我脸色看，他们骂我；我每天坚持拜访顾客，他们再拒绝我；我每天继续拜访顾客。你看，现在当我成功时，他们是挡都挡不住的。"

2）人员促销的特点

（1）具有针对性。与顾客的直接沟通是人员促销的主要特征。由于双方是直接接触，相互间在态度、气氛、情感等方面都能捕捉和把握，有利于销售人员有针对性地做好沟通工作，解除各种疑虑，引导购买欲望。

（2）具有有效性。人员促销的又一特点是提供产品实证，销售人员通过展示产品，解答质疑、指导产品使用方法，使目标顾客能当面接触产品，从而确信产品的性能和特点，易于引发消费者的购买行为。

（3）密切买卖双方的关系。销售人员与顾客直接打交道，交往中会逐渐产生信任和理解，加深双方感情，建立起良好的关系，容易培育出忠诚的顾客，稳定企业的销售业务。

（4）信息传递的双向性。在推销过程中，销售人员一方面把企业信息及时、准确地传递给目标顾客，另一方面把市场信息、顾客（客户）的要求，以及意见、建议反馈给企业，为企业调整营销方针和政策提供依据。

★ 小思考

有人说："推销将走向死亡。"你认为这句话有没有道理？你的观点是什么？

3）人员促销的缺点

企业采用人员促销策略不仅要招收大量的人员，而且还会受到时间、气候、地理环境等诸多因素的影响。人员促销的缺点主要有两个：

（1）费用支出较大。由于人员推销直接接触的顾客有限，销售面窄，人员推销的开支较多，增大了产品销售的成本。

（2）对推销人员要求较高。人员推销的成效直接取决于推销人员素质的高低，尤其随着科技的发展，新产品层出不穷，对推销人员的要求越来越高。

4）人员促销的形式

（1）上门推销。上门推销是最常见的人员推销形式，它是由推销人员携带产品样品、说明书和订单等走访顾客，推销产品。这种推销形式可以针对顾客的需要提供有效的服务，方便顾客，故为顾客广泛认可和接受。

（2）柜台推销。柜台推销又称“门市”，是指企业在适当地点设置固定门市，由营业员接待进入门市的顾客，推销产品。门市的营业员是广义的推销员。柜台推销与上门推销正好相反，它是等客上门式的推销方式。由于门市里的产品种类齐全，能满足顾客多方面的购买要求，为顾客提供较多的购买方便，并且可以保证产品完好无损，故顾客比较乐于接受这种方式。

（3）会议推销。会议推销是指利用各种会议向与会人员宣传和介绍产品，开始推销活动。譬如，在订货会、交易会、展览会、物资交流会等会议上推销产品。这种推销形式接触面广、推销集中，可以同时向多个推销对象推销产品，成交额较大，推销效果较好。

（4）电话推销。电话推销是推销人员通过电话向潜在客户展示产品或服务，以达到获取订单、成功销售的目的。这种方法在用以联系距离较远的顾客或为现有顾客服务方面有一定的优势，因为推销人员可以坐在办公室里开展业务，扩大销售，减少出差和旅行方面的费用。

（5）网络推销。网络推销是指利用互联网技术和平台构建基于网络的虚拟市场，向目标顾客开展产品或服务销售的经营活动。企业通过互联网，可以开展一系列经营活动，如信息发布、网址推广、销售促进、建立品牌、渠道建设、网上调研和顾客服务等。

5）人员促销的策略

（1）试探性策略，亦称“刺激—反应策略”。这种策略是指促销人员在不了解客户需要的情况下，事先准备好要说的话，对客户进行试探，同时密切注意对方的反应，然后根据反应进行说明或宣传。

（2）针对性策略，亦称“配合—成交策略”。这种策略的特点是促销人员事先基本了解客户的某些方面的需要，然后有针对性地进行“说服”，当讲到“点子”上引起客户共鸣时，就有可能促成交易。

（3）诱导性策略，也称“诱发—满足策略”。这是一种创造性推销，即促销人员首先设法引起客户需要，再说明所推销的这种服务产品能较好地满足这种需要。这种策略要求推销人员有较高的推销技术，在“不知不觉”中成交。

6）人员促销的技巧

（1）上门推销的技巧。上门推销的技巧具体有以下几种：

① 找好上门对象。促销人员可以通过商业性资料手册或公共广告媒体寻找重要线索，也可以到商场、门市部等商业网点寻找客户名称、地址、电话、产品和商标。

② 做好上门推销前的准备工作，尤其要对产品、服务的发展状况和内容材料要十分熟悉、充分了解并牢记，以便推销时有问必答，同时对客户的基本情况和要求应有一定的了解。

③ 掌握“开门”的方法，即促销人员要选好上门时间，以免吃“闭门羹”，可以采用电话、传真、电子邮件等手段事先交谈或传送文字资料给对方并预约面谈的时间、地点；也可以采用请熟人引见、名片开道、与对方有关人员交朋友等策略，以赢得客户的欢迎。

④ 把握适当的成交时机。促销人员应善于体察顾客的情绪，在给客户留下好感和信任时，抓住时机发起“进攻”，争取签约成交。

⑤ 学会推销的谈话艺术。

（2）洽谈的技巧。促销人员首先应注意自己的仪表和服饰打扮，给客户一个良好的印象；同时，言行举止要文明、懂礼貌、有修养，做到稳重而不呆板、活泼而不轻浮、谦逊而不自卑、直率而不鲁莽、敏捷而不冒失。在开始洽谈时，推销人员应巧妙地把谈话转入正题，做到自然、轻松、适时。可采取以关心、赞誉、请教、炫耀、探讨等方式入题，顺利地提出洽谈的内容，以引起客户的注意和兴趣。在洽谈过程中，推销人员应谦虚谨言，注意让客户多说话，认真倾听，表示关注与兴趣并做出积极的回应。遇到障碍时，要细心分析，耐心说服，排除疑虑，争取推销成功。在交谈中，语言要客观、全面，既要说明优点所在，也要如实反映缺点，切忌高谈阔论、“王婆卖瓜”，让客户反感或不信任。洽谈成功后，推销人员切忌匆忙离去，这样做会让对方误以为上当受骗了，从而使客户反悔违约。应该用友好的态度和巧妙的方法祝贺客户做了笔好生意，并指导对方做好合约中的重要细节和其他一些注意事项。

（3）排除推销障碍的技巧。排除推销障碍的技巧有以下几种：

① 排除客户异议障碍。若发现客户欲言又止，自方应主动少说话，直截了当地请对方充分发表意见，以自由问答的方式真诚地与客户交换意见。对于一时难以纠正的偏见，促销人员可将话题转移，对恶意的反对意见，可以“装聋扮哑”。

② 排除价格障碍。当客户认为价格偏高时，促销人员应充分介绍和展示产品、服务的特色和价值，使客户感到“一分钱一分货”；对低价的看法，应介绍定价低的原因，让客户感到物美价廉。

③ 排除习惯势力障碍。促销人员实事求是地介绍客户不熟悉的产品或服务，并将其与他们已熟悉的产品或服务相比较，让客户乐于接受新的消费观念。

★ 小思考

每天坚持与 10 个陌生人聊天，事后记录聊天的时长、主题，以及聊天感觉是否良好。你能做到吗？

2. 汽车广告促销

1）广告的定义

广告即“广而告之”之意。广告作为一种传递信息的活动，是企业在促销中应用最多的促销方式、营销手段，它以促进销售为目的，需要付出一定的费用，通过特定的媒体传播商品或劳务等有关经济信息的大众传播活动。

汽车广告的立足点是企业，做广告是企业向广大消费者宣传其产品用途、产品质量，以及展示企业形象的商业手段。在这种商业手段的运营中，企业和消费者都将受益。企业靠广告推销产品，消费者靠广告指导自己的购买行为。不论是传统媒介还是网络传播，带给人们的广告信息为人们提供了非常方便的购物指南。因此，在当前的信息时代，我国的汽车企业应运用多种媒体做广告，宣传本企业的产品，否则会贻误时机。

【典型案例】

丰田汽车广告风波

为新品刊登广告是再平常不过的事了，曾经，一汽丰田汽车公司为了推广三款新车，于是在全国公开招标广告公司，最后，美资背景的盛世长城广告公司在5家公司中脱颖而出，为丰田三款车代理平面和电视广告。然而，两则“霸道”和“陆地巡洋舰”的广告，却引发了“丰田问题广告”风波。两则广告中，争议最大的是“霸道”的广告。画面上，“霸道”越野车威武地行驶在路上，而两只石狮蹲坐路旁，一只挺身伸出右爪向“霸道”车作行礼状，另一只则低头作揖。配图的广告语写道:“霸道，你不得不尊敬。”另一则“陆地巡洋舰”广告的画面是：在可可西里无人区的崎岖山路上，一辆丰田“陆地巡洋舰”迎坡而上，后面的铁链上拉着一辆笨重的、军绿色的、看似“东风”的大卡车。在画面左侧，还挂着追捕盗猎者所用的军大衣、冲锋枪等。看到这两则广告后，立即有人在网上留言，表示了疑义和愤怒，认为石狮在我国有着极其重要的象征意义，代表权利和尊严，丰田广告用石狮向“霸道”车敬礼、作揖，极不严肃。更有网友从石狮联想到卢沟桥的狮子，并认为“霸道，你不得不尊敬”的广告语太过霸气，有商业征服之嫌，损伤了中华民族的感情。而对于“陆地巡洋舰”的广告，网友也认为，用丰田车拉着看似“东风”的大卡车跑，有贬低中国落后之嫌。

2）广告的特点

广告不同于一般大众传播和宣传活动，其特点主要表现在：

(1) 广告是一种传播工具，是将某一项商品的信息，由这项商品的生产或经营服务机构传送给一群用户和消费者。

(2) 做广告需要付费。广告的受众范围越大，企业成本则越高。

(3) 广告进行的传播活动是带有说服性的。

(4) 广告是有目的、有计划的，是连续的。

(5) 广告不仅对广告主有利，而且对目标对象也有好处，它可使用户和消费者得到有用的信息。

3）广告构成的要素

(1) 以广告活动的参与者为出发点。广告构成要素有：广告主，广告公司，广告媒体，广告信息，广告思想和技巧，广告受众，广告费用及广告效果。

(2) 以大众传播理论为出发点。广告构成要素主要包括：广告信源、广告信息、广告媒介、广告信宿等要素。

4）广告的作用

汽车广告是汽车企业用以对目标消费者和公众进行说服性传播的工具之一。汽车广告要体现汽车企业和汽车产品的形象，从而吸引、刺激、诱导消费者购买该品牌汽车。其具体作用在于：

（1）建立知名度。汽车企业通过各种媒介的组合，向汽车消费者传达新车上市的信息，吸引目标消费者的注意。汽车广告宣传可避免促销人员向潜在消费者描述新车时花费大量时间，从而快速建立知名度，迅速占领市场。

（2）促进理解。新车具有新的特点，汽车企业通过广告，可以向目标消费者有效地传递新车的外观、性能和使用等方面的信息，引发他们对新车的好感和信任，激发其进一步了解新车的兴趣。

（3）有效提醒。如果潜在消费者已了解了这款新的车型，但还未准备购买，广告能不断地提醒他们，刺激其购买欲望，这比人员促销要经济得多。

（4）再保证。广告能提醒消费者如何使用、维修、保养汽车，为他们再度购买提供保证。

（5）树立企业形象。用户在购买汽车这种高档耐用消费品时，十分重视企业形象(包括信誉、名称、商标等)，广告可以提高汽车生产企业的知名度和美誉度，扩大其市场占有率。

5）汽车广告的目标

制定汽车广告策略的第一步是确定汽车广告目标。汽车广告目标是指企业在一个特定时期内，对某个特定的公众所要完成的特定的传播任务。这些目标必须服从先前制定的有关汽车目标市场选择、汽车市场定位和汽车营销组合等的决策。汽车广告按其目标可分为通知性、说服性和提醒性三种广告。

（1）通知性广告。通知性广告主要用于汽车新产品上市的开拓阶段，旨在为汽车产品建立市场需求。例如，日本丰田汽车公司在早期进入中国市场时，打出的“车到山前必有路，有路必有丰田车”广告，就是这种类型的广告。需要指出的是，当时这句广告词得到很多消费者的认可，为丰田汽车企业带来了市场价值，但时至今日，这句广告词也受到很多中国消费者的质疑。

（2）说服性广告。说服性广告主要用于竞争阶段，目的在于建立对其某一特定汽车品牌的选择性需求。在使用这类广告时，企业应确信能证明自己处于宣传的优势，并且不会遭到更强大的其他汽车品牌产品的反击。例如，宝来汽车广告语“驾驶者之车，快并快乐着”，突出了该汽车产品的优势，且朗朗上口。

（3）提醒性广告。提醒性广告用于汽车产品的成熟期，目的是保持消费者对该汽车产品的记忆。例如，上海大众仍经常为已经处于成熟期的别克君威轿车做广告，提醒消费者对别克君威轿车的注意。

6）汽车广告的形式及优缺点比较

汽车广告媒体的种类较多，有传统类型的，也有现代型的，企业在选择广告媒体时，不仅要考虑广告媒体传播效率，还要考虑到企业的实力。各种广告媒体的优缺点对比，如表 4-6 所示。

表 4-6 各种广告媒体的优缺点比较

媒体种类	优点	缺点
电视	受众范围广、既有图像又有声音、形象生动、感染力强、市场反应快、深入家庭	成本高、时间较短、应变性差
报纸	灵活、及时、信息容量大、说明性强、针对性较强	生命周期短、印刷质量欠佳、读者层面有一定的局限性
广播广告	传播速度快、制作方便、能互动营销效果、广告成本低	生命周期短、单一的声音信息、缺乏形象性
杂志广告	目标对象非常明确、生命周期较长、印刷精美，吸引力强、内容多、容量大	出版周期较长、时效性较差、影响面不广
户外广告	户外媒介是长期性媒介，广告信息的到达率和暴露频次比较高，简洁明快，主题鲜明，形象性很强	广告信息的容量有限，只适宜做形象广告
销售点广告	利于营造销售现场气氛、制作精良、产品介绍突出	设计要求高、竞争者过多而削弱了效果
赠品广告	吸引力强、生命周期也长	成本居高不下、广告信息容量有限，一般只表明企业名称
印刷品广告	印刷精美，广告信息量大、派发方式灵活多样	广告效果越来越差、较容易引起消费者反感

7）常见的汽车广告策略

（1）生活信息广告策略。这主要是针对理智购买的消费者而采用的广告策略。这种广告策略借助类似新闻报道的手法，让消费者能够马上获得有益于生活的信息。

（2）塑造企业形象广告策略。一般来说，这种广告策略适合于老厂、名厂的传统优质名牌产品。这种广告策略主要是强调企业规模的大小及其历史性，从而诱使消费者依赖其商品服务形式；也有的是针对其产品在该行业同类产品中的领先地位，为在消费者心目中树立领导者地位而采取的一种广告策略。

（3）象征广告策略。这种广告策略主要是为了调动心理效应而制定的。企业或商品通过借用一种东西、符号或人物来代表商品，以此种形式来塑造企业的形象，给予人们情感上的感染，唤起人们对产品质地、特点、效益的联想。同时，由于把企业和产品的形象高度概括和集中在某一象征上，能够有益于记忆，扩大影响。

（4）承诺式广告策略。这是企业为使其产品赢得用户的依赖而在广告中做出某种承诺式保证的广告策略。值得提出的是，承诺式广告的应用，在老产品与新产品上的感受力度和信任程度有所不同。承诺式广告策略的真谛是：所作出的承诺，必须确实能够达到。否则，就变成更加地道的欺骗广告了。

（5）推荐式广告策略。企业对其商品自卖自夸的保证，未必一定能说服人。于是，就要采用第三者向消费者强调某商品或某企业的特征的推荐式广告策略，以取得消费者的信赖。所以，这种广告策略又可称为“证言形式”。对于某种商品，专家权威的肯定、科研部门的鉴定、历史资料的印证、科学原理的论证，都是一种很有力的证言，可以产生“威信效应”，从而导致信任。在许多场合，人们产生购买动机，是因为接受了有威信的宣传。

(6) 比较性广告策略。这是一种针对竞争对手而采用的广告策略，即是将两种商品同时并列，加以比较。欧美一些国家的广告较多运用这种策略。“不怕不识货，就怕货比货”，比较，可以体现产品的特异性能，是调动信任的有效方法。比较的方法主要包括功能比较、革新对比和品质对比三种。

(7) 打击伪冒广告策略。这是针对伪冒者而采取的广告策略。鉴于市场上不断出现伪冒品，为避免鱼目混珠，维护企业名牌产品的信誉，就需在广告中提醒消费者注意其名牌产品的商标，以防上当。

(8) 人性广告策略。这是把人类心理上变化万千的感受加以提炼和概括，结合商品的性能、功能和用途，以喜怒哀乐的情感在广告中表现出来。其最佳的表现手法是塑造消费者使用该产品后的欢乐气氛，通过表现消费者心理上的满足，来保持该产品的长期性好感。

(9) 猜谜式广告策略。猜谜式广告策略，即不直接说明是什么商品，而是将商品渐次地表现出来，让消费者好奇而加以猜测，然后一语道破。这种策略适宜于尚未发售之前的商品。猜谜式广告策略看起来似乎延缓了广告内容的出台时间，其实却延长了人们对广告的感受时间。通过悬念的设置，原来呈纷乱状态的顾客心理指向，在一定时间内围绕特定对象集中起来，为顾客接受广告内容创造了比较好的感受环境和心理准备，为顾客以后更有效地接受广告埋下了伏笔。

(10) 如实广告策略。这是一种貌似否定商品，实则强化商品形象、争取信任的广告策略。这与竭力宣传本商品各种优点，唯恐人不信的广告有很大区别。如实广告就是针对消费者不了解商品的情况，如实告诉消费者应当了解的情况。

★ 小思考

请你仔细看一则汽车电视或网络广告，指出此广告的目的属于哪种？又属于什么样的广告策略？为什么企业要采用这种目的和策略？

3. 汽车营业推广

1) 营业推广的定义

营销推广又称“销售促进”，是指那些不同于人员推销、广告和公共关系的销售活动，旨在激发消费者购买和促进经销商的效率，诸如陈列、车展与展览表演和许多非常规的、非经常性的销售尝试。

2) 营业推广的作用

(1) 可以吸引消费者购买。这是营业推广的首要目的，尤其是在推出新产品或吸引新顾客方面，由于营业推广的刺激比较强，较易吸引顾客的注意力，使顾客在了解产品的基础上采取购买行为，也可能使顾客追求某些方面的优惠而使用产品。

(2) 可以奖励品牌忠实者。因为营业推广的很多手段，譬如销售奖励、赠券等通常都附带价格上的让步，其直接受惠者大多是经常使用本品牌产品的顾客，从而使他们更乐于购买和使用本企业产品，以巩固企业的市场占有率。

(3) 可以实现企业营销目标。这是企业的最终目的。营业推广实际上是企业让利于购买者，可以使广告宣传的效果得到有力的增强，破坏消费者对其他企业产品的品牌忠实度，从而达到本企业产品销售的目的。

3）营业推广的不足

(1) 影响面较小。它只是广告和人员销售的一种辅助的促销方式。

(2) 刺激强烈，但时效较短。它是企业为创造声势获取快速反应的一种短暂的促销方式。

(3) 顾客容易产生疑虑。过分渲染或长期频繁使用，容易使顾客对卖者产生疑虑，反而对产品或价格的真实性产生怀疑。

4）营业推广的类型

营业推广是运用较多的一种市场推广方式，推广的对象主要包括面向消费者、面向中间商和面向内部员工三种。

(1) 面向消费者的营业推广方式。随着现代市场经济的发展，汽车产品面向消费者的营业推广也是多种多样，花样层出不穷，目前存在的主要方式有以下几种：

① 分期付款。由于汽车的价格相对高，对于很多普通消费群体来说，要一次性全额支付较为困难。因此，世界各汽车公司都有分期付款业务，甚至有的汽车经销商为吸引消费者而打出“零利息”贷款购车业务。

② 租赁销售。租赁销售即以租代售的方式。汽车租赁销售是指承包方向出租方定期交纳一定的租金，以获得汽车使用权的一种消费方式。

③ 优惠券。在活动开始之前，汽车企业通过各种手段将优惠券送至有意向的客户手中，凡是持有汽车购买优惠券的客户，可以在购买特定车型的时候享受到代金券的作用，从而减少一部分货款。

④ 降价补偿。汽车商家承诺在某个时间段内绝不降价，若是在该时间段内降价了，消费者可以得到降价的部分补偿。

⑤ 汽车置换业务。汽车置换是消费者用二手车的评估价值加上另行支付的车款从品牌经销商处购买新车的业务。由于参加置换的厂商拥有良好的信誉和优质的服务，其品牌经销商也能够给参与置换业务的消费者带来信任感和更加透明、安全、便利的服务，所以现在越来越多想换新车的消费者希望尝试这一新兴的业务。

⑥ 免费试车。免费试车是指汽车厂商或经销商邀请消费者免费试开新车，消费者通过体验从而激发购车的欲望，最终达成交易。

⑦ 附送赠品。附送赠品是指企业通过营销活动，针对购买汽车的消费者，提出“购买汽车，送某某商品”，常见的赠品有车载导航、车上四件套和加装脚踏板等。

⑧ 使用奖励。企业为了提升汽车产品的关注度或销售量，往往采用一些非常规手段奖励本汽车品牌的用户，这些奖励包括物质奖励和精神奖励。如一汽大众开展的“寻找捷达之家”活动。

(2) 面向中间商的营业推广方式。具体来说，这一推广方式包括以下几种方法：

① 批发回扣。企业为鼓励大型汽车经销商多购进自己的产品，在某一时期内给经销本

企业产品的汽车经销商加大回扣比例。

② 推广津贴。企业为鼓励汽车经销商购进市场反应不太好的车型，帮助企业推销产品，可以支付给汽车经销商一定的推广津贴。

③ 销售返点。根据各个汽车经销商销售本企业产品的实绩，实行一定的任务制，对于完成情况的不同，分别制定不同的利润返点规则，以起到激励的作用。这些奖励可以是现金奖、实物奖、免费旅游和度假奖等。

④ 扶持小型汽车经销商。生产商对经销商专柜的装潢予以资助，提供 POP 广告，以强化销售网络，促使销售额增加；可派遣厂方信息员或代培销售人员。其目的就是提高中间商推销本企业产品的积极性和能力。

(3) 面向内部员工的营业推广方式。这种推广方式主要是针对企业内部的销售人员，鼓励他们热情推销产品或处理某些老产品，或促使他们积极开拓新市场。一般可采用的方法有：销售竞赛、免费提供人员培训、技术指导等。

5) 营业推广的步骤

(1) 确定推广目标。营业推广目标的确定，就是要明确推广的对象是谁，要达到的目的是什么。只有知道推广的对象是谁，才能有针对性地制定具体的推广方案，例如：提升顾客忠诚度的目的，鼓励大批量购买的目的等。

(2) 选择推广工具。营业推广的方式方法很多，但如果使用不当，则会适得其反。因此，选择合适的推广工具是取得营业推广效果的关键因素。企业一般要根据目标对象的接受习惯和产品特点，以及目标市场状况等来综合分析选择推广工具。

(3) 推广的配合安排。营业推广要与促销组合的其他方式如广告、人员销售等整合起来，相互配合，共同使用，从而形成营销推广期间的更大声势，取得单项推广活动达不到的效果。

(4) 确定推广时机。营业推广的市场时机选择很重要，如周期性购车规律、节日、礼仪产品，必须在相关时机前做营业推广，否则就会错过了时机。

(5) 确定推广期限。确定推广期限即营业推广活动持续时间的长短。推广期限要恰当，过长，消费者的新鲜感会丧失，产生不信任感；过短，则一些消费者还来不及接受营业推广的实惠。

(6) 确定推广预算。企业在实行营业推广前，需要根据自身人力、物力、财力等条件，结合产品销售前景及市场动态，充分做好推广预算，可起到控制成本的作用。

★ 小思考

请你收集一个汽车品牌参加车展的主要内容，包括车展的主题、时间、地点、内容等，并分析该品牌的车展设计、车展宣传以及车展过程中的优缺点，然后根据实际情况提出改进意见。

4. 汽车公共关系促销

1) 汽车公共关系的定义

公共关系是指汽车企业为改善与社会公众的关系，促进公众对汽车企业的认识、理解及支持，达到树立良好企业形象、促进汽车商品销售目的等的一系列公共活动。

【典型案例】

宝马在亚洲市场的目标主要是加强自身的形象，并赋予宝马的顾客一种价值。为了能够有效地接触到自己的用户群，宝马采用不同的沟通管道，包括广告、直销、项目策划，以及公共关系的建立。综合各种不同的管道为宝马创造了与顾客接触的机会，传达了许多不同的讯息，这项策略反过来帮助宝马建立起正面的形象。此外，宝马还对一些特别锁定的目标用户开展了一些特别的项目策划，如：每月定期与某些主要的新闻记者聚会；与一些媒介代表探讨车子的功能；与特别目标用户群尝试七系列的宝马，进口商主动提供一些社交及文化活动；资助一些现有和固定的活动，如运动、社交和文化等。如此种种，都与宝马不遗余力地走好公共关系是分不开的。

（资料来源：http://auto.mnw.cn）

2）汽车公共关系的特点

（1）真实性。公共关系传播的促销信息，或借助于事实本身，让人耳闻目睹；或通过他人之口，传播给受众群体，可起到事半功倍的效果。公共关系可以巧妙避开人员促销、广告等手段的“自卖自夸”之嫌，能够突破公众及顾客的防范戒备心理，易于深入人心，效果持久。

（2）广泛性。公共关系的对象为公众，涉及的范围相当广泛，既有企业外部的公众，包括消费者、经销商、供应商、政府有关部门、新闻媒体等，还包括企业内部公众，如企业员工和职能部门等。这些公众都对企业的生存和发展有着极为重要的影响力。

（3）亲切感。公共关系传播的信息，重在表现企业的“人情味”和社会责任心，创造企业经营“取之于民，用之于民”的公共形象，迎合了公众与顾客的感情，更利于买卖双方之间建立长期合作关系，发展友好往来，形成顾客对企业、品牌的高度向心力。

（4）新鲜感。公共关系充分利用事件的新颖独特性，又富于戏剧性和情节性，容易吸引视听，产生良好的社会反响。

3）汽车公共关系促销的作用

（1）建立知晓度。公共关系利用媒体来讲述一些情节，吸引公众对汽车产品的兴趣。如在上海通用赛欧的诞生过程中，企业便充分利用了媒体宣传和各种公关活动来吸引目标消费者对该车的注意力。

（2）建立可信性。如有必要，公共关系可通过社论性的报道来传播信息以增加可信性。例如，“一汽汽车质量万里行”的报道，获得了公众的认可和信任，提高了企业的形象。

（3）刺激销售人员和经销商。公共关系有助于提高销售人员和经销商的积极性。新车投放市场前先以公共宣传的方式披露，便于经销商将新车促销给消费者。

（4）降低促销成本。公共关系的成本比广告的成本要低得多，促销预算少的企业，适宜较多地运用公共关系，以便获得更好的宣传效果。

4）汽车公共关系活动的方式

公共关系活动的方式是指以一定的公关目标和任务为核心，将若干种公关媒介与方法有机地结合起来，形成一套具有特定公关职能的工作方法系统。按照公共关系的功能不同，公共关系的活动方式可分为五种：

（1）宣传性公关。这种公关方式是运用报纸、杂志、广播、电视等各种传播媒介，采用

撰写新闻稿、演讲稿、报告等形式，向社会各界传播汽车企业有关信息，以形成有利的社会舆论，创造良好的气氛，其传播面广，推广汽车企业形象效果较好。

(2) 征询性公关。这种公关方式主要是通过开办各种咨询业务、制订调查问卷、进行民意测验、设立热线电话、聘请兼职信息人员、举办信息交流会等各种形式，连续不断地努力，逐步形成效果良好的信息网络，再将获取的信息进行分析研究，为汽车经营管理决策提供依据，为社会公众服务。

(3) 交际性公关。这种方式是通过语言、文字的沟通，为汽车企业广结良缘，巩固传播效果。可采用宴会、座谈会、招待会、谈判、专访、慰问、电话、信函等形式。交际性公关具有直接、灵活、亲密、富有人情味等特点，能深化交往层次。

(4) 服务性公关。服务性公关就是汽车企业通过各种实惠的服务，以行动去获取公众的了解、信任和好评，以实现既有利于汽车促销又有利于树立和维护汽车企业形象与声誉的活动。汽车企业可以以各种方式为公众提供服务，如消费指导、消费培训、免费修理等。事实上，只有把服务提到公关这一层面上来，才能真正做好服务工作，也才能真正把公关转化为汽车企业的全员行为。

(5) 社会性公关。社会性公关是汽车企业通过赞助文化、教育、体育、卫生等事业，支持社区福利事业，参与国家、社区重大社会活动等形式来塑造汽车企业的社会形象，提高汽车企业的社会知名度和美誉度的活动。这种公关方式公益性强，影响力大，但成本较高。

【典型案例】

热点事件营销　雾霾给沃尔沃带来的商机

2013年以来，全国大范围地区出现了雾霾天气。有医学专家指出，雾霾天气的持续出现将会大大增加呼吸道疾病和肺癌的发病率。此言一出，具有过滤有毒物质的PM2.5口罩销量立马走俏，消费者对于雾霾的恐惧心理由此可见一斑。而素以“环保”著称的沃尔沃汽车便从雾霾天气中嗅到了商机。

“开门是北京，关门是北欧”成为沃尔沃针对雾霾天气的营销口号。为了证明车内空气质量的安全，沃尔沃邀请权威机构测试了其车内的PM2.5浓度并展示给消费者，然后趁机引出其车内空气质量管理的理念，包括了对外部空气质量的控制、内饰物排放控制、整车气味管理、材料使用与接触过敏源管理等的系统介绍。利用消费者对于雾霾天气的担忧宣传清洁空气的理念，沃尔沃可谓选对了时机。

5) 汽车公共关系的基本策略

汽车企业公共关系的策略可分为3个层次：一是公共关系宣传，即通过各种传播媒介向社会公众进行宣传，以扩大企业的影响；二是公共关系活动，即通过支持和组织各种类型的社会活动来树立企业在公众心中的形象，以获得观众的好感；三是公共关系意识，即企业营销人员在日常经营活动中所具有的树立和维持企业整体形象的意识。公共关系意识的建立，能使公众在同汽车企业的日常交往中对企业产生深刻的印象。从这个意义上讲，公共关系经常是融于汽车企业的其他促销策略中，同推销、广告、营业推广等手段结合使用，从而使促销的效果得以增强。

具体来讲，汽车企业营销活动中的公共关系通常采用以下手段：

(1) 新闻发布会。当汽车企业在技术上有重大突破，或有新产品问世等重大事件要向外界发布时，企业可以通过广告的方式把信息传递出去，但是由于媒体的费用提高，广告效果下降等因素，人们越来越倾向于利用新闻媒体来发布信息，比如新闻发布会。通过此种方式把企业想传达的信息传达出去，不仅费用低，而且更具有说服力。比如，福特汽车公司的“金全垒打”在上市之前，针对新闻媒体的发布会极具创新性和新闻性，因而引起广泛关注。媒体不但做了图文并茂的介绍，甚至创造了话题，使该新车未上市就先轰动。

(2) 研讨会。汽车企业可以把用户请来召开一些与自己产品应用相关的研讨会，如以某产品或某车型在顾客心目中的印象或如何改进为主题的研讨会。一般把会议地址定在有纪念意义的地方或旅游胜地。企业通过研讨会传达企业信息，能加强与用户的联系，更好地为客户进行服务等。同时也可通过召开一定层次的研讨会树立形象并合理合法地回报用户，如满足用户旅游的需要。

(3) 交流会。交流会与研讨会性质类似，但一般来说规格略低。比如，一些汽车企业把使用者召集在一起，通过交流或竞赛等方式使使用者更好地掌握使用技术，借此达到拉近关系、树立形象、回馈用户的目的。各大汽车公司开展了让顾客自己设计心中理想车的活动，势必引起一股前所未有的购车热潮。

(4) 展览会。这是工业企业采用最多的一种促销方式，即参加行业协会等举办的展览会。汽车行业应充分利用此种方式，举办各式各样的汽车展销会。

(5) 企业峰会。汽车企业可通过发起企业峰会，引起人们的瞩目，树立企业形象。通过企业峰会，行业领导者可以强化领导者形象，而行业追随者可以建立与行业领导者平起平坐的形象。比如，某汽车企业发起一个邀请行业前十大企业参加的峰会，讨论行业市场走向或如何应对入世后的挑战等问题，给公众的感觉是：这必是十大企业之一！

(6) 行业宣言。汽车企业可通过发起行业宣言，引起公众瞩目，树立美好形象。比如宝马公司通过行业自律宣言强调自己是一家发起行业质量保证的企业等。

(7) 意见领袖。汽车企业可通过某种方式，比如赞助行业协会、给某些领导型企业以优厚条件或者聘请业内专家担任企业顾问等形式，使对企业销售有影响力的组织或个人成为意见领袖。另外，企业培养窗口用户的做法也应属于意见领袖，即通过给用户某些特殊待遇，使该用户成为该地区企业产品的展示窗口，用户有义务接受其他用户的参观，并讲解产品的优点。

(8) 顾问用户。公司可聘请对企业发展有影响力的大用户作为自己的顾问，借此树立以用户为中心的企业形象，拉近与用户的关系，同时得到必要的支持。如公司可以把自己的前十大用户聘请为自己的顾问用户，参与公司重大决策或产品研发等。由于产品是在顾问用户参与下开发的，必然比较适合顾问用户，同时由于产品也是顾问用户的“孩子”，他也会主动帮忙推销。

(9) 创造新闻。汽车企业可通过策划，创造有利于企业、公司产品、公司人物的新闻。如某老总大锤砸几十万元的设备以强调企业重视质量等。这要求公关人员不仅要有创造新闻的技巧，而且要与新闻媒体建立良好的关系。

(10) 公众服务活动。汽车企业通过做公益事业树立自身的美好形象，增强人们对公司的好感。

(11) 服务巡礼。汽车企业可通过服务巡礼，树立企业重视服务的形象。比如，企业可在某一重点地区展开阳光服务月活动，如免费维护、免费换机油等。

公共关系对于促进销售的效应不像其他促销手段那样容易立竿见影，而一旦产生效应，其作用将是持久和深远的，对于企业营销环境的根本改善能发挥特殊的效应，是企业促销策略组合中不可忽视的策略。

【阅读资料】

汽车 4S 店“七夕”中国情人节活动营销策划方案

活动时间：某年 8 月 22 日至 23 日

活动地点：山东淄博唯达长齐汽车销售公司(待定)

活动主题：七夕中国情人节

活动名称：全城热恋，HOLD 住爱情

活动促销车型：新捷达、新速腾、迈腾

活动适宜人群：单身男女、情侣、夫妻

活动简介：

当前，都市白领以及时尚青年已经成为这个社会的主体，而他们对车的需求正逐渐增加，在选择自己爱车的同时，更注重汽车的品牌及质量。一汽大众作为汽车行业中的领先者，为更多不同阶段及不同需求层次的顾客开发出了诸多车型，更适合现如今人们的需求。

在“七夕”这个古老而又神秘的传统节日里，一汽大众指定车型促销活动，让那些想购车的年轻朋友找到了动力，让那些还没有购车欲望的朋友产生了向往！

活动背景：

“七夕”情人节对都市中的爱情男女来说充满了神话色彩，七夕情人节才是俊男靓女表达心意的最好时机。各大商家都会做出特别的推广活动，但以往各大商家在情人节期间的促销活动不外乎打折优惠、抽奖等，大都缺乏新意，因此没能达到预期的效果。于是，我们便在此背景下推出了全新的“七夕”活动，以求能够带来一定的市场效应。

活动目的：

1. 通过此次活动，扩大唯达长齐汽车销售公司在淄博地区的影响力，使其成为淄博汽车行业里的佼佼者。

2. 通过本次活动，让年轻人更了解一汽大众汽车理念，更了解中国传统节日，增强消费者对企业的形象认知。

3. 通过此次活动造成一定的市场效应，借助各媒体的宣传，扩大本公司在淄博的社会影响力，进一步拓展本企业的宣传渠道。

4. 通过活动聚集人气，激发顾客的购车欲望，从而把产品卖出去，使商家达到“只出一分钱，获得百分利”的市场效应。

活动主办方：

山东淄博唯达长齐汽车销售公司是山东地区最大的一家销售一汽大众品牌的汽车销售公司，主营车型包括：速腾、捷达、迈腾、宝来、高尔夫、一汽大众 CC 等。唯达长齐一直以推广一汽大众品牌车型和品牌文化为己任。

活动内容：

1. 爱情大放送

凡在活动当天到淄博维达长齐汽车销售公司展厅参加活动的顾客，我们都会送上一份精美的“爱情大礼包”。礼包发送按照单身、情侣、夫妻来发放，内容不一。

单身：单身杯，单身T恤等。

情侣：情侣衫，情侣杯，情侣手机外壳等；

夫妻：夫妻枕，夫妻夏凉被等。

2. 购车打折再优惠

在促销活动日期内，预定或者现场购买本次活动促销的车型，可参加"幸福百宝箱"抽奖活动，最高奖项可获得价值3000元购车优惠现金券一张！

奖品设置：

一等奖1名，价值3000元购车优惠现金券一张，可到店领取，不可兑换现金，不可用于商业交易，只限于迈腾车型。

二等奖2名，价值2000元购车优惠现金券一张，可到店领取，不可兑换现金，不可用于商业交易，只限于新速腾车型。

三等奖3名，价值1000元购车优惠现金券一张，可到店领取，不可兑换现金，不可用于商业交易，只限于捷达车型。

恩爱奖5名，价值512元"汽车保养套餐"券一张，可到店领取，不可兑换现金，不可用于商业交易。

幸福奖10名，获得"车饰精美礼包"一份，可到店领取，不可兑换现金，不可用于商业交易。

3. 玫瑰玫瑰我爱你

当顾客走进活动现场门口时，工作人员会送上一束靓丽的玫瑰，并说上一句甜蜜的祝福语，让顾客心里对本次活动的服务给予满分！

4. 爱情大声喊出来(互动)

邀请现场的男生或女生上台，鼓励他们大胆地向心爱的人表白或者求婚，将自己的爱与所有人分享。如果被告白或求婚的人在现场，并接受告白和求婚，主办方会送出"捷达大礼包"一份。(礼包内容待定)

5. 爱情传递(互动小游戏)

邀请现场的情侣夫妻为一个组合进行游戏比赛，选手利用现有的三块地毯，以传递物品的形式使两个人共同到达所规定的地点，用时最短的一组获胜，获胜组可获得主办方送上的"迈腾礼包"一份。(礼包内容待定)

6. 爱情星光大道

当一对对情侣走在我们的"爱情星光大道"上的时候，就仿佛走在颁奖礼的红毯之上，享受着至尊级别的待遇，在幸福和浪漫的氛围中走进活动现场的展厅。

7. 爱情签名墙

当一对对情侣走进活动展厅，在"爱情签名墙"上写下彼此的姓名，然后由一颗红色的心把两个人套在一起！此刻，让我们一起祝愿他们永远幸福美满！

8. 爱情百老汇(开场)

展厅里动感的音乐，舞台上奔放的舞蹈，让顾客犹如走进了一个盛大的时尚派对，在音乐的海洋中，顾客可以随意体验本次活动展销的车型。

9. 爱情许愿车

在当天活动开始之前或者活动中，顾客填写"爱情卡片"(姓名与联系方式)并贴在"爱情车”上，在活动结尾时，主持人会随机从“爱情车”上选取10张“爱情卡片”并公布出来，被公布的顾客可以获得两张3D电影票(待定)，如果被公布的顾客不在现场，则需要主持人重新从“爱情车”上选取。

10. 爱情公共墙

在活动现场准备一台投影仪和一台可以上网的笔记本用来操作，现场观众可以根据公共墙上提示的内容，发送短信息至“×××××”发表自己的“爱情宣言”以及单身男女的邂逅。该技术由人人网公共墙主页提供。

活动安排：

1. 热场

通过劲爆的音乐和车模的展示，吸引店内正在看车的情侣以及其他顾客，为现场活动增加人气，更容易发掘其中的潜在顾客。

2. 开场

开场音乐：《因为爱情》，歌手演唱，主持人介绍本次活动的相关内容以及活动中的奖品和游戏等，更容易吸引路人的眼球，同时穿插产品的介绍。

3. 游戏

在之前的歌手演唱结束后，可开展两个互动小游戏，以促进情侣之间的感情，并让公司的形象更容易被接受。在游戏过程中，主持人应随时找准时机，再次介绍活动的内容以及促销内容和产品的相关内容。

4. 试乘

在表演之后可根据现场秩序进行“新车试乘”环节，安排有购车计划的顾客试乘，在顾客试乘的过程中，主持人采访顾客试乘的感受。

活动宣传：

1. 网络宣传

“淄博车友会”网站、“淄博新聊斋”论坛、淄博百度贴吧、一汽大众官方腾讯微博、新浪微博、人人网公共主页等

2. 平面宣传

《淄博晨报》、《淄博车友会》杂志、《淄博美图生活》杂志等

3. 有声宣传

淄博人民广播电台FM92.6

合作商家：

媒体：新浪、腾讯、人人网

支持：中国世纪佳缘交友网站

活动主办/协办：

活动主办方：淄博唯达长齐汽车销售公司

活动承办方：淄博众视文化传播文化有限公司

活动协办方：中国世纪佳缘交友网站(待定)

活动赞助商：淄博全球通电影城(待定)

前期准备：

活动当天的舞台背景喷绘布、活动DM单、活动大幅海报、活动现场易拉宝、活动现场

所需玫瑰花、游戏道具、抽奖道具、演出歌手、产品内部模型、现场工作证等。

（资料来源：http://www.gkstk.com/article/1428633936192.html）

任务专项实训

实训项目：根据某一活动主题，设计一个汽车产品促销策划方案

实训目的：通过本实训项目，学生能够熟练掌握汽车促销组合的内容，并能对汽车促销组合进行综合应用。

实训内容：

学生根据某一个有利于企业促销策划活动的主题，结合某一款或几款汽车产品市场特征，为企业制定可行的促销活动方案。促销方案涉及的内容包括活动的主题、活动的目的、活动的具体内容等。汽车产品促销策划方案中需涉及产品促销组合相关内容，并要求有详细的解释或说明。

实训步骤：

(1) 将学生进行分组，4～6 人一组，设立组长负责制。

(2) 选择促销相关的活动背景内容，制定相关的活动主题及活动目标。

(3) 选择促销的车型，开展相关调研，设计促销的具体方案。

(4) 完成设计，制作成汇报 PPT 并进行展示。

实训评价：

(1) 要求：能够完成促销设计的方案且内容翔实；能够具有实际价值和可操作性；完成一份实训报告。

(2) 评分标准：

序号	评分标准	分值	评分	备注
1	团队合作	20		
2	团队精神	10		
3	内容结构	30		
4	仪容仪表	30		
5	应变能力	10		

项目5　汽车销售顾问职业的认识

项目主要内容

1. 汽车销售顾问职业分析；
2. 汽车销售顾问基本礼仪学习。

任务5.1　汽车销售顾问职业分析

➡知识目标

1. 了解顾问式销售的基本含义、流程及与传统销售的区别；
2. 掌握汽车销售顾问的工作内容与岗位职责；
3. 了解汽车销售顾问的素质能力和知识能力要求。

➡能力目标

1. 能够建立一种以客户需求为中心的销售思想；
2. 能够熟悉汽车销售顾问的工作内容；
3. 能够理解汽车销售顾问的岗位要求及工作职责，并能引导自身不断成长；
4. 能够运用所学知识解决汽车销售过程中出现客户异议的实际问题。

➡任务导入

老太太买李子

有一天早上，一位老太太提着篮子出去买李子。她走到菜场，碰到第一个卖李子的商贩就问:“你这个李子多少钱1斤呀?”卖李子的人说:“我的李子又大又甜……”老太太转身就走了。

碰到第二个卖李子的商贩，老太太同样问:“你这个李子多少钱1斤呀?”卖李子的说:“我的李子有甜的有酸的，您需要哪种?”老太太买了1斤酸的。

老太太怕吃亏，就想比较哪个商贩的李子更便宜。于是她继续逛，当走到第三个卖李子的商贩那里时，老太太问:“你这个李子多少钱1斤呀?”第三个卖李子的看到老太太手上提着李子，便笑着说:“我的李子很新鲜，有酸的有甜的，价钱很便宜。”还拉家常似的问:“您买这么多李子给谁呀?”老太太说:“我儿媳妇怀孕了，要吃酸的。”卖李子的说:“您对媳妇真好，您的媳妇嫁到您家真有福气，一定会为您生一个大胖孙子。”老太太听了非常高兴，就说:“再买一斤李子。”第三个卖李子的一面称一面又诱导老太太说:“我这猕猴桃是‘水果之王’，有很丰富的维生素C，如果您让媳妇多吃点猕猴桃，说不定会为您生个双胞胎孙子呢!”老太太听了更高兴了，就又买了2斤猕猴桃。

在这个过程中，第三个卖李子的不但多卖出去了水果，还让老太太认为他是个热心人。最成功的是不是第三个卖李子的人呢？因为他创造了新价值。

问题：

1. 三家店主的销售方式有什么不同？
2. 什么是顾问式销售？
3. 销售人员应具备的素质与能力包括哪些？

分析：

这三个水果店的店主代表了三种不同的销售人员，第一个店主是一个不合格的销售人员，只是一味地告诉客户自己的产品如何好，而不了解客户需要什么？第二个店主是一个合格的营销人员，懂得通过简单的提问满足客户的一般需要。而第三个店主可以说是一个优秀的销售人员，他不仅仅了解和满足了客户的一般需求，还挖掘创造了客户的需求——需求背后的需求。在这个阶段，销售人员已经从以前的拼价格转向做客户信赖的顾问，帮助客户分析问题、解决问题，获得客户的信任，进而获得客户的订单。在面对客户时，企业应该认真思考如何更好地做到像第三家店主一样引导和创造需求。

➡知识准备

5.1.1 顾问式销售概述

1. 顾问式销售的定义

顾问式销售是一种全新的销售概念与销售模式，它起源于20世纪90年代，具有丰富的内涵以及清晰的实践性。顾问式销售是指站在专业角度和客户利益角度提供专业意见和解决方案以及增值服务，使客户能做出对产品或服务的正确选择和发挥其价值。在顾问式销售过程中建立客户对产品或服务的提供者的感情及忠诚度，有利于进一步开展关系营销，建立较长期稳定的合作关系，实现战略联盟，从而能形成独具杀伤力的市场竞争力。

2. 顾问式销售流程

由于客户的购买行为可分为产生需求、收集信息、评估选择、购买决定和购后反应五个过程，因此，顾问式销售可以针对客户的购买行为，按挖掘潜在客户、拜访客户、筛选客户、掌握客户需求、提供解决方案、成交、销售管理等步骤来进行。基于以消费者需求为出发点的理论，顾问式销售的起点为客户需求，即通过重视与客户之间的沟通和互动，研究消费者行为，建立朋友关系，终点则为建立忠诚客户。因此，顾问式销售流程如图5-1所示。

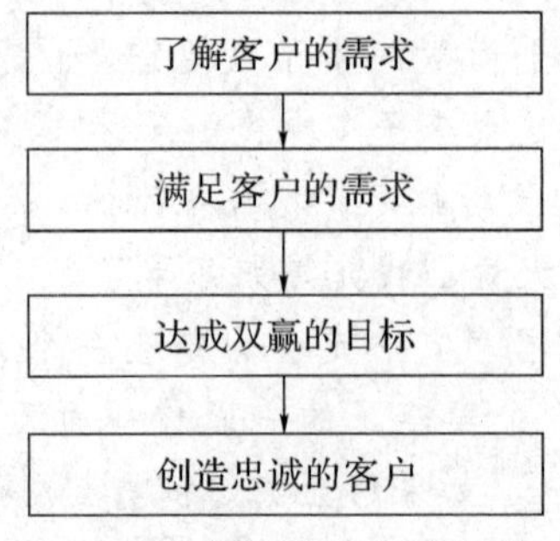

图5-1 顾问式销售的流程

3. 顾问式销售与传统销售的区别

传统销售理论认为，客户是“上帝”，好商品就是性能好、价格低，服务是为了更好地卖出产品；而顾问式销售认为，客户是朋友，是与销售者存在共同利益的群体，好商品是客户真正需要的产品，服务本身就是商品，服务是为了与客户达成沟通。可以看出，顾问式销售将销售者定位在客户的朋友、销售者和顾问三个角度上。因此，如何扮演好这三种角色，是实现顾问式销售的关键所在。

顾问式销售与传统销售方式有很大区别，可以从产品、消费者角色、营销目的三大方面进行比较。

（1）从产品的角度出发。顾问式销售从对传统销售性价比的关注上升到对消费需求的关注，切实从消费者的需求出发，给予解决方案，从消费者的喜好与需求角度给予建议。

（2）从消费者角色出发。传统销售遵循“客户是上帝”的策略，而在顾问式销售中，消费者成了朋友，不再一味地抬高客户身份，也不再将他们当做被动的信息接受者，而是像朋友一样，在“分享”对品牌的看法和态度，从不平衡的关系转向对话关系。

（3）从营销目的出发。顾问式销售不是简单地将产品“销售”出去，而更注重赢得消费者的信赖与认可，通过高水准的服务和专业知识建立信赖，为顾客对品牌的忠诚度打基础。从建立信赖开始，到了解消费者需求，再到中高端品牌产品说明及根据需求定制，到最后的成交，顾问式销售更关注针对消费者需求的服务。具体细化的区别如表5-1所示。

表5-1　传统销售与顾问式销售的区别

	传统销售	顾问式销售
目的	通过说服完成交易	提供帮助，发现需求，解决问题
目标客户	不进行识别	进行识别
销售区别	没有特殊性	区别对待
关系的特点	以成本为基础，简单的买卖关系、矛盾关系	以利益、价值为基础，客户咨询师，合作共赢关系
促成购买的成功要素	与购买决策者建立关系	与购买决策者和购买影响者建立关系
销售过程强调	质量和价格	提供产品、解决实际问题
销售过程关注	关注产品优势，说服对方	客户遇到的或未发觉的深层次问题
销售过程动作	如何把产品讲清楚	帮助客户解决现实问题

★ 小思考

从顾问式销售的角度出发，当客户要离店的时候，销售顾问通常会说：“好走，欢迎下次光临！”你觉得这句话正确吗？为什么？

5.1.2　汽车销售顾问职业概述

1. 汽车销售顾问的定义

汽车销售顾问是指为客户提供顾问式的专业汽车消费咨询和导购服务的汽车销售服务

人员，其工作范围实际上也就是汽车销售，但其立足点是客户的需求和利益，是向客户提供符合其需求和利益的产品销售服务。

2. 汽车销售顾问的工作内容

汽车销售顾问的具体工作包括客户开发、客户跟踪、销售导购、销售洽谈、销售成交等基本过程，还可能涉及汽车保险、上牌、装潢、交车、理赔、年检等业务的介绍、成交或代办。在4S店内，其工作范围一般主要定位于销售领域，其他业务领域可与其他相应的业务部门进行衔接。

【典型案例】

一位客户走进一间专门销售进口宝马品牌汽车的车行并询问销售人员。

顾客：宝马730是不是全铝车身？

销售人员：(客户提出的这个问题有点突然，而且他是第一次听到全铝车身的概念)哦！不太清楚，我要查一下资料……(查完资料后告诉客户)不是全铝车身。

顾客：刚才我到××车行看了奥迪A8，他们的销售人员告诉我奥迪A8采用的是全铝车身，是最新的技术，能够提升动力而且省油。我以前开的是宝马530，对宝马车比较了解，现在想换一部车，准备在奥迪和宝马之间做出选择。如果宝马也是全铝车身的话，我就买宝马。

销售人员：(经过确认后再次告诉客户)实在对不起，宝马730i不是全铝车身。

最后，客户离开了展厅，再也没有来过。据了解，客户后来买了奥迪A8。

3. 汽车销售顾问的岗位职责

销售顾问在销售经理的领导下，负责公司产品的销售工作，努力完成每月的销售任务。销售顾问岗位职责具体如下：

(1) 按照公司管理规定按时上、下班，不得迟到、早退和旷工，不得打电话和发短信请假；严禁脱岗，如发现将严肃处理。

(2) 在工作时间内一律戴工作牌，保持良好的形象；在参加各种重要会议、车展以及各种重要活动时，必须保持公司标准着装。

(3) 每天夕会期间，销售顾问向销售经理汇报当天的客户接待情况、意向客户级别情况和接收单情况。

(4) 晨会结束后，须认真打扫责任内的卫生，注意保持汽车展场、展厅地面、展车、展台、资料架、车前牌以及垃圾桶等公司内、外的清洁。

(5) 销售顾问按顺序接待客户，并严格按照客户接待流程热情大方、认真、专业地向客户介绍产品和提供各项服务；接待台至少应有两名销售顾问迎接客户，必须为客户开门，客户进入展厅第一时间必须向客户道："您好！欢迎光临。"接待台的销售顾问必须严格填写来店(来电)客户登记表，来店(来电)客户登记表的必填项必须认真填写。

(6) 销售顾问应技巧性地向客户索要电话以方便跟进客户，并按规定认真建立填写三表两卡，销售顾问应保持跟进卡的清洁，不能在跟进卡上乱写乱画。

(7) 销售顾问每天及时回访客户，跟进时间最好为上午9:30—11:30，也可根据自己的需求来定，同时做好一级回访工作，及时提醒客户进行车辆保养。每天17:00将客户跟进卡送到销售经理处检查签字。

(8) 客户试乘试驾必须事先登记签订试乘试驾协议(登记内容包括客户姓名、年龄、职业、驾照号、联系电话、联系地址、试驾日期、客户签名、销售顾问签名等)，无驾照的客户坚持不允许试驾，试驾时必须由销售顾问全程陪同，按照公司制定的试驾路线进行试驾，试乘试驾时严格按照试乘试驾规定来进行，对不按规定试驾的客户，销售顾问应停止试驾。

(9) 销售顾问严格执行公司的报价及优惠政策，不允许向客户低报价，不允许未经销售经理同意向客户优惠或赠送公司指定的优惠政策以外的价格或装饰品。

(10) 销售顾问应保持办公场所的清洁，办公服务器应有序放置，办公电话不能公话私用，办公室内不能谈与工作无关的话题。

(11) 销售顾问交车时应按照交车流程进行交车，并认真介绍售后服务人员及售后相关责任人员，交车完毕后的当天应向客户打感谢电话。

(12) 听从管理，服从分配，遵章守纪，与同事之间团结互助，严禁拉帮结派、钩心斗角，给公司造成不良的工作氛围，如发现将严肃处理，严重者将予以当事人辞退处理。

(13) 销售部员工应爱护公司的财务，安全操作，若工作期间因为操作失误等个人原因导致其人身受到伤害和公司财产受到损坏，造成的全部经济损失由员工个人负责。

(14) 严禁做私活(保险、上牌、装饰等)，严禁私自收取客户订金或客户给予的好处，如发现将予以辞退。

(15) 认真完成领导交办的其他工作。

★ 小思考

请列出10个和客户见面的开场白，并一一在课堂上进行演练，然后说明存在的问题。

4. 销售顾问的岗位特点

销售可以说是最广泛、最具有挑战性的职业，在市场高度开放的时代，没有哪家企业敢说自己不需要销售人员，从某种程度上说，销售队伍的生命力决定了企业的生命力。

对年轻人而言，销售或许是最可能在短时间内获得成功的职业。销售人员作为企业员工中相对独立的一个群体，与财务人员、研发人员、生产人员、技术人员等岗位相比，销售工作的平均岗位进入壁垒较低。

销售顾问有非常明显的特点：工作稳定性差、工作压力大、走访客户成为生活的常态。特别对于直接面向市场的基层业务人员而言，虽然工作时间比较自由，但由于销售待业的工作特性，经常利用更多的业余时间为客户提供了更多的售后服务。当然，销售是一个高压力、高回报的职位，除了最高决策层外，多数企业中最容易产生高薪的职位便是销售类，与同级别的财务总监、人力资源经理相比，销售总监、销售经理的收入普遍会高出一截。

5. 销售顾问的职业发展方向

按照所从事的销售工作的内容划分，目前国内的销售人员可分为高级营销人员(如销售经理)、一般销售人员(多为客户代表)、推销人员(包括商场售货员和挖掘客户的推销人员)和兼职销售人员。总体来看，销售人员有四种职业出路；一是纵向发展成长为高级销售经理，不过，能达到这一目标的销售人员为数很少；二是横向发展转换到管理等其他岗位；三是独立发展，自己创业；四是专业发展做销售领域的管理咨询或培训；五是其他行业。可以看出，从销售队伍中走出来远不如走进去那样容易，所以，销售人员之间的竞争也是十分激烈的，如图 5－2 所示。

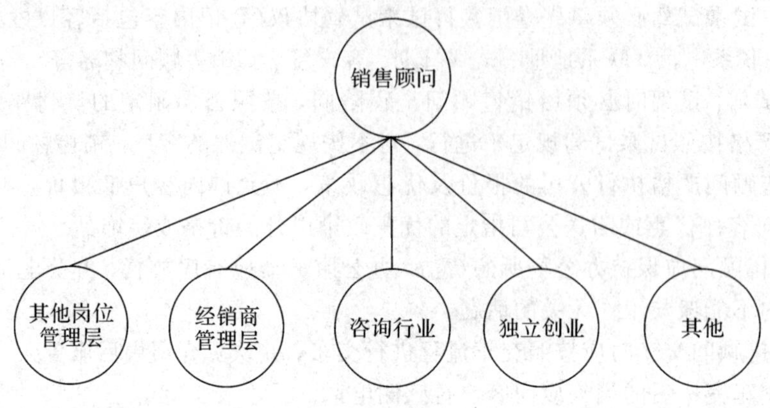

图 5-2　销售顾问职业发展方向

★ 小思考

有人说："从事销售顾问的人员并不需要具备非常专业的知识，只需要了解汽车的基本知识，配上良好的心态和口才，就能实现梦想。"你认为这句话对吗？为什么？

6. 销售顾问应具备的职业素养

职业素养是一个人从事某种职业，在长期的学习、生活和工作中自觉养成的内在思维方式、心态和职业习惯。从事汽车销售的人员也必须具有一定的职业素养。

1）强烈的事业心

销售顾问是一种职业，更是一种事业，是对社会、对企业和对个人发展有重要影响的事业。强烈的事业心不仅可以产生强大的动力，还可以形成高度的责任感，更能够激发营销人员的荣誉感和成就感。只有把自己的一切与事业有机地结合为一体，才会享受到营销带来的成就感和事业发展的喜悦。

2）良好的职业道德

职业道德是指人们在职业生活中应遵循的基本道德，即一般社会道德在职业生活中的具体体现。良好的职业道德是每一个汽车销售顾问都必须具备的基本品质，是企业选拔优秀员工最基本的道德要求，同时也是每个员工担负起自己的工作责任必备的素质。

3）健康的心理素质和强壮的体魄

销售过程是一个不断经历被拒绝和失败的过程，面对如此多的挫折和挑战，部分销售顾问会因此产生一些不良的心理反应，甚至导致放弃职业，这些都不符合一名优秀销售顾问的心理特征。成功的销售顾问拥有良好的心态，做好了被拒绝的心理准备，又拥有征服客户拒绝的自信，能坦然面对失败，积极面对挑战。因此，专业的汽车销售顾问必须具有健康的心理素质，用乐观的心态投入到每天的工作。

另外，销售顾问除拥有健康的心理素质之外，还必须要有强壮的体魄。首先，身体健康是做任何工作的前提；其次，销售顾问不仅需要每天在展厅与客户沟通，还经常需要走出展厅，去寻找潜在客户或参与市场调研等工作；再次，销售顾问要经常承担一些高强度的工作任务，需要具备较强的抗压能力。因此，销售顾问只有拥有健康的体魄，才能更好地适应各种工作的需要。

4）良好的语言表达能力

营销人员要具有良好的语言表达能力，可以博得客户的喜欢和友谊，使人乐于与之交往，从而广交朋友，有助于取得良好的营销业绩。营销人员的语言表达能力表现为语言要清晰、简洁、明了，合情合理，准确和适度。良好的语言表达能力能说服人、打动人，能激发起客户的购买热情，形成良好的营销气氛，完成营销任务。

5）坚定的信念

营销工作是一项独立进行的工作，遇到问题必须自己想办法、做决策，这就要求营销人员必须善于独立发现问题、分析问题和解决问题，在突发事件和紧急情况下镇定自若，处理果断，只有这样，才能胜任营销工作，在工作中独当一面。

6）再学习能力

再学习能力是指销售顾问把知识运用到实践中的能力，是那种在平时工作当中自我学习的能力，是用所学到的知识解决实际问题的能力，是那种能通过适当的培训与积极的自我学习，不断发掘自身潜力的能力。

7. 销售顾问应具备的专业能力

专业能力是指从事某种职业所特别需要具备的知识、经验与技能。

（1）专业知识是指对汽车综合知识的掌握能力。这包括对汽车构造、汽车性能、汽车故障与诊断分析、汽车保险、汽车市场营销等知识的掌握能力。

（2）汽车行业经验是指对汽车行业现状、问题及发展趋势的准确判断能力。这包括了解市场的背景、行业动态、市场格局、地区差异、汽车 4S 店的经营状况、汽车销售行业的发展趋势、车型的市场前景等知识。

（3）专业技能是指对综合知识的应用能力。这包括销售流程的掌握、销售话术的使用、销售技巧的应用、发展客户的能力、维护客户的技巧等。

任务专项实训

实训项目： 常见的营销错误分析

实训目的： 通过本实训项目，学生能够了解立足顾客需求、实现企业价值的重要性，能够感受到销售顾问的职业魅力，能够意识到职业技巧的作用，能够热爱销售行业。

实训内容：

请根据以下情景，考虑该如何进行重新调整或设计。

情景 1：您好！欢迎光临！

情景 2：请问您打算买什么样的车？

情景 3：您需要什么价位的车？

情景 4：好的，您随便看看。

情景 5：这个价格是我们老板定的，我没有权利调价，再说一分钱一分货呀！

情景 6：当客户说认识我们老板时，销售人员说："不好意思，今天我们老板有事外出了！"

情景 7：我们的店如果没有碰到重大危机是不会搬走的，这一点您就放心好了。

情景 8：这么大的品牌您都没有听过？

情景 9：您是说××路上的 4S 店在搞促销活动吧？

情景 10：您好！请慢走！

实训步骤：

(1) 将学生进行分组，4～6 人一组，设立组长负责制。

(2) 组长根据提供的情景选择 2～3 个情景项目，然后找出每个情景项目中存在的问题，每个项目提出不少于 3 种的更正话术。

(3) 设计完整的故事情节，然后由组成员进行合作演练。

(4) 指导老师对演练过程负责，并在演练完毕后提出改进建议。

(5) 完成实训报告。

实训评价：

(1) 要求：能够指出情景中的问题，能够设计完成故事情节；演练过程流畅，具备良好的职业素养；完成一份实训报告。

(2) 评分标准：

序号	评分标准	分值	评分	备注
1	团队合作	20		
2	团队精神	10		
3	内容结构	30		
4	仪容仪表	30		
5	应变能力	10		

任务 5.2 汽车销售顾问职业形象与职业礼仪

知识目标

1. 掌握汽车销售顾问的职业形象的内容；
2. 掌握汽车销售顾问的职业礼仪的内容。

能力目标

1. 能够正确认识职业形象与职业礼仪对销售顾问岗位的重要性；
2. 能够熟悉汽车销售顾问的职业形象包含的内容，能够规划自我的职业形象；
3. 能够应用职业形象和职业礼仪标准处理每一次销售活动。

任务导入

最好的介绍信

某汽车 4S 店销售经理对他为什么要录用一个没有任何人推荐的小伙子时如是说："我

面试他的时候，我认为他带来了许多介绍信。他神态清爽，服饰整洁；在门口蹭掉了脚下带的土，进门后随手轻轻地关上了门；看见有女士进来时主动让座；进了办公室，其他的人都从我故意放在地板上的那本书上迈过去，而他却很自然地俯身捡起并放在桌上；他回答问题简洁明了，干脆果断。这些难道不是最好的介绍信吗？"

问题：

1. 面试者在面试过程中展示了哪些基本的职业形象和礼仪？

2. 试分析职业形象和礼仪对销售产生的影响。

分析：

客户进入一个陌生的环境，总存在一些不自然，这些不自然会对销售业绩产生质的影响。因此，销售顾问第一件事并不是直接销售汽车产品，而是通过一些外在的表现或语言话术来降低客户的不舒适性，其中最重要的一个能力就是销售顾问能够展示的亲和力，取得客户的信任比销售的任何一个环节都重要。

➡知识准备

汽车销售顾问要直接与客户接触，其职业形象和职业素质会给客户留下深刻的第一印象，也会让客户对企业有一个直观的印象，能否得到客户的认可决定着客户是否认可公司和公司的产品。因此，要想成为一名优秀的汽车销售顾问，必须注意塑造自身的职业形象和职业礼仪。

5.2.1　汽车销售顾问的职业形象

1. 职业形象概述

1）职业形象的定义

所谓"职业形象"，是指职业人在职场公众面前给他人留下的印象以及获得的评价，其主要通过仪容、仪表等直观形象展现出来，是一种值得开发、利用的个人资源。

2）个人职业形象的作用

(1) 得体地塑造和维护个人职业形象，会给初次见面的人以良好的第一印象。要想给人以好感，得体地塑造和维护个人职业形象是很重要的。例如，无论是职场上的男女，均要求穿商务套装，要以高雅的穿着作为工作服；另外，装扮要看场合，不只是着色和款式，也要注意服装要合身等。

(2) 良好的职业形象是一种有利的沟通工具。俗话说："人靠衣服马靠鞍。"商业心理学的研究告诉我们，人与人之间的沟通所产生的影响力和信任度是来自语言、语调和形象三个方面，它们的重要性所占比例是：语言占7%；语调占38%；视觉(即形象)占55%。由此可见形象的重要性。

(3) 个人职业形象是组织形象构成的重要一部分。从整体企业发展的角度来看，企业是由许多要素构成的，每个要素都代表着企业的一部分，特别是人的要素。良好的企业的个人职业形象不仅关系着个人的第一印象，也是企业对外宣传的名片，会对外部公众认识企业有质的影响。

个人形象在很大程度上决定着个人职场上的成功或失败，同时也对组织形象产生质的影响。只有当一个人真正意识到了个人形象与修养的重要性，才能体会到个人形象给你带来的机会有多大。

★ 小思考

你认为“亲和力”重要吗？其构成要素有哪些？

2. 仪容仪表

1）仪容仪表的定义

(1) 仪容。仪容是指个人的容貌，它是由发式、面容以及所有未被服饰遮掩、暴露在外的肌肤构成的。仪容通常是指人的外观、外貌，其中的重点则是指人的容貌。在人际交往中，每个人的仪容都会引起交往对象的特别关注，并将影响到对方对自己的整体评价。在个人的仪表问题之中，仪容是重点之中的重点。仪容注重表面而不是内心。

仪容美包括仪容自然美、仪容修饰美和仪容内在美三个部分。其中，仪容自然美是指先天条件好，给人美的感觉；仪容修饰美是指依照规范及个人条件，对仪容进行必要的修饰，扬其长，避其短，塑造出美好的个人形象，尽量令自己显得有备而来，自尊自爱；仪容内在美是指通过努力学习，不断提高个人的文化、艺术修养和思想道德水准，培养出自己高雅的气质和美好的心灵。这三个部分应具有高度的统一，忽略其中任何一个方面，都会使仪容美黯然失色。

(2) 仪表。仪表是指外表，包括人的形体、容貌、健康状况、姿态、举止、服饰、风度等方面，是人举止风度的外在体现。风度是指一个人的举止行为、待人接物时德才学识等内在修养的外在表现。风度是构成仪表的核心要素。

仪表美也包括三个层次的内涵：一是指人的容貌、形体、仪态等的协调优美；二是指经过修饰打扮以后及后天环境的影响形成的美；三是指其内在美的一种自然展现。

2）仪容仪表的修饰原则

仪容的修饰原则主要包括干净、整洁、卫生、简约和端庄五个方面，如表 5 - 2 所示。

表 5 - 2 仪容修饰的原则

应遵循的原则	主要内容
干净原则	要勤洗澡、勤洗脸，脖颈、手都应干干净净，并经常注意去除眼角、口角及鼻孔的分泌物。要换衣服，消除身体异味，有狐臭要搽药品或及早治疗
整洁原则	整洁，即整齐洁净、清爽。要使仪容整洁，重在重视持之以恒，这一条与自我形象的优劣关系极大
卫生原则	讲究卫生是公民的义务，注意口腔卫生，早晚刷牙，饭后漱口，不能当着客户的面嚼口香糖；指甲要常剪，头发按时理，不得蓬头垢面，体味熏人，这是每个人都应当自觉做好的
简约原则	仪容既要修饰，又忌标新立异，简练、朴素最好
端庄原则	仪容庄重大方，斯文雅气，不仅会给人以美感，而且易于使自己赢得他人的信任。相形之下，将仪容修饰得花里胡哨、轻浮怪诞，是得不偿失的

生活中，人们的仪表非常重要，它反映出一个人的精神状态和礼仪素养，是人们交往中的“第一形象”。天生丽质、风仪秀整的人毕竟是少数，然而，我们却可以靠化妆修饰、发式造型、着装佩饰等手段弥补和掩盖容貌、形体等方面的不足，并在视觉上把自身较美的方面展露、衬托和强调出来，使形象得以美化。成功的仪表修饰应遵循的原则如表 5－3 所示。

表 5－3　仪表修饰的原则

应遵循的原则	主要内容
适体性原则	要求仪表修饰与个体自身的性别、年龄、容貌、肤色、身材、体型、个性、气质及职业身份等相适宜和相协调
TPO 原则	时间(Time)、地点(Place)、场合(Occasion)原则，简称 TPO 原则，即要求仪表修饰要因时间、地点、场合的变化而相应变化，使仪表与时间、环境氛围、特定场合相协调
整体性原则	要求仪表修饰先着眼于人的整体，再考虑各个局部的修饰，促成修饰与人自身的诸多因素之间协调一致，浑然一体，营造出整体风采
适度性原则	要求仪表修饰无论是修饰程度，还是在饰品数量和修饰技巧上，都应把握分寸，自然适度，追求虽刻意雕琢却又不露痕迹的效果

3. 汽车销售顾问的仪容仪表

汽车销售顾问的仪容仪表不仅表现了销售顾问的外部形象，也反映了销售顾问的精神风貌。在展厅销售中，销售顾问能否赢得客户的尊重与好感，能否得到客户的承认与赞许，先入为主的第一印象非常关键，而仪容仪表正是构成第一印象的重要因素，如图 5－3 所示。

图 5－3　汽车销售人员仪容仪表

【典型案例】

该如何给客户留下好的第一印象呢？

周洁刚从汽车服务工程专业毕业，目前正供职于上海某一知名汽车 4S 店，从事 SA(Service Advisor，中文维修顾问)工作，上班的第一天就接到一位男性客户打电话到公司预约保养汽车。周洁从电话沟通中了解到客户姓王，因为过几天就是国庆节了，想带一家人去外地自驾车旅游，需要跑一趟长途，考虑到该车前期行驶过5000公里左右的路程都没有检查和保养，而且最近几天他还发现车辆点火有些困难，方向盘有些向左偏。双方约定第二天上午9:30左右见面，同时，该客户还说有两位想买车的朋友要前来看车。

周洁放下电话之后喜中有忧：喜的是刚上班就能接到客户保养和看车；忧的是一下子不知道该怎么迎接该客户。

分析讨论：

如果你是周洁，你将如何接待该客户？

1）男性销售顾问的仪表规范

汽车展厅销售中，男性销售顾问的仪表规范具体如下。

(1) 发型要求。发型应保持干净，梳理整齐，不染夸张发色，头发不宜过长或过短，前部头发不遮住眉毛，侧部头发不盖住耳朵，后部的头发不超过衣领上部。

(2) 面部修饰。每日剃须修面，保持清洁，要注意保持口气清新，防止接触烟、酒、蒜等带刺激性气味的物品。

(3) 制服。工作时间穿着汽车4S店规定的标准制服，按气候选穿统一春秋装或夏装，大小合身，保持整洁、舒展，无褶皱；单排扣西装最下面的扣子永远不系，上衣外侧口袋不放东西。

(4) 衬衫。衬衫应保持整洁，每日熨烫，领口和袖口保持干净。

(5) 领带。领带的颜色、款式与服装匹配，不宜过分华丽，打结处保持清洁、无变形，长度以挡住皮带头为宜。

(6) 工牌。左侧胸部佩戴统一工牌，位置适中，保持干净，名字印得稍大些，便于阅读。

(7) 手部。手和指甲保持洁净，不留长指甲，不藏污纳垢，工作中不允许戴戒指，避免刮伤漆面。

(8) 鞋袜。穿黑色正装皮鞋，鞋面保持光亮，着深色袜子。

2）女性销售顾问的仪表规范

(1) 发型要求。发型应保持干净，梳理整齐，刘海不要遮住眼睛，不披头散发，发型发色不宜夸张，不用华丽头饰。

(2) 面部修饰。化淡妆，保持简约、素雅，不要在人前化妆或补妆，避免戴花哨的饰品，饰品数量不应过多。

(3) 制服。工作时间穿着汽车4S店规定的标准制服，按气候选穿统一春秋装或夏装，大小合身，保持整洁、舒展，无褶皱；单排扣西装最下面的扣子永远不系，上衣外侧口袋不放东西。

(4) 领花。颜色、款式与服装匹配，不宜过分华丽，打结处保持清洁、无变形。

(5) 衬衫。保持整洁，每日熨烫，领口和袖口保持干净。

(6) 手部。手和指甲保持洁净，不留过长指甲，选择透明的指甲油；工作中不允许戴戒指，避免刮伤漆面。

(7) 工牌。左侧胸部佩戴统一工牌，位置适中，保持干净，名字印得稍大些，便于阅读。

(8) 裤子或裙装。衣装应熨烫平整，定时换洗裤子，兜内不要放置过多东西而使衣服鼓起。

(9) 鞋袜。穿黑色皮鞋，保持干净，鞋跟不能过高(低于5公分)过细；夏季不穿露脚趾、脚跟的凉鞋，着肉色袜子，避免穿短袜，袜面无破损。

汽车销售顾问仪容仪表标准如表5-4所示。

表5-4 汽车销售顾问仪容仪表标准

性 别	仪容仪表标准
男性	头发清洁整齐，不留长发，无头皮屑
	无眼屎，双眼有神，精神饱满
	鼻毛不外露，无胡须或将胡须修理整齐，指甲应短且洁净
	牙齿干净，不得有异物，口中不得有异味
	着统一制服，大方得体，衬衫下摆须放入裤腰中
	制服熨烫平整，整体干净整洁；外侧口袋不放置任何物品；领口、袖口保持洁净，衬衫须扣紧袖口，领口第一个扣子须扣上，需戴领带
	上班严禁佩戴其他饰品(包括结婚戒指)；胸卡正面朝前佩戴胸前，铭牌佩戴左胸西装或衬衫口袋上方
	领带结不宜过小，领带不宜松垮，长度应以领带三角处盖过皮带扣为宜
	裤线笔直，松紧适度，不要用怪异的皮带扣；皮带以黑色为宜，严禁挂钥匙、手机等物品
	皮鞋光亮无灰尘、搭配深色的袜子，夏季不得穿皮凉鞋
女性	发型文雅端庄、梳理整齐，如是长发必须盘起并包覆
	无眼屎、双眼有神、精神饱满
	化淡妆，不画眼影，不用人造睫毛，不用深色或艳丽的口红，指甲不宜过长、不得染色
	着统一制服，大方得体；应使用统一的丝巾或者领结
	制服干净，熨烫平整，领口、袖口保持洁净，衬衫须扣紧袖口，领口第一个扣子须扣上
	上班时严禁佩戴其他饰品(包括结婚戒指)
	胸卡正面朝前佩戴胸前，铭牌佩戴左胸西装或衬衫口袋上方
	衬衫口袋或西装外侧口袋不得放置物品
	着裙装的长度约在膝上3～5厘米处，一律搭配肤色长丝袜，不可破洞、脱丝或有花样图案
	皮鞋光亮无灰尘，鞋跟不宜过高过厚，夏季禁穿露趾鞋类

★ 小思考

销售顾问在上班时间手上能戴手表或结婚戒指吗？为什么？

5.2.2 销售顾问的个人职业礼仪

汽车销售顾问在与客户交往过程中，留给客户的第一印象是十分重要的，具体包括仪容仪表、礼仪、言谈举止，以及对他人的态度、表情、声调、语调、姿态等诸多方面。第一印象往往决定着产品销售能否取得成功。客户一旦对销售顾问产生好感，也往往就对其销售的产品产生兴趣。因此，汽车销售顾问在仪表、举止、谈吐等方面的表现就显得格外重要。

【典型案例】

称谓礼仪

在某4S店上班的王先生与公司门卫的关系处得好，平时进出公司大门时，门卫都对王先生以“王哥”相称，王先生也觉得这种称谓很亲切。这天，王先生陪同几位来自香港的客人一同进入公司，门卫看到王先生一行人，又热情地打招呼道：“王哥好！几位大哥好！”谁知随行的香港客人觉得很诧异，其中有一位还面露不悦之色。

为什么门卫平时亲切的称谓，在这时却让几位香港客人诧异甚至不悦。门卫的称谓有何不妥？应该如何称谓？

分析：

中华民族素有“礼仪之邦”的美称，这决定了对称谓的要求也相当严格。不称谓或乱称谓对方，都会给对方带来不快，给会面带来障碍。在人际交往中，明确如何称谓对方是非常必要的。

称谓别人一要看对象，对不同的人采取不同的称谓；二要注意看场合，对他人的称谓应与具体的环境相对应。上述案例中，公司门卫就犯了此类错误才导致不快。

1. 销售顾问基本礼仪——举止言谈

1）站姿

站姿的形态如图5－4所示，基本要求如下：

(1) 躯干：挺胸、收腹、紧臀、颈项挺直、头部端正、微收下颌。

(2) 面部：微笑、目视前方。

(3) 四肢：两臂自然下垂，两手伸开，手指落在腿侧裤缝处。特殊营业场所两手可握在背后或握在腹前，右手在左手上面；两腿绷直，脚间距与肩同宽，脚尖向外微分。

2）坐姿

坐姿的形态如图5－5所示，基本要求如下：

(1) 眼睛直视前方，用余光注视座位。

(2) 轻轻走到座位正面，轻轻落座，避免扭臀寻座或动作太大引起椅子乱动及发出响声。

(3) 当客户到访时，应该放下手中的事情站起来相迎，当客户就座时自己方可坐下。

(4) 造访生客时，可落在座椅前1/3处；造访熟客时，可落在座椅的2/3处；不得靠依椅背。

(5) 女士落座时，应用双手将裙子向前轻拢，以免坐皱或显出不雅。听人讲话时，上身微微前倾或轻轻将上身转向讲话者，用柔和的目光注视对方，根据谈话的内容确定注视时间长短和眼部神情，不可东张西望或显得心不在焉。

(6) 两手可放在两腿间或平放于桌面，不要托腮、玩弄任何物品或其他小动作。

(7) 两腿自然平放，不得跷二郎腿，男士两腿间距可容一拳；女士两腿应并拢，脚不要踏拍或乱动。

(8) 从座位上站起时动作要轻，避免引起座椅倾倒或出现响声，一般从座椅左侧站起。

(9) 离位时，要将座椅轻轻抬起，再轻轻落下，忌拖或推椅。

3）走姿

走姿的基本形态如图5－6所示，具体要求如下：

(1) 行走时步伐要适中，女性多用小步，切忌大步流星，严禁奔跑，也不可脚擦着地板走。

(2) 行走时上身保持站姿标准。大腿动作幅度要小，主要以向前弹出小腿带出步伐。

(3) 走廊、楼梯等公共通道员工应靠右行，不宜在走廊中间大摇大摆地走动。

(4) 几人同行时，不要并排走，以免影响客户或他人通行。

(5) 在任何地方遇到客户，都要主动让路，不可强行。

(6) 在单人通行的门口，不可两人挤出挤进，遇到客户或同事时应主动退后，并微笑着作出手势"您先请"。

(7) 在走廊行走时，一般不要随便超过前行的客户，如需要超过，首先应说"对不起"，待客户闪开时说声"谢谢"，再轻轻穿过。

(8) 与客户、同事对面擦过时，应主动侧身，并点头问好。

(9) 为客户做向导时，要走在客户前面两步远的一侧。

(10) 工作时不得作怪脸、吐舌、眨眼、照镜子、涂口红等，不得将任何物件夹于腋下。

(11) 行走时不得哼歌曲、吹口哨或跺脚。

(12) 上班时间不得在营业场所吸烟或吃东西。

(13) 咳嗽时请用干净的手帕或手掩住口部。

(14) 打喷嚏时应走开或转头掩住口部。

(15) 整理衣服或头发时请到洗手间或客户看不到的地方。

(16) 当众不应挖鼻孔、挠痒或剪指甲。

(17) 当众不要耳语或指指点点。

(18) 不要在公共区勾肩搭背、大喊大叫、奔跑追逐。

(19) 不要随意抖动腿部。

(20) 与客户交谈时，双目须正视对方的眼睛，不要随意打断对方的讲话。

图 5-4　站姿

图 5-5　坐姿

图 5-6　走姿

4) 蹲姿

在展厅销售中，当客户坐在展厅车内听取介绍时，为了表示对客户的尊敬，销售人员应该保持大方、端庄的蹲姿，如图 5-7 所示。

说明：左脚在前、右脚在后，两脚向下蹲去，前脚全着地，小腿基本垂直于地面，后脚跟提起，脚掌着地，臀部向下。注意，女士着裙装时，下蹲前请事先整理裙摆，下蹲时的高度以双目保持与客户等高为宜。

5）手势

手势礼仪主要用来引导来宾、指示方向、介绍商品，其做法是以右手或左手抬至一定高度，五指并拢，掌心向上，以肘部为轴，朝一定的方向伸出手臂，动作时亦可配合身体向指示方向前倾，如图 5-8 所示。

运用手势礼仪时，应注意手势的上界一般不应超过对方的视线，下界不低于自己的胸区，左右摆的范围不要太宽，应在人的胸前或右方进行。另外，在洽谈桌上与客户交流时，手势不得出现“一阳指”等不规范手势，且手势不能过快或过急，应温柔平稳，让客户感受到一种美感。

6）鞠躬

鞠躬也是表达敬意、尊重、感谢的常用礼节。鞠躬时应从心底发出向对方表示感谢、尊重的意念，从而体现于行动，给对方留下诚意、真实的印象。在行鞠躬礼时，我们按标准站姿站立或按标准行姿行走时，应适当减缓速度，面带微笑，头自然下垂，并带动上身前倾5°，时间要持续 1～3 秒。鞠躬礼仪如图 5-9 所示，具体要点如下：

(1) “问候礼”通常是 30°，“告别礼”通常是 45°。

(2) 鞠躬时眼睛直视对方是不礼貌的表现。

(3) 地位低的人要先鞠躬，而且相对深一些。

(4) 男士行礼时，手放在身体的两侧；女士行礼时，双手握于体前。

(5) 当别人向你行鞠躬礼时，你一定要以鞠躬礼相还。

图 5-7　蹲姿

图 5-8　手姿

图 5-9　鞠躬礼仪

7）握手

握手是我们日常生活和交往中用得最多也最常见的一种礼貌行为，尤其是在商务人员的日常交往中，握手是见面时最常用的一种礼仪行为，如图 5-10 所示，正确的握手礼仪要求如下：

(1) 记住握手次序，虽然你先伸出手来表示热情，但有时也是失礼的行为，握手一定是上级先伸手、长辈先伸手、女士先伸手、主人先伸手，一般情况下，如果女士不先伸手，男士一定不要先向女士伸手。

(2) 握手前要面带微笑，右边胳膊自然向前伸出，与身体保持 50°左右的夹角度数，手掌向左，四指并拢，掌心和地面保持垂直，虎口一定张开，动作自然放松突出热情。

(3) 握手时五个手指头握住对方手掌轻轻地握一下，不可用力过大，上身稍微前倾一下，头部略略低下，看着对方，注意要微笑。如果男人和女人握手时，只握住手指部分即可。

(4) 握手时掌心尽量向上显得谦恭对方，握手一般时间为 2～3 秒，最好不要超过4 秒，握手一定要显示诚意和热情，不可乱看，不可漫不经心。

图 5-10 握手

★ 小思考

销售顾问与客户初次沟通过程中，要保持一定的距离，这个距离通常被称为“客户安全距离”。请问客户安全距离大约是多少？为什么要与客户保持一定的安全距离？如何打破这种安全距离？

8) 言谈

(1) 与人交谈时，首先应保持服装整洁。

(2) 交谈时，用柔和的目光注视对手，面带微笑，并通过轻轻点头表示理解客户谈话的主题或内容。

(3) 站立或落座时，应保持正确的站姿与坐姿，切忌双手叉腰、插入衣裤口袋、交叉胸前或摆弄其他物品。

(4) 他人讲话时，不可整理衣装、拨弄头发、摸脸、挖耳朵、抠鼻孔、挠痒、敲桌子等，要做到修饰避人。

(5) 严禁大声说笑或手舞足蹈。

(6) 客户讲话时不得经常看手表。

(7) 三人交谈时，要使用三人均听得懂的语言。

(8) 不得模仿他人的语言、语调或手势及表情。

(9) 在他人后面行走时，不要发出怪笑，以免产生误会。

(10) 说话时“请”“您”“谢谢”“对不起”“不用客气”等礼貌语言要经常使用，不准讲粗话或使用蔑视性和侮辱性的语言，不开过分的玩笑。

(11) 不得以任何借口顶撞、讽刺、挖苦、嘲弄客户，不得与客户争辩，更不允许举止鲁莽和语言粗俗。无论客户态度如何，都必须以礼相待；无论客户情绪多么激动，都必须保持冷静。

(12) 称呼客户时，用“某先生”或“某女士”，不知姓氏时，要用“这位先生”或“这位女士”。

(13) 多人在场，与对话者谈话涉及在场的其他人时，不能用“他”指人，应呼其名或“某先生”。

(14) 无论任何时刻从客户手中接过任何物品，都要说“谢谢”，对客户造成的任何不便都要说“对不起”，将证件等递还给客户时应予以致谢。

(15) 客户说“谢谢”时，要答“不用谢”或“不用客气”，不得毫无反应。

(16) 任何时候招呼他人均不能用“喂”。

(17) 对客户的问题不能回答“不知道”，的确不清楚的事情，要先请客户稍候，再代客询问，或请客户直接与相关部门或人员联系。

(18) 不得用手指或笔杆为客户指示方向。

(19) 在服务或打电话时，如有其他客户，应用点头和眼神示意“欢迎！请稍后”，并尽快结束手头工作，不得无所表示而冷落客户。

(20) 如确有急事或接电话而需离开面对的客户时，必须说“对不起！请稍后”，并尽快处理完毕。回头再次面对客户时，要说：“对不起，让你久等了！”不得一言不发就开始服务。

(21) 如果要与客户谈话，要先打招呼，如正逢客户在与别人谈话时，不可凑前旁听。如有急事需立即与客户说时，应趋前说“对不起，打扰一下可以吗？我有急事要与这位先生商量。”如蒙客户点头答应，应表示感谢。

(22) 谈话中如要咳嗽或打喷嚏时，应说“对不起”并转身向侧后下方，同时尽可能用手帕遮住。

(23) 客户来到公司时，应说“欢迎您光临”，送客时应说“请慢走”。

(24) 说话时声调要自然、清晰、柔和、亲切、热情，不要装腔作势，音量要适中。

(25) 所有电话务必在电话铃响三声之内接答。

(26) 接电话时先问好，后报项目名称，再说“请问能帮您什么忙”，不要乱了次序，要面带微笑地讲电话。

(27) 通话时，手旁须准备好笔和纸，记录下对方所讲的要点，对方讲完后应简单复述一遍以确认。

(28) 通话时，若中途需要与人交谈，要说“对不起”，并请对方稍后，同时用手捂住送话筒，方可与人交谈。

(29) 当客户在电话中提出问讯或查询时，不仅要礼貌地回答，而且应尽量避免使用“也许”“可能”“大概”之类语意不清的回答。不清楚的问题应想办法搞清楚后，再给客户以清楚明确的回答。如碰到自己不清楚而又无法查清的问题，则应回答“对不起，先生，目前还没有这方面的资料”。

(30) 如碰到与客户通话过程中需要较长时间查询资料，应不时向对方说声：“正在查找，请您稍等一会会。”通话完毕时要礼貌道别，并待对方挂断后再轻轻放下话筒。

(31) 对客户的疑难问题或要求应表现出充分的关心，并热情地询问，不应以工作忙为借口而草率应付。

(32) 客户提出过分要求时，应耐心解释，不可发火、指责或批评客户，也不能不理睬客户，任何时候都应不失风度，并冷静妥善处理。

(33) 做到讲“五声”，即迎客声、称呼声、致谢声、致歉声和送客声；禁止使用“四语”，即蔑视语、烦躁语、否定语和斗气语。

(34) 凡进入房间或办公室，均应先敲门，征得房内主人的同意方可进入。未经主人同意，不得随便翻阅房内任何东西(文件)。在与上司交谈时未经批准，不得自行坐下。

2. 销售顾问基本礼仪——电话销售礼仪

1) 电话销售礼仪概述

电话销售是一种特殊的职业，没有面对面的交流，都是靠说话来打动对方，想要给对方留下好的印象，就要具备最基本的电话礼仪。

(1) 接听电话礼仪。电话铃响应立即去接，一般电话铃响不超过三次。

① 首先，致以简单问候。如“早上好”或“您好”，语气柔和亲切。外线电话报单位名称，内线电话报部门或岗位名称，然后认真倾听对方的电话事由。如需传呼他人，应请对方稍候；如是对方通知或询问某事，应按对方要求逐条记下，并复述或回答对方，记下时间、地点和姓名。最后对对方打来电话表示感谢，等对方放下电话后，自己再轻轻放下。

② 拨打电话礼仪。首先将电话内容整理好，正确无误查好电话号码后向对方拨出号码。对方接听后应致以简单问候，并作自我介绍，然后说明要找的通话人的姓名或委托对方传呼要找的人。如确定对方为要找的人，应致以简单的问候，接着按事先准备的通话内容逐条讲述，确认对方明白或记录清楚后，应致谢语、再见语，最后等对方放下电话后自己再轻轻放下。

③ 通话时的声音礼仪。首先，咬字要准确。通话时如果咬字不准，含含糊糊，就难以让人听清听懂。其次，音量调控。音量过高会令人耳鼓欲裂；音量过低，听起来则会含糊不清。再次，速度适中。通话时，讲话的速度应适当放慢，不然就可能产生重音。最后，语句简短。通电话时所使用的语句务必精炼简短，不仅可以节省对方的时间，而且会提高声音的清晰度。

(2) 在电话接听过程中，要特别注意避免以下不礼貌现象：

① 无礼。接待人员接听电话时不以礼相待，或者电话铃响迟迟不接，或者对客人的来电内容追根问底，或者表示出不耐烦的情绪等。

② 傲慢。接电话时盛气凌人，语气不好，有气无力，不负责任；在接待中无精打采，有气无力，对客人不负责任，承诺不兑现。

③ 急躁。接听电话时不等对方说完自己抢话说，或者一口气说得太多太快，或者未等对方把话讲完就挂机；优柔寡断、拖泥带水；回答对方的问题似是而非，犹犹豫豫，毫无把握；态度粗鲁、语言生硬，如连续听到几个打错的电话便出口伤人。

2) 电话销售礼仪中的异议处理

在电话销售礼仪中，对客户的异议和投诉的处理也是非常重要的。面对成交的客户，销售人员会非常高兴；面对拒绝的客户，销售人员往往又会非常沮丧。这都是正常的反映，但销售人员还是要正视现实，若因为客户的异议半途而废，则会白白地丧失机会，这就需要销售人员有技巧地处理那些拒绝购买的客户。

（1）正确处理异议的态度。客户异议一般包括个人和产品的异议。客户异议大体上有两方面原因：一是客户本身；二是产品本身，其中，与产品相关的服务划分在产品之中。而个人异议大致上又有个人需求和购买时间的划分；产品的异议则包括产品的价格、产品细节和售后服务等各方面的异议。

很多电话营销人员只要一听到客户有异议就害怕，然而逃避并不是办法。对待客户的异议，要有正确的态度，而正确的态度首先应基于两点认识：

① 客户异议是销售过程中的必然现象。客户有异议是非常正常的，因为每个人对事情都有自己的看法，况且因为需求问题，客户对于别人推销的东西也并不一定会全部购买，所以客户异议是销售过程中的必然现象。

② 客户异议也是销售代表成交的机会。客户异议是成交的机会的含义是：客户提出异议，说明其认真听取了产品或项目介绍，而且对所介绍的产品有兴趣，所以才会根据自己的要求提出异议。其背后的心理原理是：存在的希望得不到满足时，才会有失望。

此外，电话营销人员千万不能与客户争论彼此对或错，这样做的结果只能是从理论上赢了客户，但在实际上却失去了与客户的融洽沟通，从而也相应地输掉了订单。因此，永远不要与客户争论谁对谁错，没有人会在生气的状态下还愿意掏钱买东西。

（2）常见异议的处理方法。对于客户提出的异议，电话营销人员在持正确认识和态度的基础上，应该采取相应的正确方法进行处理。电话营销人员首先应认真地分析客户的异议；欢迎并尊重客户的异议。这两条很容易理解，但要真正做到而且能持之以恒，并不是一件轻松的事情。总之，具体的日常电话营销处理客户异议的方法有四种：

① 借力打力。借力打力原本是打太极拳的秘诀之一，在电话营销中，该词语的含义是将客户拒绝的理由转化为说服客户购买的理由。

例如，对于一些非常有意向购买的客户，当我们与客户在价格或其他问题上沟通不顺畅时，可以请出店长来帮忙。一来领导出面能表明我们确实很重视客户；二来谈判起来比较方便，只要领导再给予一点小实惠，客户一般都会买单。当然，如果主管领导不在，可以临时请其他部门领导客串一下，关键是要满足客户的虚荣心和爱贪小便宜的心理。

② 化整为零。化整为零法是指在客户认为价格太高、一次付款太困难的情况下，电话营销人员可以和客户一起计算，把较高的价格按照分期付款和贷款来计算，这样客户就比较容易接受价格。

化整为零是专门针对价格异议的一招。汽车销售顾问常使用化整为零的说服方法，使得客户认为项目并不贵。

③ 巧问“为什么”。这一招用起来很简单，就是当客户拒绝购买时，一定要多问几个为什么。向客户问为什么的真正意图在于：在询问中了解客户拒绝购买的真正原因，从而对症下药地说服客户重新来购买。“为什么”是电话营销及接待必不可少的一个字眼，让客户自己说出拒绝购买的原因，替代自己的猜测，可以有效地提高销售的成功率。

④ 给客户提建议。给客户提建议的大致内涵是不要否定客户，但要为客户提出一些建

议。无论是否有道理，一般人都不愿意被直接反驳。因此，当客户提出异议时，最好不要开门见山地对其直接否定，而且在表达不同意见时，也最好用“是的……如果……”之类的句子。客户的意见被肯定之后，一般会变得很容易沟通，因为客户会认为你是站在他的立场上思考问题。如果客户说得不对，一般情况下也不能直接否定客户，但也有例外。若必须使用直接反驳这一招时，也一定要注意自己说话的语气和用词，态度要诚恳，对事不对人，不要让人觉得你是在无理狡辩。

正确处理好客户异议，可以有效地帮助电话销售人员更好地服务客户，更好地保留老客户，提高企业竞争力，永存实力。

3. 销售顾问基本礼仪——拜访礼仪

除了产品介绍以外，销售人员在拜访客户时的一些细节处理，对销售的成功率也有重要影响。

1）拜访礼仪

（1）比客户着装好一些。销售顾问只比客户穿得好一点点，既能体现对客户的尊重，又不会拉开双方的距离；着装反差太大，则会使对方非常不自在，无形中会拉开双方的距离。

（2）拜访中不要接电话。销售人员在拜访客户的时候，绝不要接电话，如果打电话的是重要人物，也只能接通寒暄几句迅速挂断，等拜访结束再打过去，因为销售人员接电话会使拜访对象产生“好像电话里面的人比我重要”的感觉。

（3）用“我们”代替“我”。销售人员在说“我们”的时候会给对方一种心理暗示，销售人员和客户是一起的，是站在客户的角度思考问题的，这样会比较亲近。

（4）随身携带笔记本。拜访中随身携带笔记本，提前记下拜访的地点和时间，或者客户要求你记下的事情，或者下次拜访的时间，以及自己本次拜访的体会。对销售人员来说，这是个非常好的习惯。

（5）保持相同的谈话方式。有些销售人员思路敏捷，口若悬河，说话不分对象，就像机关枪一样节奏非常快，如果碰到年纪比较大的客户，就会让他难以跟上思路、不知道你在说什么，容易引起反感。

所以，在与客户进行交谈的时候，销售顾问一定要根据客户的谈话风格和节奏来调节自己的说话方式，使客户感受到你对他的尊重。

2）销售拜访三细节

（1）提前约定时间。销售顾问在拜访客户的过程中，为了达成成交，往往需要与客户进行三番五次的沟通，如果有重要事情要拜访客户，必须提前约定好时间，才能保证拜访计划顺利进行。

（2）把时间花在决策人身上。拜访的目的是达成协议，而达成协议的决定权一般在决策人手中，所以拜访时必须把时间花在决策人身上，当然，也不排除其他人员的辅助作用，但主要精力还是要放在决策人身上，这样拜访的效率才会大大提高。

（3）节约客户的时间。每个人的时间都很宝贵，客户也许是某些领导或经理，他们的时间更为宝贵，所以，在拜访过程中，销售顾问一定要节约他们的时间，否则可能就不会再有拜访的机会了。

4. 销售顾问基本礼仪——名片礼仪

名片是工作过程中重要的社交工具之一，交换名片时也应注重礼节。我们使用的名片通常包含两层意义：一是表明你所在的单位；二是表明你的职务、姓名及承担的责任。总之，名片是自己(或公司)的一种表现形式。因此，我们在使用名片时要格外注意礼仪，如图5-11所示。

图5-11　递送名片礼仪

1）准备工作

(1) 使用名片夹放名片，不要和钱包、笔记本等放在一起；名片也可放在上衣口袋(但不能放在裤袋里)。

(2) 保持名片或名片夹的清洁、平整。

(3) 会客前检查和确认是否携带了足够的名片。

2）递交

(1) 主动递交名片，并将自己的职务、姓名自信而清晰地说出来。

(2) 递交名片时双手食指弯曲，与大拇指一起夹住名片左右两端，恭敬地送到对方胸前。

(3) 名片上的名字反向对己，使对方接过名片就可正读。

3）接收

(1) 起身接收名片，用双手接收。

(2) 接收名片后，要认真地看一遍，遇到难认字，应主动询问。

(3) 如遇到多人交换名片时，可按对方座次排列名片，以便记准对方。

(4) 不在名片上做标记、写字或来回摆弄。

(5) 避免将对方名片遗忘在座位上或不小心落在地上。

5. 销售顾问基本礼仪——汽车销售礼仪

1）形象礼仪

销售顾问在展厅里建立良好的第一印象是非常重要的，专业的形象对后面的沟通起到良好的铺垫作用。在着装方面，如想塑造稳重的专业人士形象，理想着装是深色西装、浅色衬衣、领带、黑色皮鞋。当然也有一些汽车品牌在着装上会考虑品牌定位，如MINI，可以根据品牌特色来选择服装款式和颜色。如穿的西装应经过熨烫，衬衫颜色纯白、有统一的纽扣数。另外，销售顾问应受过专业的商务礼仪培训，让客户感受高规格的接待，彰显品牌品味和形象。

2）迎接礼仪

一般客户在进店后3分钟内应被接待，这时候客户感觉还满意，优秀的经销商能做到马上有专业人士热情接待，并且穿着整齐，表现有亲和力，让客户进店马上感到宾至如归。建议迎接客户时做到：主动迎、笑点头、打招呼、递名片。注意主动性！

3）见面时的介绍礼仪和询问礼仪

销售顾问见到客户面带微笑，欢迎客户光临，主动自我介绍。自我介绍时应自信、落落大方，主动告知经销商名称及自己的姓名。如："欢迎光临×××经销商，我是这里的销售顾问××，您可以叫我×××。"自我介绍后主动提供名片并双手递上。如："您好，这是我的名片，很高兴为您服务。"之后马上就可以问："请问怎么称呼您？"

4）指引礼仪

销售顾问根据客户的意愿，将其引领到展车前或邀请到销售洽谈室/洽谈区入座；主动提供饮料选择，并询问客户的偏好。

5）让座礼仪

请客户先入座再就座，运用规范坐姿就坐。

6）蹲姿礼仪

有些时候销售顾问和客户沟通或介绍产品，或者奉茶时会用到蹲姿礼仪（低矮的茶几）。蹲姿时一脚在前，一脚在后，直身下蹲，视线和客户平行。注意穿短裙的女孩子要避免面对客户直身下蹲，这样显得体态不雅。

7）奉茶礼仪

如何让客户觉得热情又体贴，征求客户意见是非常重要的，如天气热了，有些客户喜欢喝热水，有些喜欢喝冰柠檬水。销售顾问体贴地奉上一杯对方心仪的茶，相信在那一刻，客户也放松下来了。

8）就座礼仪

符合规范的坐姿能显示出销售人员良好的职业素养，从而赢得好感。女士双脚和膝盖都应是并拢的，这样显得文雅得体。无论男士还是女士，都建议避免跷二郎腿，避免整个人瘫在沙发上。

9）沟通礼仪

沟通有两大要点：善于聆听和提问。销售顾问在沟通过程中一定要注意聆听，有些时候听甚至比说更加重要。同时，聆听会给客户传递一个信息：我非常尊重你，对你的话题也很感兴趣。这无形中鼓励了客户表达，更有利于了解客户需求。

10）递产品资料礼仪

双手递接资料，这样一个小小的举动马上会让对方觉得你很有礼貌和素养。

11）产品介绍礼仪

产品介绍过程中，站姿、手势、眼神、语言等礼仪缺一不可，有些销售顾问还会贴心地帮客户开、关车门。目光的交流，配合优雅的动作和手势指引，以及专业的语言表述，整个过程的体验会非常不同。

12）试乘试驾介绍线路礼仪

销售人员要让客户提前了解试乘试驾线路，在介绍的过程中，要注意手势的规范性，要委婉地给出建议。

13）财务结算礼仪

销售顾问带客户到财务部付款，训练有素的财务部人员会起身相迎并问候，初次见面时，销售顾问作为中间人应做一下介绍，情商高的财务人士还会真诚祝贺客户拥有了一辆爱车。

14）介绍同事礼仪

有些工作需要团队协作才能完成，销售顾问要介绍销售经理或者售后部门同事给客户，这都涉及介绍他人的礼节。销售顾问只要记住一点：尊者有优先知情权。

15）送别礼仪

销售过程中最忌讳的是客户付完钱后，销售顾问态度发生大改变。毕竟，汽车销售行业竞争激烈，还需要客户帮我们做品牌传播和转介绍。所以，销售顾问可以客气地挽留客户再喝杯茶，热情地带他到售后参观都可以。如果客户主动要离开，至少送到展厅门口，高标准的品牌会期望等客户离开再回展厅。

任务专项实训

实训项目：汽车销售商务礼仪演练

实训目的：通过本实训项目，学生能够掌握商务礼仪的基本构成，并能对所有项目的知识要点进行论述，且能较好地完成基本的规范动作。

实训内容：

商务礼仪中的站姿、坐姿、走姿、蹲姿、手势、行礼、微笑、着装、握手和名片礼仪等的演练。

实训步骤：

（1）将学生进行分组，4～6 人一组，选择小组长，带领大家参与商务礼仪的演练。

（2）全班学生必须穿正装，男同学需系领带，女同学需系小方巾。

（3）指导老师根据演练内容，将演练项目平均分配给每个小组。

（4）各小组推选 2～3 名同学上台演练，对老师分配的演练项目实施演练。

（5）小组代表演练的同时，其他同学需认真观察，记录与标准不符的项目。

（6）演练完毕之后，指导老师带领大家一起进行演练项目的点评。

实训评价：

(1) 要求：能够准确演练所有的礼仪项目并能指出在演练过程中存在的问题；完成一份实训报告。

(2) 评分标准：

商务礼仪演练项目	评分（每项 10 分）	不规范的原因
1. 站姿		
2. 坐姿		
3. 走姿		
4. 蹲姿		
5. 手势		
6. 行礼		
7. 微笑		
8. 着装		
9. 握手		
10. 递名片		
总分		

项目6 汽车销售实务

项目主要内容

1. 汽车销售准备与销售流程分析；
2. 对客户进行开发；
3. 客户接待的主要内容；
4. 对客户需求进行分析；
5. 车辆展示与介绍；
6. 客户试乘试驾要注意的问题；
7. 处理客户异议；
8. 客户签约的主要内容；
9. 交车服务；
10. 售后服务与跟踪的主要内容。

任务6.1 汽车销售准备与销售流程

➡知识目标

1. 了解汽车销售前准备工作的主要内容；
2. 掌握汽车销售流程的九大步骤及工作要点。

➡能力目标

1. 能够对销售前的准备工作进行检视；
2. 熟悉汽车销售顾问的工作流程；
3. 能够独立完成一个销售接待。

➡任务导入

李经理一天的第一件事

今天又和往常一样，李经理早上就在想今天的晨会该如何开。昨天有一个客户投诉了；前一个星期订车的客户今天要提车了；公司老总交代，今天有几位合作院校的学生要过来实习；还要检查一下刚转正的销售顾问今天早上的个人准备工作是不是都到位了。李经理打开随身的记录本，一遍一遍看了好几次，还是有些放心不下。回到办公室，李经理又问了一下刘秘书今天晨会的主要内容。

晨会上，李经理清晰地把一天的主要工作都一一解释到位，完毕后，他按日常惯例，又巡视了一圈展厅，看着正在忙碌的销售顾问们，李经理还是能找出几个细节问题。交代了改正方法后，李经理想起下个月又要举办公司10周年庆典，自己又得好好策划一下了……

问题：

1. 销售顾问的准备工作有哪些？

2. 汽车销售流程的主要内容是什么？

分析：

销售既是一件繁琐的事情，又是一件对细节要求比较高的事情，任何一个环节没有处理好，都会对客户产生不好的影响，进而影响产品的销售。因此，销售顾问不仅要做好个人准备工作，还需要相互检视，相互提醒，在工作中要形成一个良好的监督与提升环境。

➡知识准备

6.1.1 汽车销售顾问准备工作

销售顾问和客户面对面的时间是非常有限的，大多数销售顾问的时间是用在准备工作上的，做好准备工作能让销售顾问最有效地接待和拜访客户，在销售前了解客户的状况，帮助销售顾问迅速掌握销售重点，节约宝贵的时间，提出可行、有效的销售计划。

销售准备的目的在于建立销售顾问专业的销售形象和信心并得到客户的认可和信任，其主要内容主要包括软件准备和硬件准备两方面。

1. 软件准备

(1) 销售顾问要熟悉本公司任何一个汽车产品销售的政策。

(2) 销售顾问要详细了解汽车销售过程中的各项事务，如付款方式、按揭费用的计算、新车购置税的费率、上牌的手续、保险的内容和保险的费用等。

(3) 销售顾问还要了解竞争对手的产品与公司所售车型的差异。例如，有的时候客户会提出："某款车比你的车好，那个车有××装备，你有没有？"所以，销售顾问就有必要提前了解竞争对手的情况，在关键时刻才有应对的策略。

2. 硬件准备

(1) 销售工具准备。基本资料：产品目录、产品价格表、保险费率表、客户登记簿、名片等。基本工具：计算器、卷尺、中性笔、名片夹等。

(2) 专业仪态准备。展厅人员应穿着统一标准的服装，佩戴统一的工作标牌，注意个人形象，接待客户时采用标准的商务礼仪。

(3) 展厅环境准备。销售顾问应该按照品牌统一标准来设计和保持展厅环境，保证展厅的车辆，以及展车区、客户休息区、商务洽谈区、品牌文化区、装饰精品区等处的干净整洁，保证个人物品摆放有序，努力营造一个洁净温馨、舒适亲切的展厅整体氛围。

(4) 展厅车辆准备。展车的摆放位置应为最佳可视角度，并保证车内外环境清洁，车内各项功能处于良好状态，方便客户体验了解。

★ **小思考**

每天晨会结束后都要擦洗展厅车辆，请问擦洗车辆过程中需要注意什么？

3. 准备工作内容检查表

准备工作检查的主要内容涉及个人准备、早例会和车辆准备，具体如表 6－1 所示。

表 6－1　汽车销售顾问准备工作检查表

流程动作		工作要点	工具使用	负责人
个人准备	仪容仪表	按照公司的要求统一着装、保持衣服的平整； 左胸前佩戴公司统一胸卡，胸卡下沿与西装兜口平齐； 男士戴公司品牌统一领带，女士戴丝巾； 发式整齐，无头屑，不遮盖脸面，不染发，男士两鬓不遮耳、后不过衣领，女士长发需盘发或扎起； 手和手指甲应随时保持清洁，不留长甲，不染甲，避免给客户一种不卫生的感觉； 男士不佩戴饰物，女士的饰物应小巧精致且不宜过多，忌戴奢侈品，禁止戴戒指； 女士淡妆上岗，岗中随时注意补妆(忌在客户面前进行)； 避免有让人不快的气味(体味、口气)； 穿深色皮鞋，随时保持干净，袜子与衣着的颜色统一和谐； 在更衣间设置整容镜并在上岗之前进行自我检查； 不要在人前进行一些不文雅的行为	胸卡、领带、丝巾	销售顾问
	肢体语言	微笑； 标准待客姿势(双手重叠，左手压右手，自然垂于身前，两脚自然分开，身体微前倾，始终保持站姿端正，目视前方，并随时关注展厅入口)； 行走时要保证身体姿态端正，行动有力； 握手时，长辈、上司、女士主动伸出手，客人、晚辈、下属、男士再相迎握手		
	销售工具准备	每位销售顾问都配有销售工具夹，与客户商谈时应随身携带； 每日早例会销售顾问自行检查销售工具夹内的资料，及时更新； 工具表格：记事本、试乘试驾建议书、产品报价单、销售合同、欢迎包、按揭文件、保险文件等； 文件资料：产品资料、宣传品、剪报资料、竞品比较、精品资料、店内各部门通讯录； 办公用品：名片、笔、计算器	销售工具夹、工具表格、文件资料、办公用品	销售顾问
早例会	情绪准备	在早例会通过彼此相互问候、激励等程序，保持一天的饱满工作热情； 销售顾问相互检查着装仪表是否符合品牌店的标准		销售顾问 销售经理
		利用日清日高管理看板，对当日工作重点(邀约、回访、交车等)进行说明	日清日高管理看板	

续表

流程动作		工作要点	工具使用	负责人
车辆准备	展车清洁及摆放	早例会之后统一擦车，确保展车内外清洁。 **车身和车外部分：** 展车车身经过清洗、打蜡处理，保持清洁，挡风玻璃和车窗玻璃保持干净明亮； 展车四个轮胎下方放置车轮垫板，位置正确； 轮胎经过清洗、上光； 轮辋盖上的车标保持正直向上； 各种轮胎内侧护板要刷洗干净，没有污渍； 车前方与后方均有标准的车铭牌； 除特殊要求外，展车的车门保持不上锁的状态，供客户随时进入车内； 展车左右对应车窗玻璃升至上止点。 **车内部分：** 汽车发动机舱内部可见部分、可触及部位经过清洗擦拭干净； 后备箱保持干燥洁净，无其他杂物； 车厢内部保持清洁，去除前后座椅、遮阳板、方向盘(包括后车灯)等部件上的塑料保护套； 去除车门内饰板和迎宾踏板上的塑料保护膜并保持清洁； 车内所有储物空间上保持整洁，不得放有杂物； 将驾驶席座椅稍向前移，以后排乘坐舒适为准； 车内后视镜和左右后视镜配合驾驶席相应地调至合适的位置，并擦拭干净，不留手印等污迹； 各座椅上的安全带摆放整齐一致； 收音机预设有已调谐好的收音频道(调至调频立体声音或当地交通台)，车内放置试音碟可供随时播放； 车内的时钟调至准确的时间； 车内地板上铺有品牌标志专用脚垫，并保持干净整齐； 车辆启动后，车内所有电器设备应置于关闭状态； 展车定期更换并分开区域按型号摆放	擦车工具	销售顾问
	随车及周边物品整理	脚垫、地毯等随车展示物应保持清洁且摆放在正确的位置； 标识、型录架要垂直或平行于木质通道	展厅器材	展厅人员
	利用《车展标准检查表》核查		展车标准检查表	核查人员

【典型案例】

某天上午，长城汽车4S店的销售顾问小刘发现有一位客户正从展厅外面走了进来，小刘微笑着迎了上去……

小刘：您好，欢迎光临××长城4S店！请问先生今天是来看车的吗？

客户：是的，我想了解一下长城哈佛H6，听朋友说买这款车的人很多。

小刘：感谢您对我们长城品牌的认可，先生，这是我的名片，我是这里的销售顾问小刘，您刚才说的是事实，目前H6这款SUV销售量经常是全国冠军，说明这款车得到了广大消费者的认可，您这边请(小刘把客户引导到H6的摆放位置)。

客户：店里这款车能不能试驾一下？

小刘：可以的，为了保证试驾者安全和愉快驾驶，我们要核实一下试驾者的证件，请问您带了驾驶证和身份证吗？我们要登记和核实一下。

客户：带了，你们做事很认真。

小刘：谢谢表扬，这是我们应该做的！

6.1.2 汽车销售流程

1. 销售流程概述

汽车销售流程是指客户开发、客户接待、需求分析(咨询)、车辆展示与介绍、试乘试驾、客户异议处理、签约成交、交车服务、售后服务与跟踪等基本过程，其中可能涉及汽车保险、上牌、装潢、交车、理赔、年检等业务的介绍，如图6-1所示。熟悉汽车销售流程是每个销售顾问必须完成的知识准备，还可以提升销售业绩，而汽车销售业绩的好坏直接决定着企业的利益。面对激烈的市场竞争，销售顾问“东一榔头西一棒槌”的不规范行为，会直接导致销售业绩不佳和客户的流失。其中，很多客户是因为对企业的销售和服务不满意而流失的。因此，规范汽车的销售流程，能提升销售顾问的营销技能和客户满意度。

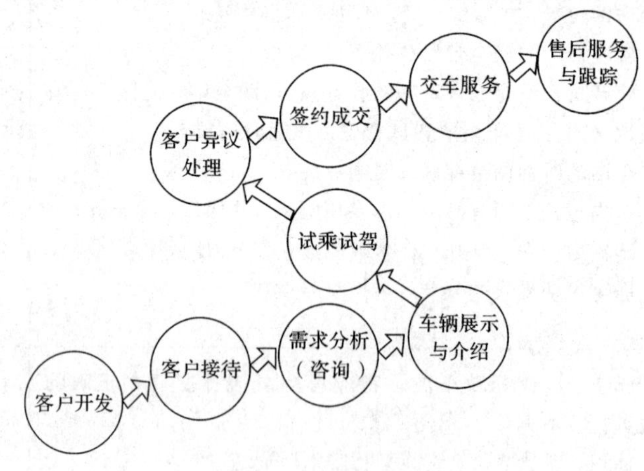

图6-1 汽车销售流程

2. 销售流程各环节的说明

1) 客户开发

客户开发是汽车销售的第一个环节。这一环节主要是关于如何去寻找客户，在寻找客户的过程当中应该注意哪些问题。

2）客户接待

客户接待环节的主要工作包括有效地接待客户，获得客户的资料，把客户引导到下一环节中。

3）需求分析(咨询)

需求分析也叫“需求咨询”。在需求分析里，销售顾问要以客户为中心，以客户的需求为导向，对客户的需求进行分析，为客户介绍和提供一款符合其实际需要的汽车产品。

4）车辆展示与介绍

汽车展示是指对客户关心的产品进行详细展示，包括规格、款式、颜色等产品的详细信息。做到产品展示能让客户更直观地去了解所展示的产品，让客户在看到产品的同时对产品的每一个信息都有一定的了解。

目前常用的车辆介绍法是绕车介绍。在绕车介绍中，销售顾问要紧扣汽车这个产品，对整车的各个部位进行互动式的介绍，将产品的亮点通过适当的方法和技巧进行介绍，向客户展示能够带给他哪些利益，以便顺理成章地进入下一个环节。

5）试乘试驾

试乘试驾是对第四个环节的延伸，客户可以通过试乘试驾的亲身体验和感受以及对产品感兴趣的地方进行逐一确认。这样可以使客户充分地了解该款汽车的优良性能，从而增加客户的购买欲望。

6）客户异议处理

在异议处理这一环节中，销售顾问的主要任务就是解决问题，解决客户在购买环节上的一些不同意见。如果这一环节处理得好，就可以顺利地进入下一环节(也就是说，可以与客户签订合同了)。如果在处理异议这一环节处理得不好，销售顾问应回头去检查到底问题出在哪里。

7）签约成交

在成交阶段不应有任何催促的倾向，而应让客户有更充分的时间考虑并做出决定，但销售顾问应巧妙地加强客户对于所购产品的信心。在办理相关文件时，销售顾问应努力营造轻松的签约气氛。

8）交车服务

交车是指成交以后把车辆交到客户手里。销售顾问在交车服务这一环节应具备规范的服务行为，要安排把新车交给客户，确保车辆毫发无损；在交车前，销售顾问要对车进行清洗并使车身保持干净。

9）售后服务与跟踪

售后服务与跟踪是最后一个环节。汽车被出售以后，销售顾问要经常回访客户，及时了解客户对汽车的评价及其使用状况，提醒客户定期对车辆进行保养。对于现有客户，销售顾问应该运用规范的技巧进行长期的维系，以达到让客户帮忙宣传或介绍新的意向客户来看车、购车的目的。因此，售后服务与跟踪是一个非常重要的环节，可以说是一个新的客户开发过程。

任务专项实训

实训项目：汽车4S店的销售流程演练

实训目的：通过本实训项目，学生能够熟悉汽车4S店流程，能够理解销售流程标准对企业及客户的重要意义。

实训内容：在教学实训场地设计并演练汽车销售流程，学生观察汽车4S店销售流程，记录销售流程中存在的问题，提出解决的方案。

实训步骤：

(1) 将学生进行分组，4～6人为一组，选择小组长，设立一组为流程演练组。

(2) 演练组根据指导老师提供的剧本进行演练，其他小组对演练组进行观察。

(3) 各组事先设计需要记录的表格，记录演练过程中存在的问题，然后进行小组讨论。

(4) 各组根据记录的实际问题提出解决方案，由小组成员选择代表汇报。

(5) 由教师带领大家一起点评和总结。

实训评价：

(1) 要求：能够准确陈述情景中存在的问题；能够准确制订每个问题的解决方案；完成一份实训报告。

(2) 评分标准：

序号	评分标准	分值	评分	备注
1	团队合作	20		
2	团队精神	10		
3	内容结构	30		
4	仪容仪表	30		
5	应变能力	10		

任务6.2 客户开发

知识目标

1. 客户开发的基本概念；
2. 潜在客户的判定；
3. 潜在客户开发的方法；
4. 潜在客户开发的目标设定。

➡能力目标

1. 能够掌握潜在客户开发的含义；
2. 能够运用市场法则判定潜在客户；
3. 能够运用相关方法进行潜在客户的开发。

➡任务导入

李华的困惑

李华是一汽大众汽车4S店的销售顾问，在实际的汽车销售工作中，最大的难题就是不容易获得客户，还有就是不知道应该怎样去寻找客户。他觉得这两个问题非常具有普遍性和代表性，其他同事在汽车销售的过程中也经常遇到这样的问题。李华自己也知道，要将汽车产品销售出去，首先要找到客户。企业拥有再好、再多的车，如果没有客户，就不能形成销售，进而会造成积压。过去那种所谓的"酒香不怕巷子深"的说法，现在已经有些行不通了。

针对李华的困惑，行业普遍认为：在寻找客户之前，首先应根据产品的特征来锁定客户，即首先要了解你所要销售的汽车产品，这款汽车的客户群在哪里。一般情况下，不同的产品有不同的客户群。比如，你要了解你所销售的汽车产品属于哪一个档次，是高档车、中档车，还是低档车；汽车的排量是大排量、中排量，还是小排量；是商用，还是乘用；属于哪一类人群…… 销售顾问只有在开发客户之前明确这些问题，才能有目标地去寻找和开发客户。

问题：

1. 什么是客户开发？客户开发的流程是什么？
2. 销售顾问应如何寻找潜在客户？

分析：

汽车消费基本上分为两个层次：一个层次是属于投资的，主要是集中在中低档水平上的轿车，当然，高档车也有一部分，但为数不多；另一个层次主要是用于消费的，主要集中在中高档的水平上。在开发客户之前，销售顾问首先要把握住产品的特征，然后去找潜在客户就比较容易了。

➡知识准备

6.2.1　客户开发

客户开发是销售工作的第一步，通常来讲是市场业务人员通过市场调查初步了解市场和客户情况，与有实力和有意向的客户进行重点沟通，最终完成目标区域的客户开发计划。企业要成功做好客户开发工作，就需要从自身的资源情况出发，了解竞争对手在客户方面的一些做法，制定适合企业的客户开发战略，再落实到销售一线人员的客户开发执行，这是一个系统工程。

1. 客户的分类

客户的分类标准是按有无联系方式划分的，主要包括现实客户、潜在客户和未知客户三类。

1）现实客户

现实客户也称“现有客户”或“关联客户”，是指企业现在手上有的资料、信息、联系方式所对应的这些客户，他们是会对企业经营产生直接或间接影响的客户群体。根据这些客户和企业的关联程度，又可将其分为核心客户和一般客户。

2）潜在客户

潜在客户是指对企业或经销商销售的产品有需求且同时具有购买能力的人或单位。狭义地讲，是指尚未接触但具有购买实力的个人或单位；广义地讲，在经销商销售区域内，一切有需求的个人或单位都有可能成为企业产品的购买者。潜在客户的类型包括：尚未接触，但有购买能力的或者没有购买能力的；已经接触，但尚未成交的客户或已经购买的客户；曾经接触，但放弃购买或购买其他品牌店的客户。

在销售过程中，销售顾问通常可以以“MAN法则”来判断客户是否为潜在客户，即

M：Money，代表“金钱”，指客户必须对商品有一定的购买力。

A：Authority，代表“权利”，指客户对购买某种商品或服务有某种特定的需求。

N：Need，代表“需求”，指客户对某种商品或服务有某种特定的需求。

潜在客户必须同时满足以上3个条件。在缺少了某一项的情况下，只要采用适当的策略，仍有可能成为潜在客户。

3）未知客户

未知客户是指没有联系方式，但符合企业需求的客户。

对于汽车经销商和销售顾问而言，潜在客户开发是经销商赖以生存和发展的根基，也是工作的重中之重。在经销商的生产和经营中，如果没有一定数量的潜在客户，则很难实现长期经营。

★ 小思考

什么是以点划圆法？此法对客户开发有什么意义？

2. 客户开发的目的

1）激发消费者的购买欲望，培育市场势能

开发客户的目的不单单是提升销量，而是强化与客户的沟通，激发兴趣和信心，树立战略合作的强烈意愿，提高品牌与消费者的沟通效果，提升品牌的认知度和影响力，激发消费者的购买欲望，培育市场势能。

2）激发企业重视客户的兴趣与意愿

汽车营销人员不应为了销售汽车产品而急于求成，甚至采用欺骗性手段成交，而应与客户进行充分有效的沟通，实现企业价值观念的一致性和认同性，树立客户的长远思想，愿意配合和支持厂商的营销战略。

3）激发企业加强客情管理和信息管理

开发客户时，获得客户的理解、配合和支持至关重要，为此，销售顾问必须把建立良好的客情关系放到重要位置。营销人员要加强与各级渠道成员的沟通，随时了解客户的建设和建议并迅速处理，做好市场服务，让客户随时感受到温暖和关怀。营销人员还要准确把

握市场信息，随时了解竞争对手的动态，随时修正营销策略，提升营销执行力。

4）激发汽车营销人员做好顾问式营销

开发客户要求汽车营销人员不断提升自身的专业素质，激励营销人员争当优秀客户顾问，随时解决客户的疑难，提升客户营销人员的专业能力。

3. 客户开发的流程

客户开发的流程一般包括 6 个环节，如图 6-2 所示。

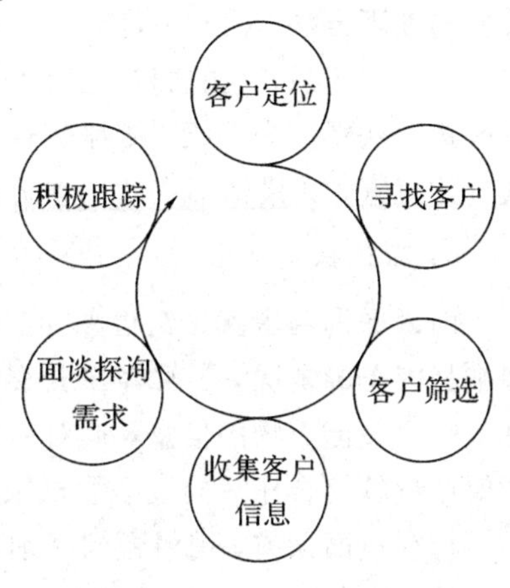

图 6-2　客户开发流程图

1）客户定位

对于市场或客户定位，销售顾问首先应清楚自身品牌与汽车产品的定位，在此基础上，再去寻找与自身品牌或产品定位相一致的潜在目标市场与目标客户。

2）寻找客户

做好充分的准备之后，销售顾问就可以制订开发客户的方案。制订方案时，目标一定要明确，即明确要寻找的客户是哪类人群，应采用哪种渠道。

（1）一般渠道。寻找客户的一般渠道比较多，大概可分为“走出去”和“请进来”两种。“走出去”是指利用各种形式的广告、参加车展、召开新闻发布会、进行新车介绍、进行小区巡展、参加各类汽车文化活动、发送邮件、进行大客户的专访、参与政府或一些企业的招标采购等。“请进来”主要是指在展厅里接待客户，邀请客户前来参加试乘试驾，召开新车上市展示或接受客户电话预约等。

【典型案例】

数字的含义

1、15、7、8、96 这一串数字的含义是：一位销售顾问 1 天要打 15 个电话；在这 15 个电话里面，要找出 7 个意向客户；1 个星期 5 天，就会找到 35 个意向客户，在这 35 个客户当中，有两个客户能购买你的车，1 个月按 4 个星期计算，就是 8 个客户；1 个月卖了 8 辆车，1 年 12 个月就是 96 辆车，也就是说，保守一点讲，1 年至少能卖出 96 辆车。

（2）特有渠道。除了上述的一般渠道外，4S 店开发客户还有一些特有渠道。

① 保有客户。保有客户指已购买车辆的客户。这些保有客户也是开发客户的对象，因为保有客户的朋友圈子、社交圈子也是销售资源，企业要定期跟踪保有客户的推荐。

② 售后服务站外来的保有客户。例如，奔驰汽车的维修站也会修沃尔沃、宝马车等，而这些客户也是开发的对象。

3）客户筛选

有了客户以后，我们还要对客户进行筛选。客户筛选是指对企业寻找到的客户，根据客户需求与企业自身实际情况综合评估后，选择能与企业进行良好合作或能产生实际购买需求的客户。客户筛选不仅能为企业提供优质客户，还能为企业增加销售业绩和价值。

4）收集客户信息

销售顾问对筛选好的客户信息进行收集和整理，注重对客户的信息进行了解，并掌握其他各方面的信息。信息掌握的多少与重要信息了解的多少是至关重要的，同时，收集竞争对手与客户间的关系信息也是很重要的。

收集客户信息的一个重要原因就是确定客户优先等级。客户优先等级评定是指对筛选的客户，根据其实力与资源，确定服务对象的时间顺序。这样做不仅可以对事情有个轻重缓急的处理方法，同时也是对客户和企业自身利益负责的表现。例如，一个客户上个星期购买了一辆车后，他的朋友觉得他所购买的车不错，也想买一辆。那么这个客户介绍来的新客户应获得优先等级，要抓住这个信息赶快去做工作。原因在于客户既然想买车，就喜欢货比三家，如果你不主动，他就有可能成为其他汽车公司的客户。

5）面谈探询需求

面谈探询需求就是销售顾问争取和客户进行面对面沟通的机会，以便向客户介绍公司和本品牌车的情况，了解客户真实的信息，包括客户的真实需求信息、竞争对手的相关信息与客户关键人物的信息，这对后期公司做出进一步的商谈是很重要的。当然，在此过程中要尽量签订合作意向或争取试乘试驾的机会。

与客户面谈前，销售顾问必须事先做好准备工作，除了外在着装准备和掌握基本社交礼仪外，还需要一些专业知识资料的准备和学习，否则就可能达不到预期的目的。具体的专业知识准备包括：

（1）要详细了解和熟悉产品的品牌、车型、技术参数、配置等。

（2）要熟悉本公司对这个汽车产品销售的政策、条件和方式。

（3）要详细了解汽车销售过程中的各项事务，如付款方式、按揭费用的计算、上牌的手续、保险的内容、保险的费用等。

（4）要了解竞争对手的产品与你所售车型的差异。有的时候客户会说某款车比你的车好，那个车有什么装备，你有没有……这个时候就要了解对方，只有事先了解，才能有应对的策略。

（5）要了解客户属于哪个类型，这样在与客户进行交流的时候，就会有的放矢，占据主动。

（6）了解客户真实的购买动机、付款能力、采购时间等。

6）积极跟踪

现实社会中，客户很多时候不能或者没有及时收到销售服务企业的产品资料和邮件，如果销售顾问不能积极主动联系客户，那么客户更不会主动联系销售顾问。跟踪客户需注意一些事项：

（1）坚持主动原则。跟踪客户遵循的原则是主动联系客户，而不是被动地等待客户的召唤。很多销售顾问向客户发送了产品资料或邮件后，就开始“守株待兔”，希望客户会主动联系销售顾问，这种做事方法明显是不可取的，销售顾问要积极主动地与客户沟通，询问客户是否收到了汽车服务企业的产品资料，或者是否收到企业的邮件，对于汽车服务企业的产品、技术和报价还有什么疑问或者需求，需要汽车服务企业做什么工作，等等。

主动原则明显的好处包括两方面：一是表达出了汽车服务企业的诚意和服务姿态，以及对客户的尊重和重视；二是便于汽车服务企业随时了解客户的真实需求，掌握商业合作的进度，做到有条不紊、未雨绸缪，同时也避免了某些时候客户没有收到汽车服务企业的产品资料或者邮件，造成信息不对称、客户无从联系汽车服务企业的情况。

（2）保持与客户的沟通和联系。跟踪客户是全方位的、多形式的，无论是电话、短信，还是 QQ、微信、邮件等，都是可行的。总之，销售顾问要尽量保证每个星期与重要客户保持至少 1 次的沟通和联系，这样既能表示汽车服务企业对客户的尊重和重视，又能很好地提醒客户“我们的存在”，客户一旦有真正的需求，首先就会想到汽车服务企业。

(3) 坚持给客户发优质信息。这是跟踪客户的核心所在。通常优秀的汽车销售顾问会在每个周末，更具体点是在每周五晚上，给所有重点客户(包括已经签单的客户、即将签单的客户、重点跟踪的客户、需长期跟踪的较重要的客户)逐一发送问候信息，发送的信息原则上要求逐个发送，最好不要群发给客户，这样更能体现字面意思的针对性和尊重。

(4) 坚持服务时间具体化。当客户提出需求时，优秀的销售顾问都会在第一时间给予客户一个具体的服务时间。比如，客户要求汽车服务企业提供一个全面的解决方案和报价，销售顾问会仔细询问对方的具体需求，评估设计这个解决方案和报价大概需要多长时间，然后告诉客户：“我们会在××时间内给您发送过去。”

(5) 坚持加强对客户的回访工作。对于汽车服务的重点客户，尤其是已经签单的重点客户，销售顾问必须学会加强对客户的回访工作，主动与客户沟通，提前了解和发现问题，在问题积累之前将问题解决，从而赢得客户更大的满意度。

6.2.2　客户跟进

【典型案例】

这就是跟进

一位美国老板向自己的销售员讲了这样一个实例：“有个人看到我们的招聘广告，在应聘截止最后一天向我们投来他的简历(最后一天投简历的目的是使他的简历能被放在一堆应聘材料的最上面)。一天后，他打电话来询问我们是否收到他的简历(当然是安全送达)。这就是跟进。两天后，他来第二次电话，询问我们是否愿意接受他新的推荐信(西方人对推荐信格外重视)，我们的回答当然是肯定的。这是他第二次跟进。又过了两天，他将新的推荐信传真至我的办公室，紧接着他又打电话过来，询问传真内容是否清晰。这是第三次跟进。我们对他专业的跟进工作印象极深，这位小伙子现在就在我们公司工作。”

销售顾问在客户开发过程中，通常会碰到自己好不容易开发出来的客户不经意间丢失或不小心就丢失了，原因在于客户开发后，很多销售顾问没有采用一些必要的手段对客户继续跟进。

1. 客户跟进的原因

1) 了解客户需求

销售顾问需要及时掌握客户的现状，了解客户需求状况，挖掘客户需求，找到合作意向，达到成交。

2) 增强客户记忆

增强客户记忆，即增强客户对销售顾问或汽车服务企业的记忆，传递企业产品的信息，吸引客户注意，提示客户需求投向。

2. 销售漏斗原理

销售漏斗是科学反映机会状态以及销售效率的一个重要的销售管理模型。销售漏斗在汽车销售中的应用表现为潜在客户区、目标客户区、准客户区和成交客户区的相互关系，意在告诉营销管理人员和销售顾问，潜在客户开发是一个汽车营销的开始，可通过各种渠道扩大宣传力度，吸引客户的注意力，增强客户与企业的接触面，不断建立企业的品牌信心，并通过客户跟进的具体措施将潜在客户变成成交客户，如图 6-3 所示。

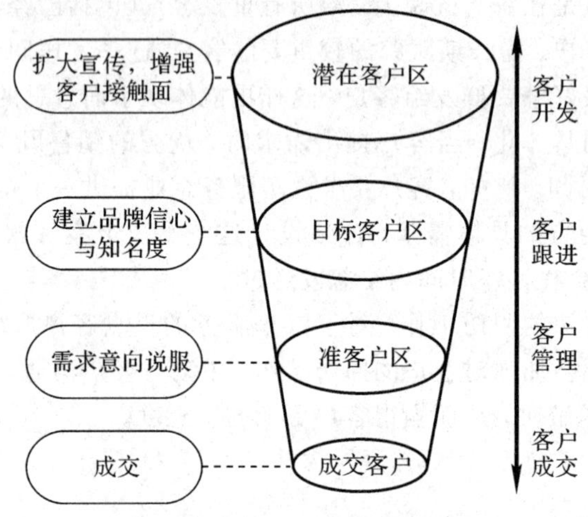

图 6-3　销售漏斗原理

销售漏斗原理揭示了一个成交客户是如何转变来的。从图 6-3 中可以很清晰地看出客户跟进在潜在客户区转化为成交客户过程中的关键作用。汽车服务企业应对客户跟进制定责任到人的具体措施。另外，在成交客户完成后，下一个漏斗区是忠诚客户区，这种客户具有企业的价值观念，能理解企业的营销策略，能与企业目标达成一致。

3. 客户分级

1）客户分级概述

1897 年，意大利经济学家帕列托(Bilfredo Pareto)在对 19 世纪英国社会各阶层的财富和收益进行统计分析时发现：80％的社会财富集中在 20％的人手里，而 80％的人只拥有社会财富的 20％，这就是“二八定律”。生活中普遍存在“二八定律”，商家 80％的销售额来自 20％的商品，80％的业务收入是由 20％的客户创造的；在销售公司里，20％的推销员带回 80％的新生意；等等。

销售顾问在客户跟进中经常也会碰到有的潜在客户数量并不多，但出单却很多，有的潜在客户很多却出不了单，公司这个月平均出单率是 100 个，潜在客户出单率是 4％，而你的出单率远低于这个概率，这说明了什么问题？

上面的问题说明了所有潜在客户对产品的需求意向是不一样的，销售顾问对客户跟进也不是盲目的。汽车销售顾问在不同的时候，针对不同的客户应具有不同的策略，这就需要销售顾问对客户进行有效的分级。

所谓客户分级，就是指汽车服务企业依据客户对企业的不同价值和重要程度，将客户区分为不同的层级，从而为企业的资源分配提供依据。例如，航空公司将客舱分为头等舱、公务舱、经济舱，每种客舱对应的客户都有不同的需求，这些需求在同一客舱内非常相似，可以视为一个群体，而不同客舱的客户需求差别非常大。

【典型案例】

请记住：成交的概率

销售成交的概率是随着销售顾问的付出而增大的，通常呈现以下几个特征：

2%的销售是在第一次洽谈后完成的；

3%的销售是在第一次跟进后完成的；

5%的销售是在第二次跟进后完成的；

10%的销售是在第三次跟进后完成的；

80%的销售是在第四至第十次跟进后完成的。

2）客户分级的原因

汽车服务企业对客户进行有效分析，不仅是为了更好地服务于客户，而且可以在对客户进行细分的同时产生更多利润，具体表现在四个方面。

（1）不同的客户带来的价值是不同的。

（2）企业必须根据客户的不同价值分配不同的资源。

（3）不同价值的客户有不同的需求，企业应该分别满足。

（4）客户分级是有效进行客户沟通、实现客户满意的前提。

汽车服务企业对客户实行分级，是有效管理客户关系的前提，也是提高客户关系管理效率的关键，更是对客户实施有效激励的基础。企业只有对客户进行分级和有效管理，才能强化与高价值客户的关系，降低为低价值客户服务的成本，也才能更好地在实现所有客户的利益最大化的同时实现企业利润的最大化，进而实现企业与客户的双赢。

3）客户分级的方式

汽车服务企业对客户的分级是根据自身实际情况结合客户需求、购买力等诸多因素建立的，不同的汽车服务企业对客户的分析方式具有不同的考虑，以下介绍两种方式。

（1）按客户成交的时间来划分客户级别，如表6-2所示。

表6-2　客户分级标准

客户级别	成交周期	客户动态	跟进标准
O级	定金订单客户	定金已收	随时报告车辆物流的状态等
H级	7天内成交	车型、颜色、付款方式、提车时间、资金准备均已确定	24小时首次电话跟进，此后每天跟进一次
A级	1个月内成交	对产品的价格、衍生服务、购车时间等进行商谈，并约定下次谈判的时间等	24小时首次电话跟进，此后每3天跟进一次
B级	1～3个月内成交	商谈中表示有购车意向，正在对车型、车价、便利性等作考虑	3天内电话跟进一次，此后每7天跟进一次
C级	3～6个月内成交	表示在很长的一个确定的时间点有购车打算	7天电话跟进一次，此后每30天跟进一次
N级	6个月以上	购买意向不明确或对竞争对手意向更为强烈	7天内电话跟进一次，此后每逢节假日短信等途径问候即可

★ **小思考**

请练习客户分析标准，记住客户级别并准确说明与之对应的特征。

客户级别会随着客户意向的变化而发生变化。实际操作经验表明，由于客户或汽车服务企业等存在一些不确定的消极原因，O级客户很有可能转化为其他级别的客户。当然，N级客户也会因为一些不可预测的积极因素转化为O级客户。这些原因包括汽车销售顾问的接待水平、跟进质量、经销商的服务水平、客户的周边环境、国家或地方政府的政策等。

销售顾问即使确定客户级别，也不能忽视对任何一个潜在客户的跟进。这就需要销售顾问对客户进行需求分析和有效跟进。

(2) 按客户给企业创造价值的大小划分。根据客户在市场中存在的数量多少可以划分为重要客户、主要客户、普通客户和小客户四个级别，如图6-4所示。企业根据这四类客户给企业创造的利润和价值的大小，按由小到大的顺序将客户“垒”起来，就可以得到一个客户倒金字塔模型，给企业创造利润和价值最大的客户位于客户金字塔模型的顶部，给企业创造利润和价值最小的客户位于金字塔模型的底部，如图6-5所示。

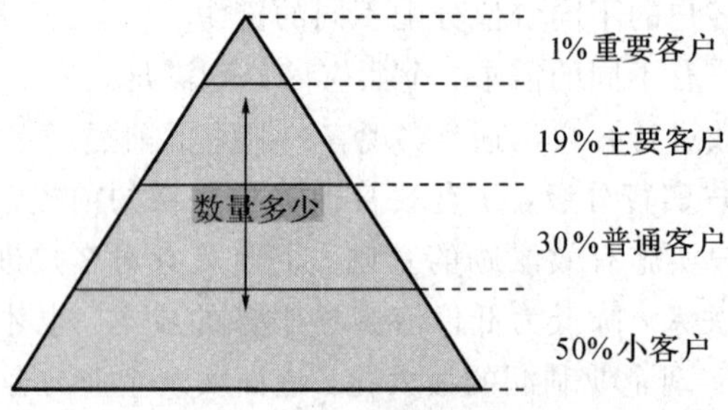

图6-4 “金字塔模型”的客户数量分级

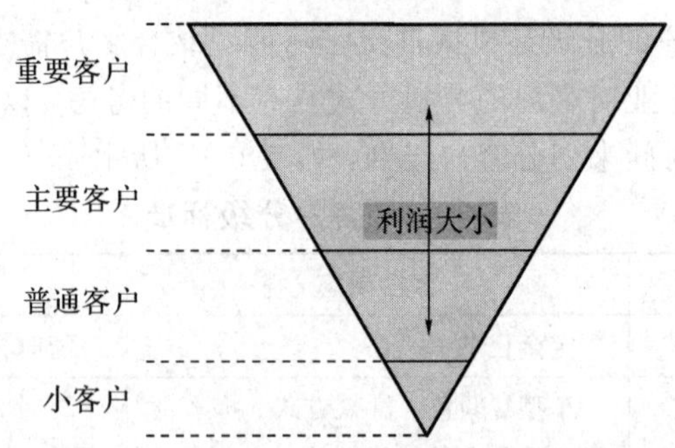

图6-5 “金字塔模型”的客户利润分级

在图6-5中，重要客户和主要客户被称为企业的关键客户，他们是企业的核心客户，一般占企业客户数量的20%，但他们能创造80%的企业利润，这类客户应该受到企业的重点保护。普通客户和小客户包含的数量较大，他们的购买力、忠诚度、能够带来的价值远比不上关键客户，却又消耗企业的资源，有时也是问题客户，会向他人抱怨，破坏企业形象，这类客户虽不值得企业特殊对待，但也不能得罪。

4）客户信息卡

在汽车销售实际业务中，销售顾问应该具有一定的职业敏感性，能够准确记录销售过程中所有客户的基本信息，这样做的目的是便于销售顾问能在下一次活动中更好地服务于

客户。因此，帮助客户建立信息卡或信息档案就是现在4S店管理潜在客户的一种有效手段。表6-3所示为某汽车4S店客户信息卡。

表6-3　某汽车4S店客户信息卡

客户信息卡
销售员：　　建表日期：　　客户编号：
客户基本资料： 客户姓名：________ 性别：□男　□女　职务：________ 生日：______年______月______日 联系地址：________ 县/区：________ 邮编：________ 固定电话：________ 移动电话：________ 传真号码：________ E-mail：________ **客户来源：** 结构来源：□展厅客源　□续购客源　□介绍客源　□外拓客源 第一来源：展厅客源　□来电　□来店 续购客源　□老客户续购 介绍客源　□老客户介绍□零服推荐　□亲友介绍　□中介 外拓客源　□市场活动　□外拓宣传　□总部潜客　□数据库 信息来源：□报纸　□电视　□网络　□114　□电台　□杂志 □介绍　□海报　□路过　□外拓宣传　□市场活动　□户外广告 **现有车型情况：** 1. 现有车型：________ 2. 现有车辆评价：________ 3. 购车形态：□首次购车　□增购车辆　□报废更新　□租赁
生活形态： 1. 客户类型：□个人　□单位 2. 行业分类： □个人　□电力　□公检法司　□烟草　□医疗卫生　□公路交通　□通讯/电信 □石油/石化　□物流运输□政府机关　□铁路　□房地产　□纺织服装　□工程建设 □公共事业单位　□改装厂　□航空　□工程建设　□化工/能源　□酒店餐饮 □家电百货　□金融保安□建筑/安装　□矿山冶炼□客运旅游　□农林牧渔　□汽车租赁 □食品饮料　□商业贸易□市政城管　□文教科技□邮政　□制药/医药　□制造企业 □其他________ 3. 车辆用途：□家庭自用　□载货　□通勤接送　□商务接待　□客货两用　□改装 4. 购买方式：□自筹　□贷款　□政府采购 5. 预计购车时间：________ 购车预算：________ 6. 是否置换车：□是　□否 7. 车辆配置要求：________
新车需求： 1. 车辆关注点： □品牌　□价格　□外观　□内饰　□配置　□动力及操控性　□服务　□质量 □其他________ 2. 意向品牌：□皮卡　□轻卡　□全顺　□SUV 3. 意向车型：________ 4. 客户初始级别：□A级　□B级　□C级　□D级　□E级　□F级

5）客户跟进记录表

客户信息卡的建立能够有效地帮助销售顾问和汽车服务企业准确记录潜在客户信息，企业可以根据客户的信息，依据企业自身情况设定客户跟进周期，并在待跟进的当天及时提醒销售顾问进行客户跟进，在跟进后要对跟进过程和跟进结果进行记录，如表6-4所示。因此，建立客户档案和客户跟进结果表，为销售顾问和汽车服务企业管理人员统计和分析客户信息提供了很大的便利性。

表6-4　客户跟进过程与结果记录

客户跟进过程与结果				
序号	级别变化	跟进日期	工作内容	拜访过程与结果
1				
2				
3				
4				
5				
6				
7				
8				
9				
10				

4. 客户跟进的方法

1）发短信

短信的特点是既能及时有效地传递信息，又不需要接收者当即做出回答，对接收者打扰很小，非常“含蓄”，更符合中国人的心理特点。发短信形式多样，有短信提醒、短信通知和短信问候，这种方式的优势在于保证对方一定能收到，即“有效传播”。但是也很容易被不小心删除。通过短信进行广告、营销，本身是一个正常合法的商业行为。这种发短信的方式价格便宜，成本低廉且效果不错。但若使用不当，也会引起客户反感、用户投诉。因此，要掌握好度，既不宜太过频繁使客户感觉厌烦，也不要太过“冷落”以致达不到应有的效果。

【典型案例】

熊先生40多岁，是一位品牌家私制造商。他是第一次来展厅，想购买一辆“路虎极光”。7月下旬，熊先生携太太两人来到展厅，销售顾问小刘从谈话中得知其目前打算购买一辆越野车，他们刚从对面奥迪展厅走出来就来到了这边。熊太太看了其他品牌的越野车后，认为价格不能太低，需要上些档次，这样才配得上自己的先生。没过多久，熊先生因有事留下电话就离开了。后来，小刘通过客户留下的电话，用了近2个月的时间对该客户进行服务跟进。例如，客户离开当天，小刘就给客户发了一条短信："感谢您到访××路虎4S店，很高兴为您服务，如有不周，请您多多包涵！这是我的电话……若有需要，请随时与我联系。另外，店里一有最新情况，我会立即通知您！"除了平时沟通外，小刘还得知熊先生要去国外出差，就又向客户发去短信："伴着早晨的阳光，送去我亲切的问候，××展厅×××祝您出行一切顺利，平安如意!"最终，小刘通过自己的努力，让该客户于9月中旬成交。

2）打电话

打电话是为了获得更多的客户需求和信息。销售顾问打电话了解信息的同时，也要为自己留下下次接触的机会，这就需要在打电话的同时等客户提出问题，并表示此次回答不了，等作了深入了解之后再给客户一个满意的答复。这既是一种负责任的表现，也增加了感情交流的好机会。销售顾问在打电话进行跟进之前，要对客户进行初步的分析，对不同的疑问点采取不同的措辞。与短信跟进一样，打电话也要注意时机的把握，跟客户进行联络不能太过频繁，要把握好度。

【典型案例】

客户王先生来展厅3天后，销售顾问马宇给客户第一次打电话。

马宇："王总您好，我是××公司奥迪汽车销售顾问马宇，您三天前来展厅看车是我接待您的，我个人感觉您还是比较喜欢奥迪汽车的。"

王先生："是的，可我太太有些不喜欢，她不知道奥迪Q7性能好不好，有些犹豫。"

马宇："我觉得您太太是一个比较有主见的人，您也比较尊重她的意见。我们店这个周末开展家庭试乘试驾有奖活动，您要是愿意，可带您太太一起过来体验一下，让您太太亲自体验驾驶的乐趣，这样您也就不用左右为难了。"

王先生："太好了，这个周末我一定带她过来，您帮我先登记一下。"

通过电话交谈，销售顾问的初步判断是没有错的，王先生的确十分喜欢奥迪Q7，但是他太太由于不太了解该车，所以无法接受，而通过电话沟通后，找到了原因，这样解决起来就容易多了。

3）发E-mail

利用E-mail进行客户跟进和产品宣传，既节省了纸张，又迅速快捷，且附带内容多样化，文字、图片、动画、视频等均可通过E-mail即时传递到客户面前。这是一种快捷方便的跟进方式，所见即所得，信息量大，目的性强。在处理上均要求客户看到电子邮件之后给予回执，并及时电话通知客户邮件已发送，请客户查收，若没有收到，还可以再次发送，体现出一种敬业负责的态度。

【典型案例】

长城汽车4S店销售顾问戴明有一次碰到一位姓付的客户，在离开店之前，客户要求小戴整理一套完整的资料发到他的E-mail里，小戴为此认真整理了3份不同的文件，分了3次发给客户。这些文件的内容包括文字(长城车型历史、技术亮点、越野注意事项)、图片(路演图片、车型对比图片、丛林越野图片)、视频(路演视频、广告视频)。根据了解到的情况，客户付先生的太太在帮他收发邮件时肯定也看了这些内容，这些内容也影响到了她的购买意向。小戴通过邮件不仅传递了车辆信息，也提升了付先生及太太对“长城”的忠诚度。事实证明效果还是不错的，付先生一家多次在吃完饭后一起欣赏那些照片和视频。

4）接听电话

对于销售顾问来说，接听电话也是一门学问，是增进沟通的一座桥梁，同时说明客户已经开始认可你了。在接听电话时，销售顾问要注意接听电话的礼仪，态度要热情，口气要和善，声音要洪亮且吐字要清晰。接听电话要认真，因为每一个未知来电都可能是客户打过来的，不要掉以轻心。对于客户的询问，如果需要查找资料，最好先挂断电话，告之客户稍后再打过去。若有可能，将潜在客户的电话号码存在手机中，来电一看即知。

【典型案例】

销售顾问小程今天接到了一个客户的电话，一看来电显示是上次接待的客户张总的。

小程：“张总您好！”

张总很惊讶地说：“您怎么知道是我的电话？”

小程答到：“张总，上次您来展厅看车时，当时我还说您的车辆知识很专业，我对您的印象特别深，所以您的电话我存在手机里面，这样才能更好地为您随时服务。”

张总听了开心地笑了笑，认为小程这人很细心。此次沟通后，小程了解到张总已经说服了他的夫人，这次电话是想了解一下全款和按揭的一些情况，并让小程把购车的相关费用列个明细传真给他。

5）发传真

利用传真进行客户跟进也不失为一种好方法。销售顾问经常遇到这样的情况：客户在询问之后要求传真一份参数以作基本了解。优秀的销售顾问会认识到此时也是一种良好的跟进方式。传真资料包括：复印清晰的参数表，明确的展厅线路图，车型的官方网站及相关论坛网址列表，以及个人详细的联络电话和名片放大复印图。销售顾问要时刻不忘记表现自己的专业服务，从而体现出一种认真做事的态度、与众不同的处事方法，给人留下深刻的印象。有的销售顾问往往忽视这一点，客户要求发一份参数表，就仅给客户复印了一两页的参数表，经常传真过去的资料连联系电话都没有，有的甚至直接告诉客户网站上都有，直接上网查就行了，敷衍了事。销售顾问不应该错过每一次跟客户打交道的机会，每一次跟客户接触，都要让客户感到我们在认真对待他的询问，我们是专业的，而且是敬业的。传真发出之后要及时跟客户确认是否收到，有无遗漏，是否清晰，是否完整。这样一来一往，增加了交流的机会，也有助于双方加深了解。

【典型案例】

根据客户张总的要求，联系做按揭的专业人员后，小程向客户发送了一份详细的贷款购车按揭计划书，详细列明了相关费用，同时还附带了贷款按揭购车流程图和贷款按揭购车要求列表及按揭人员的联络电话。最后，还不忘在每页留下自己的电话，注明第几页和总页数，什么步骤找什么人，什么时间交什么样的费用，让客户对此一目了然，一清二楚。

小程在传真发出之后，跟张总电话联系，确认收到了全部传真且清晰完整。临挂电话时，小程又告诉他：“若有任何疑问，欢迎随时打电话给我。”

6）寄送邮件

寄送邮件就是以实物为代表同客户进行接触，邮递内容包括产品资料、车型目录、车辆参数、车主杂志、报纸媒体摘编以及贺卡、生日卡、祝福卡、小礼物、活动邀请函、参观券等。这些都是维系客户关系的一种渠道。这种方式不仅使销售顾问自己掌握了主动权，还会给客户带来意想不到的惊喜，让客户眼前一亮，而且通过邮递，销售顾问可以将一些在电话中不方便说、展厅介绍时来不及说也不能完全说的资料让客户一览无余。但这种跟进客户的方式随着信息时代的发展其适用范围越来越窄。

【典型案例】

销售顾问赵枫本月中旬通过与客户万先生沟通，得知万先生想进一步了解宝马X7车辆的有关情况。于是，赵枫按照万先生提供的地址给客户寄去了一套关于宝马X7的详细文字资料，包括两本宝马车主杂志、一篇宝马X7试驾报告、一份宝马X7车型对比资料，还给客户送去了一封精美的祝福贺卡。

两天后，赵枫给万先生打了电话，得知快递收到了，万先生对寄去的资料还是比较满意的。

7）上门拜访

相关资料显示，上门拜访是成功率最高的一种客户跟进办法，但同时成本相当昂贵，时间(包括交通乘坐时间、等待客户的时间和洽谈的时间)消耗久，费用(包括交通费、停车费、通讯费等)开支大，随机性、不确定性大。例如交通拥堵，客户临时有事外出，无法掌控自己的时间，会谈时间也不便于控制，经常会打乱访问计划。但若上门拜访顺利，那就离成功不远了。销售顾问上门拜访需要注意基本的拜访礼节，注重自身形象，关注拜访对象，找好拜访理由，细心观察客户办公室摆设及风格，了解客户习惯，透过现象分析来往客户，查看公司实力。

【典型案例】

销售顾问刘芳得知客户已从国外回来，这几天正在深圳公司处理事务，于是决定去拜访他。快到他的写字楼楼下时，刘芳打电话给客户："李总，我现在正在您公司附近办完客户的转款手续，看时间还早，想顺路拜访您一下，能否占用您几分钟时间？自从您上次到过展厅后，虽然通了好多次电话，可再也没有见过您呢！您今天方便吧？"李先生一听销售顾问就在楼下，就很自然地接受了见面。到李总写字楼一看，装修较有格调，办公家私一看就是知名品牌，而且是中心区写字楼，卖价不低，刘芳心中大概就有数了。接下来相谈甚欢，李总说等他喜欢的车型及颜色到了再通知他到展厅去看。

8）展厅约见

客户既然愿意预约来到展厅，表明他本人对此款车型已经有相当强的购买意愿。销售顾问此时就需要做好客户预约的相关准备、车辆的内外清洁、车座椅根据客户身高进行适当调节，还可以根据以往的交流估计出客户喜欢哪种风格的乐曲，准备好试音碟。同时也要想一想估计客户会提出哪些问题，以及合适的应对话术。另外，销售顾问还应就此客户的基本情况向其上级主管作详细的汇报，以便双方配合默契。展厅约见的基本理由有：新车型到、有客户中意的颜色到、有新配置车型、邀请试乘试驾、店里促销活动邀请等。只要有恰当的理由，客户若还需要此款车，就会乐意前往。销售顾问可根据先前跟进沟通的情况，判断客户目前处在何种购买阶段(初步了解—引起兴趣—车型比较—车辆异议—价格谈判—签约成交)，从而做出不同阶段的应对方案。

如客户再次约到展厅，仍处在车型比较阶段，那么谈话的重点就是从车辆的横向/纵向进行比较(如品牌影响力比较、车辆配置比较、动力比较、操控比较、空间舒适性比较、油耗比较等，以及服务态度比较、专业知识比较、零配件供应比较、维修及时率比较)，进行SWOT分析，让客户明白各种车型的优劣点。当然，比较的重点仍是客户所关注的问题。

【典型案例】

按照前几天的预约，客户熊总希望购买的玛瑙红大众途昂车到货，于是销售顾问郑乾通知客户到展厅看车。经过近两个月的跟进，他基本判断出客户若对颜色满意，就会交款签约了，所以特别重视此次展厅洽谈，还事先跟展厅经理作了沟通，判断出客户来展厅洽谈的焦点就是价格问题了，4S店也估计到客户会出什么样的价格，制定了如何分步骤应对策略。熊总来到展厅后，看到车辆清洁得干干净净，在试驾一圈之后，谈判的问题就马上转到了价格上。客户熊总直接说："车看好了，就这辆，如果就我开始报的这个价格可以成交，就全款一次性交齐，不行的话，我就去定Q7了。我到其他店也问过了，价格至少比你们低15 000元。"情况与预计的一样，于是销售顾问采取事先商量好的应对策略，经请示总经理之后顺利成交。

随着信息时代的快速发展，关于客户跟进的方法还有很多，例如建立QQ群、发微信朋友圈和建立微信群等。"兵无常形，水无常势"。在客户跟进过程中，销售顾问应针对不同的情况采取不同的策略，几种方法灵活运用，综合运用，相信必会有所收获。

任务专项实训

实训项目：客户价值开发实例分析

实训目的：通过本实训项目，学生能够树立不断进行客户开发的思维意识，能够多方位发现客户的内在价值。

实训内容：

情景导入：

美国一家百货公司经理检查新到的售货员的工作情况。

经理："你今天有几个客户？"

售货员回答："1个。"

经理："只有1个吗？卖了多少钱的货呢？"

售货员回答："58 000多美元。"

经理大为惊奇，要他详细解释销售过程。

售货员说道："我先卖给那男人一枚钓钩，接着卖给他钓竿和钓丝。我再问他打算去哪里钓鱼，他说要到南方海岸去。我说该有小船才方便，于是他买了6米长的小汽艇。他又说他的汽车拖不动汽艇。于是我带他去汽车部，卖给他一辆大车。"

经理喜出望外，问道："那人来买一枚钓钩，你竟能向他推销那么多东西？"

售货员答道："不，其实是他老婆头痛，他来为她买阿司匹林药。我听他那么说，便对他说：‘这个周末可以放松一下自己，为什么不去钓鱼呢?’”

实训步骤：

(1) 将学生进行分组，4～6人为一组，选择小组长，每个小组根据情景进行讨论并形成小组意见。

(2) 由小组成员选择代表汇报。

(3) 汇报完毕，由指导老师带领学生点评。

实训评价：

(1) 要求：能够准确陈述情景中存在的道理；能够准确制定每个环节中的营销策略，且营销策略有条理、逻辑清晰，有一定的实用价值；完成一份实训报告。

(2) 评分标准：

序号	评分标准	分值	评分	备注
1	团队合作	20		
2	团队精神	10		
3	内容结构	30		
4	仪容仪表	30		
5	应变能力	10		

任务6.3 客户接待

➡知识目标

1. 了解客户接待的准备工作；
2. 掌握来店接待的流程和规范；
3. 掌握来电接待的流程和规范；
4. 掌握客户接待的礼仪；
5. 了解意向客户管理的内容。

➡能力目标

1. 能够按照职业规范的要求接待来店客户；
2. 能够按照职业规范的要求处理客户来电业务；
3. 能够对来电客户的信息进行分类管理。

➡任务导入

要准备些什么?

销售顾问柯一凡昨天接到客户文先生的电话，说是今天要来店里看车。文先生是一位私人老板，自己开了几家品牌连锁店，夫妻二人都30多岁，家里有辆宝马5系车，平时上班都是共用一辆车。9月份小孩要上小学了，夫妻二人商量妻子暂时不上班，为了接送孩子，文先生想为妻子买一辆城市SUV。文先生的妻子比较有主见且是一位时尚人士，他告诉小柯，车辆问题由他妻子决定，自己就是陪她来看看。

柯一凡由于刚入职不久，要接待这样的贵宾还是第一次，心里有些紧张。假如你知道了这样的情况，你会给小柯什么样的建议？

问题：

1. 客户接待的流程是什么？
2. 客户接待的服务规范主要包括哪些内容？

分析：

要成功完成一次客户接待，不但要掌握营销基础知识，还要懂得基本的礼仪。在客户接待之前需要做些准备工作，如知识准备，包括接待流程的熟悉、接待资料的准备、接待问题的预判、解决方案的制定、消费者心理分析等。

➡知识准备

客户接待是指客户到店或通过其他方式和汽车服务企业联系，汽车服务人员第一时间迎接客户，并使客户感受到热情与尊重。

客户接待工作一般包括三个方面：一是接待前的准备工作；二是客户接待的流程；三是客户接待的服务规范。

【典型案例】

某汽车公司的销售顾问小李经过努力，终于说动一位客户约定了时间来店看车。那天客户准时来到店中，坐下后就一言不发地看着小李，由于小李事先没有准备，不知道这位客户在想什么，被客户看得心里面直打鼓，不知道该说什么，心想："这个客户怎么这么严肃？"客户总是非常忙碌，他希望销售顾问对他的到来是有充分准备的。这时，客户有些不耐烦了，说："你没有什么想要对我说吗？"小李听了更紧张了，结结巴巴地不知道从何说起。客户说："好像你没有什么准备，我也很忙，这样吧，你取些资料给我，我有时间就看看。"结果，小李只好把资料取过来给了客户，客户拿了后转身就走了。

上述案例说明这位销售顾问在客户接待实践中缺乏专业知识、销售技巧和自信。为了不发生类似的问题，销售顾问在客户接待过程中至少需要具备两个条件：一是业务能力；二是个人基本素养。前者表现为知识储备、专业能力；后者表现为商务礼仪、心态或者心理素质。因此，销售顾问对待客户接待需要做一些必要的准备工作。

6.3.1 接待前的准备

1. 接待准备的重要性

接待工作不仅存在于每天的工作之前，还贯穿于整个销售流程之中。接待准备工作是否充分，直接影响到销售业绩和客户满意度。通常接待准备工作的重要性有三点。

1）给客户留下良好的第一印象

众所周知，第一印象的好坏直接关系着销售是否能够成功。良好的第一印象不仅会在客户心中打下良好的品牌形象烙印，还可以降低客户的戒备心，为其购买经历产生一种愉快而满意的基调。

2）可以提升形象价值

这里所指的形象价值不仅包括个人形象价值，还包括企业品牌形象价值。良好的形象价值有利于客户决策行为的偏向，也有利于增强客户对企业的信心和信任。

3）提高工作效率

客户接待准备是销售流程中的第二个步骤。对于4S店的销售顾问来说，接待准备工作是每天晨会必须检查的科目，也是销售工作人员每天必做的项目。如果销售工作人员充分做好接待准备工作，就会提高客户接待的工作效率，还会避免一些不必要的客户异议，标准化的工作流程给人耳目一新的感觉，使人感觉到企业的正规和专业，从而进一步提升企业的业绩和客户满意度。

★ 小思考

第一印象的组成因素有哪些？为什么说注重第一印象对销售行业很重要？

2. 接待准备的主要内容

接待准备工作的主要内容包括以下几个方面。

1）知识准备

(1) 企业知识。企业知识具体包括：公司的介绍；公司的销售政策，如让利和促销政策；服务的项目；产品库存等。

(2) 产品知识。产品知识包括生产汽车的厂家、品牌，以及各款车的性能、功能和配置。

(3) 市场知识。市场知识包括所销售的汽车在市场上的占有率、与竞争车型的对比、优劣情况和行业知识等。

(4) 汽车相关法律法规知识，汽车养护使用知识，相关金融知识和相关保险知识等。

(5) 用户知识。用户知识主要包括客户心理、消费习惯、客户的购买动机、客户爱好、客户的决策人、购买力等。比如，从事小商品行业的客户喜欢车子的空间大一些，可以顺带一些货物，像SUV、SRV这样的多功能车比较受他们的欢迎。

(6) 市场热点知识。对于当前社会的热点新闻、奇闻轶事应多了解，与客户有沟通话题。

2）工具准备

【典型案例】

一位河南客户要给他在南京的办事处配一辆车。经过货比三家，他到一家店购买了一台车。当我们询问他为何选择在此买车时，他的回答是他认为这家店在细节上让他耳目一新。

当时他说："我想听听这辆车的音响效果怎么样。"销售人员就问他："您喜欢听哪方面的音乐？"这位客户笑起来了："怎么？我想要的音乐你有吗？"销售人员说："您说说看。"这位客户是河南人，他说："我想听豫剧。"大家想想看，一般的汽车公司里面有豫剧的CD

吗？可能99%的回答是没有，但是这家店就有。销售人员立刻到总台把豫剧碟调出来，放进去给他听。看到那个CD上写的是豫剧，客户非常感动，当时就说："我不听了，我们下面就办手续吧！"

(1) 平板电脑。平板电脑主要用于：① 录入CRM(客户管理)系统客户信息，安装汽车相关的App，如汽车之家、易车网等；② 查找车型配置、参数对比等信息；③ 使用浏览器浏览汽车网站信息，查找销售量排行榜、公众评论等信息。

(2) 工具夹。工具夹主要用于保存车辆品牌历史资料、车型对比纸制资料、销售支持资料(车贷流程、车险、上牌及惠民政策、二手车置换等)、车型常规保养报价单、配件价格报价表，文件包(如洽谈卡、试乘试驾协议书、报价单等)，其他文件(如产品展示手册、车主服务手册、U盘、CD盘、具有佐证意义的客户购买记录单、网络权威资料、车辆成功案例等)。

3) 心理准备

(1) 树立正确的市场营销观念，一切以客户需求为中心。

(2) 拥有永不言败的精神，在困难面前能够不断进取，具有良好的抗压能力，遭遇失败时能够不断反省。

(3) 具有积极向上的心态，内心阳光，充满正能量，懂得享受生活和工作的乐趣。

4) 商务礼仪的准备

(详见项目5中的任务二。)

5) 展厅准备

(1) 展厅整体(如图6-6所示)。

① 展厅内外墙面、玻璃墙等保持干净整洁，应定期(1次/半年)进行清洁。

② 相关标识的使用应符合各品牌汽车公司有关VS(企业形象视觉识别系统)的要求。

③ 按各品牌汽车公司的要求悬挂标准的销售服务店营业时间示意牌。

图6-6　奥迪汽车4S店

④ 展厅的地面、墙面、展台、灯具、空调器、视听设备等保持干净整洁，墙面无乱贴的广告海报等。

⑤ 展厅内摆设有斜立展示牌，斜立展示牌上整齐放满与展示车辆相对应的各种车型目录。

⑥ 展厅内保持适宜、舒适的温度，依照标准保持在25℃左右。

⑦ 展厅内的照明要求明亮，令客户感觉舒适。

⑧ 展厅内须有隐蔽式音响系统，在营业期间播放舒缓、优雅的轻音乐。

⑨ 展厅内所有布置物应使用各品牌汽车公司提供的标准布置物或按各品牌汽车公司标准做的布置物。

(2) 车辆展示区(如图6-7所示)。

图6-7 车辆展示区

① 每辆展车附近的规定位置(位于展车驾驶位的右前方)设有汽车车型说明架，汽车车型说明架上摆有与该展车车型一致的汽车说明书。

② 展车之间相对的空间位置和距离、展示面积等参照企业相关标准规定执行。

(3) 业务洽谈区(如图6-8所示)。

图6-8 4S店业务洽谈区

① 业务洽谈区沙发、茶几等摆放整齐并保持清洁。

② 业务洽谈区桌面上备有烟灰缸，烟灰缸内若有3个以上(含3个)烟蒂，应立即清理；每次在客人走后应立即把用过的烟灰缸清理干净。

③ 业务洽谈区设有杂志架，摆设相关车型的宣传资料。

④ 业务洽谈区需摆放绿色植物盆栽，以保持生机盎然的氛围。

⑤ 业务洽谈区配备大屏幕彩色电视机、影碟机等视听设备，在营业时间内可播放各品牌汽车公司广告宣传片或专题片。

(4) 客户接待台(如图 6 - 9 所示)。

图 6 - 9　客户接待台

① 客户接待台保持干净整洁，台面上不可放任何杂物，各种文件、名片、资料等应整齐有序地摆放在台面下，不许放置与工作无关的报纸、杂志等杂物。

② 客户接待台处的电话、电脑等设备保持良好的可使用状态。

(5) 卫生间(如图 6 - 10 所示)。

图 6 - 10　4S 店卫生间

① 卫生间应有明确、标准的标识牌指引，男、女标识应易于区分。客人和员工分离，由专人负责卫生打扫与清洁，并由专人负责检查与记录。

② 卫生间的地面、墙面、洗手台、设备用具等各部分保持清洁，台面、地面不许有积水，大、小便池不许有污渍。

③ 卫生间内无异味，应采用自动喷洒香水的喷洒器来消除异味。

④ 卫生间内相应位置应随时备有充足的卫生纸，各隔间内设有衣帽钩，小便池所在的墙面上应悬挂有赏心悦目的图画。

⑤ 适度布置一些绿色植物或鲜花予以点缀。

⑥ 卫生间洗手处须有洗手液、烘干机、擦手纸、绿色的盆栽等，洗手台上不可有积水或其他杂物。

⑦ 在营业期间播放舒缓、优雅的背景音乐。

(6) 儿童活动区(如图6-11所示)。

图6-11　4S店儿童活动区

① 儿童活动区有专人负责儿童活动时的看护工作(建议为女性)，不宜离楼梯、展车、电视、斜立展示牌、汽车车型说明架等距离太近，但能使展厅内的客户看到儿童的活动情况。

② 儿童活动区要能够保证儿童的安全，所用的儿童玩具应符合国家有关的安全标准要求，应由相对柔软的材料制作而成，不许采用坚硬锐利的物品作为儿童玩具。

③ 儿童活动区的玩具应具有一定的新意，色调丰富，保证玩具对儿童有一定的吸引力。

6) 展车准备

(1) 车身和车外部分(如图6-12所示)。

图6-12　车辆外部

① 展车车身经过清洗、打蜡处理，保持清洁，挡风玻璃和车窗玻璃保持明亮。

② 展车四个轮胎下方放置标准的车轮垫板，位置正确，图标正立。

③ 轮胎经过清洗、上光；展厅内的展示车辆轮辋盖上的品牌标识保持水平放置，各轮胎内侧护板要刷洗干净，使其无污渍。

④ 车前方与后方安装牌照处须配备标准的车铭牌。

⑤ 除特殊要求外，展车的车门要保持不被上锁的状态，可供客户随时进入车内。

⑥ 展车左右对应车窗玻璃升降的高度保持一致。

⑦ 车身上不许摆放价格板、车型说明、宣传资料等其他非装饰性物品。

(2) 车内部分(如图 6 - 13 所示)。

① 汽车发动机室可见部分、可触及部位等经过清洗，擦拭干净；挡风玻璃与其下沿塑料件结合部位应无灰尘。

② 后备箱应保持干燥洁净，工具、使用手册等物品摆放整齐，无其他杂物。

③ 汽车油箱内备有一定的汽油(不少于 5 升)，确保汽车可随时发动。

④ 车厢内部保持清洁，应去除座椅、遮阳板、方向盘、天窗、门把手(包括后车灯)等部件上的塑料保护套。

⑤ 中央扶手箱、副驾驶位的手套箱、车门内侧杂物箱、前座椅靠背后的物品袋内均不能存放任何杂物。

⑥ 前排座椅在前后方向上移至适当的位置(保证普通驾乘者较方便地驾驶)，并且两座椅靠背向后的倾角保持一致。

图 6 - 13　车辆内部

⑦ 车内后视镜和左右后视镜配合驾驶位相应地调至合适的位置，并擦拭干净，不留手印等污迹。

⑧ 各座椅上的安全带摆放整齐一致。

⑨ 车内 CD 机的机盒中应装有 CD 试音碟或 DVD，可供随时播放，收音机预设已调谐完好的收音频道(调至调频立体声音乐台或当地交通台)。

⑩ 车内的时钟调至准确的时间。

⑪ 车内要进行异味处理，并可在车内放置香水或装饰物，以营造气氛。

⑫ 车内地板上铺有脚踏垫，并保持干净整齐。

⑬ 车厢内不许有价格板、CD碟片、车型说明、报纸杂志等其他物品。

⑭ 所有电器开关应置于“关”(OFF)的位置。

6.3.2 客户接待的工作流程

客户接待流程主要包括客户来店接待流程和客户来电接待流程两种。

1. 客户来店接待流程

接待来店客户是汽车销售顾问每天都必须面临的基本工作，通常大部分客户来到一个陌生的地方都会产生一些紧张感，在这种情绪控制下的客户是很难信任销售顾问的，故销售顾问必须以热情、专业的接待来消除客户心理上的不适，从而建立客户信心。良好的来店客户接待有利于建立良好的第一印象，提升企业品牌形象，也有利于快速让客户接受企业的产品或服务。各大汽车4S店对客户来店的接待流程大致是一样的，如图6-14所示。

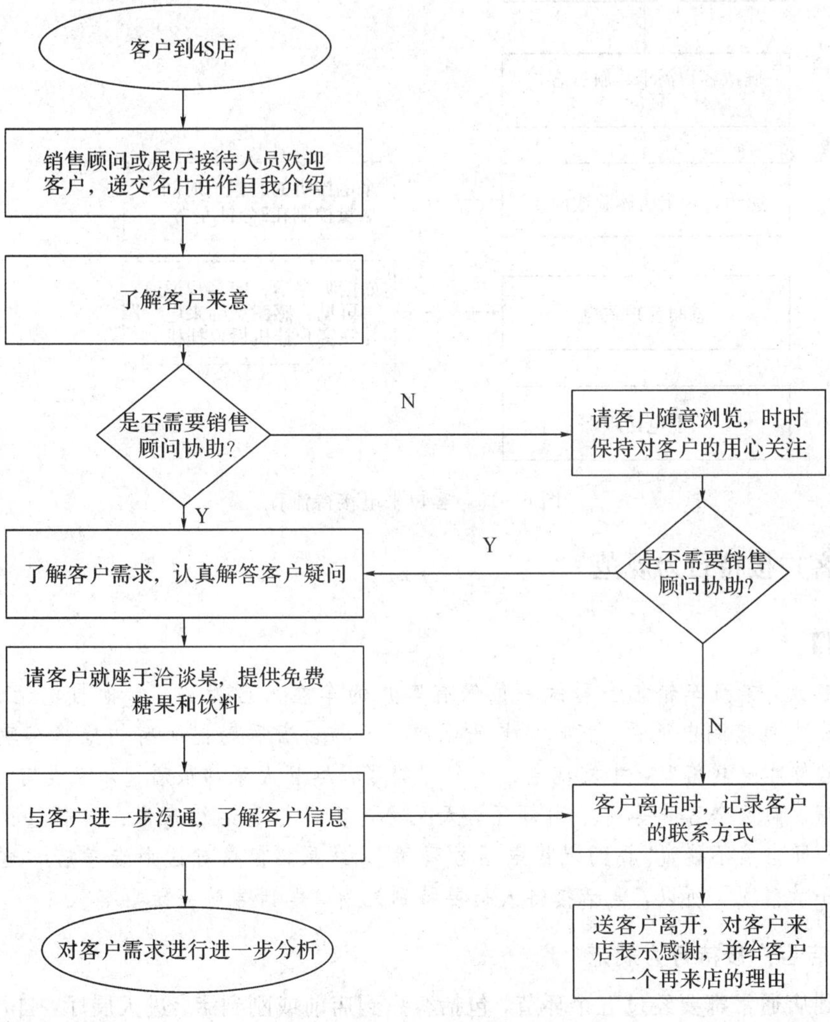

图6-14 客户来店接待流程

2. 客户来电接待流程

在汽车4S店的经营过程中，经常会有客户通过电话的形式来咨询相关业务，来电访问客户的接待和来店访问客户的接待有着本质区别，相关的流程也有很大差别，主要是来电客户不见其人，只闻其声。针对这类客户，销售顾问要通过热情、专业、准确的解答，尽量让客户来店详细咨询，从而实现成功销售的目的。客户来电接待流程如图 6－15 所示。

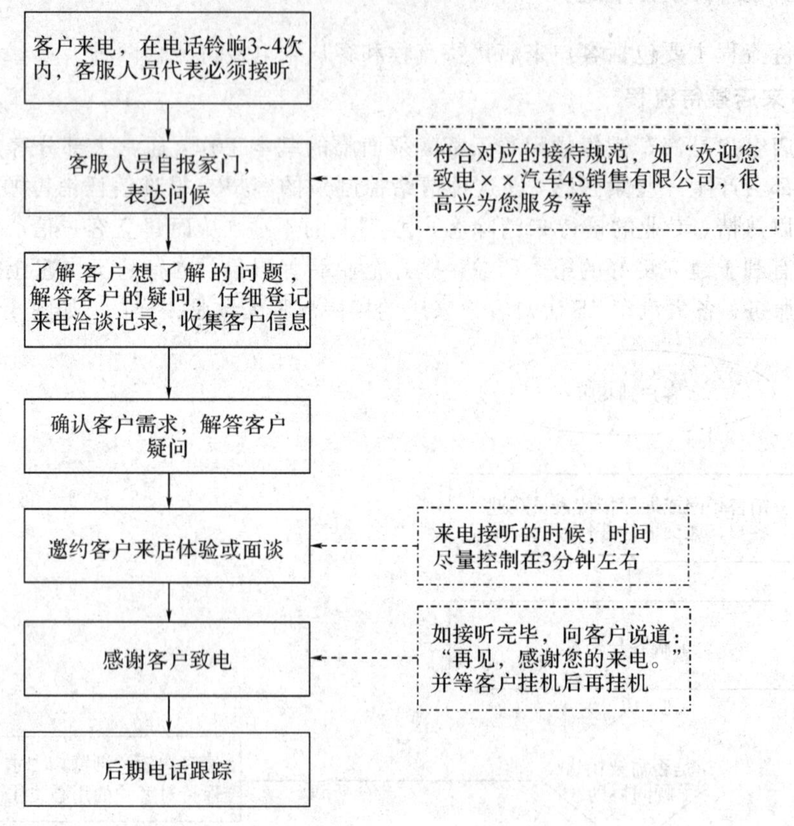

图 6－15　客户来电接待流程

6.3.3　客户接待行为规范

【典型案例】

一年冬天，某汽车销售公司的一位保有客户的车在郊区抛锚了，他打电话过来求救，公司的值班人员接到电话后，把电话号码记成了十位。当后勤把所有的抢修车辆工作都准备好了，想与客户联络时，才发现电话号码记错了。尽管大家都很着急，但没有办法，只好在那里干等。而这个客户等得不耐烦了，天又冷，客户打电话过来说：你们怎么还没到这边？工作人员当然不能说“我们记错电话号码了”。结果，客户对这个专营店和这个公司产生了一肚子的意见。所以，电话接待人员要特别注意，电话号码一定要确认。

1. 来店客户接待行为规范

客户到店通常都要经过五个环节，包括客户到店前或刚到店，进入展厅，自行看车，客户交谈时以及客户离开。另外，还有一类客户不是从展厅门口进入的。

1）客户到店前或刚到店

（1）当销售人员知道客户会在特定时间到店时，通常销售人员在做好接待准备工作的同时，还需要确认客户到店的具体时间，以便让销售人员提前站在门口等候客户的出现，这样会让客户认为自己受到尊重。

(2) 客户出现在门口时，通常汽车服务企业有巡视的保安，这时保安就要询问客户是否预约了销售人员。如果预约了销售人员，保安人员就应立即通知对接的销售人员尽快到门口迎接；如果没有预约销售人员，保安也要通知值班经理安排销售顾问或前台接待人员到门口迎接。

2) 客户进入展厅时

(1) 第一顺位和第二顺位值班人员在展厅门口值班，观察到达客户。

(2) 客户进店(不限于购车客户，指所有进店客户，如申请售后的客户、销售代理及兄弟公司的领导等)时，主动问好，热情迎接。遇到客户开车时，接待人员还需引导客户车辆按规定停放；遇到下雨天时，销售顾问还应主动带上雨伞帮客户开门，迎接客户。

(3) 询问客户的来访目的。客户来访目的大致有以下几种：

① 售后维修保养或理赔客户：指引、带领到售后前台。

② 精品部客户：指引至精品超市。

③ 办理其他业务的客户：找指定人员、部门或按客户需求指引。

④ 找公司领导或集团领导的客户：如未预约，则接待员应带领客户先到休息区等候，然后电话通知客户所找的领导；已有预约的客户，则按来访要求指引。

⑤ 看车的客户：执行的程序包括及时递上名片，进行简短的自我介绍并请教客户尊姓，如："您好，我是销售顾问×××，很高兴为您服务，这是我的名片，请问先生/女士怎么称呼？"客户有人陪同的，销售顾问要与客户同行人员一一打招呼，引导、带领客户到需求车型处看车，第一顺位值班人员离开接待台时，第二顺位值班人员接替第一顺位值班，同时通知第三顺位值班人员派人到接待台。

3) 客户自行看车时

(1) 销售顾问要按客户意愿进行，请客户随意参观，随时关注客户并保持服务状态。

(2) 明确说明自己的服务意愿和候教的位置，让客户知道销售顾问在旁边随时恭候。

(3) 保持一定的距离(视觉和听觉都能关注到客户的距离)，在客户目光所及的范围内关注客户的动向和兴趣点。

(4) 当客户表示有疑问时，销售顾问主动趋前询问。

(5) 扩大答疑范围，主动向客户介绍卖点、特性和优点，转入商品说明程序。

4) 客户愿意交谈时

(1) 销售顾问先从礼貌寒暄开始，扩大说话面，给客户机会引导对话方向。

(2) 回应客户提出的话题，倾听，不打断客户谈话。

(3) 第一时间奉上免费饮料、茶水。请客户入座，客户入座后销售顾问方可入座。

(4) 争取适当时机请客户留下必要的个人信息。

(5) 主动邀请客户试乘试驾，抓住时机转入试乘试驾流程。

(6) 进入需求分析，促进成交转入需求分析流程、签单流程。

(7) 试乘试驾后未现场成交的，转入潜在用户跟进流程。

5）客户离开时

当客户起身要离开展厅时，销售顾问需做好以下几点工作：

(1) 销售立即放下手中的其他事务，提醒客户清点随身物品。

(2) 送客户到展厅门外，再次递上名片，如雨天为客户打伞。

(3) 感谢客户光临，并诚恳邀请其再次惠顾。

(4) 目送客户离开，直至客户走出视线范围。

(5) 目送客户时，销售员应站在客户车辆后视镜范围内，让客户体验到你在目送他(她)。

(6) 回到展厅门口登记来店客户信息。

6）展厅巡视接待

展厅巡视接待是指固定在展厅旁的销售顾问在展厅旁的巡视，通常接待非展厅门口进来的客户。展厅巡视人员要巡视所辖展车，并检查展车，确保展车清洁及功能正常，并随时注意从非展厅门口进入的客户。在展厅巡视的值班人员应站于展厅的前部或中央，站立位置应距展车1米以内，站立时应将双手轻松置于身前，左手交握右手，挺胸抬头。应保证各科组负责的区域均有销售员在值班巡视，当无客户看车时，应定时清洁展车，随时清洁车表车里，随时补充展示架资料；当有客户看车时，应积极主动招呼，并进一步接待介绍。

★ 小思考

销售顾问每天都要面对不同性格类型的客户，请问：当面对讲话比较粗鲁的客户时，该如何处理？

2. 来电客户接待行为规范

电话机旁放置来店客户登记表及电话记录表，公司内部电话本，有关的车型资料、按揭资料、库存信息资料、促销信息资料，以及售后服务信息资料。内勤人员每天上、下午分两个小时检查准备工作并及时补给。

【典型案例】

销售经理张华有一天碰到这样一件事——一位保有客户购买车辆半年多以后，突然打电话说："张经理啊，我开车时听到车底盘下有'咣啷咣啷'的响声，怎么回事呀？我还能不能开？因为下周一我要去杭州。"张华当即就告诉他："这样吧！电话里说不清楚，如果有时间的话，您最好现在把车开到我们4S店里来，我们给您检查。"这位客户说："问题不大吧？要不，我周六、周日再过来？"张华坚持说："您最好尽快过来，而且车速不要过快，因为我现在不好判断这个声音，出于安全角度，您最好现在就过来。"最后这位客户听从了张华的建议，把车开过来了。汽车被举升机抬起来以后，他吓了一跳，因为固定方向轮的三个螺栓掉了一个，第二个螺栓已经出来一半了，第三个螺栓虽然在里边，但是已经松动了。后来这位顾客多次向其他人介绍，说这个公司的张经理做事情很值得信任，要不是他的话，可能会出事故。大家知道，前轮是方向轮，一旦方向轮失控就会非常危险。

这个案例还真是细思恐极，虽然没有发生事故，但足以让这位客户记一辈子了。所以，我们在为客户解决问题的时候，一定要从安全的角度替客户考虑。

1）邀约电话

(1) 准备阶段：确认潜在客户的姓名，如何给客户一个理由，准备好要说的内容，想好潜在客户可能会提出的问题，想好如何应对客户的拒绝等。

(2) 进行阶段：确认客户信息，自报家门(例如，您好，××汽车销售服务有限公司，我是××，有什么可以帮到您)，告诉客户致电的原因并问候，商谈有关事项，记录客户信息，礼貌道别，待客户挂断电话后再挂电话等。

(3) 封闭阶段：根据记录信息建客户卡，找销售经理签署客户卡，录入系统。

2) 来电电话

(1) 来电电话由销售顾问负责接听，销售热线要保持畅通(只进不出)。

(2) 铃响3声或者8秒内要接听。

(3) 销售顾问接起电话时要使用统一的问候语和礼貌用语——“您好，欢迎致电××汽车销售服务有限公司，我是销售顾问××，请问有什么可以帮助您的？”

(4) 销售顾问要主动询问客户的需求。

(5) 销售顾问要主动询问客户的称呼和联系方式。

(6) 销售顾问要主动邀请客户来展厅赏车。

(7) 销售顾问在结束通话前应使用统一的结束语“感谢您的致电，期待您的光临”。

(8) 销售顾问应在结束通话前再次询问客户是否还有其他的需求，并等客户先挂电话以后再放下电话。

(9) 销售顾问应在接电话的同时记录好客户信息。

(10) 销售顾问应在接完电话后及时建客户卡，请销售经理签字并录入系统。

任务专项实训

实训项目：客户接待演练

实训目的：通过本实训项目，学生能够了解客户接待的流程，能够熟悉客户接待的标准。

实训内容：

情景导入：朋友王丽打电话给销售顾问小李，说自己的同事付江琴打算购买新款“宝来”，并把同事的电话告诉了小李。假如你是小李，你该如何较好地完成此项任务？

实训步骤：

(1) 将学生进行分组，4～6人为一组，选择小组长，小组长对成员进行分工。

(2) 各组根据情景导入，按任务要求设计好客户与销售顾问的对话，对话内容不少于十个回合。

(3) 各组选择两位成员进行演练。

(4) 演练完毕之后，由指导老师带领学生点评。

实训评价：

(1) 要求：情景补充完整，故事情节真实感人；演练语句顺畅，简明扼要；演练成员行为规范，动作自然、标准；完成一份实训报告。

(2) 评分标准:

序号	评分标准	分值	评分	备注
1	团队合作	20		
2	团队精神	10		
3	内容结构	30		
4	仪容仪表	30		
5	应变能力	10		

任务6.4 客户需求分析

知识目标

1. 了解客户需求分析的内容;
2. 掌握客户需求的类型;
3. 掌握客户需求分析的技巧和方法。

能力目标

1. 能够熟悉客户需求理论,并能运用沟通技巧对客户需求进行深入探寻;
2. 能够对来店客户的心理进行有效分析,帮助客户选购车辆。

任务导入

了解客户心中的问题

一个公司的老总来到某专营店,想给主管销售的副总配一辆车。他看了一款车后觉得很不错,价格方面也没问题。这时销售人员说:“既然您都满意了,今天您是刷卡还是现金提车?”

这位老板说:“等一下,我还得回去,我想再征求一下别人的意见。”这名销售人员就想:“这个时候不能放他回去,一旦放他回去,什么事情都会发生,万一‘半路杀出个程咬金’把这个客户‘劫’走了怎么办?”于是,这名销售人员就开始问客户:“是不是我哪方面没有说明白,介绍得不到位,还是我的服务不好?”他此时就是在分析客户心理。客户一听销售人员讲这样的话,就说:“跟你没关系,你介绍得很好,主要是因为这辆车不是我开,是给我的一个销售副总配的,我也不知道他喜欢不喜欢这辆车。”后来销售人员又深入了解了情况,发现那位销售副总是刚拿的驾照,驾车技术也不是太好,但是从事销售工作业务很多,经常要在市区里开。所以他就跟这位老总说:“我觉得给您推荐这款车很合适,这款车是自动挡的,遇红灯时踩刹车就可以了,车也不会熄火,最适合新手开了。”这位老总一听:“真的吗?”销售人员到后面开出一辆自动挡车,让他坐上去亲身体验一下。销售人员说:“您看,前面有红灯了,这里如果您又在接电话,不用换挡,您直接踩刹车,看这辆车会不会熄火?”他一踩刹车，车停下来了，没有熄火；刹车一松，车又继续往前走了。客户说：“这辆车不错，我要的就是这款车。”

这就是帮助客户解决疑难问题的方法。客户的问题解决了，交易也就达成了。

问题：

1. 你认为客户会主动将他的需求告诉你吗？你该通过哪些方法达到目的？

2. 如果完全不了解客户需求，那么我们如何更好地与客户沟通？

分析：

任何一次成功的销售都离不开销售人员的细心、负责和专业，客户到店所表现出来的行为，大多数情况下并不是真实的现象，销售人员只有努力通过沟通，了解客户的真实疑问，才能达成交易。

➡知识准备

需求是一切销售的前提，做好客户需求分析，是营销人员开展销售活动的重要环节和获得销售成功的保证。在经营过程当中，客户往往对自己的需求并不完全了解，而且也不容易表达出来，所以，销售人员必须通过各种引导和提问的方式，让客户将自己真正的需求表达出来，从而为推荐、介绍合适的产品做好准备。

当前的汽车销售都是以客户为中心的顾问式销售，是在市场竞争非常激烈的情况下进行工作的，所以，销售顾问不能再像以前那样采取“黄瓜敲锣——一锤子买卖”的做法，而要给客户提供一款符合他需求的车型。因此，任何一个销售顾问都要了解客户的购买动机，对他的需求进行分析。

6.4.1 客户需求分析概述

1. 客户需求分析的定义

所谓“客户需求分析”，是指通过系统的、科学的方法，借助某些工具帮助客户综合分析车辆需求，从而为客户提供最合适、最科学的产品与服务，以协助客户解决现在和未来的需求问题。

销售人员要了解客户的需求，要通过适当提问，鼓励客户发言，使客户感受到“被尊重”，从而充分自主地表达自己的需求。详细的需求分析是满足客户需求的基础，也是保证产品介绍有针对性的前提。销售人员在进行客户需求分析时，要时时提醒自己注意两个问题：一是客户是否乐意告知他真正的需求；二是客户是否能清晰地说明或表达他们的需求。

2. 客户需求分析中的冰山原理

冰山原理(如图 6 - 16 所示)是美国著名心理治疗师维琴尼亚·萨提亚(Virginia Satir)提出的。她指出，人类的行为就像一座漂浮在水面上的巨大冰山，能够被外界看到的行为表现只是露在水面上的很小一部分，绝大部分看不见的藏在水底。

同样，客户需求表现在外面的也是很小一部分，被称为“显性需求”，是指客户知道而且愿意说出来的需求；而隐藏在里面的客户需求，则是长期被销售人员忽略的“内在”，是指客户知道但不愿意说出来的或并不自知的需求。揭开冰山的秘密，销售人员会看到客户的渴望、期待、观点和感受，了解到一个真正的客户。如有的客户想购买一辆20万左右的车，但不一定知道买哪款，也可能不知道买什么配置或性能的，甚至都不知道具体要买什么颜色的，这就需要销售人员去了解客户，发现需求，创造需求并激发客户的购买欲望。

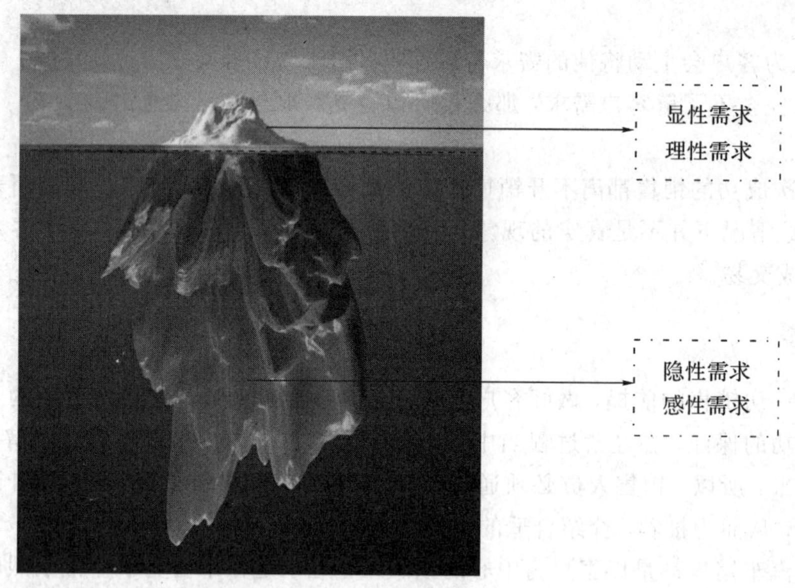

图6-16　客户需求冰山原理

【典型案例】

个人爱好与实际需求

一天，一位客户来到了某一品牌汽车4S店，他在展厅里仔细地看了一款多功能的SUV车，该公司的销售人员热情地接待了他，并且对这位客户感兴趣的问题也做了详细的介绍。之后，这位客户很爽快地说马上就买。他接着还说，之所以想买这款SUV车，是因为他特别喜欢郊游，喜欢出去钓鱼，这是他的一个爱好，很早以前他就想这么做，但因为工作忙，没时间，现在他自己开了一家公司，已经经营一段时间了，但总的来说还处于发展阶段，现在积累了一点钱，想改善一下生活。

当时客户和销售人员谈话的气氛比较融洽，要是按照以前的做法，销售人员不会多说，直接签合同、交定金，这个销售活动就结束了。但是这名销售人员没有简单地下定论，他继续与这个客户聊天，通过了解客户的行业，他发现这位客户是做工程的，他业务的来源是一位外地客户。外地客户一到这个地方来，他就去接他，而跟他一起去接客户的还有他的一个竞争对手。这位客户过去没车，而他的竞争对手有一辆切诺基，人家开着车去接，而他只能找个新一点的出租汽车去接。他的想法是不管接到接不到，一定要表示自己的诚意。结果每次来接的时候，他的客户都上了他这辆出租车，而没去坐那辆切诺基。这位客户并不知道其中的原因，但这名销售人员感觉到背后肯定有原因，于是就帮助这位客户分析为什么他的客户总是坐他的出租汽车，而不坐竞争对手的切诺基。

销售员说："我认为，您现在买这辆SUV车不合适，您的客户来了以后，一辆切诺基，一辆SUV，上哪个车脸上都挂不住。以前一个是吉普，一个是出租，他会有这种感觉：毕竟出租是轿车。但到那个时候，万一您的客户谁的车都不坐自己打的走了，怎么办？"这位客户想想有道理。然后这名销售人员又为他分析道："我认为根据您的情况，现在还不适合买SUV。您买SUV是在消费，因为这辆车只满足了您的个人爱好，对您的工作没有什么帮助。我建议您现在还是进行投资比较好，这辆SUV的价格在18万到20万元之间，在这种情况下我建议您还是花同样多的钱去买一辆自用车，也就是我们常说的轿车。您用新买的轿车去接您的朋友和客户，不是更好吗？"这位客户越听越有道理，就说："好吧，我听你的。"

3. 客户需求分析流程

客户到店后，销售顾问通常需要通过破冰寒暄来拉近与客户之间的距离，减少客户的紧张感或不适感，然后在较融洽的环境中沟通后确认客户的需求，为下一步产品推介奠定基础，具体流程如图6-17所示。

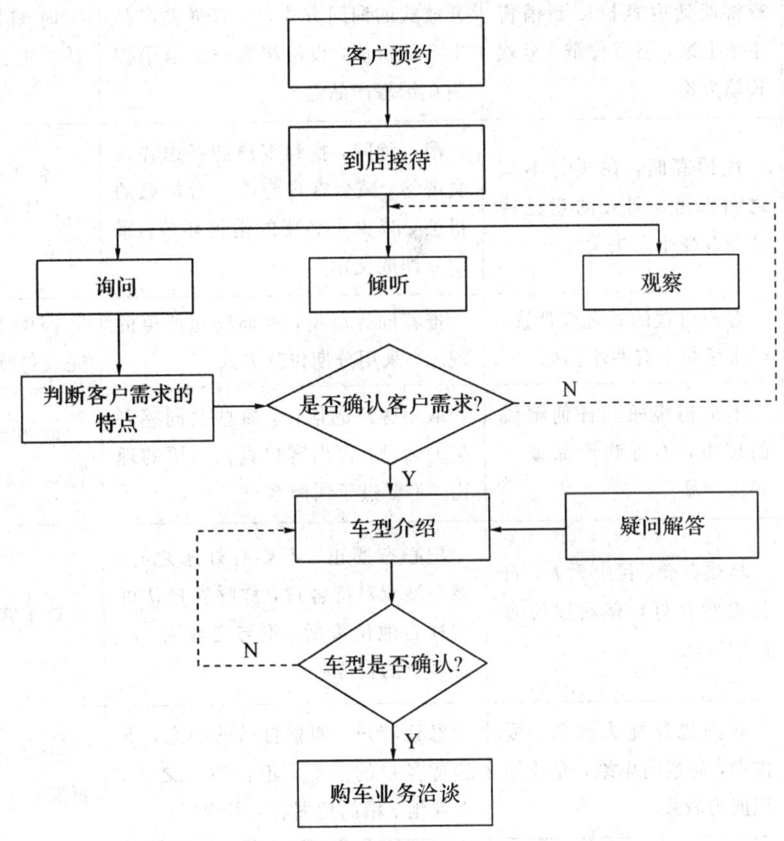

图6-17 客户需求分析流程

6.4.2 家用车客户需求分析

家用车客户需求的影响因素包括性别、年龄、职业、教育水平、经济收入等，不同的影响因素决定着客户需求类型不同，也决定着客户需求分析技巧不同。

1. 需求分析的类型

家用车客户需求可分为很多种，主要划分标准有两种。

1）按客户需求特点分类

典型的客户购买类型、需求特点以及营销策略如表6-5所示。

表6-5　典型的客户购买类型、需求特点及营销策略

客户购买类型	客户需求特点	应对策略	注意事项
杀价型	客户已表现出想购买的兴趣，却还是尽量找缺点批评产品，还会一直抱怨自己没钱，买不起之类的话语	不要贸然降价，应说明产品物有所值，没有降价的空间，保证客户买后不会后悔，可用一些促销品来满足客户需求	不断强调产品的优点
唠叨型	说话爱控制主动权，很难将谈话内容拉回到销售主题上来，能言善辩，喜欢长篇大论	不要随便附和客户的言语，不用开放式的询问方式，一直强调产品本身的价值，设法将客户的言语控制在销售产品上	时刻提醒自己谈话的主题
和气型	优柔寡断，在买与不买之间思考，别人的意见往往能改变个人决策	耐心询问，找到客户的疑虑并认真解答，减少客户与第三者接触的机会，减少不必要的销售环节，采用立即成交术	客户一旦决定购买，就立即进入成交环节
经济困难型	客户对钱的管理较严谨，经济承担上有些小问题	推荐同等车型，强调物超所值的观念，采用分期付款方式	提醒客户多途径完成付款的方法
完全拒绝型	不给销售顾问任何解说的理由，不喜欢产品或不相信产品	取得客户的信任，聊些共同感兴趣的话题，探出客户真正讨厌的理由，不要过于纠缠客户	取得客户信任比什么都重要
骄傲型	喜欢自夸，目中无人，自我感觉良好，喜欢述说自己的成就	把心态摆正，不要有好恶之心，诚心诚意对待客户，称呼客户认可的社会地位头衔，不与之理论，满足客户的自尊心	尊重客户、捧客户
叼酸型	客户思维能力较强，爱挑剔，易逆向思维，专业知识能力较强	忍让客户，调整自己的心态，不违背客户的意愿，不作口舌之争，专业地、精简地回答，以静制动	理论知识专业很重要
暴躁型	脾气大，难自控，没耐心，不易接受别人的意见，话不投机就动怒，易伤人	资料准备齐全，心态平和，耐心解答，保持亲和力，换位思考	想方设法平息客户怒火

★ 小思考

请总结一下典型客户的类型、需求特征和沟通处理技巧，然后设计一个咨询情景，要重点体现销售人员的应对策略。（客户类型任选）

2）按消费者购买动机分类

（1）感性购买动机。感性购买动机大致有以下几种：

① 求名动机：追求炫富和成就，如商界名人。

② 求美动机：不求最贵，但求最美，追求车辆外形，如白领阶层。

③ 求新动机：追求新款一族，一般为具有冒险意识的年轻人。

④ 攀比动机：喜欢和别人比较，想尽一切办法超越他人，一般为私企老板。

（2）理智购买动机。理智购买动机具体有以下几种：

① 便宜动机：追求车型物美价廉，关注降价和让利消息，一般为普通老百姓或工薪阶层。

② 实用动机：追求车型实用，关注车辆的质量、功能与实用价值，一般为有知识、有文化的中年人。

③ 偏爱动机：依照个人喜好，钟情于某品牌车型，一般为有较强品牌意识且追求个性化车辆的人。

④ 信赖动机：以追求某一品牌的信誉为主要目标，其核心是"忠实依赖"，一般为品牌忠诚度较强的人。

2. 客户需求分析的内容

1）客户需求分析内容清单

汽车销售顾问在从事汽车销售实际工作业务中，收集客户的需求信息是很有必要的，特别是有针对性的信息收集，更是能起到事半功倍的效果，如表 6－6 所示。

表 6－6　客户需求分析内容清单

项　　目	内　　容	项　　目	内　　容
客户职业		车型要求	
品牌需求		购车目的	
用车经历		配置要求	
安全需求		性能需求	
谁是使用者		购车时间	
颜色需求		用车环境	
购车预算		付款方式	
其他要求			

2）客户需求分析问题清单

销售顾问为更好地了解客户需求，需提前准备或熟记一些提问内容，如表 6－7 所示。

表 6-7　客户需求分析问题清单

序号	问题(部分)	记录
1	先生/女士您好，我是销售顾问××，这是我的名片，您是第一次到店还是以前来过？	
2	您以前关注过什么品牌的车呢？您看完之后感觉怎么样？	
3	您现在用的是什么车呢？您用着怎么样？	
4	看您刚才是开车过来的，您是住在这附近还是在附近上班？	
5	您对颜色有什么要求呢？	
6	您这次打算选手动挡还是自动挡的车呢？	
7	先生/女士，您选购车主要是为了上下班还是……？	
8	车辆会不会用来做其他用途，比如接待公司重要客人？	
9	车辆是自己开吗？您会不会自驾车去旅游？您对车辆配置有什么要求吗？比如导航、蓝牙等。	
10	您买车1年能跑多少公里呢？	
11	您打算什么时候购车呢？	
12	您购车的预算大约是多少？这次打算付全款还是分期付款？	
13	公司车源现在较紧张，您什么时候提车方便？	
14	我总结一下您的需求，您看是否是这样的？	

★ 小思考

请分别列出5个客户需求，分析问题并给出翔实的答案。

3）整车需求关键指标

在销售过程中，销售顾问通常需要对客户进行车辆展示，特别是客户需要了解的一些整车关键指标，因此销售顾问也需要储备一些专业知识。

（1）整车需求指标。整车需求指标包括以下几方面：

① 动力性。这包括最高车速、最大爬坡能力和加速时间。

② 经济性。这包括百公里油耗、车辆制造成本、运营成本和二手车残值等。

③ 安全性。这包括主动安全技术和被动安全技术。

④ 操控稳定性。这包括车辆的操控性和车辆的稳定性效果。

⑤ 舒适性。这包括车辆的振动、隔音、隔热和车辆的娱乐、便利设备等。

⑥ 可靠性。这包括车辆使用寿命、平均故障里程和可维修性等。

⑦ 通过性。这包括接近角、离去角、最小离地间隙和轴距等。

（2）整车需求指标解释，如表6-8所示。

表 6-8　整车关键指标清单

序号	关键指标	解释内容	备注
1	品牌	重点介绍公司的历史、品牌成长故事和品牌口碑，以及该车型的销售量和良好的市场评价	突出优势
2	外形	外形的风格与特色、设计理念、可选用的颜色	配合客户需求
3	安全性	ABS 制动系统、CBC 转向制动控制系统、EBD 电子的制动力分配系统、安全气囊、安全带、钢板吸能结构、碰撞测试成绩、防盗锁等	让客户安心
4	动力性	发动机型号及技术、排放量、最大功率、最大扭矩、最高车速等	体现车辆力量
5	操控性	悬挂系统、助力系统、制动系统、变速箱、轮胎、轮毂等	驾驶者的乐趣等
6	舒适性	车长、车宽、车高、前后排空间尺寸大小、储物空间容积、座椅特色、空调系统、车内娱乐设备等	体现空间的实用性
7	经济性	油耗、购车成本、保养及维修费用、二手车残值等	物有所值
8	性价比	售价、促销优惠活动、价格走势、与同级车型价格比较	优势
9	售后服务	售后服务范围、服务质量、网店分布、收费情况等	服务水平高
10	保值率	保值率数据、二手车价格、二手车行情报告等	保值率高

【典型案例】

销售顾问与客户的话术

问：为什么我车的油耗比厂家的标定油耗高得多？

答：在许多车型的标定中，油耗都是比较低的。可是一旦开起来，有的消费者就会发现实际油耗要比厂家宣传的油耗高出很多。这主要是因为，厂家一般标定的油耗大多是 90 公里每小时匀速下的百公里油耗。实际情况是不可能达到的。

问：为什么刚买的新车油耗这么大？

答：油耗大小是由多方面因素决定的，如环境路况、使用条件、驾驶习惯等。另外，新车各零件在磨合期，也会影响油耗，过完磨合期后，油耗会下降，您可以放心使用。

问：要怎样车辆才能省油？

答：避免长时间预热发动机，驾驶习惯良好，保证前四轮适当的定位、换位，保证合适的车速，避免在市区红灯较多地段行驶、急刹、急加油门、超载、超速，并避免长时间不保养、油路长期不清洗(三洗)、火花塞长期不更换、发动机积碳过多(应定期清理发动机积碳)等。

问：为什么踩刹车时有吱吱声？

答：这个刹车片异响在盘式刹车系统中普遍存在，主要是由于刹车片与刹车盘中进入异物后再次使用刹车把异物磨成硬点后产生的，比如说洗车时脏东西随水进入、下雨天涉水异物进入等。这种异响可以通过打磨刹车片来排除，但这样比较麻烦，因为您在正常行驶中使用刹车时，无形中会将刹车片上的硬点磨掉，也可以排除故障，您看您选择哪一种处理方法呢？

问：我的车子才跑了几千公里，轮胎上面就起了一个包，明明是质量问题，你们却不承认，不给索赔，如果不是质量问题，那为什么别人的轮胎跑了几万公里都没有问题？

答：所有品牌的轮胎在受到碰撞后都容易起包，因为侧面胎壁是轮胎最薄弱的部分，无钢丝线保护，所以碰撞后会出现鼓包现象，出现鼓包后会影响车辆的安全性，建议您更换。我们会协助您请轮胎厂家鉴定。

问：冷车启动时为什么发动机的声音会很大？这样的好处有哪些？

答：冷车启动时发动机自动提高转速，所以声音较大，这种现象是正常的。其优点是可以快速预热发动机，保证发动机正常运转，避免或减少积碳的产生。

6.4.3 客户需求分析技巧

了解客户需求的方法包括两个方面：一是问，即询问法；二是听，即倾听法。

1. 询问法

1）询问法的定义

询问法是将所要调查的事项以当面、书面或电话的方式向被调查者提出询问，以获得所需要的资料，它是市场调查中最常见的一种方法。通常销售顾问应该事先设计好询问程序及调查表或问卷，以便有步骤地提问。

2）询问的方式

询问的方式主要包括开放型和封闭型两种。

(1) 开放型。开放型问题的答案不是固定的，可以按照对方的思路畅所欲言。这种询问方式的优点是回答者可以自由发挥，能在较少压力下发表个人意见，也有利于营造良好的交流气氛，可以收集更多的信息；其缺点是销售人员难以主导会谈，有时很难得到所期望的回答。开放式问题强调 6W2H：

What(什么)：购车的主要用途是什么？

When(何时)：打算什么时候需要购车？

Who(谁)：为谁购车？

Where(哪里)：从哪里获得产品的信息？

Which(哪种)：了解过哪款汽车？

Why(为什么)：买车的主要原因是什么？

How(怎么样)：您觉得这款汽车怎么样？

How Many/ How Much(多少)：购车的预算大约是多少？

★ 小思考

假如你是销售顾问，你认为客户购买的原因会是什么？请列出不少于 10 个原因。试想一下每个原因的应对话术。

(2) 封闭型。封闭型问题的答案是固定的，对方只能从固定的范围内选择答案。这种询问方式的优点是限定了回答的范围，很容易让对方发表意见，也容易掌握对话的节奏，还能得到期望的答案；其缺点是由于答案是事先设定好的，容易导致误差，造成负面气氛，得到的信息有时不够。

封闭型问题也被称为Yes/No型。例如：您对我车展厅的环境是否满意？您对这款车的外形是否感觉很好？

2. 倾听法

1）倾听法的定义

倾听属于有效沟通的必要部分，以求达成思想的一致和感情的通畅。倾听不是简单地用耳朵来听，它也是一门艺术。倾听不仅仅是要用耳朵来听说话者的言辞，还需要销售人员全身心地去感受客户在谈话过程中所表达的言语信息和非言语信息。

【典型案例】

倾听的重要性

某汽车公司的销售人员小赵正在接待一位女客户，这位女客户与他谈得非常愉快，谈着谈着就到了定金先付多少这个话题上了。这位客户说："我看看我包里带了多少钱，如果带得多我就多付点，少了我就少付点，我凑凑看，能凑两万我就把两万块全付了。"

这位客户一边打开包，整理钱，一边说话。因为这件事情基本上已经定下来了，她很开心，就把她家里的事情说出来了，主要是说她儿子考大学的事情。而这名销售人员在旁边一句也没听进去。这时又过来一名销售人员，就问他："小赵，昨天晚上的那场足球赛你看了没有？"小赵也是个球迷，这两个人就开始在那里聊起昨天晚上的那场足球赛了，把客户晾在了一边。这位女客户愣了一会儿，把钱包拉链一拉，掉头走了。

2）倾听的技巧

(1) 注意与客户的距离。有的客户很敏感，人与人之间的距离也是很微妙的，那么什么样的距离才会使客户有安全感呢？当一个人的视线能够看到一个完完整整的人，上面能看到头部，下面能看到脚，这时这个人感觉是安全的。如果与客户谈话时，双方还没有取得信任，就马上走得很近，对方会有一种自然的抗拒、抵触心理。曾经有过这样的案例：当一个人对另一个人反感的时候，他连对方身体散发出来的味道都讨厌；当这个人对对方有好感的时候，他觉得对方身体散发出来的味道是香味。所以，当客户觉得不讨厌你的时候，他会很乐于与你沟通。

(2) 注意与客户交流的技巧：

① 认同对方的观点。销售人员要认同对方的观点，不管对方是否正确，只要与买车没有什么原则上的冲突，你就没有必要去否定他。你可以说："对，您说的有道理。"同时还要点头、微笑，这样客户才会感觉到你和蔼可亲，感觉到你很认同他。

② 善意应用心理学。作为销售人员，掌握心理学是非常重要的。从心理学的角度讲，两个人要想成为朋友，一个人会把自己心里的秘密告诉另一个人，达到这种熟悉程度需要多少时间呢？权威机构在世界范围内调查的结果是：最少需要一个月。销售人员与客户之间的关系要想在客户到店里来的短短几十分钟里确立巩固，显然是很不容易的。在这种情况下，销售人员要赢得客户，不仅是技巧的问题，还应适当掌握心理学的知识。运用心理学进行销售时，我们要本着以客户为中心的顾问式销售的原则，本着对客户的需求进行分析

的动机，本着对客户的购买负责任的态度，本着给客户提供一款符合其需求的汽车的目的，绝不能运用心理学欺骗客户。

（3）有效倾听。一场有效的倾听应表现为销售人员能够向客户准确传达参与、复述、总结和澄清这些信息，其使用技巧如表 6－9 所示。

表 6－9　倾听技巧的应用

倾听技能	实际行动	表达意图	何时使用
参与	点头或与讲话者进行眼神沟通	表现出你正在专心听讲	谈话的全过程
复述	通过语言传回给讲话者	将说话者所讲内容或情感反向传递给说话者	在理解了谈话内容之后
总结	对讲话内容进行摘要	证明你已经对谈话的整体内容有所掌握；复述讲话要点并指明话题中心	当接收到一些公开的信息之后
澄清	询问澄清性的问题	确保理解并掌握了主要细节或者进一步澄清某些问题	当谈话过程中信息模糊且不明确，妨碍继续沟通的时候

（4）倾听注意事项：

① 要认真、有兴趣、设身处地地听。

② 适当地表示理解。

③ 不带偏见和先入为主，不做价值评判。对客户讲的任何内容不表现出惊讶、厌恶、奇怪、激动或气愤等神态，而是予以无条件的尊重和接纳。

④ 倾听不仅用耳，更要用心。不但要听懂客户通过言语、表情、动作所表达出来的东西，还要听出客户在交谈中所省略的和没有表达出来的内容或隐含的意思。

⑤ 正确的倾听，要求销售人员能换位思考，深入到客户的感受中去，细心地注意客户的言行，注意对方如何表达问题，如何谈论自己及与他人的关系，以及如何对所遇问题做出反应。

⑥ 善于倾听，不仅在于听，还要有参与，有适当的反应。反应既可以是言语性的，也可以是非言语性的。

（5）错误的倾听：

① 急于下结论。

② 轻视客户的问题。

③ 干扰、转移客户的话题。

④ 做不适当的道德的评断。

⑤ 不适当地运用咨询技巧（如询问过多，概述过多，不适当的情感反应等）。

任务专项实训

实训项目：汽车销售客户需求分析

实训目的：通过本实训项目，学生能够掌握客户需求知识，能够对客户进行基本的需

求分析，能够对不同的客户设计良好的营销策略。

实训内容：

学生从提供的情景项目中选择1～2个进行实践。

情景1：曾先生是一位汽车4S店的销售顾问，28岁，南方人。一天，他和几个同龄的朋友叶先生、文先生、田先生、陈先生一起到大众店看速腾新车。叶先生是二手车市场的工作人员，对车较了解，较关注速腾车的性能；文先生、田先生和陈先生各自开一辆大众波罗两厢车，认为大众车质量是值得信赖的。

情景2：方女士是大学汽车专业教师，已婚，无小孩，丈夫为政府公务员，现开一辆帕萨特，因方女士住所更换，以前上班走路不到10分钟就可以到达学校，现在需要开车20分钟，为此迫切需要购买一辆安全性能好的车，既可以解决交通问题，又能体现她的社会阶层。

情景3：严先生和王女士两人准备下个月结婚，需要添置一部家用汽车。这天严先生带父母一起来看车，严先生的母亲提议，两人结婚花费不要太高了，车辆就贷款购买，应买物美价廉的。严先生觉得母亲说得有道理，但考虑到自己经济条件尚可，且顾忌王女士的面子，认为自己可以承受一定的经济压力。

情景4：刘先生夫妇二人携5岁的儿子前来看车，需要购买一辆家用轿车，而且有保护儿童的安全功能。考虑到明年小孩将上学，上学路上交通比较堵塞，接送小孩的安全性也是他们考虑的因素。

实训步骤：

(1) 将学生进行分组，4～6人为一组，选择小组长，由小组长根据组员意见选择1～2个情景项目。

(2) 每个小组根据情景项目进行讨论并形成小组意见。

(3) 由小组选择代表汇报。

(4) 汇报完毕，由指导老师带领学生参与点评。

实训评价：

(1) 要求：能够准确对客户需求进行详细说明并能陈述每个情景项目中存在的问题；能够针对不同的客户需求提出良好的营销策略；营销策略有条理、逻辑清晰并有一定的实用价值，则评为优秀；完成一份实训报告。

(2) 评分标准：

序号	评分标准	分值	评分	备注
1	团队合作	20		
2	团队精神	10		
3	内容结构	30		
4	仪容仪表	30		
5	应变能力	10		

任务6.5 车辆展示与介绍

知识目标

1. 了解车辆展示的阶段原则与要点；
2. 掌握车辆展示的标准；
3. 把握车辆介绍的方法与技巧。

能力目标

1. 能够充分利用展示技巧引导客户；
2. 能够结合客户利益进行车辆展示；
3. 能够向客户详细介绍车辆。

任务导入

如何介绍车辆

销售顾问张鑫平完成了对客户李先生的需求分析后，现要为客户推荐一款合适的车型，还要为客户提供一份满意的购车方案。假如你是销售顾问小张，请结合客户需求分析，充分运用车辆专业知识、营销知识和车辆展示技巧向李先生介绍车辆。

李先生的需求：私企老总，40多岁，准备购买一款奥迪A6，上班用，有时也接待一些重要客户，平时喜欢一些较清静的活动，如喝茶、慢跑等，两个小孩都在外地读大学，妻子有一辆车，购车预算大约为50万，想一次性全款付清。

小张接待了李先生，现在带客户去看车……

问题：

1. 车辆展示的方法有哪些？
2. 什么是六方位绕车介绍法？具体内容是什么？

分析：

一位销售顾问想要成功引领客户看车，并将客户带入到下一个销售环节。销售顾问除了要掌握必要的产品知识以外，还需要掌握车辆展示的技巧和方法等。

知识准备

俗话说："耳听为虚，眼见为实。"客户在进入展厅之前，对销售顾问所说的内容都是持半信半疑态度的。因此，销售顾问要让客户亲眼看到车，向客户进行车辆展示，还要向客户进行车辆说明，更要当场解答客户的一些疑问，适当引导客户进行互动操作，让客户真正感受到车的品质。

6.5.1 车辆展示

车辆展示是销售过程中必不可缺的一个环节，在这个环节中，如何更好地把握车辆的特性，如何把车辆和环境有效融合，如何让车辆更能吸引客户，都是有学问的。车辆展示的主要目的是展示车辆的品质，进而提升销售业绩。

良好的车辆展示有明确的规范和标准，车辆展示的操作规范和具体内容是销售人员必须熟练掌握的知识。

1. 车辆展示的原则与要点

1）车辆展示的原则

车辆展示通常遵循的原则是“5S”现场管理法。“5S”即整理(Seiri)、整顿(Seiton)、清扫(Seiso)、清洁(Seiketsu)和素养(Shitsuke)，又被称为“五常法则”。

(1) 整理(Seiri)。整理就是将必需品与非必需品区分开，必需品应摆在指定位置挂牌明示，实行目标管理，不要的东西则坚决处理掉，在岗位上不要放置必需品以外的物品，其要点如下：

① 对每件物品都要看看是否必要，以及是否必须这样放置。

② 要区分对待马上要用的、暂时不用的、长期不用的物品。

③ 即便是必需品，也要适量；要将必需品的数量降到最少。

④ 在哪儿都可有可无的物品，不管是谁买的，有多昂贵，也应坚决处理掉，决不手软。

⑤ 非必需品是指在这个地方不需要的东西在别的地方或许有用，并不是“完全无用”的意思，应该为它找到合适的位置。

⑥ 当场地不够时，不要先考虑增加场所，要整理现有的场地，会发现竟然还很宽绰。

(2) 整顿(Seiton)。除必需物品放在能够立即取到的位置外，一切乱堆乱放、暂时不需放置而又无特别说明的东西，均应受到现场管理人员(展厅经理、销售总监等)的责任追究。任意存放物品并不会让正常的工作速度加快，反而会成倍地浪费时间，必须思考和分析怎样拿取物品更快，并让大家都能理解这套系统，遵照执行，其要点如下：

① 将寻找的时间减少为零。

② 有异常(如丢失、损坏)能马上发现。

③ 其他人员也能明白要求和做法，即其他人员也能迅速找到物品并能放回原处。

④ 不同的人去做，结果是一样的，因为已经形成标准化了。

(3) 清扫(Seiso)。清扫就是将工作场所、环境、车辆、材料、专用工具等上的灰尘、污垢、碎屑、泥沙等脏东西清扫擦拭干净，创造一个一尘不染的环境，所有人员(包括总经理)都应一起来执行这个工作，其要点如下：

① 分配每个人应负责清洁的区域。分配区域时必须绝对清楚地划清界限，不能留下没有人负责的区域、死角。

② 对自己的责任区域都不肯去认真完成的销售人员，不要让他担当更重要的工作。

③ 到处都干净整洁，客户感动，员工心情舒畅。

④ 在整洁明亮的环境里，任何异常，包括一颗螺丝掉在地上，都能被马上发现。

⑤ 展车异常在保养中就能发现和得到解决。

(4) 清洁(Seiketsu)。清洁就是在“整理”“整顿”“清扫”之后的日常维持活动，即形成制度和习惯。每位展厅工作人员应随时检查和确认自己的工作区域内有无不良现象，如有则立即改正。每天下班前几分钟实行全员参加的清洁作业，使整个展厅环境随时都维持良好状态，其要点如下：

① 领导的言传身教、制度监督非常重要。

② 一时养成的坏习惯，要花10倍的时间去改正。

(5) 素养(Shitsuke)。素养就是培养全体展厅工作人员良好的工作习惯、组织纪律和敬业精神。每一位展厅工作人员都应该自觉养成遵守规章制度、工作纪律的习惯，努力创造一个具有良好氛围的工作场所，其要点如下：

① 学习、理解并努力遵守规章制度，使它成为每个人应具备的一种修养。

② 领导者的热情帮助与被领导者的努力自律是非常重要的。

③ 需要人们有更高的合作奉献精神和职业道德。

④ 互相信任，管理公开化、透明化。

⑤ 勇于自我检讨反省，为他人着想，为他人服务。

★ 小思考

请运用“5S”现场管理法检视一下自己的寝室或教室，指出存在的问题并提出改进的意见。

2) 车辆展示的要点

车辆在遵循展示原则的基础上，还需要在展示过程中把握以下几个要点。

(1) 要方便客户的参观与操作，销售人员要将这一点作为要点来执行。

(2) 要注意车辆的颜色搭配，展示区域的车辆不能只有一种颜色，几种颜色搭配起来效果会更好一些。

(3) 注意车辆型号的搭配。比如，同一品牌的车，可能有不同的系列、不同的大小，有的车带天窗，有的车没有天窗，不同型号的车应搭配着展示。

(4) 对展示车辆的摆放要注意角度。

(5) 要有一辆重点推出的车。摆了这么多的车辆，必然有一款是重点推出的。必须要突出重点展示的车辆。

通常来讲，展厅的大小会直接影响到展示车辆的数量，在实际操作过程中需要具体问题具体分析。一些重点车型在展示中需要将这些车的特色加以突出，比如，有时候可以打出一些灯光等。

2. 车辆展示的标准

在车辆展示过程中，只有展示要点是不够的，还需要设计一些执行的标准。

1) 按规定摆放车辆的型录架

研究发现，目前很多汽车销售公司或者4S店在这方面做得不够规范。型录架不是放在车的左边，就是放在车的右边，在整个展厅里面没有协调性、一致性，很随意，摆的位置也不规范，有的在前面，有的在后面，还有的在侧面。

2) 注重展车的卫生情况

(1) 指纹。车辆油漆的光洁度非常高，车门把手上面都是镀铬的，比较亮，只要手触摸到门把手或车身，马上会留下指纹。销售人员在展厅里面工作的时候，随时随地要保持展车的清洁性。

(2) 水痕。展示车辆不应该有水的痕迹。有的4S店会在车辆进展厅之前先用水冲一冲，洗一洗，然后用专用的抹布把车擦干，但是有的时候夹缝里或者其他地方会有一些水珠流出来，这些都是不允许的。

(3) 灰尘。展厅工作人员还要注意一些细节问题，如是否有灰尘，这些灰尘在什么地方。把前面引擎盖打开以后，凡是视线范围内的位置都不允许有灰尘。包括排气管等，这些都是容易被忽视的地方，因为排气管也是视线能看到的，有的客户喜欢看底盘高还是低，那个时候就能够看到排气管。

3) 注重展示车辆上的细节

(1) 轮毂上的品牌。在轮毂上有车的品牌。按标准要求，当车停稳以后，轮毂上的品牌(LOGO)应该与地面呈水平状态。

(2) 导水槽。轮胎上的导水槽里面也要清洁，因为车是从外面开到展厅里的，难免会在导水槽里卡住一些石子等东西，应拿掉这些东西，还要将导水槽洗干净。

(3) 座位的距离。前排的座位应调整到适当的距离，而且前排两个座位从侧面看必须是一致的，不能一个前一个后，也不能一个靠背倾斜的角度大一点而另一个靠背倾斜的角度小一些。座位与方向盘也要有适当的距离，以方便客户进出，太近了，客户坐进去不方便，会使客户感觉车的空间小。

(4) 展车的塑料套。新车在出厂的时候，方向盘上面都会有一个塑料套，还有一些倒车镜、遮阳板等，都是用塑料袋套起来的，展示车应该把这些都去掉。

(5) 后视镜。后视镜必须调整好角度，要使坐在车里的客户很自然地就能看到两边和后面。

(6) 方向盘。要把方向盘调到最高，如果方向盘太低，客户坐进去后会感觉局促，从而会认为这辆车的空间太小。

(7) 仪表盘上面的时钟。注意将仪表盘上面的时钟按北京时间校对好。

(8) 空调的出风口。要试一下空调所有的出风口，保证空调打开后都有冷风和暖风吹出。

(9) 汽车上的开关。正常情况下，展车上的开关不是左边按下去是开，也不是右边按下去是关，而是中间的位置是关，所以必须把开关放到平衡中间的位置。

(10) 收音机。一般收音机有5～6个频道，都应把这些频道调出来，同时必须要保证有一个当地的交通台和一个当地的文艺台，这是一个严格的考核指标。

(11) 左右声道。汽车门上面的喇叭分为左边的和右边的，喇叭的音响是可以调整的，两边的声道应调成平衡，这个是必须要检查的。

(12) 音量。音量不能设定得太大，也不能设定得太小，应配一些光盘，在专门的地方保管。当客户要试音响的时候，你可以问客户喜欢什么样的音乐，再取来不同的碟片供客户欣赏。通常选一个节奏感特别强的碟片，会使人随音乐舞动，感觉和感情会被调动起来。因此，为达到试音的目的，销售人员应事先准备好类似的光盘，当客户对音乐没有什么特别爱好的时候，你可以拿出一个最能够表现汽车音响的碟片。

(13) 安全带。很多汽车4S店销售汽车时基本上没有考虑过安全带，特别是后排座的安全带。5座车后排座通常会有三个安全带，中间有一个，旁边有两个。有时候安全带都散在座位上，销售顾问必须把它折好以后用一个橡皮筋扎起来，塞到后座和座位中间的缝儿里面，留一半在外面。这些都是给客户一个信号：这家汽车4S店是一个管理规范的汽车销售公司，是一个值得信赖的公司。

(14) 脚垫。一般展车里面都会放一些脚垫，是怕客户鞋子上有灰。每一个4S店都会事先制作好脚垫，例如，奥迪的脚垫上面印有奥迪的标识，摆放的时候应注意标识的方向，同时要注意脚垫脏了以后应及时更换。

(15) 后备箱。展示的后备箱打开以后不应有太多物品，放置时要合理安排物品位置，同时注意各物品要摆放端正，警示牌应放在后备箱的正中间。

(16) 电瓶。细节方面还要注意电瓶。展车放置时间长了以后电瓶会亏电，所以必须保证电瓶有电。

(17) 轮胎美容。轮胎洗干净还不够，还要美容一下。除保持轮胎外表乌亮外，轮胎的下面还应使用垫板。很多专业的汽车销售公司都把自己专营汽车的标志印在垫板上，这样会给客户一个良好的整体感觉。

6.5.2 车辆介绍

车辆介绍是销售流程中关键的步骤，通过这一步骤，销售顾问可以展示自己的专业知识，激发客户的购买兴趣。专业的车辆介绍不仅能够建立客户对于展厅销售产品的信任，也能建立客户对于销售顾问的信任，从而达成良好的合作。

1. 车辆介绍的目的

(1) 传播知识。销售顾问向客户介绍所包含的新知识、新技术，为客户了解和选择产品提供参考。

(2) 指导消费。销售顾问对商品或服务内容进行系统描述和科学解释，可以使客户了解产品的特性，掌握产品的操作程序，从而达到科学消费的目的。

(3) 宣传企业。销售顾问在介绍产品的同时，也宣传了企业，使消费者了解了企业文化，塑造了品牌价值，兼有广告宣传的性质。

2. 车辆的卖点

1) 卖点概述

产品卖点是市场营销的前哨战，是市场营销的突破口。对客户来说，卖点是竞品满足目标受众的需求点；对制造商来说，卖点是竞品火爆于市场的一个必须思考的点；而对于产品自身来说，卖点是产品自身存在于市场的理由。

通俗地讲，卖点就是给客户一个消费理由，最佳的卖点即为最强有力的消费理由。市场已证明，为产品寻找(发掘、提炼)卖点，是现代营销学(广告学、公关学)的常识。问题已不在于要不要为产品寻找卖点，而在于怎样寻找到卖点。卖点要有创意，才能更好地适应市场需求的变化。

卖点具有明显的排他性，如果有两个企业都提炼出同样的卖点，那这个卖点其实就不具有“卖点”的生命价值。因此，汽车制造企业在提炼汽车产品卖点时，应注意卖点的差异性。

2) 卖点营销

卖点营销是市场营销中引发消费者购买欲望的一种销售手段或技巧，具体来说，是企业为展示自己产品的特点、优点而提炼的语言和演示。

卖点营销分为两类：一类是令消费者特别容易理解的语言和演示；另一类是极为专业的语言和演示。

★ 小思考

某一产品的卖点是不是越多越好？卖点和产品要不要相关？

3. 车辆介绍的方法

车辆介绍的方法有很多种，目前各大汽车4S店较常用的有三种：FAB产品介绍法、FBI介绍法和六方位绕车介绍法。

1) FAB产品介绍法

FAB产品介绍法是销售顾问向客户分析产品利益的好方法。按照顺序来看，F是配置，A是优势，B是利益。销售顾问需通过这种方法，把产品的亮点展示给客户，即在表述产品介绍、销售政策(进货政策)、销售细节等时，针对客户需求意向，有选择、有目的地逐条以理由说服。

F(Feature/Function)：就是产品或服务的特征或属性，也叫配置，如可自动折叠的后视镜、侧气囊、ABS+EBD和可调节的前大灯等。

A(Advantage)：就是产品的某项特征与其他产品相比的优势，如前大灯可以上下调节，照明时可以覆盖很大范围的区域等。

B(Benefit)：是产品的特征和优势可以带给客户的利益或好处，如上下可调节的前大灯能提供全方位的可视范围，从而确保客户在夜晚驾车的最佳可见度。

FAB产品介绍法的内涵展开如图6-18所示。在使用FAB产品介绍法时，常用的术语是“因为……，所以……，对您而言……”。例如，“因为这款车上加载了先进的自动泊车设备，所以该车可以准确地找到泊车车位，这样就不需要您亲自去寻找车位了。”

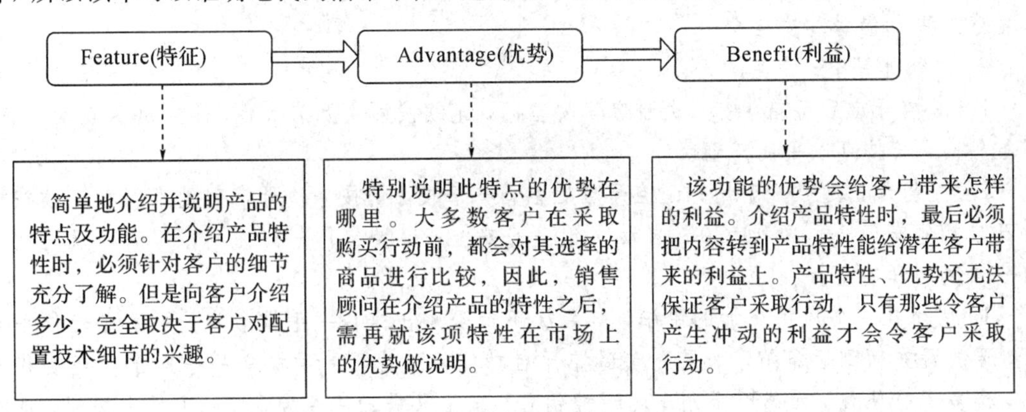

图6-18 FAB产品介绍法的内涵

【典型案例】

倒车雷达的好处

某款车有一个倒车雷达，销售人员用FAB产品介绍法向客户做了介绍。首先来说F这个配置，这台车上有一台倒车雷达，销售人员在向客户介绍的时候不应只告知客户这款车有倒车雷达就完了，还应提示客户倒车雷达有什么作用，即它在倒车的时候怎样提示客户车后面有没有障碍物，从而让客户避免出现人、车、物的意外伤害。通过这样的介绍，客户就会了解这个装备会给他带来什么好处。如果销售人员只是告知客户这款车有倒车雷达，客户就无法认识到倒车雷达的好处，就无法加深对这款车的优越性的印象。

2) FBI 介绍法

FBI介绍法也称“特性利益法”，常用的销售术语为：“拥有……对您来说……，试想……”。

F(Feature)：Feature是指车辆的配备、性能和特征，主要描述的是汽车产品的事实、数据和确定的信息，如介绍车载智能语音系统等。

B(Benefit)：Benefit是指车辆能满足客户需求并带给客户的好处和利益，主要是描述汽车产品某些功能是如何使用的，以及如何帮助客户解决问题，如介绍车载智能语音系统，能实现人车对话功能等。

I(Impact)：Impact是指汽车带给客户的视觉、感觉冲击。主要是描述某特征如何满足客户表达出来的需求，或者用一些实例说明一个具有冲击性的情景。

【典型案例】

FBI的应用实例

用FBI分别对“吉利金刚”车辆上的晶钻菱形大灯和内齿形钥匙进行介绍。

1. 晶钻菱形大灯

F：高分子聚合材质，国际级照明科技，3000cd(坎德拉)的光照亮度。

B：高分子材料，更耐用；光照强度高，行车更安全；更有保障大灯60 s延时功能，为车主带来更多呵护与便利。

I：想象一下在漆黑的夜晚，如果没有灯光延时功能，下车后周围漆黑，人们会觉得缺少一些安全感，也不够方便，尤其对于女士(假如购车对象是位女性)而言。而“吉利金刚”的大灯有60 s的延时功能，只要轻轻按两下遥控器，就有两道灯光照亮车主回家的路，使车主感到更加温馨和安全。

2. 内齿形钥匙

F：遥控开启后备箱，按一次开启驾驶室门，连续按两次开启其他车门，30 s自动上锁，遥控锁门，长按可以关闭车窗。

B：内齿形钥匙——耐用；遥控开启后备箱——便利；按一次开启驾驶室门和连续按两次开启其他车门——便利；30 s自动上锁——安全；遥控锁门——便利；长按可以关闭车窗——便利和安全。

I：试想在一个风雨交加的中午，车主从超市采购出来，一手撑着伞，一手提着很多东西，要放置东西到后备箱，如果没有遥控开启功能，则必须一手撑伞一手提东西还要掏钥匙，这多不方便啊！而使用金刚车的遥控钥匙，车主只需轻按遥控，按一下后方按钮，即可打开后备箱，既安全又便利。

3) 六方位绕车介绍法

六方位绕车是指汽车销售人员在向客户介绍汽车的过程中，围绕汽车的左前方、正前方、乘客侧、正后方、车后排、驾驶室六个方位展示汽车，如图6-19所示。

(1) 左前方45°。销售顾问所处位置为车头45°角，介绍顺序一般是：整体造型—引擎盖—大灯—进气格栅—前保险杠。其中，重点部分是进气中网的车标(LOGO)和大灯的介绍。

(2) 正前方(发动机舱)。在该方位，销售顾问需要介绍发动机和变速器的先进技术及其参数、线束的分布、静音设计、采用的安全设施等。

图 6-19　六方位绕车介绍

（3）乘客侧。在该方位，销售顾问需要介绍车侧的造型、轮胎轮毂、制动方式、底盘车门的制造方式和车架形式等。

（4）正后方(车尾)。在该方位，销售顾问需要介绍车位造型、后备箱空间、后备箱及其他配置、尾灯、后保险杠，以及倒车雷达影像等。

（5）车后排。在该方位，销售顾问需要介绍后排空间、座位是否可以折叠、储物空间、悬挂方式，其他配置如儿童座椅安放位置、儿童锁、后排遮阳帘等。

（6）驾驶室。在该方位，销售顾问需要介绍方向盘及座椅的调整方式、前仪表盘及中控面板配置、空调及多媒体配置，以及气囊等安全方面的配置。

【阅读资料】

大切诺基六方位绕车

先生您好！现在为您介绍的是2012全新大切诺基，大切诺基(Grand Cherokee)是JEEP公司在1992年推向市场的中大型SUV。作为第一辆配备了驾驶员侧面安全气囊的SUV，开创了豪华SUV市场的先河。

首先为您介绍的是它的外观方面，大切诺基保留了经典的七孔进气前格栅，采用了精致的镀铬工艺，方形氙气前大灯造型动感且与前格栅形成整体的视觉效果，在传递JEEP品牌的同时，也展示出美式SUV的豪华与阳刚，梯形轮眉属于JEEP的经典造型，显示了大切诺基的纯正血统，流畅的车身腰线、刻意突出与倾斜的D柱和精致的镀铬装饰条共同展现出JEEP的动感和豪迈。加上作为标准配备的车顶纵置行李架，全新大切诺基更显雄壮威武。值得我们关注的是：保险杠下方的黑色探头是本身标配的ACC自适应巡航功能，该功能在定速巡航的功能上进行了升级，通过这个黑色的传感器可以探测本车与前车的距离，当与前车距离过近时可自动降速并保持车距，科技感十足。

大切诺基整车长4822 mm、宽2154 mm(带后视镜)、高1781 mm，最高离地间隙可达270 mm。后视镜具备电动调节、折叠、电加、带记忆、防眩目等功能，提高了行车的安全性。本款大切诺基配备了265/55R20宽大轮胎，更宽的胎面可获得更好的操控性和安全性。运动型轮毂造型动感、美观、豪华，更配备了前后通风盘式制动器，为您的安全保驾护航。大切诺基有集成底盘升降功能，分为4级，可调节车身底盘高度，提供优异的公路行驶性能以及顶级的传奇越野能力，同时还能提供5种路况选择模式以适应各种行驶路况，可同时自动协调动力系统、制动系统和悬挂系统部件，以便在所有路况下达到最佳驾驶体验。大切诺基将越野车发动机的爆发力和高级轿车发动机的稳定性做到了完美的统一，强大的扭矩输出、全时四轮驱动、高通过性的悬挂装置、最大的接近角和离去角，可以征服各种困难路面。

接下来我们看一下大切诺基的后尾部设计，在汽车后侧，全新的电动尾门扰流器进一步增加了高速行驶的车身下压力，矩形红色尾灯在保持安全的同时，也可以和时尚扯上关系，前6后4共计10颗探头外加后视倒车系统，可以在您倒车时提供安全保障。智能电动开闭尾门十分厚重，但由于有液压装置，掀起时毫不费力，同时，我们还可以用手中的车钥匙及车内后视镜上的开关来操控开关。尾门车窗可以单独开启，方便取放小件物品，很是贴心。大切诺基的后排坐椅可以4/6分割，放倒后的空间也极为平整，空间也可在782～1554 L间自由切换，地板上的镀铬饰条也是一处贴心设计，放置大型行李时可以平推以免划伤绒面，同时在地板上还有固定网用来固定易滚动的小件物品，充分体现了JEEP人性化的一面。

接下来让我们一起感受一下车辆后排空间给您带来的惊喜！坐到后排坐椅，首先映入眼帘的是全新的双格全景天窗，确保更大的车内采光效果，通过一键式按钮即可自动闭合前玻璃板，或实现通风功能，整个全景天窗采用互谅互让板密封与车顶闭合位置齐边设计，有效消除风噪。同时，方便实用的后座还设有中央手枕，扳倒后行李箱还备有活动拉帘，保证了车内私人空间，3.6豪华版以上还配备后排座椅电加热功能，脚下的突起并不高，不会对中间乘客的脚下空间有太多的影响。作为一款有传动轴的车型，大切诺基的后排宽度达到1540 mm，坐三名成年人也不会显得过于局促。

驾驶室内颠覆性的内饰设计展示出前所未有的精致感，大面积的软材质包裹，提升了车辆档次，同时拥有更好的被动安全保护，全车多达7个多级式安全气囊与前排主动式安全头枕，在意外发生时可以充分保护驾乘人员。真皮座椅具有十二方向电动调节功能，能适合各种身材的驾驶员，并配备电加热功能，本款3.6旗舰版车型更加入了坐椅通风功能，并有两挡风量调节，可在炎炎夏日送出一份清凉；家族式三幅多功能真皮方向盘十分粗壮，提供一流的抓握手感，桃木方向盘提高车辆档次，360度加热功能令严冬驾车更舒适，方向盘大小合适，集成多个控制键，让您在双手把握方向盘的同时可以操作收音机调频、音乐以及巡航控制等，实现目不离路的驾驶。6.5英寸的GPS触摸导航系统，集成倒车影像和蓝牙功能，具备DVD娱乐播放功能。大切诺基全车刚性较上一代提升146%，达到同级最好水平，装备同车型最丰富的安全配置，其中包含ABS防抱死、BAS辅助制动、TCS牵引力控制、上坡起步辅助、陡坡缓降系统、ESP车身稳定系统，还有同级中罕见的电子防翻滚控制系统等多达30多项的安全防护，将在动、静间为您及家人带来全方位安全保护。

最后我们来了解一下它的动力系统，大切诺基按排量分为6.4 L、5.7 L和3.6 L三个型号。5.7排量配备V8发动机，针对大排量高扭矩的特点，在五速自动变速箱设定2个超速挡；3.6排量配备的V6发动机，五速自动变速箱拥有更细密的齿比，驾驶者还可手动控制行驶挡位。动态操纵系统(DHS)是克莱斯勒集团首次应用的一套液压控制主动稳定系统，能显著减少车身左右振荡，从而增强司机的信心和得心应手的感觉。电子稳定程序(ESP)也是第一次被应用在大切诺基上，通过遍及车身的传感器，它能调整刹车力和节气门开度，以稳定汽车行进方向。

（资料来源：https://wenku.baidu.com/view/111b03d433d4b14e8524689f.html）

任务专项实训

实训项目：使用FAB和FBI对汽车部件进行介绍演练

实训目的：通过本实训项目，学生能够掌握FAB和FBI的主要内容，熟悉FAB和FBI使用技巧。

实训内容：

学生从提供的情景项目中选择1～2个进行实践。

情景1：客户曾先生很想了解最新上市的科迪亚克发动机的性能……

情景2：客户方女士最近打算购买宝马7系，她听朋友说宝马7系的车身有不一样的特征……

情景3：喜欢自驾车旅游的蔡先生夫妻二人来到了长城哈佛H9的旁边……

情景4：房车成为市场上最抢眼的车型，好奇的程先生看着这车有很多想法……

实训步骤：

(1) 将学生进行分组，4～6人一组，选择小组长，由小组长根据组意见选择1～2个情景项目。

(2) 每个小组根据情景项目分别设计FAB和FBI话术。

(3) 由小组选择代表做汇报。

(4) 汇报完毕由指导老师带领学生参与点评。

实训评价：

(1) 要求：FAB和FBI话术设计精巧；过程组织得当，演练合情合理；完成一份实训报告。

(2) 评分标准：

序号	评分标准	分值	评分	备注
1	团队合作	20		
2	团队精神	10		
3	内容结构	30		
4	仪容仪表	30		
5	应变能力	10		

任务6.6 试乘试驾

知识目标

1. 了解试乘试驾的准备；
2. 掌握试乘试驾流程；
3. 掌握引导客户体验性能优势的方法和技巧。

➡能力目标

1. 能够结合所学的知识进行试乘试驾前的准备工作；
2. 能够运用相关技巧配合试乘试驾流程开展试乘试驾活动；
3. 学会避免和化解试乘试驾中风险的技能。

➡任务导入

车辆试乘试驾中的错误

一家人来参加试乘试驾活动，老公坐在前面开车，他太太抱着小孩儿坐在后面，副驾驶位坐的是销售人员。快到红绿灯时，他一脚将刹车踩下去，那个车本来刹车就硬，他一踩刹车，结果车停下后，后排座他太太抱着的孩子的脑袋碰到了前面的“头程”，孩子“哇”地一声就哭起来了。夫妻两人本来是很高兴的，结果两个人在车上吵起来了，弄得很不愉快。

所以，在试乘试驾流程里，一定要注意很多细节。销售人员在上路之前要做一个静态的介绍，客户坐上车以后，让他别急于上路，先试一试油门的感觉，刹车的感觉，挡位的感觉，千万别挂错挡了。

有的车的倒挡位置在前面，有的倒挡位置在后面。客户坐上车以后，习惯性地把倒挡使劲地往后挂，结果挂不进去，因为车停在销售公司的门口，他得把车倒出来。销售人员告诉他：“您挂错了，你看一看这个挡位倒车是在前面，不是在后面。”所以一定要让客户有这个体验，先要了解这些，要不然容易出事故。

问题：

1. 在以上案例中问题出在哪里？车辆试乘试驾的流程是什么？
2. 客户在试乘试驾过程中需注意的事项有哪些？

分析：

在日常试乘试驾工作中，经常发生这样的事情：销售人员觉得他们付出的实在太多了，但却没有得到一个很好的回报。其实有时候责任不在销售人员，是上级主管领导没有把工作做好。企业要改善，必须要制定规范和流程，否则，销售人员无法按照这些规范去做，就容易出事故。因此，专营店的领导或部门经理应该首先想办法完善自己的工作。

➡知识准备

6.6.1 试乘试驾概述

1. 试乘试驾的定义

试乘试驾是汽车4S店销售流程中的一个重要环节，实践表明，有意向的客户都是在试驾之后做最后决定的。因此，做好客户试乘试驾相关的工作就显得非常重要。

所谓“试乘试驾”，是指客户在经销商指定人员的陪同下，沿着指定的路线驾驶指定的车辆，从而了解这款汽车的行驶性能和操控性能。经销商指定的人员通常是接待客户的销售人员或者专门的试驾员。指定的车辆通常是经销商提供的试驾专用车，而未售出的库存车辆、未上牌的车辆和未购买保险的车辆都是不应被客户试驾的。

2. 试乘试驾的目的

1）增强客户购买欲望

客户在试乘试驾过程中，通过销售顾问的介绍和客户的亲身体验，能够强化客户对车辆各项功能的实际感受，从而达到增强购买欲望的效果。

2）确认客户需求

通过试乘试驾环节的演示和实际操作，客户能够进一步了解车辆的动态效果，销售顾问也能在试乘试驾过程中一一解答客户的一些疑问，这不仅可以减少或消除客户的一些不必要的担心，还可以增强客户的购买信心，更有助于销售顾问更加方便地了解和确认客户的需求。

3）促成交易

在试乘试驾过程中，由于客户更深入地了解了车辆的设备位置、操作性和性能等体验，根据先入者为主或习惯成自然的原理，客户通常会产生一种自己已拥有这辆车的感觉，易激发其购买冲动，从而更好地促成交易。

4）体现客户至上的经营理念

从市场营销的经营理念来看，试乘试驾是以客户需求为出发点的一种满足行为，不仅体现了“客户至上”的服务理念，还可以进一步提升企业的品牌形象。

★ 小思考

对于刚拿到驾照的新手，销售顾问要不要极力推荐客户试乘试驾？销售顾问需要注意些什么？

3. 试乘试驾四大手法

专业的销售顾问在客户进行试乘试驾时，都会从四个方面与客户进行沟通，即：望、闻、问和切。

1）望

让客户观察车辆的优势细节，例如：车身的造型与颜色，驾驶装置的布局，驾乘空间和行李箱空间，等等。

2）闻

这里的“闻”是“听”的意思，指的是让客户倾听声音，如关车门的声音，发动机的声音，驾驶舱内和驾驶舱外的声音，等等。

3）问

这里的“问”有两层含义：一是不断询问客户的感受；二是鼓励客户提问。两者的目的都是了解客户的真实想法，解答客户的疑问，寻求客户的认同。

4）切

所谓“切”，就是要客户亲自体验。不仅仅是用手去感觉内饰材料的手感和品质，更要实实在在地体会车的性能，比如：驾驶过程中是否操控自如、转向精确；制动效能如何；刹车间隙的脚感如何；离合器是否轻便；等等。

6.6.2 试乘试驾的流程

试乘试驾的流程主要包括四大内容，即试乘试驾准备工作、试乘试驾前、试乘试驾中和试乘试驾后。具体流程如图 6-20 所示。

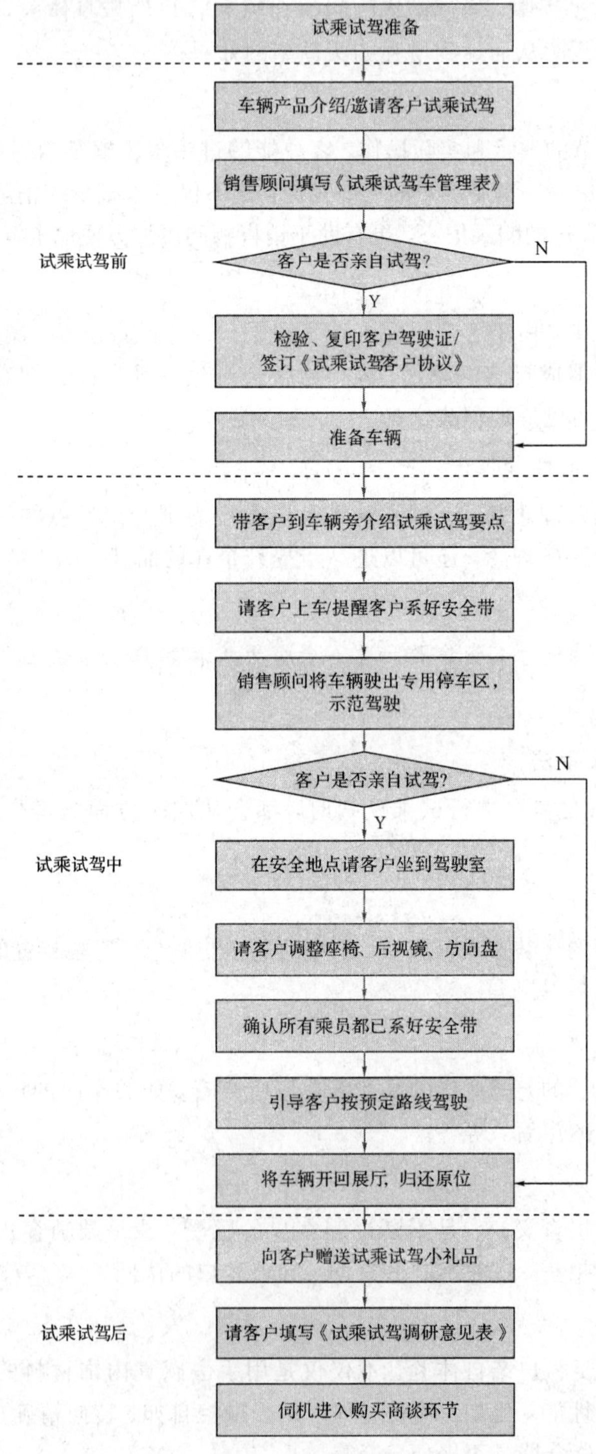

图 6-20 客户试乘试驾流程

1. 试乘试驾准备

1）试乘试驾的各项准备

（1）车辆各种手续文件齐全，包括：客户试乘试驾表，如表6－10所示；客户试乘试驾协议，如表6－11所示。

（2）定期检查车辆保养与检测项目。

（3）确保车辆清洁。

（4）将车内音响、收音机设定好。

（5）试乘试驾路线图的准备。

表6－10 试乘试驾客户管理表(样)

日期	时间	车牌号	车型	车架号	起始数	终止数	行驶里程数	用途	客户姓名	领用人	备注

表6－11 客户试乘试驾协议

试乘试驾协议书(样)

尊敬的客户：

您好！为了让客户能亲身体验××品牌车型的舒适、安全以及整车的操控性能和优异配置，特将试乘试驾有关事宜向您告知，请您仔细阅读：

一、试乘试驾前，驾驶人员请检查车辆内外的清洁、卫生，并检查车辆是否处于良好状态；

二、驾驶人员在车辆中禁止吸烟及吃零食；

三、您需向我公司保证您本人具有2年以上的驾龄，并持有正式的驾驶证件，且身体健康无重大疾病，适合进行试乘试驾，并能够安全行驶，文明试车；

四、您在试乘试驾期间应当遵守《道路交通安全法》中有关道路规章制度和我公司规定的试乘路线，不得违章行驶，否则我公司销售顾问有权视情况终止此次试乘试驾；

五、试乘试驾完毕后，您所交回的车辆应当完好无损，没有发生任何碰撞、刮擦等事故，否则应承担修复所需的一切费用。

试乘试驾车型登记表

试驾车型		试驾地点	
试驾车架号		试驾时间	
驾驶证号		电话/手机	

以上内容我已仔细阅读过，并无异议，且能保证我提供的一切资料真实合法。

车辆提供单位：

××汽车贸易有限公司　　　　试乘试驾人：(签字)________

试乘试驾日期：　　年　　月　　日

证件粘贴处

2）试乘试驾路线设计与要求

在汽车4S店设计试乘试驾路线的过程中，通常要考虑到路线能够体现车辆的操控性、动力性和舒适性，路线设计的测试重点和注意事项，如表6－12所示。

表6－12　试乘试驾路线的测试重点和注意事项

序号	10种路线	测试重点	注意事项
1	市区路况	发动机起步、加速、前中段动力性、灵巧性、市区变换车道	市区交通复杂易出车祸、小心驾驶、时间不宜太久
2	快速路	0～100公里加速能力、急刹车、制动能力	急刹车时前后各200米内无人、车及慢车，左右无人、动物、车等
3	高速路	中高速巡航能力、超车、风噪、隔音	遵守高速公路时速限制
4	爬坡路	负重、发动机扭力、操控性	小排量、小马力、扭力的车，试乘人不宜太多
5	一般弯路	转向性能、抗侧倾能力	FF前置前驱及Turbo的车70 km/h以上过弯必须松油门，并需经过专门训练后才可高速过弯
6	急转弯路	转向性能、抗侧倾能力、操控性	同上
7	泥泞湿滑路	电子安全配备、抗湿滑能力	宜慢速通过，20 km/h～40 km/h
8	颠簸路	舒适性、通过性	视路面状况，20 km/h～40 km/h
9	大桥路	风噪、稳定性	Turbo需事先说明，发动机、胎噪较大
10	乡间小路	制动能力、各挡变换、综合测试	路狭小，人车少，但需注意弯路瞬间会车的安全，尽量不要超出自己的车道

2. 试乘试驾前

1) 客户试乘试驾前的要求

(1) 确认试乘试驾车辆可用。

(2) 向客户做试乘试驾的概况说明。

(3) 询问客户是否愿意亲自驾驶。

(4) 复印客户的驾驶执照或身份证。

(5) 请客户签署《试乘试驾协议书》。

(6) 确认和说明试乘试驾路线。

(7) 向客户解释车辆操控装备和操作方法。

(8) 销售人员先驾驶。

★ 小思考

有客户表示自己是C2驾照，请问他能试驾手动挡小汽车吗？为什么？

2) 出发前给客户展示的项目

(1) 车辆外观欣赏。车辆包括外观设计风格、车体钢板厚实、漆面光滑亮丽和其他功能。

(2) 开启车门欣赏。这包括车辆前后车门开启角度大(尤其是后门)、车门厚重安全高、车窗宽阔视野好(尤其是后门三角窗向后延伸)、后门窗能全部降下来，车门槛宽大刚性好，关门声音厚重饱满等。

(3) 车内空间和布局。这包括座椅调整便捷、安全带、后视镜、方向盘调整便捷、头部腿部空间宽敞、仪表台布局典雅、仪表板显示明亮等。

(4) 起动后。车辆点火起动，发动机声音沉稳，怠速情况下发动机安静无抖动等。

3. 试乘试驾中

1) 试乘时的注意事项

(1) 首先由销售人员驾驶车辆，这样可以让客户先熟悉适应新车环境，销售顾问介绍和演示汽车特性时，还可以解答客户的问题。

(2) 当多人试乘时，销售顾问需安排客户坐到后排，并系好安全带。

(3) 车辆起动前，销售顾问需提醒客户注意安全，确认车门处于关闭状态。

(4) 销售顾问或试驾员在给客户做示范驾驶时，需要遵守道路交通安全规定，做到文明驾驶。

(5) 销售顾问在试驾过程中，需要认真向客户做车辆操作和车辆动态性能说明。

2) 试乘时展示的项目

(1) 清晰的入挡手感。

(2) 智能换挡无顿挫感。

(3) 液压离合器轻便省力。

(4) 起步平顺方向轻。

(5) 电子油门反应灵敏。

(6) 加速性能好。

(7) 高速行驶方向盘手感重，车无发飘现象，驾驶员能轻松驾驭。

(8) 蛇形行驶，转向反应精确，悬挂响应性能好。

(9) 中速大半径转弯抗侧倾能力强。

(10) 紧急刹车制动稳定、距离短。

(11) 起步防滑效果好。

(12) 车辆的舒适性(包括座椅、空调、音响、视野、静音)。

3) 试驾时的要求

销售顾问或试驾员在行驶一段距离，到达预定换乘处，要选择安全的地方停车，并将发动机熄火，取下钥匙，由销售顾问自己保管，然后帮助客户就座，确保客户乘坐舒适，提醒客户调整后视镜、系好安全带，并请客户亲自熟悉车辆操作装备，这时销售顾问再次请客户熟悉试车路线和提醒安全驾驶事项。

【典型案例】

寻求客户的认同

销售顾问小夏把试驾车的钥匙交到客户手里时，自己坐到了副驾驶的位置，他一边引导客户试驾，一边详细说明车辆性能、强化动态优势，并在适当时候称赞客户的驾驶技术。小夏是一个心思缜密的人，客户试驾时，他还认真观察客户驾驶方式，了解客户的关注点。通常客户关注的内容包括车辆的提速是否迅捷、制动是否平稳、转向是否灵活、操纵是否便利、车辆是否宁静、舒适、安全，小夏已将这些知识熟记于心，总是能根据客户的关注点对答如流，同时还能讲解与竞品的差别和优势，引导客户积极体验并寻求客户对性能优势差别的认同。

4. 试乘试驾后

1) 试乘试驾后的注意事项

(1) 在客户试乘试驾完后，销售顾问要认真询问客户的感受，并对客户存在的疑问要及时解答。

(2) 销售顾问带客户参观售后服务部门，详细解释车辆售后服务情况，让客户放心和安心购买。

(3) 积极寻求与客户的共识，并伺机转入购买咨询阶段。

(4) 填写《试乘试驾调研意见表》，如表 6-13 所示。

(5) 适时进行交易促成。

表 6-13 客户试乘试驾调研意见表

试乘试驾调研意见表(样)

客户信息

姓名：________________

身份证号：____________________________　　驾驶证截止日期：______________

职业：________________________________　　现有车辆：____________________

联系电话

住宅：________________________________　　办公：________________________

移动电话：________________________________

1. 我有有效的机动车驾驶证，我希望试乘东风悦达起亚车辆。

2. 我保证以谨慎和安全的方式驾驶车辆，且遵守中华人民共和国的交通法律和法规。

3. 我确认上述信息正确真实。

司机签名：

展车试驾路线：

出发时间：　　　　　　　　　　　　　返回时间：

销售顾问姓名：　　　　　　　　　　　车型：

评估	极好	好	一般	差
驾驶体验				
外观				
内部设计				
构件质量				
人机工程学				
舒适性和驾驶感受				
机动性(发动机)				
操控				
总体印象				
其他意见：				

总的来说，为更好地让客户体验试乘试驾过程，销售人员需掌握基本的车辆知识、营销技巧、沟通话术和消费者心理学，还需具有较好的亲和力和一颗真诚的心。

【阅读资料】

“蒙迪欧-致胜”产品特性的展现要点

一、“蒙迪欧-致胜”的五大卖点

动感设计、精准驾驶、顶尖工艺、全面安全和尊荣空间，以上五大卖点相信销售顾问都能铭记于心，有的方面必须要通过试乘试驾才能更好地向客户说明，增加其购买的信心，所以，销售顾问需要在整个试乘试驾过程中让客户充分感受到“蒙迪欧-致胜”的产品特性，以加强客户对其卖点的认可。

（一）动感设计

“蒙迪欧-致胜”的设计非常动感，线条流畅、简洁大气，在外观造型上颠覆了这个级别轿车的传统形象，如图6-21所示。相比过去中规中矩的商务车形象，“蒙迪欧-致胜”使得中级轿车也可以富于激情，棱角分明且犀利的外表让人印象深刻，宽大的车身无论是作为商务还是家用都非常适合，而且用户群的年龄跨度也相比过去增加了不少。

图 6-21 “蒙迪欧-致胜”产品展现

2010 款的“至尊型”将下进气格栅增加了银质喷涂工艺装饰，并且新增两种车身颜色：紫砂釉和星海蓝。不同颜色及内饰的搭配令传统的商务精英和年轻新贵们都可以找到适合自己的元素。

1. 介绍时机：上车前

2. 介绍重点：刀锋式前大灯、动感的腰线、宽大的车身

（二）精准驾驭

“蒙迪欧-致胜”的底盘：出自由福特联合沃尔沃最新开发的 EUCD 平台，并且针对中国的路况进行了特殊的调整。“蒙迪欧-致胜”优异的底盘调校和出众的悬架系统，可承受强大侧向扭力拉扯和有效提供车辆在转弯时的侧向支撑力，可使驾驶者对车辆进行精准操控，并且实现高速行驶时极高的稳定性。

1. 介绍时机：车辆行驶中和过弯时

2. 介绍重点：让客户体验车辆行驶中的稳定性和过弯时的抓地力及支撑性

“蒙迪欧-致胜”配备了 6 速手自一体变速器：加速迅捷、换挡平顺且终生免维护，无须更换变速箱油。还配有自动、手动和运动三种换挡模式——自动模式使您独享舒适驾乘感受，手动模式让您充分体验操控乐趣。

1. 介绍时机：起步和换挡时

2. 介绍重点：换挡的平顺性、手动模式的驾驭乐趣

(小贴士)

销售顾问在介绍车辆时，可针对不同车主，侧重点可有所不同。对于首次购车、操控体验并不深刻的客户，销售顾问可以向他们传递“蒙迪欧-致胜”易于驾驶的特点：通过实际体验，我们可以感受到“蒙迪欧-致胜”虽然具有中级车典型的尺寸，但无论是驾驶视野还是车多情况下的并线或者窄路回车等，驾驶者在车内对距离、位置等的判断都很容易，同时配合准确的动力输出和方向指向则带来了很好的人车一体的驾驶感受……从而使客户对精准驾驭有更直观的认识。

对于已有较长用车经验的客户，如果客户开日本或者韩国车的时间比较长，销售顾问

可以向他们更多地强调"蒙迪欧-致胜"浑厚的驾驶感受，即不松散，油门、刹车以及方向盘等没有明显的旷量，指哪儿打哪儿，可以准确地传递驾驶者的意图，而不需要试探性地去调整。转弯侧倾小，高速不发飘。

如果客户长期接触德系车，销售顾问则可以强调"蒙迪欧-致胜"在强化操控感受的同时对驾乘舒适性的保护，"蒙迪欧-致胜"在保证车辆对路感进行反馈的同时，尽量将这种反馈对乘坐感受造成的影响减到最低，比如悬架的韧性很强、车辆在并线时造成的横向摆动较小，以及过不平路面时，减震对垂直波动的吸收等，特别是后座乘客在车辆频繁并线时的晕车感会远远小于其他德系车，达到了驾驭性和舒适性的良好平衡。

（三）顶尖工艺

2010 款"蒙迪欧-致胜"重新设计的中控台扶手增加了舒适豪华感；方向盘增加厚度，令驾驶员的握感更柔和；内饰材料的喷漆及其他细节用料等方面也都有很大提升。

此外，新款的"豪华型"和"至尊型"的座椅厚度由之前的 7 mm 分别增加到了 12 mm 和 15 mm，座椅的包裹性和支撑度大大提高，舒适性已经与日系车相差无几，配合更显豪华的缝纫装饰风格，与使用针织材料的地毯用料共同营造出了舒适温馨的驾乘空间。

1. 介绍时机：客户进入车内时

2. 介绍重点：方向盘手感、内饰材料的细节

(小贴士)

"蒙迪欧-致胜"内室材料的用料，特别是仪表台的软性橡胶质感材料的运用，应该是一大优点，相对于同级车更多使用的硬质塑料材质，它既可以保证良好的手感(特别是在冬天)，又能避免生硬的质地所带来的潜在危险(如摆放物品不易滑动、轻微磕碰有回弹性)。

"蒙迪欧-致胜"所装备的人机信息交互系统(Human Machine Interaction，HMI)实现了人车之间的无缝连接，音响、蓝牙、行车电脑等有用的信息被整合在仪表盘上的彩色液晶显示屏上，通过多功能方向盘上的按键控制，方便操作的同时，也在一定程度上避免了因驾驶员的操作失误而导致的事故。

此外，仪表盘的显示屏所整合的倒车障碍物图像显示功能也极大地提高了倒车入位的准确率，配合距离障碍物远近的提示声，为驾驶者借助声音及图像的共同提示，可有效降低停车入位所花费的时间，同时也可避免因视野盲区而造成的不必要损失。

1. 介绍时机：起步前的操作、停车之后

2. 介绍重点：彩色液晶屏仪表盘与普通车辆的不同

无钥匙进入及一键式启动系统：该系统大大提高了驾乘人员用车的便捷性，使用者只需要携带钥匙靠近车身，即可直接拉开车门。进入车内、踩下制动踏板、按住 Ford Power 键，车辆即被启动，省去了车主掏钥匙、找钥匙的麻烦。

1. 介绍时机：进入车内之前

2. 介绍重点：让客户亲自体验无钥匙系统的便捷性

（四）全面安全

"蒙迪欧-致胜"拥有同级别车型中最大尺寸的刹车盘。"蒙迪欧-致胜"的"豪华运动型"和"至尊型"上还增加了侧气帘，使得整车在侧面撞击测试的安全测试中显示其能进一步降低驾乘者的受伤概率。除了安全气囊的保护，"蒙迪欧-致胜"还采用了大量新工艺和新材料来打造车身，使车身结构更加坚固，其所采用的高性能笼型车体加强结构设计，在关键部

位如前后保险杠和车身A、B柱等部位大量应用比普通钢材强度高4～5倍的硼钢材质，并采用激光无缝焊接工艺，有效提升了车架整体的钢性，比普通的点焊强度增加了50%。

1. 介绍时机：客户下车时

2. 介绍重点：以关门声音、按压车身体会钢板厚度等方式让客户对“蒙迪欧-制胜”的安全性产生更强烈的认同感

（五）尊荣空间

“蒙迪欧-致胜”的轴距达到了惊人的2850 mm，是中高级车中最大的，即使是身高1.8 m的成年男性落于后座，也可以舒适地享受长途旅行。

1. 介绍时机：引导客户坐进后排

2. 介绍重点：让客户亲身体验宽大空间的舒适性，并引导其家人产生同感

（小贴士）

“蒙迪欧-致胜”的后座乘客还不容易晕车，在有家人或朋友陪同试驾时，销售顾问可以多征询他们的乘坐感受。

二、“蒙迪欧-致胜”试乘试驾情景实演及话术参考

此过程属于试乘试驾流程的一部分，通过结合不同车型的特点，利用情景模拟的方式来进行，并提供了相应的话术参考，主要过程如图6-22所示。

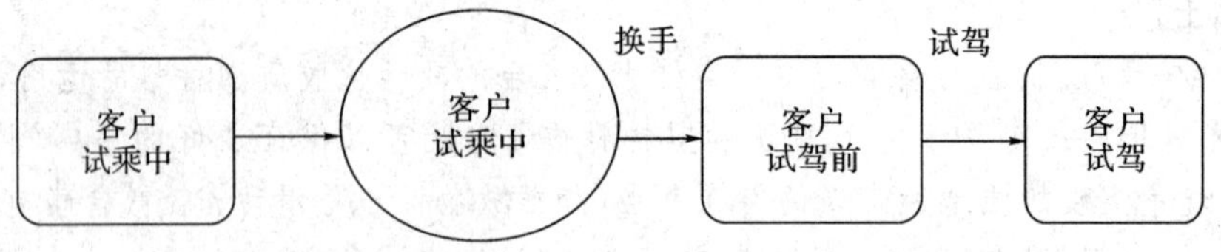

图6-22　车辆试乘试驾主要过程

（一）试乘前：车辆的功能和操作讲解

引导、操作	销售顾问话术参考
车辆介绍	
介绍试驾车辆的车型、排量	这是“蒙迪欧-致胜”××型，是2.3L排量的……
向客户介绍无钥匙系统的方便(如果是冬夏季节，需先发动车辆、打开空调5～6分钟，再带客户入内)	使用者只需要携带钥匙靠近车身，即可直接拉开车门。进入车内、踩下制动踏板、按住Ford Power键，车辆即被启动。省去了车主掏钥匙、找钥匙的麻烦。
请客户入前排乘客座：替客户开、关车门，防止客户头部碰到车门，帮客户手动调节好座椅	请问座椅需要调吗？
介绍“目不离路”的飞航式驾驶舱	“蒙迪欧-致胜”采用“目不离路”飞航式驾驶舱，所有的操控按钮都在您触手可及的范围内。结合HMI人机交互系统，驾驶员可以更加专注于路面，方便操作的同时降低了事故发生的概率

续表

引导、操作	销售顾问话术参考
车辆介绍	
点火后，介绍仪表各项指示灯及功能	“蒙迪欧-致胜”所装备的人机信息交互系统(HMI)实现了人车之间的无缝连接，音响、蓝牙、行车电脑等有用的信息被整合在仪表盘上的彩色液晶显示屏上
驾驶室内设施讲解(从左至右)	
调整内、外后视镜	调整外后视镜的开关就在左手边； 带有电加热功能的后视镜可以有效地去除霜和水汽，使您的视野更加开阔
调整方向盘及各控制键的说明	如果您觉得方向盘搁在了膝盖上的话，可进行上下调整…… 多功能方向盘上的按键设计非常合理，方便您控制行车电脑、音响和蓝牙等设备
调整并系上安全带	高度可调节的三点式安全带，适合不同体型的乘客，前排还是预紧限力式安全带，可为您提供可靠的被动安全，系安全带是安全的根本，请您系好安全带……
中控台的介绍	“蒙迪欧-致胜”的大尺寸触摸式DVD，显示非常直观并且操作起来十分方便，免去了您寻找和熟悉按键的麻烦
挑选一张CD，插入CD槽，让客户感受高保真8喇叭音响的效果，或为客户演示播放DVD的效果	请问您喜欢什么类型的音乐？我们可以在路上听听同级车中最优秀的音响所带来的不一样的效果，全车系都配备了8喇叭音响
演示空调操作方法	双区独立恒温空调，驾驶员和副驾驶两边可以调节不同的温度，并且“蒙迪欧-致胜”还配有B柱出风口，空调风向更加合理，避免了空调风直吹后排乘客带来不适

(小贴士)

CD曲目建议：建议“蒙迪欧-制胜”播放的试驾音乐，以高品质的交响乐、意大利歌剧和经典音乐剧插曲为主，如：门德尔松的《春之歌》，肖邦的《降E大调小夜曲》，舒曼的《梦幻曲》等。

(二) 试乘中：怠速(0 km/h)

引导、操作	销售顾问话术参考
告知客户行车路线及危险路况	我们接下来行驶的路线全程大约×分钟，有直线、转弯等道路……
演示车门未关、未系安全带、手刹未关报警	您看，驾驶员信息中心提醒驾驶座提醒车门未关、手刹车未关等信息，在行车过程中，您可以随时注意，它会及时向您汇报车辆的状况，请您系好安全带……

1. 试乘中：起步

引导、操作	销售顾问话术参考
“蒙迪欧-致胜”的起步	油门反应很快，很跟拍，尤其是在起步、加速的时候……
发动机的动力	您听，发动机的运转很强烈、很有节奏，这表示发动机的动力很强劲……“蒙迪欧-致胜”采用了2.3L全铝合金发动机，动力输出效率更高，质量更轻，散热性更好
进行必要的制动，介绍制动系统的灵敏度	刚刚我是在××码的时候开始刹车的，感觉怎么样？非常灵敏吧

(小贴士)

“蒙迪欧-致胜”的刹车除了灵敏之外，还具有很好的线性，即随着驾驶员踩下刹车踏板力度的增大，制动力会逐渐增强(甚至在稍微熟悉车辆后都能对制动力的作用产生预感)，不会有前松后紧的感觉，让人很踏实。相反，日系很多车型往往会在刚踩下刹车踏板时没有任何感觉，再用力踩制动力则会突然加大，让人措手不及。

2. 试乘中：低速行驶(30～40 km/h)

引导、操作	销售顾问话术参考
提示客户，路人投来了羡慕的目光	您看，旁边车里的人都在看我们呢？“蒙迪欧-致胜”的回头率很高的，感觉不错吧？
强调座椅的高度及良好的视野	座椅高度正好，前方和后视镜的视野也很宽广，过会您试驾的时候就能感受到了……
引导客户感觉油门、制动操作的轻便	油门和刹车感觉很和谐……

(小贴士)

低速行驶时，销售顾问还可以引导客户尝试使用手动模式。在市区内跟车时，由于车速往往都不高且需要加速时所提供的加速距离都不长，所以D挡模式下所带来的油门迟滞和换挡冲击往往会比较明显，而使用手动模式则会让油门踏板的动作非常及时地传递给车辆的动作，保证了连续良好的动力输出。

3. 试乘中：低速过弯

引导、操作	销售顾问话术参考
强调转向时来自方向盘的路感	下个路口，我们向右转！路感很清晰的……
强调方向盘操控性、转向的精确性	方向盘在转向时十分敏捷，无论您是在城市公路调头，还是小空间的路边泊车，都会让您眼到车到，再拥挤的地面道路和停车场都不怕……
强调车身的稳定性	“蒙迪欧-致胜”的底盘非常扎实，您看，在转弯时车身仍然是很稳定的，不会有侧倾的感觉。高配车型还有ESP电子车身稳定系统，会主动调整驱动力和制动力，稳定车身

4. 试乘中：高度行驶

引导、操作	销售顾问话术参考
强调油门的响应性	油门响应很快，动力随叫随到……
强调车辆在行驶中安静平稳	我们以70码的速度在行使，发动机运转很有节奏，行驶很平稳，车辆一点也不会有发飘的感觉……
强调车辆的音响效果	8喇叭音响的感觉还不错吧？

(小贴士)

“蒙迪欧-致胜”的中段加速较弱，特别是在60～90区间，此时用D行驶时挡位往往是5或6挡，转速约在2000转左右，还没能大力发挥发动机的扭矩，此时深踩油门加速有可能带来较为迟缓的转速上升或明显的换挡顿挫感。因此可以建议客户尝试使用S挡，换为S挡后，变速箱自动降一个挡，此时发动机正好处于最大扭矩区间，只要稍微给油就会有明显的加速感受。

如果条件允许，还可以让客户体会较高速度下的并线与超车，体会“蒙迪欧-致胜”方向盘的稳健和准确。同时，“蒙迪欧-致胜”的油门较重，其优点是长时间驾驶的情况下不会感觉到脚是在悬空的，相对于较轻的油门反倒不会觉得累。

5. 试乘中：制动再(急)加速(60～80 km/h)

引导、操作	销售顾问话术参考
强调制动的车身稳定性	刹车时的方向盘和刹车踏板很好，不会让人有别扭的感觉，车身也没有抖动，过会儿您亲自试驾时就能体会了……
(急)加速，强调充沛的动力储备	您看，动力储备很充沛，高度后段的加速能力很强，让人很有信心……

6. 试乘中：较高速过弯(30～40 km/h)

引导、操作	销售顾问话术参考
强调转弯时的稳定性	车辆转弯时很稳定，没有明显的震动或倾斜……
强调悬挂的支撑性、轮胎的抓地力	“蒙迪欧-致胜”采用了前麦弗逊独立悬挂、后复合连杆式悬挂，都是经过精良调教的，兼顾了操控性和舒适性，能为您准确地传递路感。“蒙迪欧-致胜”的17寸宽胎提供了强大的抓地力，让您操控起来更有信心
强调座椅对身体的侧面支撑和包覆性	座椅对您侧面的支撑怎么样？始终都被包裹在座椅的正中央，不会在转弯时偏离座椅，坐起来蛮舒服的，对吗？

7. 试驾后：询问客户的意见，引导购买

引导、操作	销售顾问话术参考
询问客户意见，介绍相关促销活动，引导购买	请问您对"蒙迪欧-致胜"的试驾满意吗？现在购买"蒙迪欧-致胜"可以享受3年或10万公里的质保，我们的信贷购车项目也很有吸引力啊，我向您介绍一下吧……

（资料来源：长安福特试乘试驾执行手册 https://wenku.baidu.com/view/c78458d680eb6294dd886c9e.html）

任务专项实训

实训项目： 客户试乘试驾登记与协议签字演练

实训目的： 通过本实训项目，学生能够掌握客户试乘试驾前需要检查的内容，能够在客户试乘试驾前核对相关的证件，能够操作试乘试驾协议的签写并理解其重要性。

实训内容： 客户刘先生来到北京现代××汽车销售公司，在详细了解了北京现代 ix35 的介绍后，经销售顾问劝说，他自己想对该款车进行试乘试驾。如果你是销售顾问田良，你该如何处理呢？

实训步骤：

（1）将学生进行分组，4～6 人一组，选择小组长。

（2）指导老师设计好相关的教学道具，并将多种教学道具展示于指定的区域。

（3）各小组根据实际需要选择相关的道具，核实内容、填制协议，同时需找出相关的错误。

（4）由小组选择两名代表进行演练。

（5）演练完毕，由指导老师带领学生点评。

实训评价：

（1）要求：道具选择正确；核对无误，演练过程清晰流畅；完成一份实训报告。

（2）评分标准：

序号	评分标准	分值	评分	备注
1	团队合作	20		
2	团队精神	10		
3	内容结构	30		
4	仪容仪表	30		
5	应变能力	10		

任务 6.7 客户异议处理

知识目标

1. 掌握客户异议的内涵；

2. 掌握客户异议的类型及处理技巧。

➡能力目标

1. 能够正确识别客户异议及产生的原因；
2. 能够运用客户异议处理技巧解决客户需求问题。

➡任务导入

见多识广的销售顾问

客户："我对你的介绍印象深刻，看样子你对车还很精通，你觉得别克怎么样？"

销售员："您说别克啊，也是一款好车。美国车有力，发动机力量非常强劲，内部空间也大。美国人的设计思路嘛，就是宽敞、动力强、气派。不同人对车有不同的衡量标准，有一些人呢，喜欢的就是那种豪放、张扬，也有一些人比较喜欢经济、灵巧、细致。其实，不同的车有不同的衡量标准，关键看您的喜好是什么？"

这个销售人员的回答既没有让客户感觉不舒服，也没有让客户认为自己没有经验，既显示了销售人员经验丰富和见多识广，又通过讲解不同的人的不同看法，解释了评价汽车有不同的标准，进而暗示客户，不同的人有不同的要求也是一样的，即使低端的要求也是合情合理的。

客户："也是，我看车就注重质量。汽车是工业化的结果，所以，追求质量才应该是看一个车的关键标准。质量好了，车也就安全得多，你说对吧？"

销售员："那您到我们这个展厅还真来对了，德国车的质量才真是上上乘的。在保险杆与车身之间可以达到零缝隙，连一张纸都塞不进去，质量上绝对精益求精。"

客户："对，这才叫车。没问题，你确定一下，如果银灰色的到了，就请通知我。"

这就是尝试不同衡量标准的回答技巧。

问题：

1. 在上面的材料中，你认为该销售顾问解决了什么问题?
2. 什么是客户异议? 客户异议产生的原因有哪些?

分析：

从接近客户、调查、产品介绍、示范操作、提出建议书到签约的每一个销售环节中，客户都有可能提出异议，越是懂得异议处理的技巧，你就越能冷静坦然地化解客户的异议，每化解一个异议，就摒除了与客户之间的一个障碍，也就与客户更近了一步。

➡知识准备

6.7.1　客户异议概述

1. 客户异议的定义与内涵

1）客户异议的定义

客户异议是指客户对汽车产品、销售人员及销售方式和交易条件发出的怀疑、抱怨，以及提出否定或反对意见。例如，客户说预算不够、车辆的外观颜色不好看、对售后服务不放心、前期媒体报道过负面消息等。对于销售人员而言，可怕的不是客户有异议，而是他没有异议——不提任何意见的客户通常才是最令人头疼的客户。销售顾问在面临客户提出异议时，一定要清晰认识到客户异议是汽车销售过程中的正常现象。因为客户的异议具有两面性：既是成交障碍，也是成交信号。

2）客户异议的内涵

多数刚入职的汽车销售顾问在面对客户异议时都抱有负面的看法，对太多的异议感到受挫与恐惧，但是对于有经验的销售顾问而言，从积极的角度来看，客户异议是有深刻的内涵的，具体表现在以下几方面：

(1) 客户对产品或服务感兴趣。通常情况下，客户在没有反感时提出异议，就表示客户对产品或服务是感兴趣的，提的异议越多，就越表示客户想了解产品或服务。

(2) 客户还有一些疑问想解决。客户提出异议是因为对有些问题还不是很清楚，需要想办法解决，销售顾问正好是提问的对象，如果销售顾问专业知识扎实，就可以很好地解决客户疑问，从而为达成交易奠定良好的基础。

(3) 客户希望和销售顾问建立良好的关系和谈判优势。一切销售都是以客户需求为出发点的，销售顾问一开始是销售自己，其自身良好的亲和力是取得成功的前提。与客户互动是销售中不可缺少的环节，特别是针对产品或服务方面的互动，更是有助于建立良好的客户关系。

3）客户异议对销售顾问的提示

“异议”的内涵证明了“销售是从客户的拒绝开始的”。因此，销售顾问可以从客户异议中得到三点提示：

(1) 从客户提出的异议中能判断客户是否有需要。

(2) 从客户提出的异议中能了解客户对于销售顾问的建议所接受的程度，从而有助于销售顾问迅速修正销售战术。

(3) 从客户提出的异议中能获得更多的客户信息。

【典型案例】

失败的案例

销售顾问：王先生，这款车您考虑得怎么样了？

客户：嗯，我再看看吧！

销售顾问：这款车目前我们在做活动，今天就要结束了，库存也不多了，再不考虑明天就拿不到这个价了。

客户：哦，我还是跟爱人商量一下再说……

销售顾问：王先生，我看您是非常有主见的人，这事还要和您爱人商量呀？相信您爱人也会喜欢这车的。

客户：我爱人是学汽车专业的，这个肯定要征求她的意见吧……

销售顾问：好吧，那您先随便看看吧，有什么需要帮助的再找我。

客户：好的……

2. 客户异议产生的原因

客户异议产生的原因主要有四个方面，即对企业的异议、对产品或服务的异议、对销售顾问的异议和客户本身的问题。

1）对企业的异议

客户对企业的异议主要是来自市场中收集的信息，且多为道听途说，例如，企业出现负面新闻导致其社会形象受损、企业销售业绩下滑等。通常来看，市场中的这些不利信息并不一定完全正确，也不一定是及时更正过的信息，甚至有些是恶意的谣言，故销售顾问面对此类消息时应有正确的应对措施。

2）对产品或服务的异议

对产品或服务的异议主要包括产品或服务的质量问题、价格问题、品牌及包装问题以及车辆的售后服务问题等。例如“我不喜欢这种颜色”“这个产品造型太古板”“新产品质量都不太稳定”等。这些问题也是历年投诉率最高的问题，故制造商需要从内部加强质量管理。

3）对销售顾问的异议

对销售顾问的异议主要包括销售顾问自身形象欠佳、销售过程中夸大事实或不正确描述、讲解过程中过多使用专业术语、没有或不能满足客户的实际需求等。这些问题主要来自销售顾问的专业知识不扎实、销售技巧不丰富、销售行为不道德等，故需要加强销售顾问的管理和内在修养的提升。

4）客户本身的问题

客户异议中客户本身的问题涉及的因素很多，主要包括客户本能地对自己的保护行为、对产品了解不够、缺乏购买力、决策水平受限、追求利益最大化等。例如“产品不错，可惜无钱购买”“近来资金周转困难，等一段时间再说”等。这些异议产生的原因是多种多样的，需要具体问题具体分析，但面对客户自身原因产生的异议时，销售顾问一定要沉着冷静应对，一定要尊重客户，千万不要取笑或激怒客户。

★ 小思考

为什么企业害怕客户提异议？当你购买到质量不满意的商品时，你是如何处理的？

3. 客户异议的类型

无论是哪种原因产生的客户异议，其呈现在销售顾问面前的异议却是事实，准确判断客户异议的类型，有助于销售顾问采取合适的应对措施。

1）按真实性来划分

(1) 真实异议。真实异议是指客户从维护自身利益出发，对产品功能、质量、价格和售后服务等方面提出质疑，这是客户不愿意购买产品的真正原因，又称“有效异议”。

(2) 假象异议。假象异议是指客户为了拒绝购买而故意编造的各种借口，是客户对推介活动的一种虚假反应，又称“无效异议”。

(3) 隐藏的异议。隐藏的异议是指客户并不将真正的异议提出，而是提出各种其他异议或假的异议。目的是隐藏交易达成的有利条件，例如，客户希望降价，但却提出诸如品质、外观、颜色等方面的异议，以期降低产品的价值而达成降价的目的。

【典型案例】

客户:“这车我感觉有些贵了。”

销售顾问:“哦,价格贵啊,今天正好有国际汽车展,店里的价格和现场的价格一样有促销力度,是相当给力的,您是否今天能定下来,这样我们就可以详谈具体问题。”

客户:“问题不全是价格,款式我认为也有些老土,颜色也不怎么喜欢,开这车会不会让人笑话?”

销售顾问:“没关系的,我们这里还有其他款式,您看这辆车是最新款,外形设计是由世界著名设计师设计的,设计理念很前卫,车身具有很强的动感,您觉得怎么样?”

客户:“听说你们的售后服务经常被人投诉,我在新闻报纸上见过,不知道是怎么回事?”

销售顾问:“您说的情况,我目前没有看到过,不过您也知道,现在有些新闻报道为了抓眼球,内容会有些不实,再说我们店已经开了10多年,对客户的要求,我们都会尽力解决,毕竟客户是我们的衣食父母呀,您说是吧……”

2) 按产生的原因划分

(1) 需求异议。需求异议是指客户认为不需要产品而形成的一种反对意见。它往往是在营销人员向客户介绍产品之后,客户当面拒绝的反应。真实的需求异议是成交的直接障碍,营销人员如果发现客户真的不需要产品,那就应该立即停止营销。虚假的需求异议既可表现为客户拒绝的一种借口,也可表现为客户没有认识或不能认识自己的需求。营销人员应认真判断客户需求异议的真伪,对于虚假需求异议的客户,设法让他感受到推销产品所提供的利益和服务符合客户的需求,使之动心,再进行营销。

(2) 价格异议。价格异议是指客户以推销产品价格过高而拒绝购买的异议。无论产品的价格怎样,总有些人会说价格太高、不合理或者比竞争者的价格高。当客户提出价格异议,表明他对推销产品有购买意向,只是对产品价格不满意而进行讨价还价。当然,也不排除以价格高为拒绝营销的借口。在实际营销工作中,价格异议是最常见的,营销人员如果无法处理这类异议,营销就难以达成。

(3) 产品异议。产品异议是指客户认为产品本身不能满足自己的需要而形成的一种反对意见。产品异议表明客户对产品有一定的认识,但了解得还不够,质疑这种产品能否真正能满足自己的需要。因此,虽然客户有比较充分的购买条件,但就是不愿意购买。为此,营销人员一定要充分掌握产品知识,能够准确、详细地向客户介绍产品的使用价值及其利益,从而消除客户的异议。

(4) 权力异议。权力异议是指客户以缺乏购买决策权为理由而提出的一种反对意见。例如,客户说“做不了主”“领导不在”等。与需求异议和财力异议一样,权力异议也有真实或虚假之分。营销人员在寻找目标客户时,就应该对客户的购买人格和决策权力状况进行认真的分析,从而找准决策人。向没有购买权力的客户极力推销商品是营销工作的严重失误,是无效营销。在决策人以“无权”作借口拒绝营销人员及其产品时,放弃营销更是营销工作的失误,是无力营销。营销人员必须根据自己所掌握的有关情况对权力异议进行认真分析和妥善处理。

(5) 营销人员异议。营销人员异议是指客户认为不应该向某个营销人员购买推销产品的异议。有些客户不肯买推销产品，只是因为对某个营销人员有异议，他不喜欢这个营销人员，不愿让其接近，排斥该营销人员的建议。但客户肯接受自认为合适的其他营销人员。营销人员应以诚相待，与客户多进行感情交流，做客户的知心朋友，消除异议，争取客户的谅解和合作。

(6) 购买时间异议。购买时间异议是指客户有意拖延购买时间的异议。客户总是不愿马上做出决定。事实上，许多客户用拖延来代替说“不”。营销人员经常听到客户说“让我再想一想，过几天答复你”“我们需要研究研究，有消息再通知你”，以及“把材料留下，以后答复你”等。这些拒绝很明显意味着客户还没有完全下定决心，拖延的真正原因可能是价格、产品或其他方面不合适。有些客户还利用购买时间异议来拒绝营销人员的接近和面谈。因此，营销人员要具体分析，有的放矢，认真处理。

(7) 货源异议。货源异议是指客户认为不应该向有关公司的营销人员购买产品的一种反对意见。客户提出货源异议，表明客户愿意购买产品，只是不愿向眼下这位营销人员及其所代表的公司购买。当然，有些客户是利用货源异议来与营销人员讨价还价，甚至利用货源异议来拒绝营销人员的接近。因此，营销人员应认真分析货源异议的真正原因，利用恰当的方法来处理货源异议。

6.7.2　客户异议的处理

1. 正确认识客户异议

1) 能够理解客户的异议

人人都是消费者，人人都是客户，销售顾问也不例外。因此，销售顾问要合理进行换位思考，站在客户的角度理解客户的真实想法。

2) 能够欢迎和善待客户的异议

客户能够提异议，说明客户并没有完全放弃需求，或者真的碰到了困难需要帮助，销售顾问这时就是一个好教练、好导师，需要耐心听取客户异议并表现出极大的兴趣和关怀，本着职业精神去帮助客户。

3) 视解决客户异议为一种挑战

在面对客户异议时，销售顾问要尊重客户异议，视解决客户异议为一种职业挑战。如果没有足够的事实向客户陈述清晰，任何与客户争辩的行为都是失败的。

2. 客户异议处理的步骤

客户异议处理一般包括四个步骤，如图6-23所示。

1) 确认客户异议所在

在客户提出异议时，销售人员一定要本着实事求是的态度，正确认识客户异议，要认真听取客户意见，并确认客户异议的关键内容，要再次向客户复述异议的要点，防止误差产生而导致问题不断恶化。

2) 同意并中立

客户提出异议时，通常都是以自我为中心的，有时客户情绪很激动，这时的销售人员在

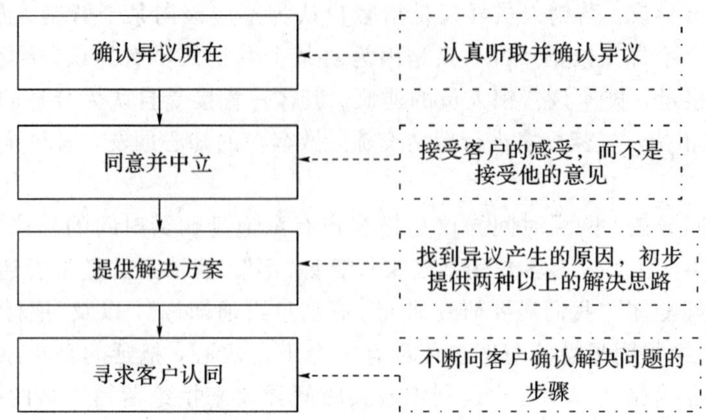

图 6-23 客户异议处理步骤

积极听取客户异议的同时，要换位思考，接受客户的异议感觉，使客户情绪回归正常。例如，“我觉得您讲的有一定的道理……这些小问题有时存在偶发因素”“要是我的话，我也会有这种感觉，只不过……”“以前我也碰到过这样的问题，但后来都顺利地解决了……”等。销售人员如果这时不能理解客户的异议，将导致问题不能有效解决。

3）提供解决方案

任何异议都需要有解决方案，关键在于解决方案是不是双方都能接受、能不能第一时间提供解决方案。良好的解决方案都是针对异议产生的原因而具体制定的，且任何一个解决方案都存在两个或两个以上的思路。

4）寻求客户认同

在实际销售工作中，脱离客户而制定的异议处理方案都是无效的，只有客户认同了你的解决方案，客户的异议才会有解决的机会，销售人员才能继续推动销售。

★ 小思考

当客户气冲冲地向你提出异议时，你该如何进行化解？

3. 客户异议处理的方法

【典型案例】

编制客户异议处理手册

一些企业专门组织专家收集客户异议并制定出标准应答语，要求销售人员记住并熟练运用。编制标准应答语是一种比较好的方法，具体程序是：

步骤 1：把大家每天遇到的客户异议写下来；

步骤 2：进行分类统计，依照每一异议出现的次数多少排列出顺序，出现频率最高的异议排在前面；

步骤 3：以集体讨论的方式编制适当的应答语，并编写整理成文章；

步骤 4：大家都要记熟；

步骤 5：由有经验的销售人员扮演客户，大家轮流练习标准应答语；

步骤 6：对练习过程中发现的不足，通过讨论进行修改和提高；

步骤 7：对修改过的应答语进行再练习，并最后定稿备用。最好是印成小册子发给大家，以供随时翻阅，要达到运用自如、脱口而出的程度。

（资料来源：刘昆、芮新国《如何处理客户异议？》，中国营销传播网，2005 年 9 月 15 日。http://www.emkt.com.cn/article/228/22880.html）

1）异议处理的正确方法

（1）预防法。销售人员每天都要做好准备工作，要检查工作中存在的疏忽，也要经常整理客户的异议，建立客户异议应答手册。有时在客户尚未提出时，主动抢先一步提出，并进行合适的回答，将大事化小，小事化了。

例如，客户对 1.5 的排量有疑问时，销售人员要事先用好台词："这车排量为 1.5，但动力性还是不错的，在城市里运行足可以得心应手，另外，除省油外，购置税也是减半的。

（2）转折处理法。转折处理法是推销工作的常用方法，即销售人员根据有关事实和理由来间接否定客户的意见。应用这种方法是首先承认客户的看法有一定道理，也就是向客户做出一定的让步，然后再讲出自己的看法。

例如，客户提出展厅车辆的颜色过暗时，销售顾问不妨这样回答："先生/女士，看来您是一位对色泽颇有研究的人，这种颜色今年比较流行，显得比较沉稳，特别适合有一定地位的人选择，今年这种颜色的车辆卖得还是不错的。"

（3）转化处理法。转化处理法又叫"利用处理法"或"自食其果法"，是利用客户的反对意见自身来处理。客户的反对意见是有双重属性的，它既是交易的障碍，又是一次交易机会。销售顾问要是能利用其积极因素去抵消其消极因素，未尝不是一件好事。

例如，当一位销售顾问向客户推销一种高配车时，客户异议："我这个年纪买这么高档的车干什么，我只想买一辆更安全、实用的车。"销售顾问回答："这车空间大，开着舒服，外形俊朗，车身设计安全系数高，特别适合您这样追求生活质量的人士。"

当客户问这车轮胎是不是窄了一点，销售顾问可以这样回答："车辆配置的轮胎都是经过严格挑选的，在抓力足够的情况下，省油也是这款车的一个优势。"

（4）以优补劣法。以优补劣法又叫"补偿法"。如果客户的反对意见的确切中了产品或服务的缺陷，千万不可以回避或直接否定，明智的方法是肯定有关缺点，然后淡化处理，利用产品的优点来补偿甚至抵消这些缺点，这样有利于客户的心理达到一定程度的平衡，有利于客户做出购买决策。

例如，当推介的车辆款式确实有些问题，而客户恰恰提出："这车款式不好。"销售人员可以从容地告诉他："这车的款式确实是去年的，所以我们的优惠力度才大，而且公司还确保这款车的质量不会影响您的使用效果。"

（5）委婉处理法。销售人员在没有考虑好如何答复客户的反对意见时，不妨先用委婉的语气把对方的反对意见重复一遍，或用自己的话复述一遍，这样可以削弱对方的气势。有时转换一种说法会使问题容易回答得多。

例如，销售人员可以在复述之后问："您认为这种说法确切吗？"然后再继续下文，以求得客户的认可。比如，客户抱怨："价格比上个月高了一些，怎么还涨价了呀？"销售人员可以这样说："是啊，这车货源紧张，价格比上个月确实高了一些。"然后再等客户的下文。

（6）反驳法。反驳法是指销售人员根据事实直接否定客户异议的处理方法。理论上讲，这种方法应该尽量避免。反驳法的不足之处是容易增加客户的心理压力，甚至有可能伤害客户的自尊心和自信心，不利于推介成交。所以，销售人员一定要友好而温和，最好能引经据典，这样才有说服力，同时又可以让客户感觉到你的信心，从而增强客户对产品的信心。例如：

客户："这款车爬坡时动力性会不会有些不足？"

销售顾问："这款车的发动机是来自××品牌的3.0L涡轮增压六缸柴油引擎，四轮驱动，去年参加了达喀尔汽车拉力赛，取得了前几名的成绩，您看，这是去年的影像资料。另外，昨天就有两位像您一样爱好越野的成功人士购买这款车，相信您的选择是正确的。"

(7) 冷处理法。冷处理法也称"忽略法"，对于客户的一些不影响成交的反对意见，销售人员最好不要反驳，采用不理睬的方法是一种明智的选择。千万不能客户一有反对意见，就反驳或以其他方法处理，那样会给客户造成你在挑他毛病的印象。当客户抱怨你的公司或同行时，对于这类无关成交的问题，都应不予理睬，转而谈你要说的问题。

例如，客户说："啊，我好像在其他4S店见过你，你们4S店周围的环境可真差，交通也一点都不方便呀!"尽管事实未必如此，也不要争辩。你可以说："先生，请您看看这辆车……"

(8) 缓冲法。缓冲法是指销售顾问在回答客户的异议时，客户不会接受一个对立的观点，因此，销售顾问这时需要对客户的观点进行延伸和补充。例如：

客户："我听说这车的油耗比较高。"

销售顾问错误的应对："您听谁说的？这车油耗一点都不高……"

比较理想的回答："看来您一定对我们的车有过研究，我也非常理解您所担心的问题，如果我给您做个测试，您就不会有这种想法了……"

(9) 证明法。在实际销售业务中，充分发挥第三方评价和观点是一种很好的处理客户异议的方法，这主要是利用了客户的从众心理。例如：

客户："这车安全不？"

销售顾问："这您一点都不用担心，这车已生产了五代，目前本地区的占有率还是比较高的，您如果关心过上个月的汽车销售排行榜，就知道这车销量在前几位，相信这么多人选择它是有道理的，再说我们的售后服务是24小时热线，昨天这车我就卖出了两辆，您看，这是销售记录……"

(10) 主动法。销售顾问有时在接待客户时，为了达到某种目的，可以试着故意激起客户疑问，主动提出客户一定会提的问题。例如：

销售顾问："您是不是对我们的产品质量还是放心不下？"

客户："是有点！"

销售顾问微微一笑："您这种担心，买车的人都会有，毕竟开车时安全是第一位的，我们这车安全测试是五星，车身使用碳纤维，材料强度是很高的，如驾驶室的横梁、纵梁、ABC柱上都有采用，主要是为了确保驾驶室尽量不变形，关键时刻能保护驾乘人员的安全。"

2) 异议处理的错误方法

(1) 直接反驳法。对客户的异议直接使用"不""那是不正确的""我闻所未闻""您这样看问题的方法是不对的""让我来告诉您事实是怎么样的"等话语。

(2) 无端指责。对客户异议直接使用"您应该更仔细地阅读《用户手册》""如果我是您，我会再把情况了解清楚再发言""如果您很专业的话，您就应该知道我说的是正确的"等话语。

(3) 自我狡辩。对客户异议使用“我已经尽力了”“您必须相信我刚才所说的”“对此我已经说得够清楚了”等话语。

(4) 盲目同意。对客户异议使用“您是对的”“这事包在我身上”“这事要是办不成，您找我麻烦”“好的，没问题”等话语。

(5) 轻视。对客户异议使用“空间是谁告诉您的”“您是从哪儿听来的这些不实的消息”“站在您的立场上，您当然会这么说”等话语。

【阅读资料】

客户异议的处理

销售顾问：“好了，介绍了这么多，您看，您喜欢这款车吗？或者还有其他我遗忘了的问题没有介绍吗？”

客户：“哦，我还是比较喜欢这款车的，挺不错！但是我要与太太商量一下，买车之前还是让她也了解一下比较好。”

销售顾问：“当然了，让家人一同来看车是一件好事。我也是，在买任何东西前都得经过太太确认，否则就麻烦了。您太太现在哪里？”

客户：“她在上班。”

销售顾问：“您可以给她打一个电话吗？或者我们现在就可以将车开过去，给她一个惊喜。”

客户：“她是一名客户经理，可能正在拜访客户呢！要不然我们先谈谈价格，她晚上下班后也许会过来。”

销售顾问：“我的意思是先让她有机会看车，或者试驾，当您决定要买了以后，我们可以协商一个好的价格。”

客户：“那还是我们晚上一起来看吧。”

销售顾问：“先生，其实我有三个原因希望你们可以一起试驾：第一，刚才您试驾的时候时间比较短，可能对车的体会不深；第二，如果与您的太太一起试驾，两个人的体会比较全面一些；第三，您已经说了，您喜欢这个车，只有您才知道您太太会喜欢什么车。”

客户：“哦，是这样啊！这个全新的车我还不熟悉，让我自己开还有一点担心。”

销售顾问：“没有关系，只要开顺手了，就熟悉了，况且即使是新车，我们也有保险，不用担心。即使最后您不喜欢这个车，也没有关系，就当交一个朋友。”

客户：“好吧，那么我就不明白了，你为什么现在不能给我一个底价呢？”

销售顾问：“我觉得我们在您太太不在的情况下谈有一些不妥，除非您决定购车不需要考虑她的想法，不然，一起谈多好，你们一起来，我们就开始讨论对您来说合适的价格，好吗？另外，我也要根据您的情况与经理协商一下，看是不是有什么好的分期付款计划。”

客户：“也许你说的对吧！”

销售顾问：“您能否帮我一个忙，填写一下这个表格，一来我现在就请示经理，你们再来的时候就容易一些了；二来我们也想做一个调研，为了以后更好地为客户服务，提升我们经销商的竞争力。”

客户：“当然，没有问题。”

（资料来源：孙路弘《汽车销售的第一本书》，北京：中国财政经济出版社，2004年。）

任务专项实训

实训项目：客户异议演练

实训目的：通过本实训项目，学生能够树立良好的客户异议处理心态，能够掌握客户异议处理的基本方法。

实训内容：

学生从提供的情景项目中选择1～2个进行实践。

情景1：上海大众汽车4S店内进来了一位客户，销售顾问小辛在接待客户时，客户提出了几个车辆方面的知识问题……假如你是小辛，你该如何回答？

情景2：客户钱女士对展厅的环境异议最大，认为这是不尊重客户的表现。假如你是小辛，你又该如何化解这种矛盾？

情景3：最近李老板手头有些紧，但他非常喜欢某款车，又想让4S店降价，所以他提出了一些异议。面对价格如此敏感的客户，你又该如何处理？

实训步骤：

(1) 根据班级人数，将学生进行分组，4～6人一组(最好分成双数组)，选择小组长，由小组长根据组员意见选择情景项目1项。

(2) 每个小组根据情景项目设计4～5个专业异议。

(3) 由各小组选择代表，每两组进行PK，一组提异议，另一组回答。完毕之后，调换提问和回答问题的组别。

(4) 其他小组成员根据提供的分数统计表进行评分。

(5) 先由各小组组长进行自评，再由指导老师点评。

实训评价：

(1) 要求：评分人员熟悉评分标准，根据评分标准准确打分；在演练完一轮后，调换角色进行第二轮演练；两次演练的分数之和为各组最终得分，完成一份实训报告。

(2) 评分标准：

PK组别							
A组(异议组)				B组(回答组)			
序号	评分标准	分值	评分	序号	评分标准	分值	评分
1	基本商务礼仪	10分		1	基本商务礼仪	10分	
2	异议设置的专业性、科学性等	10分		2	回答问题的方法应用、专业性等	10分	
3	表演的场景控制能力	10分		3	表演的场景控制能力	10分	
4	各组长的总结能力	10分		4	各组长的总结能力	10分	
5	小组的团队协作能力	10分		5	小组的团队协作能力	10分	
总分				总分			

任务6.8　签约成交

➡知识目标

1. 了解签约成交的定义；
2. 掌握客户签约成交的信号；
3. 掌握客户签约的技巧；
4. 掌握价格商谈的技巧。

➡能力目标

1. 能够使用正确的技巧与客户进行价格谈判；
2. 能够运用所学的知识促成交易。

➡任务导入

临门一脚

很多汽车销售人员都经历过这样的情况：一开始客户进门的时候，销售人员总是跃跃欲试，想马上就冲出去接待客户；在接待客户的过程中，销售人员讲了很多汽车产品知识；在前面诸多环节中，销售人员都是全力以赴，客户想问的也都问了，但往往在排除客户异议之后，会迎来一个轻松的环节，在这个时候，很多销售人员经常会问客户："您觉得怎么样？"当销售人员提出这个问题后，基本上等于把主动权交给了客户，这会给签约成交带来诸多不便。

这种情况的发生有三方面原因：一是销售人员不自信；二是销售人员紧张，不敢向客户提成交要求；三是销售人员认为让客户掏钱是一个敏感问题，担心会因为此事使前面的努力全部泡汤。于是，很多销售人员会想："我究竟该用什么方法让客户掏钱，而不是直截了当地说'您付款吧'？"

那么，在这个环节，销售人员到底应该如何应对呢？

问题：

1. 什么是客户成交信号？销售人员该如何处理客户成交？
2. 销售顾问在签约成交时该保持什么样的心态？谈谈你的想法。

分析：

一名优秀的销售顾问除了需要有过硬的产品知识和专业技巧，以及熟悉销售流程外，还需要具备良好的价格谈判能力。掌握好价格商谈能力，了解客户的成交心理，有助于促成交易。

➡知识准备

客户在完成试乘试驾后，销售人员若能很好地解决客户异议，自然就会进入汽车销售流程中的签约成交环节。签约成交环节中包括两方面内容：一是签约成交；二是价格商谈。

6.8.1 签约成交

1. 什么是签约成交

客户签约成交是指销售顾问与客户双方分别接受对方的建议及条件，愿意根据这些条件达成协议，最终实现交易、合作的行动过程。

签约成交是实现汽车销售的最主要环节，关系着企业的利润来源。但在签约过程中，销售顾问应采取营销策略和技巧来加强客户购买的信心，让客户采取主动行为，并允许客户有充分的时间来做决定。

2. 签约成交的流程

签约成交的流程包括：有效识别客户的成交信号、确定成交的策略、选择成交的方法和技巧、进行签约、成交失败的处理，具体如图 6－24 所示。

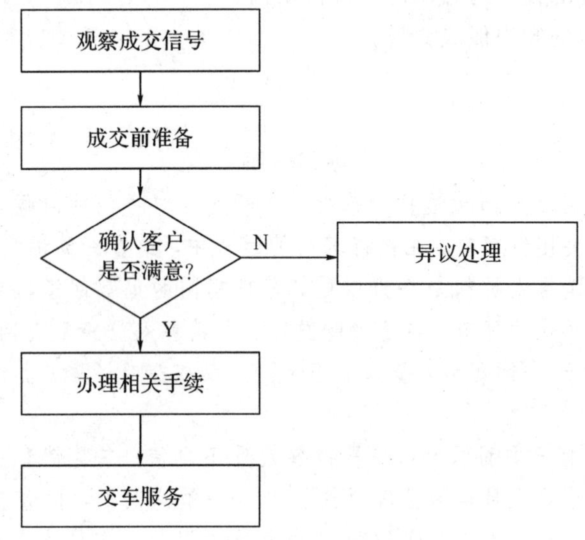

图 6－24　签约成交的流程

3. 客户签约成交需具备的条件

1）客户必须全面了解企业的产品及价值

客户一般不会在自己还不完全了解产品的时候就接受销售人员的建议，而这也是决定能否顺利进入成交阶段的基础。因此，销售人员应主动为成交创造条件。

2）客户需信任销售顾问及其代表的公司

如果客户对销售顾问及其所代表的公司没有足够的信心和信任，那么即使商品质量再好，价格再优惠，客户也很容易对成交产生动摇。因此，信任是成交的前提。

3）客户必须对产品有购买欲望

客户只有对产品有购买欲望，才会对销售人员的推介感兴趣，而销售人员又不能代替客户做购买决策。因此，销售人员的工作重心是引导并激发客户的购买欲望。

4）销售顾问必须把握适当的成交时机

销售过程中，急于求成会“欲速则不达”，应等待适当时机。更重要的是，当时机来临时要及时抓住，促成交易。在实际销售过程中，销售人员不能为了成交而做出太多让步，以免得不偿失。

5）销售顾问必须将最后阶段的洽谈准备充分

销售顾问要对自己的工作有全面考虑，明确方向和责任目标，清楚每一步该怎样进行，尤其最后阶段的洽谈，犹如“箭在弦上，不得不发”，更需慎之又慎！

4. 客户购买信号分析

1）语言信号

语言信号是指客户通过询问价格、使用方法、保养方法、使用注意事项、售后服务、交车期限、交车手续、支付方式、新旧产品比较、竞争对手的产品及交车条件、市场评价、说出“喜欢”和“的确能解决我这个困扰”等表露出来的成交信号。以下几种情况都属于成交的语言信号：

(1) 谈及具体的支付条件和赠送品问题，以及车辆颜色和交车时间。

(2) 开始认真地讨价还价。

(3) 提出有关售后服务、保修、上牌、保险等各种费用问题。

(4) 向第三方咨询意见等。

例如，客户问：“现在能提车吗？有没有白色的现车？办理车辆贷款需要多长时间？”

2）表情信号

这是从客户的面部表情和体态中所表现出来的一种成交信号，如在洽谈中面带微笑、下意识地点头表示同意你的意见、对产品的不足表现出包容和理解的神情、对推销的车辆表示兴趣和关注等。以下几种情况都属于成交的表情信号：

(1) 客户的表情由冷漠、怀疑、拒绝变为热情、亲切、轻松自然。

(2) 露出惊喜的神色，并指出产品真的很划算。

(3) 露出微笑或欣赏的神情，态度友好。

(4) 客户仔细研究产品、产品说明书、报价单、合同等情况等。

例如：一位汽车销售人员向客户讲述了一个充满感情的、很有说服力的故事：有客户购买了本店的车辆，在一次车辆发生交通事故时因致电24小时救援而得到有力的帮助。没想到客户听了这个故事，竟忍不住眼含热泪。那么，这个信号就很清晰地告诉销售人员，客户是非常有同情心的，这个信号对销售车辆有积极意义。

3）行为信号

由于人们出于习惯经常会有意无意地在动作行为上透露出一些对成交比较有价值的信息，当有以下信号发出时，销售人员要立即抓住良机，勇敢、果断地去试探、引导客户签单：

(1) 反复阅读文件和说明书。

(2) 认真观看有关的视听资料，并点头称是。

(3) 查看、询问合同条款。

(4) 要求销售人员再次详述展车，并亲手触摸、试用产品。

(5) 突然沉默或沉思，眼神和表情变得严肃，或表示好感，或笑容满面。

(6) 主动走进洽谈室，或销售人员在订单上书写内容做成交付款等动作时，客户没有明显的拒绝和异议。

(7) 突然为销售人员倒开水，变得热情起来等。

例如：一位男士在面对销售顾问的讲解时，直接打开前车门而坐进了驾驶室，在里面左碰碰车辆按键开关，右摸摸车辆方向盘，详细询问车辆的使用技巧且面带微笑，从这些表现就可以看出，这位男士的行为属于强烈的成交信号。

★ 小思考

请你实地观察客户成交现场，记录并列出成交信号，说明这些信号属于那一类成交信号？

5. 实用成交技巧

汽车销售人员为了与客户成交，达到销售的目的，就需要学习和了解汽车销售技巧和话术，还要根据不同客户、不同情况、不同环境，采取不同的成交策略，以掌握主动权，尽快达成交易。

【典型案例】

成交技巧

客户说："小李呀，赶紧把合同拿过来，我们要签合同了，我看看你的合同。"

销售顾问："好的，您稍等……王先生，请拿好，店里正好有促销活动，要是您今天能定下来，我可以协助您办理。"

客户说："你这个车除了这个价格，还能给我什么优惠？"

销售顾问："除了今天的大礼包外，还能加送一次保养。"

客户指着一个行车记录说："这个能不能送我啊？另外，这个售后服务免费保养的次数能不能再多加一次啊？"

销售顾问："您的这些要求，我现在不能决定，我要去向领导请示，如果争取一下能给您的话，您能定下来不？"

客户说："你只要跟领导请示，把这个东西给我办到的话，我马上付全款。"

1) 直接要求法

直接要求法也称"请求成交法"，是指汽车销售人员得到客户的购买信号后，直接提出交易。使用直接要求法时要尽可能地避免操之过急，关键是要得到客户明确的购买信号。例如，"王先生，既然您没有其他意见，那我们现在就签单吧？""×先生，您好！近来生意可好？昨天刚到的新车型，您打算要什么颜色的？"当汽车销售人员提出成交的要求后，就要保持缄默，静待客户的反应，切忌再说任何一句话，因为你的一句话很可能会立刻分散客户的注意力，使成交功亏一篑。

2) 二选一法

汽车销售人员为客户提供两种解决问题的方案，无论客户选择哪一种，都是汽车销售人员想要达成的一种结果。运用这种方法，应使客户避开"要还是不要"的问题，而是让客户回答"要 A 还是要 B"的问题。例如，"您是喜欢白色的还是红色的？""您是今天签单还是明天再签？""您是刷卡还是用现金？"等。需要注意的是，汽车销售人员在引导客户成交时，不要提出两个以上的选择，因为选择太多反而令客户无所适从。

3）总结利益成交法

汽车销售人员把客户与自己达成交易所带来的所有的实际利益都展示在客户面前，把客户关心的事项排序，然后把产品的特点与客户的关心点密切地结合起来，总结客户最关心的利益，促使客户最终达成协议。

4）让步成交法

让步成交法也叫“优惠成交法”，是指汽车销售人员通过提供优惠的条件促使客户立即购买的一种方法。在使用这些优惠政策时，汽车销售人员要注意三点：

（1）让客户感觉他是特别的，你的优惠只针对他一个人，让客户感觉到自己很尊贵很不一般，这会带给客户非常好的心理感受。

（2）千万不要随便给予优惠，否则客户会提出更进一步的要求，直到触及甚至打破汽车销售人员的底线。

（3）表现出自己的权力有限，需要向上面请示：“对不起，在我的处理权限内，我只能给您这个价格。”然后再话锋一转：“不过，因为您是我的老客户，我可以向经理请示一下，给您一些额外的优惠。但我们这种优惠很难得到，我也只能尽力而为。”这样客户的期望值不会太高，即使得不到优惠，他也会感到你已经尽力而为了，不会责怪汽车销售人员。

5）预先框视法

在客户提出要求之前，汽车销售人员就为客户确定好结果，同时对客户表示认同和赞赏，使客户按自己的说法去做。如：“现在离活动价结束还有 1 个小时，这个报价绝对是良心价了，我今天跟您聊天很投缘，觉得我们两人能因车成为好朋友，我相信，您肯定也是这种喜欢交诚实朋友的人。”

6）激将法

利用客户的好胜心、自尊心而敦促他们购买产品。比如，有些客户会因为价格昂贵而犹豫不决，这时，在一旁察言观色的销售员走了过来，向两位客人介绍说，这种颜色的车目前店里只有 1 辆，2 个小时前有一对夫妇也看中了这车，非常喜欢，爱不释手，但由于价格超出他们预算，所以没有买走。经销售员当众一激，这客户可能立马就买下了。

7）对比平衡成交法

对比平衡成交法是指销售人员针对性售卖产品，通过对比平衡的方式来促使客户做出购买决定。即销售人员将目前客户所要进行对比的产品的优缺点罗列出来，特别是对于客户购买与不购买的原因应罗列清晰，让客户再次找到所要购买的产品的优势，从而促成交易。

6.8.2 价格商谈

价格商谈是客户成交前必须经历的环节，一般包括询价和议价两种方式。所谓“询价”，是指客户有意无意地向销售人员咨询某款车的价格，一般并不是正式咨询，客户并不会立即产生购买意向，销售人员只要按常规手法报价就可以了；所谓“议价”，是指客户对某款车辆非常感兴趣，甚至确定要购买具体的某款车辆，极想与销售人员讨价还价，属于正式的价格谈判，一旦满意就会立即转入成交，销售人员要正确引导，积极配合。总之，销售人员在价格商谈环节中，要分清楚是询价还是议价。本节主要讨论议价。

1. 正确认识价格商谈

无论是哪种形式的价格商谈，销售人员都必须正确认识价格商谈，建立正确的价格商谈观念是非常重要的。价格商谈需要明确以下内容：

1）价格商谈传达了客户成交的信号

客户要求进行价格商谈，意味着客户对产品非常感兴趣，很有可能就会成交，故销售人员要高度重视价格商谈。

2）价格商谈考验了销售人员的综合素质

价格商谈是对销售人员素质的全面考验，绝不仅仅是一个"讨价还价"的行为，体现了销售人员的心理承受能力、逻辑思维能力和临场应变能力等。

3）价格商谈能达成"双赢"关系

在价格商谈过程中，没有"常胜将军"，也没有"专家"的概念，销售人员一定要树立与客户达成"双赢"的观念。

4）价格商谈必须遵循相应的原则与技巧

价格商谈是有原则和技巧的，在商谈过程中需要绝对遵循，销售人员要反复学习、实践、交流和总结，一定可以熟练地应用商谈技巧，从而提高成功率。

2. 价格商谈原则

1）准确把握价格商谈的时机，避免过早谈论价格

销售顾问要学习客户心理知识，也要懂得客户成交信号，一旦发现客户有成交的欲望，就要主动发出价格商谈，追求成交。有些客户刚进店时，看到车就主动提起价格，这时的销售顾问思想上一定要清楚，客户只是在询价，而不是发自内心的议价需求。销售顾问在面对客户进店询价时，回答的内容有"这车我就是给您再便宜，要是您不喜欢，又有什么用呢""您先选好车，要是满意了，我们再来谈具体的价格"等，这样可以避免过早谈论价格。

2）取得客户的相对承诺

当客户没有承诺而询价时，销售顾问可以告之公开的"促销活动"内容，但不宜和客户商谈具体的价格，销售顾问也不要担心因此会流失客户。

3）任何价格商谈都是有充分准备的

销售顾问要充分了解客户的背景，如客户购车经历、客户决策行为等；要取得客户的信任，建立良好的客户舒适感，还要从内心深处关心客户的需求。正所谓"知己知彼，百战不殆"，充分的准备工作和专业的营销知识会让价格商谈变得更轻松。

4）找到价格争议的真正原因

价格争议的原因多种多样，销售顾问要有的放矢，找到客户价格争议的真正原因，这样在商谈过程中才会对答如流。

5）把握"双赢"原则

客户追求的是以最便宜的价格买到最合适的车，销售顾问追求的是以客户能接受的最高价格卖出车，销售顾问要善于制造让客户"赢"的感觉。如"不瞒您说，今天给您的这个价

格是非常给力的，主要是看在老朋友的面子上。”

【典型案例】

价格异议处理分析

客户：为什么我感觉你们店里的价格比别的店的要贵一些呢？

错误应对：

1. 因为质量不一样。

2. 一分钱一分货。

3. 因为我们进货渠道和别人不一样。

4. 您要便宜的我们也有呀！

问题：

应对中的1句和2句没有足够的说服力，3句说明得不详实，而且还有贬低其他竞争对手品牌的嫌疑，4句给客户的感觉是只能买得起便宜货，有轻视客户的味道，会让客户感到不舒服。

分析：

对于客户提出的一些看似不好回答的问题，销售顾问可以鼓励客户说明真实的想法，然后有针对性地具体解释，做到“实”的策略。销售顾问不要直接解释为什么贵，要认清价格与价值的关系，要解释这车价值的具体来源，巧妙化解客户疑虑。如“您说的问题，我们也注意到了，就目前市场而言，我们店建店有12年的时间，说明客户还是信得过我们的，特别是我们的售后服务更是24小时专业为客户服务，赢得了不少客户的赞誉，在我们这儿购车，您大可放心！”

3. 价格商谈技巧

不会砍价的客户不是好客户，客户的砍价是必然的。销售顾问要自觉应对客户的砍价行为，要极具耐心和说服力，在创造和谐气氛的同时思考各种处理方法。

1）初期商谈技巧

（1）略高于真实报价。这样处理的原因在于给自己一些谈判的空间，同样也给了砍价客户一些还价的余地，满足客户砍价的心理需求，避免产生僵局。在谈判过程中，销售顾问还可以就4S店的服务水平、售后保障等方面进行说明，以便进一步提升产品或服务的价值感，让客户感觉到实在获利。

（2）对半法则。有时候，销售顾问报出的优惠价并不能令客户满意，客户会根据自己心理预期也报一个要求优惠的价，销售顾问则要根据实际情况，判断这两个价格的折中点是否能够接受，通过各让一步寻求双方的平衡点。

（3）婉言拒绝客户的第一个报价。有些客户的第一个报价非常接近或超过真实优惠的底价时，销售顾问要通过一些委婉的语言来拒绝客户的要求，不能立即接受。如“您这个报价远远超出我们的最大优惠，这一单今天要是做了会没有利润的”，等等。

（4）充分利用惊讶的心理战术。对于客户的一些报价，销售顾问要充分利用惊讶的心理战术，主要是告诉客户“您的这个报价实在超出了我们的想象”，让客户知难而退。话术如“×先生/女士，您的这个报价真的是我从事这个行业以来都没有碰到过的，实在是没有办法接受……”在实际销售过程中，客户报价后，如果销售顾问毫无惊讶的表情，客户会认为你基本上接受了他的条件，态度会更加强硬，附带的条件会更多。

(5) 扮演一个勉为其难的角色。有时客户报价接近底价时，销售顾问可以扮演一个勉为其难的角色，让客户觉得确实给这位销售顾问添麻烦了，从而放弃原来坚持的报价。如“×先生/女士，您今天的这个报价确实难为我了，我要是今天把您的购车合同拿到领导那儿去签字，肯定要被批评，搞不好今天的绩效都要扣除……”。

(6) 坚定立场不放松。在适当时机下，销售顾问可以以坚定的立场应对客户的无理杀价或超低报价，让客户觉得自己这个报价是完全不可能被接受的。如：“×先生/女士，您的报价我们无法接受，这样的单我宁愿不做……”。

2) 中期谈判的技巧

(1) 借助公司高层的权力范围。如果客户要求的价格超出销售顾问想要成交的价格，或者是销售顾问实在想和客户成交但又想让客户欠你一个人情的话，这时销售顾问就可以借助公司高层的力量，表明自己的权力范围无能为力，将决定权推到上面。如“对于您的报价，我没有这么大的决定权，如果您今天决定签约，我会试试把您的购车合同拿给我们销售总监看看……”。

(2) 避免对抗性的谈判。很多时候，客户比销售顾问还要强硬。销售顾问甚至会碰到一些话语很不友好、态度很恶劣的客户，如果这时的销售顾问控制不好自己的情绪，与客户争辩、理论，就会造成谈判对抗的氛围，是不利于销售工作的。面对这种情况，销售顾问要尽量使用“我了解”“我明白”“我同意”“我感受到了”“我发现”等字眼来化解对方的敌意，如：“×先生，您讲的情况我明白，也非常理解您的感受……”。

(3) 交换条件法。客户购买车辆追求的不仅仅是低价格，低价格或许只是客户其他理由的一个幌子。在确认能够成交的基础上，如果客户提出更苛刻的价格要求时，销售顾问也可以提出一些较合理的要求作为回报。如“×先生/女士，我相信您是一位有涵养、讲道理的人，多几百少几百元您一定不是很在意，要是这个价格您能接受，我可以争取帮您在购买保险的时候多送一些纪念品”。

3) 后期谈判技巧

(1) 好人/坏人法(红脸/白脸法)。当两个销售顾问在一起时，采用这种方法可以有效地向客户施压，还可以避免局面的尴尬。当然，如果客户也是两个或两个以上时，也会对销售顾问采用同样的方法。例如，当一位销售顾问和客户正在商谈时，另一位销售顾问正好从旁边经过，就会说：“小王，你今天报这么低的价不怕被扣绩效呀？×先生/女士，小王的这个报价是明天不想做了的表现……”。

(2) 蚕食鲸吞法。当客户确定一定要购买车辆时，销售顾问就可试着让客户加装一些必要的精品，如SUV可以加装上下车的脚下踏板、分期付款的车可以在店里购买保险等，这样可以为公司争取最大的利润空间。

(3) 取消之前的议价。如果客户不能接受销售顾问报给他的最低价时，销售顾问可以告诉客户，如果本次不能成交，那么今天的议价会全部取消，并保证这个价格不会再有。如“×先生/女士，我今天报给您的价是被领导批评了的，如果您今天不能定下来，下次就不会再有这个价了……”。

（4）分步让价法。分步让价法是指将要报的优惠价不是一次让给客户，而是给客户一个讨价还价的空间，分成几步让利给客户，先大后小，逐渐增加难度。例如，把2000元的一次性让利改成第一次让利1000元，第二次让利500元，第三次让利300元，第四次让利200元。

（5）拟定合同法。当客户洽谈得差不多了时，销售顾问可借为客户倒水的机会离开，再次回来时顺便拿上一份合同，然后向客户解释合同上的条款，往有利的方向引导客户，让客户感觉不签合同都不好意思了。

6.8.3 汽车购车合同

购买汽车是涉及金额较大的一项交易，所以在购买之前，买卖双方都是要签订合同的。汽车买卖合同的效力对于购买汽车这项交易能否最终实现是非常重要的。

1. 汽车买卖合同生效要件

汽车买卖合同的行为属于民事行为，有效合同是合法的民事行为，即民事法律行为。因此，民事法律行为应具备的条件，也就是合同生效的一般条件。《民法通则》第55条规定，民事法律行为应当具备下列条件：

1）行为人具有相应的民事行为能力

民事行为能力是指民事主体以自己的行为设定民事权利或者义务的能力。合同作为民事法律行为，只有具备相应民事行为能力的人才有资格订立；不具有相应的民事行为能力的人所订立的合同为效力待定的合同。但不具有相应民事行为能力的人可以通过其法定代理人订立合同。

（1）当行为人与合同的当事人为同一人时，具有完全民事行为能力人当然可以成为合同的主体；限制民事行为能力人实施的与其年龄、智力或精神状况相适应的合同行为，或使其法定代理人同意的合同行为时，可以作为合同的主体。

（2）当行为人与合同的当事人不一致时，只要代理人（行为人）具有相应的民事行为能力，且有代理权，那么其所订立的合同对被代理人（合同的当事人）即发生法律效力。

2）意思表示真实

意思表示真实是指表意人即意思表示的行为人的表示行为应当真实反映其内心的效果意思，即当事人的内在意志和外在意思一致即为真实。

3）不违反法律或社会公共利益

此要件是针对合同的目的和合同的内容而言的。合同的目的是当事人缔结合同所欲达到的一种效果，合同的内容是指合同中规定的权利和义务所指向的对象。纵使合同生效的其他要件都具备，若因合同的目的或内容违反了法律或社会公共利益，也会使合同归于无效。

因此，汽车买卖合同符合以上三个条件以后就生效了。

2. 汽车买卖合同

汽车买卖合同因公司的主体不同而不同，正规的汽车买卖合同的法律效力都一样，对双方当事人都具有较强的约束力，汽车买卖合同（样）如表6-14所示。

表6－14　××汽车销售有限公司汽车购买合同(样)

甲方：××省××汽车销售有限公司

乙方：

甲乙双方就乙方向甲方购买汽车并办理按揭或乙方通过其他汽车销售商购买汽车后委托甲方办理汽车按揭相关手续等有关事宜，经友好协商，签订本合同。

一、汽车型号及金额

汽车品牌____________________；　　型号____________________；

发动机号____________________；　　车架号____________________；

车价：____________________。

二、购车方式

1. 乙方向甲方购买车辆；

2. 乙方向______________汽车销售商购买车辆，委托甲方办理汽车按揭手续。

三、交车时间、地点及方式

1. 乙方向甲方购买的车辆，交车时间、地点以乙方提车确认单为准。

2. 乙方向______________汽车销售商购买的车辆，交车时间、地点以汽车经销商及乙方签名盖章的提车确认单为准。

四、付款方式及期限：

乙方按下列________种方式及期限付款

1. 一次性付款

乙方于本合同生效之当日一次性付清全部车款______________元。

2. 分期付款

乙方于本合同生效之当日首付__________元，其余车款乙方委托甲方向中国农业银行××市××路支行申请汽车消费贷款，年限__________，按揭__________%，金额(大写)____________________。

五、权利与义务

1. 汽车销售商向乙方出售的汽车，质量须符合国家颁布的汽车质量标准。

2. 汽车销售商向乙方出售的汽车，须是在《全国汽车、民用改装车和摩托车生产企业及产品目录》上备案的产品或经交通管理部门认可的汽车。

3. 汽车销售商向乙方出售汽车时须真实准确介绍所售车辆的基本情况。

4. 乙方通过其他汽车销售商购买的车辆，乙方负有审查所购车辆证件，发票、手续是否齐全、真实，否则，因此而产生的风险及责任与甲方无关。

5. 乙方应对所购车辆的功能及外观进行认真检查、确认。

6. 如乙方所购车辆发生质量问题，甲方协助乙方或协助汽车销售商与生产厂家的维修站联系、解决。

六、有关汽车按揭的约定

乙方委托甲方办理汽车按揭手续的，乙方应切实履行如下义务：

1. 乙方自提车之日起至银行贷款发生之日止，须配合甲方及银行的资信调查工作，不得以任何理由推脱。

2. 乙方提车后，须及时上牌，并把车辆登记证及购车发票原件交与甲方。

3. 按揭期内，乙方未经银行同意，不得将抵押车辆私自转让给他人；如私自转让，乙方应承担由此引发的全部法律责任。

4. 乙方在按揭期内，须严格履行还款义务，不得以经营状况不良或交通事故等原因而影响还款义务的履行。

5. 乙方不得以所购车辆发生质量问题为由，影响还款义务的履行。

6. 乙方签订本合同及银行贷款合同后，应严格履行，不得私自更改抵押权人，若由此而生抵押问题，乙方承担全部责任。

7. 甲方为乙方办理按揭贷款手续的费用(含保证金、续保定金、担保手续费、工本费等)，由乙方承担。乙方贷款期内必须履行保险义务，乙方的续保定金在贷款期最后一年充抵保金，相关手续由甲方负责办理。若乙方不履行保险义务，由此产生的法律后果由乙方承担。

8. 乙方若变更住址及联系电话，必须在变更后三日内通知甲方及贷款银行，否则应承担由此而产生的法律责任。

七、违约责任

1. 本合同生效后，一方不履行合同的，应依法承担违约责任；造成另一方损失的还应赔偿对方的损失。

2. 乙方不履行按揭付款义务的，除按按揭贷款合同承担法律责任外，还应赔偿甲方由此而造成的损失(包括利息、罚息、调查费、律师代理费等)。

八、合同争议解决的方式

本合同履行过程中若有争议，双方应友好协商解决，若协商不成，任何一方均可向甲方所在地人民法院诉讼解决。

九、本合同所指的汽车销售商，系指乙方所购汽车的开票单位。

十、本合同一式三份，签字盖章之日起生效。甲、乙双方各执一份，借款银行备案一份。

甲方：××省××汽车销售有限公司　　　　乙方：

联系电话：　　　　联系电话：

年　月　日　　　　年　月　日

任务专项实训

实训项目：价格商谈演练

实训目的：通过本实训项目，学生能够树立良好的价格商谈心态，能够运用价格商谈技巧解决实际问题。

实训内容：

学生从提供的情景项目中选择 4～5 个进行实践。

情景 1：这款车还行，就是太贵了！

情景 2：车市我每周末都逛，就你们价格高！

情景 3：你们的牌子不出名，价格还那么贵！

情景 4：这辆车的报价为什么比网上高出 3000 元？

情景 5：虽然喜欢这款车，但我买不起啊！

情景 6：我是你们的老客户介绍过来的，可以优惠多少？

情景 7：这辆车太贵了，我不需要买这么好的车。

情景 8：我经常逛车市，等你们折扣低些再买。

情景 9：同样是这款车，××店比你们的便宜多了。

情景 10：赠品没什么用，直接换成现金抵给我吧。

情景 11：国际名车都打折，你们凭什么不打折？

情景 12：这款车现在是九折，以后折扣会更低吗？

情景 13：你们跟××品牌配置差不多，为什么价格高那么多？

情景 14：如果这车 3 个月内降价，你们能保证用现金给我补差价吗？

情景 15：谁说价格优惠后不能送赠品？我两样都要。

情景 16：我是诚心想买，都来过几次了，再优惠些我就买了。

情景 17：我不想再谈了，你就说还可以便宜多少吧！

情景 18：别说那么多无用的话了，再少 3000 元我就要了。

实训步骤：

(1) 根据班级人数，将学生进行分组，4～6 人一组(最好分成双数组)，选择小组长，由小组长根据组员意见选择情景项目 4～5 项。

(2) 每个小组根据各情景项目分别设计 1 个专业回答。

(3) 由各小组选择本组两位同学作为演练代表，一人提问，另一人回答。

(4) 各小组演练完毕后，指导老师带领其他小组一起就演练过程进行讨论和点评，指出其中的优缺点。

实训评价：

(1) 要求：小组演练应具有良好的协作能力，回答问题专业、演练内容熟练、演练过程中组员的心态平和、演练设计有创意；完成一份实训报告。

(2) 评分标准：

序号	评分标准	分值	评分	备注
1	团队合作	20		
2	团队精神	10		
3	内容结构	30		
4	仪容仪表	30		
5	应变能力	10		

任务 6.9　交车服务

知识目标

1. 熟知交车前的准备工作，明确车辆状况检查要点；

2. 掌握交车流程各环节要点；

3. 掌握交车前的检查(PDI)执行方法；

4. 了解汽车 4S 店验车流程。

➡能力目标

1. 能够正确地按流程验车；

2. 能够正确地按流程向客户交车。

➡任务导入

PDI 检查要注意

客户徐先生在××汽车 4S 店买车，很开心地说："我付全款给你都没问题，你给我做一下检查。什么时间可以提车，我出去绕一圈。"销售人员说："徐先生，两三个小时以后，我给您车。"因为这个徐先生很兴奋，他想早点拿到车，所以不到 2 个小时他就回来了。在对车进行检查时发现了问题，起重机把这个新车抬起来以后发现变速箱漏油，而库房就剩这一台车了。维修人员了解到客户在 3 个小时之后才取车，以为还来得及，就拆了车上一些部件，换了油封，把变速箱也拆了下来。拆一个变速箱不是简单的事情，要拆很多零部件。没想到这个客户提前回来了。当时客户徐先生对拆车并没在意。徐先生问道："你不是说两三个小时吗？现在已经 2 个小时了。"销售人员回答说："还在做检查呢，您再等一会儿。"这时徐先生有点不高兴了。3 个小时到了，变速箱还没装好。销售人员又对他说："您再稍等一会儿，马上就好了。"车子拆装完之后开了出来。徐先生一看，这个车不就是刚才在起重机上拆的那辆吗？他生气地说："你们凭什么拆我的车啊？"

问题：

1. 什么是 PDI 检查？交车检查要注意些什么？

2. 销售顾问要不要掌握交车流程？面对徐先生这类情况，你认为上面的问题出在哪里？

分析：

这个案例说明，PDI 检查在时间上一定要向客户说得保守一些，不能把时间说得太急。一个车有成千上万个零部件，在做检查的时候要涉及机修的岗位、油漆的岗位、电工的岗位，以及其他岗位等，短时间是很难完成的。在汽车销售流程里不允许出现这样的情况，对时间的估计要保守一点。

➡知识准备

交车是客户最兴奋的时刻，也是 4S 店与客户保持良好关系的开始。销售顾问通过标准的销售流程，使客户拥有愉快满意的交车体验，可以有效地提升客户的满意度，保持长期的友好关系，同时也能让客户对产品与服务产生高度认同。

6.9.1　交车的重要性

1. 交车时的客户心态

在销售流程中，人们的心情是不一样的。一般来说，在与客户成交时，销售顾问会感到最高兴。不过，只有在交付后，客户才能获得他(她)想要的车辆。显而易见，销售顾问的兴奋点和客户的兴奋点并不同步，如图 6-25 所示。

从图中可以看出，销售顾问最兴奋的时候是客户签约时，而客户最兴奋时刻是交车时，两个兴奋时刻存在时间差。很多客户认为销售顾问在客户付款前的服务水平比付款后的服务水平要好，总认为在他们付款后，销售顾问就对他们置之不理，会有一种受冷落的感觉，这种情绪的变化往往导致客户投诉率增加。

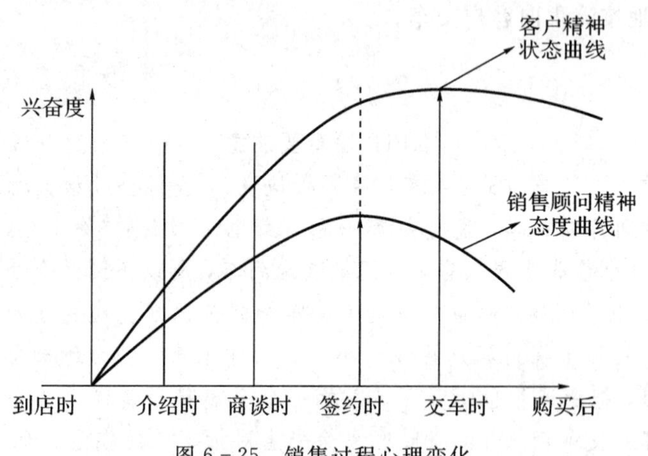

图 6-25 销售过程心理变化

销售顾问要了解交车时的客户心理变化，有助于交车过程中看清客户的情绪变化。如果我们希望让客户在交付后感到兴奋，那就必须让客户感到我们对车辆的交付和他们一样兴奋。因此，交付活动既包括理性的层面，也包括感性的层面。理性的层面就是要保证提供完整的服务，而感性的层面就是要让客户感到兴奋，从而与客户建立长期的业务关系。

★ 小思考

面对销售过程中销售顾问与客户的心理变化差异，销售顾问该如何处理？

2. 交车的目的及重要意义

在实际销售业务中，有些非常正规的专营店往往会忽视交车这个环节，其主要原因在于没有正确认识交车环节的目的和重要性。

1) 交车环节的目的

(1) 汽车销售公司能够通过交车环节激发客户的热情，感动客户，从而建立长期的合作关系。

(2) 越是正规的交车环节展现，越能够体现客户的尊贵，让客户有自豪感。

(3) 交车环节能够为客户解决后顾之忧，从而建立良好的企业品牌形象。

2) 交车的重要意义

(1) 对客户来说，交车是整个销售过程中最兴奋的时刻，是获得认可的最佳时刻。

(2) 对销售顾问来说，交车环节是树立良好形象、建立合作关系的重要时刻。

(3) 对销售公司来说，交车环节是影响客户满意度的重要时刻，是打造客户忠诚度的开始。

【典型案例】

客户在想什么？

客户 1："每次我都需要打电话向他们询问车辆问题以及什么时候能取车，他们从不打电话给我，总是我打电话给他们。我觉得好像他们拿到我的钱之后就不再关心了。当我到达经销商处取车时，他们竟然还没有准备好，而且车辆也不是很干净……"。

客户 2："我已经要求他们定制我的车牌，但他们的服务不太好。我早已支付了车款，然后，在我确定好取新车的时间后，他们告诉我因为还有一些文件没有审批下来，所以我不能取车，对此我感到很失望。我说我需要车，我早已支付了款项，但最终我又多等了 3 天，我真的认为他们的服务很糟糕。"

客户 3："他们根本就没有告诉我任何维护步骤或维护时间表，只告诉我里程上计数超过 7500 公里后应该去经销商处保养。"

6.9.2 交车行为规范

向客户交车的环节分为三个，即交车前、交车过程中和交车后。其行为规范相应地为交车前的行为规范、交车中的行为规范和交车后的行为规范。

1. 交车前的行为规范

交车前的行为规范包括三部分，订车、交款前和交款时。

1）订车

（1）车源情况。销售顾问要在客户订车前确认车源情况，要准确告诉客户是否有现车，如果没有现车，则需要告诉客户什么时间会有现车。

（2）付款方式。销售顾问要进一步确认客户的付款方式：现金、转账、刷卡、支票还是其他方式，在确认过程中，要协助客户解决付款的选择及便利问题。

（3）交车时间。在确认车源情况、付款方式后，销售人员要准备告诉客户车辆交车时间，如后续发生时间变化，要事先与客户沟通，争取获得客户谅解。

（4）购车合同的解释。客户购车时，要签订购车合同，通常客户都会对合同存在的一些疑问进行咨询，这就要求销售顾问要事先熟悉购车合同中的条文，并能用最简单的话术向客户解释。

（5）车险的内容。在客户购买前，销售人员要提示客户购买车险，并加以解释，包括什么是全险、什么是第三者责任险、什么是交强险，还要向客户强调购买车险的重要性。

（6）其他。销售人员要向客户介绍其他一些相关内容，例如：车辆合格证的内容及作用，车辆该如何上牌，什么是车船税，什么是购置税等。

2）交款前

（1）交款方式。销售人员要再次确认付款方式，选择最有利于客户的付款方式。

（2）交款明细。销售人员要向客户详细列出车款总价、购置税、保险费以及上牌费等。

（3）交车时间。销售人员要根据客户要求和 4S 店的实际情况，确认交车的具体时间。

（4）客户准备的资料。在交款时，销售人员应要求客户提供一些相应的资料证明件。如客户是私人购买车辆，则需提供身份证原件，然后由销售顾问进行复印；如是企事业单位购买车辆，则需提供组织机构代码证、单位公章、营业执照正本、委托书等，再由销售顾问核实后进行复印。

3）交车款时

（1）表单准备。销售人员向客户展示签订购车合同，提示客户本店能够提供包括交购置税、购买车险、上牌等服务项目，并告之客户具体的费用。

（2）预约交车时间。销售人员根据实际情况，与客户预约交车的具体时间。

（3）内部作业流程。销售人员填制销售通知单、精品装潢单，通知展厅经理协调调车，通知交车组按流程对车辆进行跟踪。

2. 交车时的规范流程

交车时的流程如图 6－26 所示。

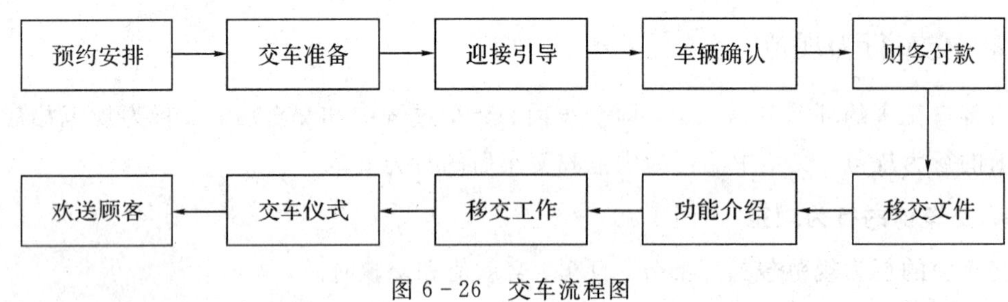

图 6－26　交车流程图

1）预约安排

（1）预约的内容：

① 传递信息：及时向客户更新重要信息和通知，共同确认重要事实。

② 介绍流程：向客户简要介绍流程，预计交付时间。

③ 付款方式：重复确认付款方式，解释差别，尽量说服客户采用无现金付款方式，如刷卡。

④ 时间确认：向客户确认交付时间、时间内容所设置的项目、大约需要多长时间。

⑤ 同行人员：询问客户同行人员的数量，确认是否有特殊需求，以便做出相应的安排。

⑥ 特殊要求：询问客户对交车仪式、礼品、良辰、特殊节日有没有特殊要求，避免一些不必要的麻烦，如忌讳。

（2）预约的技巧：

① 时间选择：采用电话预约时通常选择客户比较方便的时间，交车的时间通常也是由客户确定。

② 优先安排：4S 店内部交车要统一安排，安排的时间应比较充裕，要避免出现同时交车的现象。

③ 有效电话：电话预约是首选的联系方式，采用专业的打电话技巧能让客户感受到真诚、友好和融洽的氛围。

④ 其他技巧：在预约时，可能会发生一些不可预见的事件，如签订合同后突然发现错误，这时，应向客户做出合理的解释等。

【典型案例】

预约交车

销售顾问："您好，蔡先生，我是××汽车××销售公司的销售顾问李××，上次您是在我这儿定的车，不知您还记得不。"

客户："哦，记得，你好！"

销售顾问："是这样的，告诉您一个好消息，您订的车今天已经到店了，我们售后人员正在对车辆进行专业的检查。您看您什么时间提车比较合适？"

客户："周末吧。"

销售顾问："好的，是星期六还是星期天？是上午还是下午？您大概几点会到我们公司呢？"

客户："星期六上午9:30吧！"

销售顾问："好的，交车当天我会带您验车，付清尾款，再介绍一下车辆配置和使用说明，然后，我们要举行一个隆重的交车仪式，整个过程大约需要2小时。"

销售顾问："另外特别提醒您一下，提车时请带好您的身份证、驾驶证、订车单和上次订车时付款的收据，千万不要忘记了。"

客户："好的，谢谢提醒！"

销售顾问："蔡先生，提车当天您是一个人来还是和其他人一起来？"

客户："我和我爱人一起来。"

销售顾问："热烈欢迎！到时候我们会好好准备一下，为您爱人献上一份小纪念品，让您爱人也感受到我们的真诚。"

客户："谢谢！"

销售顾问："蔡先生，您上次付的定金是1万元，车辆总额是19.8万元，除去定金，您还需付18.8万元的尾款，请问您是刷卡还是现金？我们建议您交尾款时最好刷卡，这样不仅安全，而且还方便。"

客户："就听你的，我到时候刷卡。"

销售顾问："非常感谢，那好，我们会在星期六上午9:30准时恭候您大驾光临！再见！"

客户："再见！"

2) 交车准备

(1) 准备工作的目标。根据与客户达成的约定，提前做好充分的交车准备(含人员准备、车辆准备等)，以保证顺利完成交车工作，使客户满意。

(2) 内部沟通。销售顾问要将与客户达成的约定及时上报主管领导，然后由主管领导确认交车仪式的策划，并将策划的方案通知服务部门，下发交车通知。

(3) 交车区域准备。交车区域要保持整洁，区域内布置需符合标准化要求，如碰到交车时间冲突时，应及时协调交车区域的使用和安排，交车时的工具应准备充分，位置摆放正确，如欢迎牌、鲜花、礼炮、红丝带、红色花球、小礼物和照相设备等。

(4) 个人准备工作。销售公司确定交车时参与的人员，至少需要一名主管销售的领导参加，如主管领导不在，则需协调其他部门的领导参加。参加交车的工作人员衣着要正式得体，个人基本卫生要整洁，动作不得轻浮，行为稳重得体，语言表达要清晰，专业知识准确，要了解客户的期望值并尽量满足，要拥有团队合作精神。

(5) 车辆准备。销售顾问一定要仔细核实新车，要使车辆处于最佳状态。

① 保持车辆清洁。这包括车辆外部清洗干净无污点和车辆内部干净整洁，车辆上放置干净的脚垫，不准拆除车上的各种保持膜。

② 车辆配置检查。新车交付前，销售顾问要一一核对新车配置是否符合订单要求，确保设置符合客户需求，要确认赠品、促销品和附件符合客户要求，校对正时钟，调节好收音机频道，给车加上合适的底油，确保新车能开到附近的加油站。要委托售后部门对新车进行交车前的检查(PDI)，新车 PDI 检查表如表 6-15 和表 6-16 所示。特别发机动和底盘系统检查，要全部测试新车系统功能和运行性能，使其全都处于最佳状态。

表 6-15　长安福特经销商新车交车(PDI)检查表(样)

经销商名称：　　　　　　　　　　　　　　编号：

车型：□CD345　□CD340　□C307　□B299				钥匙号码：
车架号：　　　　　发动机号码：				车身颜色：
项次	检查内容	状况		维修签字确认
		OK	NO	
一、车辆外观/漆面检查：(环车检查有无挂碰伤"变形"及不符合要求)				
1	前保险杆/引擎盖/右前叶子板/车顶/车门/左右后轮板/后厢盖/后保险杆			
2	前后挡风玻璃/车门玻璃/其他玻璃			
3	标志/电镀饰条/车门把手/外照后视镜			
4	头灯/侧灯/雾灯/尾灯/第三刹车灯			
5	安装雨刷片及轮胎饰盖			
二、车辆室内检查：				
1	遥控器功能/钥匙对车门开锁上锁功能			
2	天窗功能及电动座椅功能			
3	室内灯/仪表各指示灯及危险警告灯功能			
4	喇叭/雨刷及喷水/头灯、转向灯、侧灯、雾灯、尾灯及刹车灯功能			
5	空调/音调功能及后挡风玻璃除雾功能			
6	电控及手摇车门玻璃升降及上开锁功能/外后视镜调整功能/儿童锁功能			
7	车门内外把手开启功能/引擎盖及后厢盖、油箱盖开启功能			
三、发动机室检查：				
1	位检查：发动机/变速箱/刹车油壶/转向助力泵/副水箱/雨刷喷水壶			
2	电瓶状态，电压值。			
3	各油管/水管束夹具状况，有无泄漏等			

续表

项次	检查内容	状况 OK	状况 NO	维修签字确认
四、后厢室检查：				
1	后厢锁上锁及开锁功能			
2	后厢照明灯功能			
五、底盘检查：				
1	发动机及变速箱下方有无漏油及漏水痕迹			
2	各水管/油管有无渗漏痕迹			
3	传动轴/转向系统有无漏油痕迹			
4	制动系统有无漏油痕迹			
5	悬挂系统有无漏油痕迹			
6	调整轮胎胎压到规格内（新车出厂时胎压均高于规格上线，交车时务必调整）			
六、特殊要求：				
1	装及附加配备			
2	随车手册/点烟器放置定位			

注：

1. PDI 检查必须在交车给客户的前一天完成。
2. PDI 检查员必须按照本表逐项落实检查，发现问题必须立即排除完成。
3. 提车人必须完成新车的确认并在本表签名后，才能将新车取走。
4. 本表一式两联，第一联 PDI 存查，第二联交付提车人（销售顾问）

PDI 检查员：________________　　　提车人：________________

日　　期：________________　　　日　期：________________

表 6-16 奇瑞汽车新车交车(PDI)检查卡(样)

销售商代码 ________　　车型代码 ________　　车架号码 ________
生产日期 ________　　外观颜色 ________　　发动机号码 ________
检查日期 ________　　钥匙号码 ________　　变速箱号码 ________

对各项检查结果作如下标记:"√"=合格　　"×"=异常

外观与内部检查: □内部与外观缺陷 □油漆、电镀部件和车内装饰 □随车物品、工具、备胎、千斤顶使用说明书、随车钥匙 拆下车轮防波动和车身保护膜 发动机部分检查: □发动机盖锁扣及铰链 □电瓶电极 □电解液高度 □主地线 □主保险及备用件 □发动机油位 □冷却液位及水质 □助力转向液位 □A/T 油位 □玻璃清洗液位 □传动皮带的松紧状况(助力转向、发电机、压缩机) □油门控制拉线(A/T 控制拉线)关闭发动机盖	起动发电机检查: □电瓶和起动机的工作及各警告灯显示情况 □怠速 □前部清洗器工作 □前雨刮器的工作 □方向指示灯与自动解除 □侧灯和牌照灯 □大灯及远光(远光指示灯) □雾灯开关 □制动灯和倒车灯 □仪表灯和调光灯 □喇叭 □点烟器 □天窗的操作 □后窗除雾器与指示灯 □各种挡位下空调系统性能(制冷、送风量) □循环开关 □电动后视镜 □时钟的设定及检查	把点火开关转至位置Ⅰ检查: □收音机调整 □收音机/录音机/CD 机与天线 把点火开关转至位置Ⅱ检查: □所有警报灯的检查、发电机、手刹、油压、制动故障、A/T 挡位显示器、ABS、SRS □AT 启动保护器 操作与控制检查: □离合器踏板高度与自由行程 □制动器踏板高度与自由行程 □油门踏板 □检查室内保险及备用件
关闭发动机检查: □"未关灯"警告灯 关闭各灯检查: □方向盘自锁功能 □手刹调节 □方向盘角度调整 □遮阳板 □中央门锁及遥控装置(警报) □室内照明灯 □阅读照明灯 □前后座椅安全带 □座椅靠背角度、座椅调整 □开启 □行李箱灯 □加油盖的开启及燃油牌号 □行李箱盖(后车门)的关闭及锁定	打开所有的车门检查: □手动车窗 □后门儿童锁 □给锁/铰链加注润滑油 □关闭车门检查安装情况 支起汽车检查: □底部、发动机、制动器与燃油管路是否磨损或破损 □悬架的固定与螺栓 □M/T 油位 行驶试验检查: □驾驶性能 □从内部、悬架及制动器发出的噪声 □制动器及手刹 □方向盘自动回正 □方向盘震动与位置 □A/T 挡位变化(升挡、降挡) □里程表行程读数及取消	降下汽车检查: □确认所有车轮螺母扭矩 □轮胎压力标签 □轮胎压力(包括备胎) □工具与千斤顶 最终检查: □冷却风扇 □怠速/排放 □燃油、发动机油、冷却液及废气的渗漏 □热起动性能 □用 ABS 检测仪检查 ABS 性能 最终准备: □清洗车辆内外部 □检查车内包括行李箱是否有水漏入

续表

PDI	销售
对以上项目的正确安装、调试及操作已做过检查。 特此证明 （盖章） 检查员签字：　　　　日期：	该车辆已完成了所有车辆检查项目，可以交予用户使用。车上的所有必要附件已配备齐全，所有证明文件已正确填写完毕。 特此证明。 （盖章） 销售员签字：　　　　日期：

注：本“PDI检查单”所列的项目也许是您所检查的特定车型所没有的，为此请结合实际车型进行检查。

3）文件资料的准备

销售顾问要列出交车时的清单，包括实车清单（如表6－17所示）、车辆出库单（如表6－18所示）、车辆销售结款单（如表6－19所示）、车辆使用安全须知、相关信息清单，要带好印有销售公司LOGO的文件夹，文件夹选用要精致和实用，文件夹上的内容要清晰明确，容易理解。

表6－17　实车清单

实车清单（样）

客户名称		交车日期	
车辆型号		颜色	
车架号		发动机号	
检查内容			
交车内容名称	符合要求打“√”	备注	
机动车发票			
合格证			
关单			
一致性证书			
说明书			
检验单			
商检单			
保养手册			
钥匙			
备胎			
工具			

续表

交车内容名称	符合要求打"√"	备注
点烟器		
车架拓印号		
医药包		
灭火器		
千斤顶		
三脚架		
车辆外观		
车辆内饰		

销售顾问：　　　　　　　　客户：
日　　期：　　　　　　　　日期：

表 6-18　车辆出库单

××汽车销售公司车辆出库单(样)

<table>
<tr><td colspan="2">车辆：　　颜色：　　车驾号码(后八位)：</td></tr>
<tr><td rowspan="6">销售部门填写</td><td>出库原因：</td></tr>
<tr><td>□销售　客户姓名：　　地址：　　电话：　　车价：</td></tr>
<tr><td>□车展　车展名称：　　地点：　　起止时间：　　授权□　未授权□</td></tr>
<tr><td>□二级网络　名称：　　移出点：　　移入点：　　授权□　未授权□</td></tr>
<tr><td>□移库　原因：　　移出点：　　移入点：</td></tr>
<tr><td>销售经理签字：　　日期：</td></tr>
<tr><td rowspan="2">财务部门填写</td><td>如是销售，请填写：
客户类型：□个人　□单位　□其他____________
付款方式：□现金　□支票　□电汇　□转账　□GMACSAIC 零售货款
□银行按揭　□其他____________</td></tr>
<tr><td>财务签字：　　日期：</td></tr>
<tr><td colspan="2">销售顾问签字：　　库管签字：</td></tr>
<tr><td colspan="2">提车人签字：　　日期：</td></tr>
<tr><td colspan="2">备注：</td></tr>
</table>

表 6－19　销售结款单

整车销售结款单(样)　　　　NO. 000009

<table>
<tr><td colspan="2">车主</td><td colspan="2"></td><td colspan="2">车主身份证号码</td><td colspan="3"></td><td colspan="2">联系电话</td><td colspan="3"></td></tr>
<tr><td colspan="2">车型</td><td colspan="2"></td><td colspan="2">车架号</td><td colspan="3"></td><td colspan="2">车价</td><td colspan="3"></td></tr>
<tr><td colspan="2">发票号</td><td colspan="2"></td><td colspan="2">发票价</td><td colspan="3"></td><td colspan="2">开票时间</td><td colspan="3"></td></tr>
<tr><td rowspan="16">代办费用项目</td><td>上牌名</td><td colspan="4"></td><td colspan="3">合同总价</td><td colspan="2"></td><td>包牌</td><td colspan="2">是/否</td></tr>
<tr><td>车牌号</td><td colspan="4"></td><td colspan="3">合同补退费</td><td colspan="5"></td></tr>
<tr><td>代办项目</td><td>合同估价</td><td>应收款金额</td><td>合同补退费</td><td>备注</td><td colspan="3">应收款金额</td><td colspan="5"></td></tr>
<tr><td>购置税</td><td></td><td></td><td></td><td></td><td rowspan="9">收款记录</td><td>序号</td><td>收款时间</td><td>收款金额</td><td>收款方式</td><td>下欠金额</td><td>收款人</td><td>经办复核</td></tr>
<tr><td>上牌费</td><td></td><td></td><td></td><td></td><td>1</td><td></td><td></td><td></td><td></td><td></td><td></td></tr>
<tr><td>保险费</td><td></td><td></td><td></td><td></td><td>2</td><td></td><td></td><td></td><td></td><td></td><td></td></tr>
<tr><td>车船税</td><td></td><td></td><td></td><td></td><td>3</td><td></td><td></td><td></td><td></td><td></td><td></td></tr>
<tr><td>年费</td><td></td><td></td><td></td><td></td><td>4</td><td></td><td></td><td></td><td></td><td></td><td></td></tr>
<tr><td>牌证费</td><td></td><td></td><td></td><td></td><td>5</td><td></td><td></td><td></td><td></td><td></td><td></td></tr>
<tr><td>精品</td><td></td><td></td><td></td><td></td><td>6</td><td></td><td></td><td></td><td></td><td></td><td></td></tr>
<tr><td></td><td></td><td></td><td></td><td></td><td>7</td><td></td><td></td><td></td><td></td><td></td><td></td></tr>
<tr><td></td><td></td><td></td><td></td><td></td><td>8</td><td></td><td></td><td></td><td></td><td></td><td></td></tr>
<tr><td></td><td></td><td></td><td></td><td></td><td colspan="3" rowspan="6">是否放车</td><td colspan="2" rowspan="4">财务签名：</td><td colspan="2" rowspan="2">款项是否已清</td><td rowspan="2">是/否</td></tr>
<tr><td></td><td></td><td></td><td></td><td></td></tr>
<tr><td></td><td></td><td></td><td></td><td></td><td colspan="2" rowspan="2">节能手续是否齐全</td><td rowspan="2">是/否</td></tr>
<tr><td></td><td></td><td></td><td></td><td></td></tr>
<tr><td></td><td></td><td></td><td></td><td></td><td colspan="5" rowspan="2">展厅经理签名：</td></tr>
<tr><td></td><td></td><td></td><td></td><td></td></tr>
</table>

业务负责人：　　　　　　　　财务：　　　　　　　　业务填票人：

注：1. 本结款单一式两联，第一联为存根联(白)，第二联为财务联(红)。

2. 合同补退费一栏，如为包牌价，则补退金额为零。

3. 收款方式为：现金、刷卡、转账。如为转账，需注明对方公司名称及入账账户；微银分期也要注明。

4）其他准备工作

其他准备工作包括礼物准备、随行人员礼物准备、礼物赠送方式、CD 碟片、空调尝试调节器等。

【典型案例】

客户提前提车该如何处理

客户李先生与销售顾问约好今天13:30过来交付款项后提“新领驭”轿车，李先生到交车中心时心情非常愉快。他告诉销售顾问小王，因要办急事，今天新车不用介绍了，交车仪式一切从简。面对此种情况，销售顾问小王会如何处理呢？

小王首先祝贺客户拥有了自己的爱车，提醒客户说明交车仪式是客户应该享有的权益，同时采用了实用的简短版功能介绍并快速介绍完毕，认真检查并提供必要的安全操作使用工具，主动向客户提及事后补充服务说明，并向客户承诺未尽事宜可直接联系他。

3. 迎接引导

1）迎接引导的目标

（1）打消客户的疑虑，向客户说明汽车销售公司早已做好了交车的准备工作。

（2）真诚服务，传递热情，体现专业性。

（3）让客户体会品牌的尊贵。

（4）让客户再次肯定自己的选择是正确的，提升客户的信心和满意度。

2）迎接引导的内容

（1）交车客户到达时，销售人员提前10分钟到门口迎接，态度热情。

（2）如客户开车到达时，销售顾问应主动至停车场迎接。销售顾问在迎接客户时需保持面带微笑，并恭喜客户当天提车。

（3）销售顾问可先邀请客户至交车区先看一下新车，然后告知客户尚有手续要办，随后引领客户至洽谈桌。

3）文件交付说明

（1）销售顾问将客户引导至洽谈桌并说明交车流程及所需时间。

（2）出示“客户交车确认表”，并说明其用意。

（3）说明各项费用的清算，上牌手续和票据交付。

（4）解释车辆检查、维护的日程，重点介绍提醒首次保养的服务项目、公里数和免费维护项目。

（5）利用《保修手册》说明保修内容和保修范围。

（6）介绍售后服务项目、服务流程及24小时服务热线。

（7）说明移交有关物品，移交有关文件：《用户手册》《保修手册》、购车发票、保险手续、行驶证、车辆钥匙等，并请客户确认。

【典型案例】

接待话术

××先生/女士您好，欢迎您来提车！请先坐一下（提供茶水），我先用几分钟向您介绍一下交车的步骤和需要您签字确认的内容，您看好吗？您先检查确认车辆，签署文件，然后我会向您介绍车辆的操作要领、注意事项，我还会请服务顾问向您介绍车辆的保修条款、使用注意事项，最后我们会为您举行一个交车仪式，全部过程约需要2小时，在交车过程中如果您有什么疑问，可以随时问我，我会全程陪同您。

4. 交车确认

1）交车确认的目标

(1) 让客户确认是他需要的车。

(2) 让客户明白公司的工作是仔细的(特别是新车PDI检查)。

(3) 为付款做好铺垫。

2）车辆确认的原则

(1) 车辆确认的目的是主动引导，而不是一个被动的过程。

(2) 细致的工作可以体现销售顾问的专业性。

(3) 引导客户注意产品的优势，而不是以挑毛病的心态来确认车辆。

3）车辆确认的内容

(1) 订单确认：体现销售顾问的专业性和认真负责的精神，引导客户关注重要内容、消除客户潜在的疑虑。

(2) 新车确认：外观确认、油漆确认、轮胎轮毂确认、后备箱确认、内饰确认、玻璃确认。

(3) 肯定选择：肯定客户的选择、肯定车辆。话术如"××先生/女士，选择××车辆肯定是正确的，这样的配置很实用，多花几千元钱挺值的，这个档次必须有××配置，您选的这款车很适合您开……"。

4）车辆确认的技巧

(1) 销售顾问将客户带到新车旁，首先利用《交车检查表》确认车辆并清点移交原厂配件、工具、备胎、送构件、装潢件等。

(2) 陪同客户绕车检查，分享客户喜悦的心情，同时携带一块毛巾及清洗剂，因为新车难免有洗不净的印记，销售顾问须随时替客户清除。

(3) 主动帮客户开启车门，示意并请客户坐在驾驶座上，销售顾问则坐在副驾驶座上。如交车当日客户携伴同行时，应请客户同伴坐在副驾驶席上，自己坐在车后座。

(4) 环车确认车辆时，销售顾问的言语、肢体动作都需要体现专业性。

5. 财务付款

1）财务付款的主要内容

(1) 提供客户的身份证(暂住证)、定金收据、组织机构购买者需提供机构代码证单位公章、销售单、出库单。

(2) 全程陪同客户，协助客户办理各种手续并清点，正确引导客户的付款方式，确认客户的付款金额等。

2）财务付款的技巧

(1) 通知财务人员提前准备，财务人员要站立等待客户的到来，并要保持微笑服务。

(2) 财务人员要使用专业的语言欢迎客户，如："××先生/女士，欢迎您成为××公司大家庭的用户，我是收银员×××，您的车款由我来负责服务，办理完您的尾款业务大约需要10分钟。"

6. 移交文件

1）移交文件的内容

（1）请客户清点好所有证件与书面文件（如购车发票/合格证、购车合同、购置税证、行驶证、保险单、《车辆使用说明书》等）。话术如："××先生/女士，我们先清点一下证件和文件，这是发票、合格证、购置税证、行驶证、保单、《车辆使用说明书》等，您看有没有问题？如果没有问题，请您签字确认，您看好吗？"

（2）提醒客户务必保管好各种单据和手册，以备日后使用。话术如"××先生/女士，请您一定要保管好这些手续，以便日后使用。"

（3）协助客户将车辆相关单据、说明书/手册分类整理集中并妥当放置。

2）移交文件的技巧

（1）提前通知各部门办理好交接手续。

（2）除交车手续外，尽量在客户到店前准备好。

（3）分类存放好并列出明细。

（4）当面核实，最好签收，以免引起不必要的纠纷。

（5）告之客户未到手文件的情况，排除客户的疑虑。

7. 功能介绍

1）功能介绍的目的

（1）让客户了解自己车辆的功能，在使用中更有信心，方便其使用。

（2）使客户感觉物有所值，坚定其信心，提高客户满意度。

（3）体现销售顾问的专业性，使客户的信任度得到提升，间接提升客户的忠诚度。

（4）专业的功能介绍可体现汽车品牌的价值。

2）功能介绍的内容

（1）车辆内外部设施的介绍，特别是车辆操纵平台的介绍。

（2）行车功能讲解演示。

（3）娱乐性功能讲解演示。

（4）车辆特殊性功能讲解。

（5）售后保养小知识。

（6）常见问题处理方法。

（7）不常用功能预设置等。

3）功能介绍的技巧

（1）提前告知客户所需要的时间。

（2）根据具体功能和客户要求选择讲解方式（讲解、演示和举例等）。

（3）突出重点，合理分配时间。

（4）赞美客户提问，切忌表现出不耐烦的心态。

（5）注意随行人员，不要冷落他们。

8. 移交工作

1) 移交工作注意事项

(1) 检查各种文件是否齐全，确认后方可放行。

(2) 向客户介绍专门的服务顾问，为销售工作转入下一个环节做准备。

(3) 由专人将车开出展厅，尽量让客户在展厅内等待。

(4) 协助客户将文件礼品等分类存放。

(5) 陪同加油试驾，基本操作检验功能讲解。

(6) 提示客户是否有私人物品遗忘。

(7) 提示客户回访的大致时间及请求客户转介绍客户。

2) 移交工作的要求

销售顾问需要提前准备移交工作，要有目的地赞美客户的正确选择，要积极用关心的话语让客户觉得安心；要让客户能够体会到公司的善意，让客户尽快与售后顾问熟识并熟悉售后服务环节。

3) 引荐服务顾问的主要内容

(1) 销售顾问要把服务顾问介绍给客户，这时的服务顾问要向客户介绍自己、递交名牌，话术如："××先生/女士，这是我们服务部的服务顾问××，下面将由他为您介绍相关的售后服务内容。"

(2) 服务顾问要向客户介绍自己的职责及车辆保养注意事项，服务顾问的话术如："××先生/女士，我是服务顾问××，感谢您成为我们的用户，从今天起，您的车有什么问题请联系我。"服务顾问向客户介绍涉及的内容主要有首次保养、新车磨合期注意事项、车辆的保修内容和范围、简单的车辆安全使用知识等。

(3) 服务顾问要向客户推荐服务项目以及预约流程，要提醒客户每次到店保养时都要带上《车辆使用说明书》。

★ 小思考

在向客户移交车辆相关文件时，需不需要客户确认签字？为什么？

9. 交车仪式

交车仪式主要包括交车面访和交车仪式两部分内容。

1) 交车面访

(1) 交车面访的目的：

① 感谢客户接受公司提供的交车服务。

② 在交车面访中及时发现不足并解决问题。

(2) 交车面访的主要内容：

① 请客户确认交车所有事项，销售顾问需确认客户已完全了解了车辆的所有涉及事项。

② 展厅经理要请客户分享购车经历，并在交车过程中进行满意度评价。展厅经理的话术如"××先生/女士，感谢您配合我们完成了交车的大部分内容，现在能否耽误您5分钟

的时间……请您结合购车感受对我们做出评价……感谢您的评价，我们会虚心接受您的建议，再次恭喜您成为我们××公司大家庭中的一员，最后请您参加我们为您精心准备的交车仪式。这边请……”

③ 向客户说明交车后回访的时间和内容。

④ 提醒客户，交车后如有问题可随时咨询。

2）交车仪式

新车交车后，汽车销售公司要为客户举行隆重、热情的交车仪式，如图 6-27 所示。

图 6-27　交车仪式

(1) 交车仪式的主要内容：

① 简单向客户介绍交车仪式的程序。

② 展厅经理、销售顾问、服务经理、服务顾问等参与人员在车旁列队，共同为客户举行交车仪式。

③ 展厅经理、服务经理向客户赠送交车礼品、自制专属交车纪念卡、驾驶常识小技巧，以及印有公司电话、地址等联系信息的小礼品和公司自制的维修保养优惠卡等。

④ 现场全体成员与新车主合影留念，全体鼓掌表示祝贺。

⑤ 与客户道别、送客户出门。

(2) 交车仪式的建议：

① 在新车的发动机盖上放置红色花球，用托盘准备好车钥匙、鲜花、小礼品等。

② 进行一些必要的交车创意，如敲锣、打鼓、砸金蛋、放纸花、放鞭炮等，如图 6-28 所示。

10. 欢送客户

1）欢送客户的内容

(1) 再次恭喜并感谢客户。

(2) 微笑着目送客户的车辆离去，挥手道别，一直到看不见为止。

(3) 详细填写“客户信息卡”并交予客服部。

图 6－28　交车礼品

2）其他事宜

（1）尝试请客户推荐亲朋好友前来赏车试车。

（2）合影照片放大加框，并在 2 日内亲自送达客户手中。

（3）估计客户到家后再致电问候客户。

6.9.3　交车后规范流程

【典型案例】

新车交车为什么要持续关怀客户？

客户 1："他们只是问我对车满意不满意，开起来舒服不舒服，没有其他的了……"。

客户 2："的确有一些不理想的地方或是我还没有完全熟悉我的新车。如果交付后 1～2 周内，他们打电话过来问问情况，感觉会好很多……"。

客户 3："根本就没有人给我打电话。我希望购车后前半年每个月都能收到一次电话回访，哪怕是发一个简单的信息给我，都会令人感到高兴……"。

销售顾问要做好销售后续跟进工作，让客户感受到精致的关怀，可以减少客户抱怨，也可以建立良好关系，扩大业绩延展机会。

1. 交车后回访频率

（1）三天之内电话回访……

（2）七天之内信函的回复……

（3）六个月之内的追踪……

（4）七个月至一年的追踪……

2. 交车后特殊日期回访

（1）客户生日回访……

（2）重要节日回访……

（3）重要信息回访……

（4）首保提醒……

任务专项实训

实训项目：汽车驾驶舱操控性能静态演练

实训目的：通过本实训项目，学生能够熟悉客户试乘试驾前的基本流程和操作规范，能够熟悉汽车驾驶舱的操作要领，能够具备安全驾驶的思想。

实训内容：

情景导入：付先生是一位即将购买"途观 1.8T 风尚版"的客户，在与销售顾问小鄢签订了试乘试驾协议后，为便于客户更好地熟悉和理解新车的操作系统，现由销售顾问小鄢为付先生介绍车辆的操作要领……

请结合实训场地车辆的实际情况，设计一份销售顾问向客户介绍的脚本，要求符合实际且简明扼要。

实训步骤：

（1）根据班级人数，将学生进行分组，4～6 人一组(最好分成双数组)，选择小组长。

（2）根据情景项目，每个小组课前需查阅相关资料，并设计一份不低于 10 个关键问题的演练脚本，演练的问题可涉及汽车钥匙、汽车方向盘、汽车仪表盘、汽车操作杆、汽车音响设备等。

（3）演练脚本需交由指导老师先行批改。

（4）由各小组选择本组两位同学作为演练代表，一人演客户，另一人演销售顾问。

（5）各小组演练完毕后，指导老师带领其他小组一起就演练过程进行讨论和点评，指出其中的优缺点。

实训评价：

（1）要求：小组演练应具有良好的协作能力，回答问题专业，演练内容熟练，演练过程中组员的心态平和，演练设计有创意；完成一份实训报告。

（2）评分标准：

序号	评分标准	分值	评分	备注
1	团队合作	20		
2	团队精神	10		
3	内容结构	30		
4	仪容仪表	30		
5	应变能力	10		

任务6.10　售后服务与跟踪

知识目标

1. 掌握售后服务与跟踪的定义；
2. 正确认识售后服务与跟踪对企业的意义；
3. 掌握客户跟踪的流程及主要内容；
4. 掌握客户抱怨与投诉的原因及处理方法。

能力目标

1. 能够通过售后服务与跟踪提升客户的满意度，为推荐新客户打好基础；
2. 能够运用服务技巧与方法对客户进行跟踪；
3. 能够正确处理好客户投诉业务，具备应对复杂的投诉问题的能力。

任务导入

颜色不对

吴先生在某4S店预订了一辆红色进口车，并支付了车款。在等车期间，吴先生发现有更优惠的价格可以买到该款车，感觉自己被"宰"了。于是开始到处收集可以毁约或再议价的理由和方法。

提车时，吴先生提出该款车的红色并不是自己想要的那种红，与产品单页上的颜色也不相同，并且里程表上的公里数过多，出厂时间也过长……认为4S店有欺诈行为，要求换车或退车，并把此情况投诉给了当地的消费者保护协会。

由于该车是特定车型及颜色，购买的客户比较少，为了不造成资金积压，最终4S店选择再次让利给吴先生。

问题：

1. 这个故事告诉了我们什么道理？面对客户的投诉，4S店该如何正确面对？
2. 根据案例的真实情况，如果你是销售顾问，你会如何处理这件事？

分析：

在市场激烈竞争的今天，随着汽车客户维权意识的提高和消费观念的变化，客户在选购产品时，不仅注意到产品实体本身，在同类产品的质量和性能相似的情况下，更加重视产品的综合性价比。因此，企业在提供性价比高的产品的同时，向客户提供完善的售后服务，已成为现代汽车企业和汽车服务企业市场竞争的新焦点。

知识准备

在汽车4S店的日常工作中，汽车销售的最后一个流程是售后服务与跟踪。正如"真正的销售是成交后才开始的"这句话所描述的一样，售后服务与客户跟踪对汽车销售企业的价值是显而易见的。

6.10.1 售后服务概述

1. 售后服务的定义

所谓“售后服务”，是指汽车制造商、经销商把产品(或服务)销售给消费者之后，为消费者提供的一系列服务，包括产品介绍、检测、组装、调试、维修、技术培训、上门服务等。

2. 售后服务的作用

优质的售后服务的作用主要包括：确保产品功能正常发挥，及时为客户解决后顾之忧；准确收集产品市场表现信息，提高产品的市场竞争力；树立良好的企业形象，增加企业收入。

3. 售后服务的内容

售后服务主要是针对汽车制造商，其主要内容包括技术培训、质量保修、配件供应和售后网点建设四个方面。

1）技术培训

技术培训是制造商完成向社会、经销商、用户和售后服务网点宣传并交代技术要领的过程，制造在技术培训时要组织培训过程、编写培训教材、选拔培训教师和建设培训监督管理规范等。

(1) 对用户的技术指导、技术咨询和技术示范。

(2) 对制造商的服务网点的技术培训、技术示范、技术指导和技术咨询。

(3) 产品的更改、新产品投放时技术要点的宣传等。

2）质量保修

(1) 质量保修。质量保修又称“质量保证”“质量担保”“质量赔偿”等，其基本含义是处理用户的质量索赔要求，进行质量鉴定、决定和实施赔偿行为并向制造商反馈用户质量信息。

(2) 质量保修期。汽车质量保修期是指汽车厂商向消费者卖出商品时承诺的在该商品因质量问题而出现故障时提供免费维修及保养的时间段。

现在大多汽车厂家都实行新的车辆保修期间，“2 年或 6 万公里，以先到者为准”，即保修期内的条件有两个：一是时间限制，即行驶 2 年；二是里程限制，即行驶 6 万公里。只要达到这两个条件中的任意一个，就表明车辆的保修期已过，车辆再出现的正常维修保养都不在免费之列。

(3) 质量保修工作要点：

①“准确”：准确地做出质量故障鉴定，既要维护企业的利益，又要维护用户的利益。“准确”是贯彻质量保修政策的前提，也是整个售后服务工作的基础。

②“快速”：要迅速处理用户的求救。“快速”要求售后服务必须克服工作量大、技术性强的障碍。

③“厚待”：售后服务人员要善待用户，面对用户的愤慨、怨恨和不满，应始终保持一种平和的心态，认真解决产品的质量故障。

(4) 质量保修的流程。当用户车辆在保修期限内出现问题时，汽车销售企业需要严格按照汽车保修的流程(如图 6－29 所示)进行鉴定及维修，防止出现不必要的法律纠纷，以

免形成不良的社会影响。

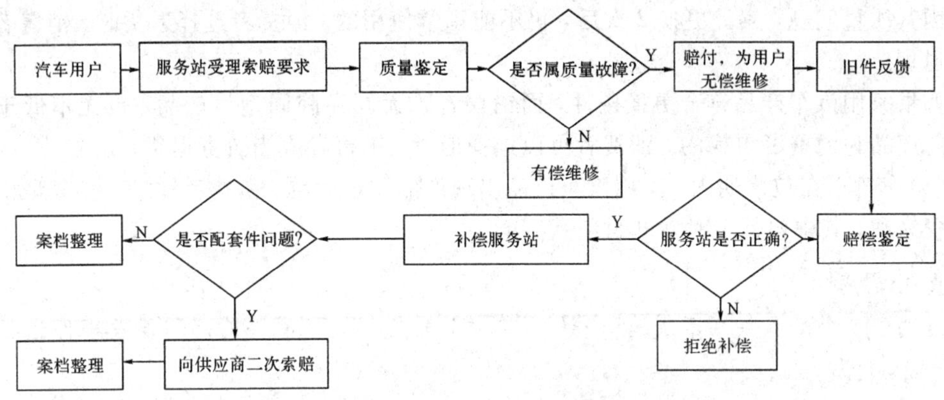

图6-29　汽车质量保修流程

3）配件供应

配件供应是售后服务工作的重中之重，也是利润的源泉。制造商一方面要加强售后服务站的配件数量、质量、库存管理；另一方面也要保护售后服务站的利益。

(1) 消耗件：在汽车运行中会出现自然老化、失效和到期必须更换的零部件。

(2) 易损件：在汽车运行中因为自然磨损而失效的零部件。

(3) 基础件：组成汽车的一些主要的基础性结构件。

(4) 肇事件：通常是因为交通肇事而损坏的零部件。

(5) 维修零件：汽车运行一定的周期后必须更换的零部件。

4）售后服务网点建设

售后服务网点建设涉及的内容有网点规划、网点遴选、网点建设和网点管理。

4. 汽车召回和汽车“三包”

1）汽车召回的含义

汽车召回是指汽车产品存在缺陷，制造商为维护用户的安全而实行的一项临时性的工作。所谓“缺陷产品”，是指由于设计、制造等方面的原因而在某一批次、型号或类别的汽车产品中普遍存在的具有同一性的危及人身、财产安全的不合理危险，或者不符合有关汽车安全的国家标准的情形。一般包括制造商主动召回和车辆主管部门发布指令召回。

2）汽车“三包”的含义

汽车“三包”政策是汽车制造商和汽车销售对所销售汽车产品实行的“包修、包换、包退”的简称，即汽车产品进入消费领域后，卖方对买方所购车辆及附属产品负责而采取的在一定限期内的一种信用保证办法。

(1) 换车。同一故障修理超过5次可换车。在“三包”有效期内(“三包”有效期为2年或6万公里，以先到为准)，如果汽车修理时间累计超过35天，或者同一个产品质量问题引发的修理累计超过5次，消费者可以换车。

(2) 退车。退车条件有在“三包”有效期内，因严重安全性能故障累计进行了2次修理，严重安全性能故障仍未排除或者又出现新的严重安全性能故障的；发动机、变速器累计更换2次后，仍不能正常使用的；转向系统、制动系统、悬架系统、前/后桥、车身的同一主要零件因其质量问题，累计更换2次后，仍不能正常使用的。消费者选择退货时，销售者应当负责退货。

如果家用汽车产品符合更换条件，而销售者既无同品牌同型号产品，也无不低于原车配置的产品为消费者更换的，消费者可以选择退货，销售者应当负责退货。

(3) 修车。在包修期内，家用汽车产品出现产品质量问题，消费者凭“三包”凭证由修理者免费修理，其中包括工时费和材料费。

★ 小思考

请列举3个近5年汽车制造商“召回”事件，分析“召回”事件的起因以及事件过程中的得与失。

3) 汽车召回与汽车“三包”的区别

“三包”针对的是个别的、偶然的问题，召回解决的是某一批次中的同一性的不合理危险。从表面上看，汽车召回和“三包”都是为了解决汽车出现的一些质量问题，维护消费者的合法权益，但在问题的性质、法律依据、对象、范围和解决方式上是有区别的。

(1) 性质不同。汽车召回的目的是消除缺陷汽车的安全隐患给全社会带来的不安全因素，维护公众安全；汽车“三包”的目的是保护消费者的合法权益，在产品责任担保期内，当车辆出现质量问题时，由厂家负责为消费者免费解决，减少消费者的损失。

(2) 法律依据不同。汽车召回是根据《产品质量法》对可能涉及对公众人身、财产安全造成威胁的缺陷汽车产品，国家有关部门制定《缺陷汽车产品召回管理规定》维护公共安全、公众利益和社会经济秩序。对经营者来讲，汽车“三包”在法律关系上属特殊的违约责任，根据《产品质量法》对在“三包”期内有质量问题的产品，国家制定有关“三包规定”，由销售商负责修理、更换、退货，承担产品担保责任。

(3) 对象不同。召回主要针对系统性、同一性与安全有关的缺陷，这个缺陷必须是在一批车辆上都存在，而且是与安全相关的。“三包规定”是解决由于随机因素导致的偶然性产品质量问题的法律责任。

(4) 范围不同。“三包规定”主要针对家用车辆；汽车召回则包括家用和各种运营的道路车辆，只要存在缺陷，都一视同仁。

(5) 解决方式不同。汽车召回的主要方式是汽车制造商发现缺陷后，首先向主管部门报告，并由制造商采取有效措施消除缺陷，实施召回；汽车“三包”的解决方式是由汽车经营者按照国家有关规定对有问题的汽车承担修理、更换、退货的产品担保责任。

6.10.2 客户跟踪

1. 客户跟踪概述

所谓“客户跟踪”，是指汽车服务企业在汽车成交后急需与用户交往，并完成与成交相关的一系列工作，以便更好地实现销售目标的行为过程。销售目标是在满足用户需求的基础上实现企业自身的利益，用户利益与企业利益是相辅相成的，但前者在成交签约后难以得到真正的实现。用户需要完善的售后服务，企业需要信息反馈以及发展与用户的关系等。因此，客户跟踪工作也是一项十分重要的工作。

2. 客户跟踪的意义

通过对接受企业服务客户进行定期回访，不断查找企业工作中的失误和问题产生的原因，减少或消除客户的误解、抱怨并使客户感受到被关心和被尊重，从而与客户建立牢固的关系，以增加客户的忠诚度。

3. 客户跟踪人员与对象

1）客户跟踪人员

（1）服务经理。服务经理是专门负责售后工作的中层管理人员，要有较强的客服意识，具备良好的沟通能力与应变能力，耐心细致，反应敏捷，严谨踏实，有责任心，善于处理各种复杂的事物，能快速理解公司的业务和客户的需求。服务经理主要工作包括制定客户跟踪措施、制定预防客户投诉措施、实施制定的措施、分析每期的客户回访记录等。

（2）服务顾问。服务顾问是直接参与客户跟踪的人员，要能体现以服务客户为根本的定位，对工作尽职尽责，熟悉服务流程，能理解企业需要，着装正确，热情待客，熟悉文明用语，了解客户需求与期望，并能为客户提供良好的服务。服务顾问主要工作内容包括确保客户资料的准确性、电话回访客户并询问客户的需求，协助服务经理处理客户的抱怨，落实整改措施和预防措施。

2）客户跟踪的对象

（1）成交后客户。对成交后客户的跟踪，目的主要是了解客户在使用车辆过程中存在的问题并及时协助客户解决，调查客户购车后的满意程度和处理客户不满意的原因，建立良好的客户关系，获取市场最新情报等。

（2）未成交客户。对未成交客户的跟踪目的主要是了解客户背景，记录、整理和保存客户资料。通过接触与了解客户未购买的原因，发现成交的机会，检讨公司的过失，消除客户的抱怨，努力建立正面的企业形象。

4. 客户跟踪的流程

客户跟踪的流程如图 6－30 所示。

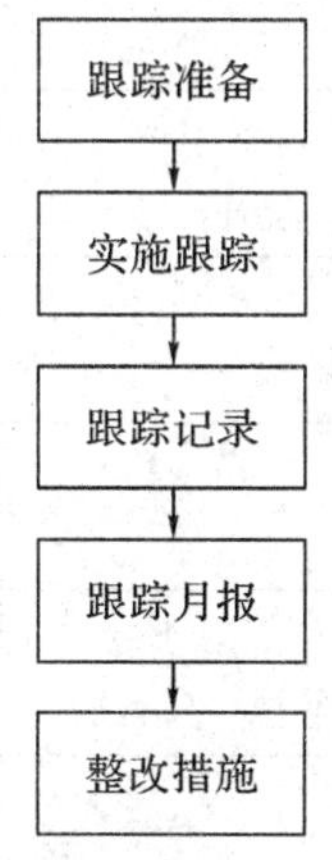

图 6－30 客户跟踪流程图

1）跟踪准备

服务经理从系统中选择需要跟踪的客户，制定跟踪的计划，确定需要跟踪回访的问题，执行回访的时间，在跟踪记录单上填写客户信息。

2）实施跟踪

服务顾问按照服务经理的要求实施电话回访，按事先准备的问题进行提问并记录在案，对客户的其他要求进行记录并解答。如：“刘先生，您好！我是××汽车4S店的服务顾问，感谢您上次光临本店，我们想对您进行电话回访，您看现在是否方便？”

3）跟踪记录

对每个跟踪客户的内容都要记录在客户跟踪记录表(如表6－20所示)上。

表6－20 汽车4S店客户跟踪记录表

<table>
<tr><td>姓　名</td><td></td><td>通讯</td><td>☐微信　☐QQ</td><td rowspan="5">客户照片或特征</td></tr>
<tr><td>单位地址</td><td colspan="3"></td></tr>
<tr><td>备注信息</td><td colspan="3"></td></tr>
<tr><td>信息来源</td><td colspan="3">☐到店　☐来电　☐车展　☐网络　☐报纸　☐转介　☐路过</td></tr>
<tr><td>意向车型</td><td colspan="3"></td></tr>
<tr><td colspan="5">沟通问题</td></tr>
<tr><td colspan="2">客户对车使用中的描述</td><td colspan="3"></td></tr>
<tr><td colspan="2">问题的原因</td><td colspan="3"></td></tr>
<tr><td colspan="2">客户的建议</td><td colspan="3"></td></tr>
<tr><td colspan="5"></td></tr>
<tr><td>日　期</td><td>跟踪方式</td><td colspan="3">过程描述</td></tr>
<tr><td></td><td>☐电　☐信
☐来　☐访</td><td colspan="3"></td></tr>
<tr><td></td><td>☐电　☐信
☐来　☐访</td><td colspan="3"></td></tr>
<tr><td></td><td>☐电　☐信
☐来　☐访</td><td colspan="3"></td></tr>
<tr><td></td><td>☐电　☐信
☐来　☐访</td><td colspan="3"></td></tr>
<tr><td></td><td>☐电　☐信
☐来　☐访</td><td colspan="3"></td></tr>
<tr><td></td><td>☐电　☐信
☐来　☐访</td><td colspan="3"></td></tr>
<tr><td></td><td>☐电　☐信
☐来　☐访</td><td colspan="3"></td></tr>
<tr><td></td><td>☐电　☐信
☐来　☐访</td><td colspan="3"></td></tr>
</table>

4）跟踪月报

服务经理在完成《客户跟踪记录表》之后，应在每个月末编制《跟踪月报》，对客户反映的问题进行汇总、统计，并及时将此《跟踪月报》报给销售总监、总经理等相关部门领导。

5）整改措施

针对客户集中反映的问题，对于涉及的责任部门及责任人，在查实后要在最短时间内制定相适应的整改措施或意见，并以最高效的方式反馈给客户，以消除客户的抱怨。

6.10.3　客户抱怨与客户投诉

客户抱怨与客户投诉是客户对汽车产品或服务质量不满的一种具体表现。客户产生抱怨与投诉的原因有很多种，一方面确实是来自汽车产品或服务的质量问题；另一方面也有可能来自客户对企业提供的汽车产品或服务达不到他的期望值。另外，世界上任何一个企业都不可能是十全十美的。因此，销售顾问在面对客户的抱怨和投诉时，应正确认识并具备一些良好的解决问题的技巧，从而更好地服务于客户。

【典型案例】

优秀的服务顾问

魏先生最近刚买的新车，在下雨天因半路感觉刹车有些失灵，非常气愤，于是打电话给品牌 4S 店要求修理。销售顾问在详细了解了情况后，先找车把魏先生的车拖回修理厂，后经详细检查，发现是由于魏先生开车时没有把手刹放下导致刹车烧坏了，所以是属于魏先生自己的操作失误，不能算是车辆故障。当销售服务顾问告诉魏先生这个结果时，魏先生承认自己也是一个新手，觉得有些理亏。这时销售顾问告诉魏先生，由于该车还处于保修期，所以销售公司会承担维修责任。魏先生很是感动……

1. 客户抱怨与客户投诉的界定

客户抱怨是指客户对产品或服务的不满与责难，具体表现为语言上的指责等行为；客户投诉是指客户对企业产品质量或服务方面不满意，并直接提出的书面或口头上的异议、抗议、索赔和要求解决问题等行为。

如图 6－31 所示，客户的情绪通常会经历不满、抱怨、投诉和冲突四个过程，投诉这层

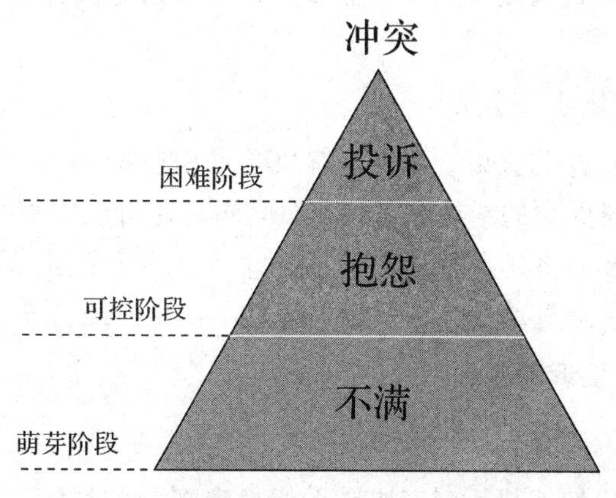

图 6－31　客户情绪层级

对企业的危害性是巨大的。客户投诉是客户针对企业的产品质量、服务态度等方面的问题，向公司主管部门反映情况，检举问题，并要求得到相应补偿的一种手段，从危害性质和程度而言，客户投诉的性质更严重，故公司售后服务部门或全体成员要尽可能地将客户的不满情绪控制在萌芽阶段，这不仅有利于问题快速解决，更有利于企业节约成本。

2. 客户抱怨与投诉的原因认识

导致客户抱怨与投诉的原因包括直接原因和间接原因。

1）直接原因

汽车产品被客户抱怨与投诉的直接原因包括产品品质不良、售后服务质量不良、公司承诺不能兑现、客户的期望值过高和客户对新产品、新服务、新功能不习惯等。

2）间接原因

间接原因主要是来自客户精神层面的感受状态，如感觉没有被尊重，感觉受到不平等对待，感觉上当受骗了、结果比想象的要差等。

当客户在购买商品后不满意时，会有三种状态：一是自己默默承担。目前由于消费者的维权意识越来越强，这种消费者的数量越来越少；二是想尽一切方法告诉其他人。这种消费者没有给企业任何解释或弥补的机会，直接选择与企业对立；三是向企业抱怨或投诉。这种客户实际上是给了企业一个改过自新的机会，如果处理得当，会很快转化成满意客户进而成为忠诚客户。

★ 小思考

"抱怨的客户是好客户。"这句话你认同吗？为什么？

3. 客户抱怨与投诉的渠道认识

1）抱怨渠道

大部分客户抱怨会采用直接的方式，如面对面交流、发怒等，也有一部分客户事后通过其他途径抱怨，如来信、来电或通过网络发帖子等。

2）投诉渠道

当客户的抱怨没有得到满足时，有一小部分客户会通过新闻媒体、消费者协会维权或直接向制造商投诉。

4. 客户抱怨与投诉处理的意义

正确处理好客户的抱怨与投诉，不仅能解决当前面临的问题，还可以恢复客户对企业的信赖感，避免引起争议更大的纠纷和恶性事件，同时还可以收集一些客户反馈的信息。

实践表明，满意的客户将是最好的口碑营销中介，能为企业节约大量成本，但如果客户不满意，则将为企业带来更重的经济负担，甚至令企业的经营陷入困境。

5. 处理客户抱怨与投诉的原则

1）先处理心情，再处理事情

当客户怒气冲冲来抱怨或投诉时，如果不能稳定客户的情绪，任何处理方法都不会被理解。因此，在处理客户抱怨与投诉时，服务顾问等人员首先要保持诚恳的冷静的态度仔细聆听客户的诉求，做一个忠实的听众，等待客户情绪稳定之后再处理事情。

2）公平公正，维护公司及其品牌形象

服务顾问对待任何客户都要一视同仁，公平公正，不逃避责任，但也要坚决避免有损公司形象的行为。

3）立场坚定、态度端正、热情对待

在处理客户抱怨与投诉时，服务人员态度要端正、服务要热情，要坚持以客户满意为中心，维护公司利益。对于客户使用不当造成的问题，不要责备客户，要尽量帮助客户解决问题，但也要坚持立场。

4）不要对客户进行负面评价

任何情况下，服务人员都不要指责客户的行为，特别是对于客户自身过错造成的抱怨和投诉，更要理性看待，不进行负面评价，如“是您经常把车停在低洼地带，当然容易造成线路短路喽……”。

5）坚持换位思考

客户一旦进行抱怨与投诉，基本上是碰到了他们解决不了的问题，因此，作为专业的服务顾问，这个时候就需要换个角度想：假如是我们遇到这样的问题，也许同样会感到气愤难平。如果服务顾问这时能够使用正确的语言安慰客户，可以降低客户恼怒的情绪，如“是呀，要是我碰到您这样的事情，我也会感觉很难过的……”。

6. 客户抱怨与投诉的处理技巧

【典型案例】

汽车堵门

王女士3个月前在某4S店购买了一辆新车。该车行驶不到4000公里时，王女士发现车上仪表盘机油指示灯变红，经查是油位过低，在重新加注机油后可正常行驶。但令王女士没有想到的是，该车在后2个月莫名又连续3次出现同样的问题。王女士认为，该车正常操作情况下，仍然出现机油过低现象，是发动机缸体有缝隙导致燃烧机油，确认是发动机质量问题。

王女士为此要求该4S店更换一辆新车，店方拒绝更换，只同意维修。王女士一气之下将该车锁死并停放在该4S店展厅门口。4S店在与王女士沟通不成的情况下选择报警，经警方调解后，4S店同意退车并给予王女士一定的经济补偿。

1）一般抱怨处理技巧

(1) 用心聆听：聆听是一门艺术，从中可以了解客户的真正需求，从而获得处理抱怨的重要信息。

(2) 表示歉意：如果确实是企业的问题，企业就应该主动表示歉意，这会让客户觉得他被尊重。

(3) 仔细询问：引导客户说出问题的重点，有的放矢。

(4) 记录问题：好记性不如烂笔头，把客户反映的问题记录下来，这样可防止误判。

(5) 探讨解决问题的途径：探询客户希望解决问题的办法，一旦找出双方都可接受的方法，应立即想尽一切办法解决。

2) 处理投诉的技巧

投诉是升级的抱怨，因此，在处理投诉之前，4S店要对客户投诉的问题有全面了解，做到心中有数，并事先设定好几种情形的解决方案或应对措施。

(1) 保持微笑的表情：微笑的表情会增强亲和力，也会降低紧张的气氛。有礼有节的行为会增加企业的内在价值，也会在一定程度上让客户的行为处于安静状态。

(2) 转移法：不正面回答客户的问题，而是用一种更有利于客户的事实来证明客户的选择是对的。如针对客户投诉找不到销售顾问时，话术可用“销售顾问是一位对客户非常负责的人……”。

(3) 换位思考法：站在客户的角度看待问题，并得到客户的认同。

(4) 转移场所：通常可约在一个比较安静的地方来沟通，如4S店内的咖啡厅或茶座厅，不仅可以最大限度地减少对其他客户的影响，同时，更换到轻松的场所能让客户放松下来。

(5) 让步法：针对一些特殊的问题，4S店可以对客户的要求做出适当的让步，包括价格让步。

(6) 博取同情法：利用4S店的权限问题及其他实际情况，让客户感觉到确实是很难帮助客户解决，以博取客户的理解。

(7) 缓兵法：利用时间的延时性来缓解客户的锋芒。如销售顾问说：“今天我们的主管领导出差去了，明天我一上班就把您的要求告知我们领导，您看是否可以？”

(8) 勇于认错：面对事由，4S店承担责任。有时，勇于承担错误能得到客户的认同，甚至可得到客户的谅解或宽恕。

(9) 补偿法：对不能采用经济让步的客户，可采用免费送保养、维修折扣、赠送其他赠品等来消除客户的不满情绪。

(10) 第三方协调法：这种方法是在不得已的情况下采用的，由非当事人来处理一些争端，有时能起到很好的效果。

总的来说，解决客户抱怨与投诉的方法有很多种，但面对客户的抱怨与投诉时，拥有良好的心态，仔细聆听、积极帮助客户就一定能够顺利解决问题。

【阅读资料】

用耐心和关爱打破坚冰

今年4月份，服务顾问小王接待了一位迈腾客户，当时客户是由销售顾问带过来的。客户反映车在行驶过程中有抖动，这让是外行的他总是提心吊胆的，他曾多次打电话询问这种情况的原因，但是没有人能给他一个满意而准确的回复，因此他对4S店的服务很失望，觉得4S店卖完车什么都不管了，对客户非常不负责任。今天车又在行驶过程中发生了抖动，更严重的是当时是在上坡，差点发生溜车。如果真的溜车，说不准会造成什么样的严重事故。遭遇这些事情后，客户已经忍无可忍，之后直接将车开到了店里，情绪激动地要求退车。

客户来店之后气冲冲地找到他的销售顾问，将自己这几个月来的遭遇、心中强烈的不满都宣泄了出来，打电话又没人给他满意的答复，所以客户认为这辆车行驶抖动是严重的质量问题，要求退车，他说自己不能开着这样的有质量问题的车上路，这不仅仅会威胁到自己的人身安全，同时也威胁了别的车、路上行人的安全。销售顾问耐心地倾听了客户的诉说，对客户的说法表示理解，但他也明白，退车也只是客户一时的气话，只要通过技术手段解决行车抖动问题，客户应该也是认可的，于是这位客户就被带到了服务顾问这边。

客户过来后，小王一听种种情况，想着："销售顾问卖完车基本就没什么事了，后面遇到的种种质量问题和非质量问题都得来找我们，这简直是在给他们收拾烂摊子。今天还把这样一位敏感客户交给我，明明就是抛了一个烫手山芋给我嘛！"但转念一想，解决售后问题是我们的职责，与销售顾问默契配合，帮客户解决问题，让客户满意，也是我们应该做的。

于是，经过试车和简单的检测，服务部门确定这是离合器的问题，而且更换离合器是厂家的召回行动，换下离合器应该就会解决客户行车抖动的问题。可是这并没有打消客户的疑虑，客户一再反问"难道换个所谓的离合器，车就不会再抖了吗？"于是小王向客户详细地讲解了DSG变速箱的工作原理(它是自动挡变速箱和手动挡变速箱的结合，变速箱里有许多大小不一、转速不一的齿轮，要通过不同齿轮的啮合来改变车速，但不同转速的齿轮是没有办法啮合在一起的，只有通过离合器的调节才能改变转速、顺利啮合)。现在这辆车就是因为离合器的材质或其他方面的问题导致了离合器啮合时会偶尔发生不顺畅的情况，客户不用太过不安，这不会影响行驶，而且厂家已经开始了召回行动，离合器在技术上也有提高，更换离合器之后应该就能解决令客户不安的问题。听了小王的解释，客户对问题的原因和解决方案都有了理解，情绪缓和了。但是小王又不得不遗憾地告诉客户现在库房没有备件，大概要10天左右才能到货，本来觉得问题就能解决的客户，就像一个人被丢在半道上一样，无奈又失望。看到客户脸上明显的失望神情，小王心里也不是滋味，想快点为客户解决问题，这样客户就不用再为这件事费神了。小王告诉客户只要离合器到货就会马上联系他、帮他更换。客户听他解释了这么多，而且也给出了问题的解决办法，悬着的心才落了下来，表达了感谢，基本是带着满意离开的。小王将这位客户的联系方式记在了笔记本上，同时也将这件事记在了心里。

在等待备件的10多天里，焦急的客户曾打电话过来询问过一次，小王只能耐心解释要是有备件一定会主动联系他的，请客户先耐心等等。小王现在都记得那是13天之后，当他知道库房有货后立即想到了这位客户，并且第一时间联系了他，说他的车型的离合器已经到货了，只要把车开过来检测之后就能换离合器了。急切的客户当天就过来了，维修部为客户的车做了检测，2天之后检测报告出来了，然后为客户更换了离合器。客户感叹：等了这么久的备件终于等到了，堆了这么久的问题终于解决了，总算圆满了！小王也为能为客户解决问题而感到欣慰。之后1个月，客户告诉小王，他的车再没有发生行驶抖动的问题，感谢小王给他帮了大忙。

再之后呢，客户成了小王的朋友，每次保养修车都会找小王，他总是说，当初那么大的问题都帮他解决了，以后有朋友要保养车都介绍给小王。小王尽心尽力为客户服务，付出辛苦但也收获了客户的信任，这与小王第一次见到客户时的耐心解释、用心服务是分不开的。

任务专项实训

实训项目：××品牌汽车“火花塞”事件

实训目的：通过本实训项目，学生能够树立正确的客户服务意识，能够了解客户抱怨与投诉的主要原因，能够熟悉处理客户抱怨与投诉的主要方法。

实训内容：

刘先生是一位××品牌的车主，最近发现车辆点火启动有些困难，到××品牌某地区4S店一检查，发现是火花塞积碳太多有些损坏，经服务顾问一再要求，刘先生同意同时更换6个火花塞中的4个。一个月后，刘先生在朋友的车行进行车辆清洗时，向朋友说起了这样一次经历，懂车的朋友在详细了解了情况后，告诉刘先生车辆只更换过1个新的火花塞，其他几个只是经过清洗后重新装了上去。为此，刘先生向4S店讨要说法并直接打电话到北京××品牌总部投诉。

该4S店总经理在接到总部质问与刘先生的投诉后，详细了解了刘先生车辆维修记录单，并一一询问了相关当事人。原来是4S店里的维修技师擅自调换了火花塞，将仓库发出的3个新火花塞带出4S店，仅仅对刘先生车辆更换了1个新的。

该4S店为了严肃管理纪律，开除了维修技师，并请刘先生到店商量事情的解决。

请同学们结合上述案例进行讨论。

实训步骤：

(1) 根据班级人数，将学生进行分组，4～6人一组(最好分成双数组)，选择小组长。

(2) 每个小组结合案情实际讨论：一是讨论该4S店在管理上存在的问题；二是讨论该4S店该如何处理客户刘先生的投诉；三是讨论补偿的方案。

(3) 由各小组完成讨论结果，并制作成汇报PPT，由小组成员进行汇报并接受其他组成员的提问。

(4) 最后由指导老师带领同学总结与点评。

实训评价：

(1) 要求：能抓住问题的关键，能制定翔实的处理方案，汇报时应变能力强；完成一份实训报告。

(2) 评分标准：

序号	评分标准	分值	评分	备注
1	团队合作	20		
2	团队精神	10		
3	内容结构	30		
4	仪容仪表	30		
5	应变能力	10		

附录1　汽车销售管理办法

《汽车销售管理办法》已经2017年2月20日商务部第92次部务会议审议通过，现予公布，自2017年7月1日起施行。经商务部、发展改革委、工商总局同意，《汽车品牌销售管理实施办法》(商务部、发展改革委、工商总局令2005年第10号)同时废止。

2017年4月5日

第一章　总　则

第一条　为促进汽车市场健康发展，维护公平公正的市场秩序，保护消费者合法权益，根据国家有关法律、行政法规，制定本办法。

第二条　在中华人民共和国境内从事汽车销售及其相关服务活动，适用本办法。

从事汽车销售及其相关服务活动应当遵循合法、自愿、公平、诚信的原则。

第三条　本办法所称汽车，是指《汽车和挂车类型的术语和定义》(GB/T 3730.1)定义的汽车，且在境内未办理注册登记的新车。

第四条　国家鼓励发展共享型、节约型、社会化的汽车销售和售后服务网络，加快城乡一体的汽车销售和售后服务网络建设，加强新能源汽车销售和售后服务网络建设，推动汽车流通模式创新。

第五条　在境内销售汽车的供应商、经销商，应当建立完善汽车销售和售后服务体系，保证相应的配件供应，提供及时、有效的售后服务，严格遵守家用汽车产品“三包”、召回等规定，确保消费者合法权益。

第六条　本办法所称供应商，是指为经销商提供汽车资源的境内生产企业或接受境内生产企业转让销售环节权益并进行分销的经营者以及从境外进口汽车的经营者。

本办法所称经销商，是指获得汽车资源并进行销售的经营者。

本办法所称售后服务商，是指汽车销售后提供汽车维护、修理等服务活动的经营者。

第七条　国务院商务主管部门负责制定全国汽车销售及其相关服务活动的政策规章，对地方商务主管部门的监督管理工作进行指导、协调和监督。

县级以上地方商务主管部门依据本办法对本行政区域内汽车销售及其相关服务活动进行监督管理。

第八条　汽车行业协会、商会应当制定行业规范，提供信息咨询、宣传培训等服务，开展行业监测和预警分析，加强行业自律。

第二章　销售行为规范

第九条　供应商、经销商销售汽车、配件及其他相关产品应当符合国家有关规定和标准，不得销售国家法律、法规禁止交易的产品。

第十条　经销商应当在经营场所以适当形式明示销售汽车、配件及其他相关产品的价格和各项服务收费标准，不得在标价之外加价销售或收取额外费用。

第十一条　经销商应当在经营场所明示所出售的汽车产品质量保证、保修服务及消费者需知悉的其他售后服务政策，出售家用汽车产品的经销商还应当在经营场所明示家用汽车产品的“三包”信息。

第十二条　经销商出售未经供应商授权销售的汽车，或者未经境外汽车生产企业授权销售的进口汽车，应当以书面形式向消费者做出提醒和说明，并书面告知向消费者承担相关责任的主体。

未经供应商授权或者授权终止的，经销商不得以供应商授权销售汽车的名义从事经营活动。

第十三条　售后服务商应当向消费者明示售后服务的技术、质量和服务规范。

第十四条　供应商、经销商不得限定消费者户籍所在地，不得对消费者限定汽车配件、用品、金融、保险、救援等产品的提供商和售后服务商，但家用汽车产品“三包”服务、召回等由供应商承担费用时使用的配件和服务除外。

经销商销售汽车时不得强制消费者购买保险或者强制为其提供代办车辆注册登记等服务。

第十五条　经销商向消费者销售汽车时，应当核实登记消费者的有效身份证明，签订销售合同，并如实开具销售发票。

第十六条　供应商、经销商应当在交付汽车的同时交付以下随车凭证和文件，并保证车辆配置表述与实物配置相一致：

（一）国产汽车的机动车整车出厂合格证；

（二）使用国产底盘改装汽车的机动车底盘出厂合格证；

（三）进口汽车的货物进口证明和进口机动车检验证明等材料；

（四）车辆一致性证书，或者进口汽车产品特殊认证模式检验报告；

（五）产品中文使用说明书；

（六）产品保修、维修保养手册；

（七）家用汽车产品“三包”凭证。

第十七条　经销商、售后服务商销售或者提供配件应当如实标明原厂配件、质量相当配件、再制造件、回用件等，明示生产商（进口产品为进口商）、生产日期、适配车型等信息，向消费者销售或者提供原厂配件以外的其他配件时，应当予以提醒和说明。

列入国家强制性产品认证目录的配件，应当取得国家强制性产品认证并加施认证标志后方可销售或者在售后服务经营活动中使用，依据国家有关规定允许办理免于国家强制性产品认证的除外。

本办法所称原厂配件，是指汽车生产商提供或认可的，使用汽车生产商品牌或其认可

品牌，按照车辆组装零部件规格和产品标准制造的零部件。

本办法所称质量相当配件，是指未经汽车生产商认可的，由配件生产商生产的，且性能和质量达到原厂配件相关技术标准要求的零部件。

本办法所称再制造件，是指旧汽车零部件经过再制造技术、工艺生产后，性能和质量达到原型新品要求的零部件。

本办法所称回用件，是指从报废汽车上拆解或维修车辆上替换的能够继续使用的零部件。

第十八条　供应商、经销商应当建立健全消费者投诉制度，明确受理消费者投诉的具体部门和人员，并向消费者明示投诉渠道。投诉的受理、转交以及处理情况应当自收到投诉之日起7个工作日内通知投诉的消费者。

第三章　销售市场秩序

第十九条　供应商采取向经销商授权方式销售汽车的，授权期限(不含店铺建设期)一般每次不低于3年，首次授权期限一般不低于5年。双方协商一致的，可以提前解除授权合同。

第二十条　供应商应当向经销商提供相应的营销、宣传、售后服务、技术服务等业务培训及技术支持。

供应商、经销商应当在本企业网站或经营场所公示与其合作的售后服务商名单。

第二十一条　供应商不得限制配件生产商(进口产品为进口商)的销售对象，不得限制经销商、售后服务商转售配件，有关法律法规规章及其配套的规范性文件另有规定的除外。

供应商应当及时向社会公布停产或者停止销售的车型，并保证其后至少10年的配件供应以及相应的售后服务。

第二十二条　未违反合同约定被供应商解除授权的，经销商有权要求供应商按不低于双方认可的第三方评估机构的评估价格收购其销售、检测和维修等设施设备，并回购相关库存车辆和配件。

第二十三条　供应商发生变更时，应当妥善处理相关事宜，确保经销商和消费者的合法权益。

经销商不再经营供应商产品的，应当将客户、车辆资料和维修历史记录在授权合同终止后30日内移交给供应商，不得实施有损于供应商品牌形象的行为；家用汽车产品经销商不再经营供应商产品时，应当及时通知消费者，在供应商的配合下变更承担“三包”责任的经销商。供应商、承担“三包”责任的经销商应当保证为消费者继续提供相应的售后服务。

第二十四条　供应商可以要求经销商为本企业品牌汽车设立单独展区，满足经营需要和维护品牌形象的基本功能，但不得对经销商实施下列行为：

(一) 要求同时具备销售、售后服务等功能；

(二) 规定整车、配件库存品种或数量，或者规定汽车销售数量，但双方在签署授权合同或合同延期时就上述内容书面达成一致的除外；

(三) 限制经营其他供应商商品；

(四) 限制为其他供应商的汽车提供配件及其他售后服务；

（五）要求承担以汽车供应商名义实施的广告、车展等宣传推广费用，或者限定广告宣传方式和媒体；

（六）限定不合理的经营场地面积、建筑物结构以及有偿设计单位、建筑单位、建筑材料、通用设备以及办公设施的品牌或者供应商；

（七）搭售未订购的汽车、配件及其他商品；

（八）干涉经销商人力资源和财务管理以及其他属于经销商自主经营范围内的活动；

（九）限制本企业汽车产品经销商之间相互转售。

第二十五条　供应商制定或实施营销奖励等商务政策应当遵循公平、公正、透明的原则。

供应商应当向经销商明确商务政策的主要内容，对于临时性商务政策，应当提前以双方约定的方式告知；对于被解除授权的经销商，应当维护经销商在授权期间应有的权益，不得拒绝或延迟支付销售返利。

第二十六条　除双方合同另有约定外，供应商在经销商获得授权销售区域内不得向消费者直接销售汽车。

第四章　监督管理

第二十七条　供应商、经销商应当自取得营业执照之日起 90 日内通过国务院商务主管部门全国汽车流通信息管理系统备案基本信息。供应商、经销商备案的基本信息发生变更的，应当自信息变更之日起 30 日内完成信息更新。

本办法实施以前已设立的供应商、经销商应当自本办法实施之日起 90 日内按前款规定备案基本信息。

供应商、经销商应当按照国务院商务主管部门的要求，及时通过全国汽车流通信息管理系统报送汽车销售数量、种类等信息。

第二十八条　经销商应当建立销售汽车、用户等信息档案，准确、及时地反映本区域销售动态、用户要求和其他相关信息。汽车销售、用户等信息档案保存期不得少于 10 年。

第二十九条　县级以上地方商务主管部门应当依据职责，采取“双随机”办法对汽车销售及其相关服务活动实施日常监督检查。

监督检查可以采取下列措施：

（一）进入供应商、经销商从事经营活动的场所进行现场检查；

（二）询问与监督检查事项有关的单位和个人，要求其说明情况；

（三）查阅、复制有关文件、资料，检查相关数据信息系统及复制相关信息数据；

（四）依据国家有关规定采取的其他措施。

第三十条　县级以上地方商务主管部门应当会同有关部门建立企业信用记录，纳入全国统一的信用信息共享交换平台。对供应商、经销商有关违法违规行为依法做出处理决定的，应当录入信用档案，并及时向社会公布。

第三十一条　供应商、经销商应当配合政府有关部门开展走私、盗抢、非法拼装等嫌疑车辆调查，提供车辆相关信息。

第五章　法律责任

第三十二条　违反本办法第十条、第十二条、第十四条、第十七条第一款、第二十一条、第二十三条第二款、第二十四条、第二十五条、第二十六条有关规定的，由县级以上地方商务主管部门责令改正，并可给予警告或3万元以下罚款。

第三十三条　违反本办法第十一条、第十五条、第十八条、第二十条第二款、第二十七条、第二十八条有关规定的，由县级以上地方商务主管部门责令改正，并可给予警告或1万元以下罚款。

第三十四条　县级以上商务主管部门的工作人员在汽车销售及其相关服务活动监督管理工作中滥用职权、玩忽职守、徇私舞弊的，依法给予处分；构成犯罪的，依法追究刑事责任。

第六章　附　　则

第三十五条　省级商务主管部门可结合本地区实际情况制定本办法的实施细则，并报国务院商务主管部门备案。

第三十六条　供应商通过平行进口方式进口汽车按照平行进口相关规定办理。

第三十七条　本办法自2017年7月1日起施行。

附录2　二手车流通管理办法

《二手车流通管理办法》已经2004年12月18日商务部第18次部务会议审议通过，并经公安部、工商总局、税务总局同意，现予公布，自2005年10月1日起施行。

二〇〇五年八月二十九日

备注：2017年9月14日，中华人民共和国商务部发布文号[商务部令2017年第3号]，删去了《二手车流通管理办法》(商务部、公安部、工商总局、税务总局令〔2005〕第2号)第九条、第十条和第十一条。

第一章　总　　则

第一条　为加强二手车流通管理，规范二手车经营行为，保障二手车交易双方的合法权益，促进二手车流通健康发展，依据国家有关法律、行政法规，制定本办法。

第二条　在中华人民共和国境内从事二手车经营活动或者与二手车相关的活动，适用本办法。

本办法所称二手车，是指从办理完注册登记手续到达到国家强制报废标准之前进行交易并转移所有权的汽车(包括三轮汽车、低速载货汽车，即原农用运输车，下同)、挂车和摩托车。

第三条　二手车交易市场是指依法设立、为买卖双方提供二手车集中交易和相关服务的场所。

第四条　二手车经营主体是指经工商行政管理部门依法登记，从事二手车经销、拍卖、经纪、鉴定评估的企业。

第五条　二手车经营行为是指二手车经销、拍卖、经纪、鉴定评估等。

(一) 二手车经销是指二手车经销企业收购、销售二手车的经营活动；

(二) 二手车拍卖是指二手车拍卖企业以公开竞价的形式将二手车转让给最高应价者的经营活动；

(三) 二手车经纪是指二手车经纪机构以收取佣金为目的，为促成他人交易二手车而从事居间、行纪或者代理等经营活动；

(四) 二手车鉴定评估是指二手车鉴定评估机构对二手车技术状况及其价值进行鉴定评估的经营活动。

第六条　二手车直接交易是指二手车所有人不通过经销企业、拍卖企业和经纪机构将车辆直接出售给买方的交易行为。二手车直接交易应当在二手车交易市场进行。

第七条　国务院商务主管部门、工商行政管理部门、税务部门在各自的职责范围内负责二手车流通有关监督管理工作。

省、自治区、直辖市和计划单列市商务主管部门(以下简称“省级商务主管部门”)、工商行政管理部门、税务部门在各自的职责范围内负责辖区内二手车流通有关监督管理工作。

第二章 设立条件和程序

第八条 二手车交易市场经营者、二手车经销企业和经纪机构应当具备企业法人条件，并依法到工商行政管理部门办理登记。

第九条 二手车鉴定评估机构应当具备下列条件：

（一）是独立的中介机构；

（二）有固定的经营场所和从事经营活动的必要设施；

（三）有3名以上从事二手车鉴定评估业务的专业人员（包括本办法实施之前取得国家职业资格证书的旧机动车鉴定估价师）；

（四）有规范的规章制度。

第十条 设立二手车鉴定评估机构，应当按下列程序办理：

（一）申请人向拟设立二手车鉴定评估机构所在地省级商务主管部门提出书面申请，并提交符合本办法第九条规定的相关材料；

（二）省级商务主管部门自收到全部申请材料之日起20个工作日内作出是否予以核准的决定，对予以核准的，颁发“二手车鉴定评估机构核准证书”；不予核准的，应当说明理由；

（三）申请人持“二手车鉴定评估机构核准证书”到工商行政管理部门办理登记手续。

第十一条 外商投资设立二手车交易市场、经销企业、经纪机构、鉴定评估机构的申请人，应当分别持符合第八条、第九条规定和“外商投资商业领域管理办法”、有关外商投资法律规定的相关材料报省级商务主管部门。省级商务主管部门进行初审后，自收到全部申请材料之日起1个月内上报国务院商务主管部门。合资中方有国家计划单列企业集团的，可直接将申请材料报送国务院商务主管部门。国务院商务主管部门自收到全部申请材料3个月内会同国务院工商行政管理部门，作出是否予以批准的决定，对予以批准的，颁发或者换发“外商投资企业批准证书”；不予批准的，应当说明理由。

申请人持“外商投资企业批准证书”到工商行政管理部门办理登记手续。

第十二条 设立二手车拍卖企业（含外商投资二手车拍卖企业）应当符合《中华人民共和国拍卖法》和《拍卖管理办法》有关规定，并按《拍卖管理办法》规定的程序办理。

第十三条 外资并购二手车交易市场和经营主体及已设立的外商投资企业增加二手车经营范围的，应当按第十一条、第十二条规定的程序办理。

第三章 行为规范

第十四条 二手车交易市场经营者和二手车经营主体应当依法经营和纳税，遵守商业道德，接受依法实施的监督检查。

第十五条 二手车卖方应当拥有车辆的所有权或者处置权。二手车交易市场经营者和二手车经营主体应当确认卖方的身份证明，车辆的号牌、“机动车登记证书”“机动车行驶证”，有效的机动车安全技术检验合格标志、车辆保险单、交纳税费凭证等。

国家机关、国有企事业单位在出售、委托拍卖车辆时，应持有本单位或者上级单位出具的资产处理证明。

第十六条　出售、拍卖无所有权或者处置权车辆的，应承担相应的法律责任。

第十七条　二手车卖方应当向买方提供车辆的使用、修理、事故、检验以及是否办理抵押登记、交纳税费、报废期等真实情况和信息。买方购买的车辆如因卖方隐瞒和欺诈不能办理转移登记，卖方应当无条件接受退车，并退还购车款等费用。

第十八条　二手车经销企业销售二手车时，应当向买方提供质量保证及售后服务承诺，并在经营场所予以明示。

第十九条　进行二手车交易应当签订合同。合同示范文本由国务院工商行政管理部门制定。

第二十条　二手车所有人委托他人办理车辆出售的，应当与受托人签订委托书。

第二十一条　委托二手车经纪机构购买二手车时，双方应当按以下要求进行：

（一）委托人向二手车经纪机构提供合法身份证明；

（二）二手车经纪机构依据委托人要求选择车辆，并及时向其通报市场信息；

（三）二手车经纪机构接受委托购买时，双方签订合同；

（四）二手车经纪机构根据委托人要求代为办理车辆鉴定评估，鉴定评估所发生的费用由委托人承担。

第二十二条　二手车交易完成后，卖方应当及时向买方交付车辆、号牌及车辆法定证明、凭证。车辆法定证明、凭证主要包括：

（一）“机动车登记证书”；

（二）“机动车行驶证”；

（三）有效的机动车安全技术检验合格标志；

（四）车辆购置税完税证明；

（五）养路费缴付凭证；

（六）车船使用税缴付凭证；

（七）车辆保险单。

第二十三条　下列车辆禁止经销、买卖、拍卖和经纪：

（一）已报废或者达到国家强制报废标准的车辆；

（二）在抵押期间或者未经海关批准交易的海关监管车辆；

（三）在人民法院、人民检察院、行政执法部门依法查封、扣押期间的车辆；

（四）通过盗窃、抢劫、诈骗等违法犯罪手段获得的车辆；

（五）发动机号码、车辆识别代号或者车架号码与登记号码不相符，或者有凿改迹象的车辆；

（六）走私、非法拼（组）装的车辆；

（七）不具有第二十二条所列证明、凭证的车辆；

（八）在本行政辖区以外的公安机关交通管理部门注册登记的车辆；

（九）国家法律、行政法规禁止经营的车辆。

二手车交易市场经营者和二手车经营主体发现车辆具有（四）（五）（六）情形之一的，应当及时报告公安机关、工商行政管理部门等执法机关。

对交易违法车辆的，二手车交易市场经营者和二手车经营主体应当承担连带赔偿责任

和其他相应的法律责任。

第二十四条　二手车经销企业销售、拍卖企业拍卖二手车时，应当按规定向买方开具税务机关监制的统一发票。

进行二手车直接交易和通过二手车经纪机构进行二手车交易的，应当由二手车交易市场经营者按规定向买方开具税务机关监制的统一发票。

第二十五条　二手车交易完成后，现车辆所有人应当凭税务机关监制的统一发票，按法律、法规有关规定办理转移登记手续。

第二十六条　二手车交易市场经营者应当为二手车经营主体提供固定场所和设施，并为客户提供办理二手车鉴定评估、转移登记、保险、纳税等手续的条件。二手车经销企业、经纪机构应当根据客户要求，代办二手车鉴定评估、转移登记、保险、纳税等手续。

第二十七条　二手车鉴定评估应当本着买卖双方自愿的原则，不得强制进行；属国有资产的二手车应当按国家有关规定进行鉴定评估。

第二十八条　二手车鉴定评估机构应当遵循客观、真实、公正和公开原则，依据国家法律法规开展二手车鉴定评估业务，出具车辆鉴定评估报告；并对鉴定评估报告中车辆技术状况，包括是否属事故车辆等评估内容负法律责任。

第二十九条　二手车鉴定评估机构和人员可以按国家有关规定从事涉案、事故车辆鉴定等评估业务。

第三十条　二手车交易市场经营者和二手车经营主体应当建立完整的二手车交易购销、买卖、拍卖、经纪以及鉴定评估档案。

第三十一条　设立二手车交易市场、二手车经销企业开设店铺，应当符合所在地城市发展及城市商业发展有关规定。

第四章　监督与管理

第三十二条　二手车流通监督管理遵循破除垄断，鼓励竞争，促进发展和公平、公正、公开的原则。

第三十三条　建立二手车交易市场经营者和二手车经营主体备案制度。凡经工商行政管理部门依法登记，取得营业执照的二手车交易市场经营者和二手车经营主体，应当自取得营业执照之日起2个月内向省级商务主管部门备案。省级商务主管部门应当将二手车交易市场经营者和二手车经营主体有关备案情况定期报送国务院商务主管部门。

第三十四条　建立和完善二手车流通信息报送、公布制度。二手车交易市场经营者和二手车经营主体应当定期将二手车交易量、交易额等信息通过所在地商务主管部门报送省级商务主管部门。省级商务主管部门将上述信息汇总后报送国务院商务主管部门。国务院商务主管部门定期向社会公布全国二手车流通信息。

第三十五条　商务主管部门、工商行政管理部门应当在各自的职责范围内采取有效措施，加强对二手车交易市场经营者和经营主体的监督管理，依法查处违法违规行为，维护市场秩序，保护消费者的合法权益。

第三十六条　国务院工商行政管理部门会同商务主管部门建立二手车交易市场经营者和二手车经营主体信用档案，定期公布违规企业名单。

第五章　附　　则

第三十七条　本办法自2005年10月1日起施行，原《商务部办公厅关于规范旧机动车鉴定评估管理工作的通知》(商建字〔2004〕70号)、《关于加强旧机动车市场管理工作的通知》(国经贸贸易〔2001〕1281号)、《旧机动车交易管理办法》(内贸机字〔1998〕33号)及据此发布的各类文件同时废止。

参考文献

[1] 章小平，陈明福．汽车营销[M]．长沙：中南大学出版社，2013.

[2] 张伟国．汽车销售顾问实战[M]．上海：同济大学出版社，2013.

[3] 夏志华，张子波．汽车营销实务[M]．北京：北京大学出版社，2010.

[4] 杜淑琳，王云霞．汽车市场营销理论与实务[M]．合肥：中国科学技术大学出版社，2013.

[5] 常兴华，刘金华．汽车营销实务[M]．北京：北京理工大学出版社，2016.

[6] 王丽霞，韩艳君．4S店主营业务与汽车营销[M]．北京：人民邮电出版社，2015.

[7] 孙路弘．汽车销售的第一本书[M]．北京：中国财政经济出版社，2004.

[8] 肖国普．现代汽车营销[M]．上海：同济大学出版社，2002.

[9] 高婷婷，王毓，台晓虹．汽车营销[M]．北京：清华大学出版社，2014.

[10] 付慧敏，罗双，郭玲．汽车营销实务[M]．2版．哈尔滨：哈尔滨工业大学出版社，2017.